Der Dichter Friedrich ... geboren am 30. Dezember 18.. in ... am 20. September 19.. in ... gestorben.

Ob alltägliche Dinge, sowie die Frage, wo man den Sommer verbringt ... verschleppen soll, oder Verfertigungsarbeiten, Beanstandungen, die Mitteilungen über Anträge oder Gerüchte ... oder Klagen über ... bezüglich ... Alles ... Dinge ... über ... und die Welt ... der ... Lektüre, Bekenntnisse des ... in ... Dichters ...

... am Genuß findet gewissenhaften ... gegen ... könnte ... den Menschen und dem Schriftsteller ... Oft schien ... als verzagte er ... daß es ... und ... und kaum ... verzeiht er sein ... Für ... ist der fortschritliche Teil in der ... mehr bedeutet ... Eshruis ... Die ... Die ... in der ... ... war die ... das ... ...

... beginnt im ... bei ... letzten ... und ... schreibt ... Ende August 19.. kämpfte einen ... um sein ...

... in ... Mitte ... der ... Ausgabe der ... Akademie der ... und hat ... Publikationen über ... und seine ... veröffentlicht.

Theodor Fontane, geboren am 30. Dezember 1819 in Neuruppin, ist am 20. September 1898 in Berlin gestorben.

Ob alltägliche Dinge, etwa die Frage, wo man den Sommerurlaub verbringen soll, oder Verabredungen über Besuchstermine, ob Mitteilungen über Theater- oder Lektüreerlebnisse oder Klagen über Beschwernisse des Alters, ob Unmutsäußerungen über Gott und die Welt oder große kritische Bekenntnisse, der Leser lernt in Fontanes Briefen an Georg Friedlaender gewissermaßen den ganzen Fontane kennen, den Menschen und den Schriftsteller. Oft scheint es, als vergesse er völlig, daß er einen Brief und keinen literarischen Essay schreibt.

Und doch ist gerade für ihn die Freundschaft, der gesellige Verkehr mit Friedlaender »eine Lebensbedingung«. Die Altersbriefe an den Schmiedeberger Amtsgerichtsrat Georg Friedlaender haben Thomas Mann wegen das kritischen Geistes jener, wie er es nennt, »erregten, gespannten und ins Schwarze treffenden Weltkritik« begeistert.

Der Briefkontakt beginnt im Herbst 1884; den letzten Brief an Friedlaender schreibt Fontane Ende August 1898, knapp einen Monat vor seinem Tod.

Walter Hettche ist Mitarbeiter der Stifter-Ausgabe der Bayerischen Akademie der Wissenschaften und hat zahlreiche Publikationen über Fontane und seine Briefe vorgelegt.

insel taschenbuch 1565
Theodor Fontane
Briefe an
Georg Friedlaender

Theodor Fontane
Briefe an
Georg Friedlaender

Aufgrund der Edition von Kurt Schreinert
und der Handschriften neu herausgegeben
und mit einem Nachwort versehen
von Walter Hettche
Mit einem Essay von Thomas Mann
Insel Verlag

insel taschenbuch 1565
Erste Auflage 1994
© Insel Verlag Frankfurt am Main und Leipzig 1994
Alle Rechte vorbehalten
© Für den Essay von Thomas Mann:
S. Fischer Verlag GmbH, Frankfurt am Main 1982
Hinweise zu dieser Ausgabe am Schluß des Bandes
Vertrieb durch den Suhrkamp Taschenbuch Verlag
Umschlag nach Entwürfen von Willy Fleckhaus
Satz: Hümmer, Waldbüttelbrunn
Druck: Nomos Verlagsgesellschaft, Baden-Baden
Printed in Germany

1 2 3 4 5 6 - 99 98 97 96 95 94

Inhalt

Briefe

(1)

Hochgeehrter Herr Doktor.

Empfangen Sie den Ausdruck meines lebhaften Bedauerns, den mir so freundlich zugedachten Besuch verfehlt zu haben. Erfüllen sich unsre Wünsche – ich spreche unbeauftragt für Haus Graevenitz mit – so haben wir morgen (Dienstag) ein Rendez-vous bei Exner, das uns dann hoffentlich zu weitrem Geplauder über das »Kriegsbuch« Ihrerseits und die »Kriminal-Novelle« meinerseits Gelegenheit giebt.

Darf ich bitten mich und meine Frau Ihrer Frau Gemahlin empfehlen zu wollen.

In vorzüglicher Ergebenheit
Th. Fontane.

Krummhübel 18. Aug. 84.

(2)   *Berlin* 3. Sept. 84.
                                               Potsd. Str. 134.c.

Hochgeehrter Herr Doktor.

Empfangen Sie und Frau Gemahlin, der ich mich angelegentlichst zu empfehlen bitte, nochmals meinen herzlichen Dank für die schönen Stunden, die ich im Geplauder mit Ihnen verbringen durfte. Selbst meine grausamen Körperzustände vermochten nur einen flüchtigen Wolkenschatten darauf zu werfen. Auf der Morgen-Fahrt, wo ich mich, dank Opium und Thee zu erholen anfing, schwand auch *der.*

Ich werde – Ihre freundl. Zustimmung dazu voraussetzend – unter der Hand anfragen, ob die Voss. Ztng. oder vielleicht auch »Nord u. Süd« geneigt wäre, die Erinne-

rungsblätter aus dem Jahre 70 zu bringen und melde Ihnen,
wenn ich gute Nachricht habe.

In vorzügl. Ergebenheit
Th. Fontane

(3)   *Berlin* 5. Dezb. 84.
                                               Potsd. Str. 134.c.
Hochgeehrter Herr Doktor.

Endlich die Bücher! Dieselben würden eher mit meinem
besten Danke bei Ihnen eingetroffen sein, wenn ich nicht
die Frage wegen der »Erinnerungen aus dem Jahre 70« vorher hätte zum Abschluß bringen wollen. Wie die beiden
beiliegenden Briefe von Jul. Grosser und Dr. Loewenfeld
Ihnen zeigen werden, stellte ich schon im September meine
Anfrage bei »Nord und Süd« wurd' aber abschläglich beschieden und hatte nun nur noch die Vossische zu meiner
Verfügung. Bei dieser steh' ich gut, muß aber trotz dieses
Gutstehens vorsichtig operiren, wenn ich mich eines »ja«
versichern will. Das kolossale Quantum von Arbeit was
der Chefredakteur eines solchen Blattes zu bewältigen hat,
bringt es mit sich, daß man auf fünf Anfragen nicht *ein*mal
Antwort erhält und das Ausbleiben einer Antwort erscheint
einem dann gleichbedeutend mit »nein«, während es diese
Bedeutung gar nicht haben sollte. So denn also warten!
Und ich wartete bis zum 22. November, wo das »Schiller-
fest« den Chefredakteur d. Vossin auch nach Arnims Saal
führte. Da habe ich ihn dann gestellt und seine Zustimmung erhalten; aber selbstverständlich – im Winter herrschen Reichstag und Landtag – erst für den nächsten
Sommer. Und so möcht' ich Sie denn bitten, hochgeehrter
Herr Doktor, gelegentlich an die Arbeit gehn und die *Spandauer* Erlebnisse niederschreiben zu wollen. Das Andre
dann ein andres Mal. Sagen wir pro Sommer 86.

Alle vier Bücher haben mir viel Freude gemacht, trotzdem keines eigentlich interessant ist. An die Spitze stelle ich die beiden kl. Bücher von Bernays; sie zeigen die Macht des *Stils* und daß das was gesagt wird eigentlich gleichgültig ist, wenn es nur gut und klar gesagt wird. In dem Buche von der Assing sind die Hinzufügungen aus den Varnhagenschen Tagebüchern das Interessanteste. Dove's Essays über die Forsters und Humboldts sind lehrreich, lassen mich aber insoweit unbefriedigt, als sie nach dem in Deutschland üblichen Biographie-Rezept gearbeitet sind und sich das mir unerträgliche »beautifying for ever« zur Aufgabe stellen. Wenn man sich entschließen könnte, die Geschichte der Humboldts ächt und wahr zu erzählen und beispielsweise bei den sexuellen Uncorrektheiten ich glaube *Beider* (des Einen gewiß) zu verweilen, so würde ihr Lebensbild 10 mal interessanter werden und zwar nicht vom gemeinen Klatschbasen- sondern vom physiologisch-psychologischen Standpunkt aus. So wie es da ist, ist alles oede Redensart und selbst das Beste, das Zutreffende schwebt in der Luft, statt auf zwei menschlichen Beinen zu stehn. Außerdem welche Ueberschätzung! Was W. v. H. über Schiller gequackelt hat, ist sehr fragwürdig. – Mit der Bitte mich Frau Gemahlin angelegentlichst empfehlen zu wollen

Ihr ganz ergebenster
Th. Fontane.

(4)   *Berlin* 21. Dezb. 84.
                                                  Potsd. Str. 134.c.

Hochgeehrter Herr Doktor.

Empfangen Sie unsren herzlichsten Dank für Ihren liebenswürdigen Brief, der uns in seinem Inhalt und seinen Beilagen eine rechte Weihnachtsfreude war. Das Bild des verehrten Ehepaars ist vorzüglich und das der beiden Kinder einfach entzückend. Hirschberg, in seiner photographischen Kunst, rivalisirt siegreich mit Berlin, zum Mindesten ist es ebenbürtig. Ich hebe dies absichtlich hervor und füge aus voller Ueberzeugung die Worte hinzu: »wohl jedem, der in glücklicher unmittelbarer Umgebung in Schmiedeberg sitzt und statt auf den Berliner Kreuzberg auf das Riesengebirge blickt.« Bismarck, der so oft Recht hat, hat auch Recht in seiner Abneigung gegen die Millionen-Städte. Sie schreiben selbst: »bei weniger ›Carrière‹, hätten wir mehr Wahrheit in der Welt.« Gewiß. Und nicht blos mehr Wahrheit, auch mehr Einfachheit und Natürlichkeit, mehr Ehre, mehr Menschenliebe, ja auch mehr Wissen, Gründlichkeit, Tüchtigkeit überhaupt. Und was heißt Carrière machen anders, als in Berlin leben und was heißt in Berlin leben anders, als Carrière machen. Einige wenige Personen brauchen ihrem Berufe nach die große Stadt, das ist zuzugeben, aber sie sind *doch* verloren, speziell für ihren Beruf verloren, wenn sie nicht die schwere Kunst verstehn, in der großen Stadt zu leben und wiederum auch *nicht* zu leben. Ad. Menzel ist beispielsweis ein Meister in *dieser* wie in seiner eigentlichen Kunst. Gewiß war ihm Berlin eine Nothwendigkeit (Menzel 50 Jahre lang in Filehne wäre nicht Menzel mehr) aber wie hat er auch in Berlin gelebt? Von 9 bis 9 ein Einsiedler in seinem Atelier, und dann erst, wenn andre zu Bette gehn, geht er mit seinem Ordensband zu Hof oder mit seinem Klapphut zu Huth. Er war zeitlebens ein Meister in der Kunst der *Concentration* und hat deshalb eine Kunst-Carrière gemacht, ohne je ein Carrieremacher gewesen zu sein. Aber das alles ist Ausnahmefall. Als Regel steht es mir fest, die große Stadt macht quick, flink, gewandt, aber sie verflacht und nimmt jedem der nicht in Zurückgezogenheit in ihr lebt, jede höhere Produktionsfähigkeit. Schon vor 40 Jahren schrieb Macaulay: »fruchtbare Gedanken sind einem Londoner Parlamentsmitglied eine Unmöglichkeit; er geht unter im Lärm, im oberflächlichen Getreibe; der kleinste Krämer der kleinsten schottischen Stadt kann die Welt der Ideen eher bereichern, als ein Londoner der ein ›Londoner‹ ist.« Wie wahr! Die große Stadt hat nicht Zeit zum Denken, und was noch schlimmer ist, sie hat auch nicht Zeit zum Glück. Was sie hunderttausendfältig schafft, ist nur die »Jagd nach dem Glück«, die gleichbedeutend ist mit dem Unglück. Unter meinen nächsten Bekannten sind ein paar solche Jäger, alte Herren, ihre Ehegesponse natürlich an der Spitze. Es ist ein Jammeranblick. Natürlich sind es Geheimeräthe, die nun also längst das sind, was sie werden konnten. Aber die Jagd geht *gewohnheitsmäßig* weiter; Titel und Orden können es nicht mehr sein, und so ist denn aus der Jagd eine ganz triviale »Rennerei« geworden, eine Rennerei nach Quartett-Concerten, nach Premièren, nach Bazaren, wo die Kronprinzeß *vielleicht* erscheint, nach Prinzessinnen-Trousseau's, nach Cumberland, nach Stanley, nach einer Koegel-schen Trauung. Alles zum lachen, wenn es nicht zum weinen wäre. Wenn ich dann zugleich an *Ihr* Haus denke, an Ihre Frau und Kinder, an gesunde Luft und Natur, so finde ich, Sie leben im Paradiese. Dies ist meine aufrichtigste Meinung. Und was ist denn der Einzelne hier, wenn er nicht zufällig Bismarck oder Bleichroeder heißt. Ein ander Mal mehr.

In vorzügl. Ergebenheit
Th. Fontane.

[Auf einem beiliegenden Zettel]

Ich bin nachträglich *auch* der Meinung, daß die »*nach* Spandau« fallenden Ereignisse vielleicht noch interessanter sind als die Liebesbriefe zwischen Gaston oder Raoul und Rike. So denn nur tapfer en avant!

(5) [Postkarte   Poststempel: Berlin 24. 3. 85]

An Frau Amtsrichter Dr. Friedlaender

in Schmiedeberg (Schlesien)

   Gnädigste Frau. Diese Zeilen sollen nur ein Buch begleiten, das ich gleichzeitig zur Post gebe. Morgen, in
Vormittagsruhe, schreibe ich den Brief, der ohnehin so
lange hat auf sich warten lassen.

      Unter Gruß und Empfehlung in vorzügl. Ergebenheit

                              Th. Fontane.

(6)   *Berlin* 26. März 85.

                             Potsd. Str. 134.c.

Hochverehrte Frau.

   Am 30. Dezember früh, als Ihre mich so freudig über-
raschenden Zeilen hier eintrafen (denn wie konnte ich denken, daß mein Geburtstag ein »historischer Tag« sei) hätte
ich mir's nicht träumen lassen, daß ein Vierteljahr bis zur
Beantwortung einer so liebenswürdigen Zuschrift verge-
hen würde. Mein Wunsch war damals, dem »Petöfy«, dem
Sie so viel Huld erwiesen, ein zweites, unmittelbar in Sicht
stehendes Buch nach Ihrem idyllischen Hause hin folgen zu
lassen, aber der Herr Verleger hat, ganz gegen Erwarten,
eine Retardirung beliebt, und so sind aus drei Wochen, auf
die ich rechnete, drei Monate geworden. Seit vorgestern
nun, so hoff' ich, ist das Buch in Ihren Händen und bittet
um Nachsicht. Es ist ein Stück Berliner Welt darin abge-
schildert, und Ihr Herr Gemahl wird viele der auftretenden
Gestalten kennen, vor allem Excellenz Friedberg, vielleicht
auch dessen Frau.

   Das Wetter ist noch winterlich, jedenfalls nicht einladend, und doch ist die Reisezeit fast schon wieder vor der
Thür; noch zwei Monat, oder wenigstens nicht viel später,

und wir schnüren unser Bündel. Wir haben vor, wieder nach Krummhübel zu gehn, zu denselben Leuten, wo wir im vorigen Jahr so gut aufgehoben waren. Eh wir aber von Schmiedeberg aus bergan steigen, sprechen wir auf eine Stunde bei Ihnen vor; es liegt glücklich in der Zeit, – ich glaube 5 Uhr Nachmittag. Daß wir uns dann öfter sehn werden, hoff' ich aufrichtig; von Krummhübel nach Schmiedeberg ist ein entzückender Spaziergang und er ist es doppelt, wenn das Ziel nicht blos die Apotheke (wo ich immer Soda kaufte) sondern das Friedländersche Haus ist. Bei den Plaudereien, die dann, Gott sei Dank, in Sicht stehen, wird mir auch der Förster- und Wilddieb-Stoff in all seinen Details bekannt werden. So wenigstens hoff' ich und freue mich darauf wie auf vieles.

Empfehlen Sie mich Ihrem Herrn Gemahl und bringen Sie mich den Kindern oder doch dem Töchterchen in freundliche Erinnrung. Meine Frau vereinigt ihre Wünsche für Ihr allseitiges Wohl mit den meinigen.

In herzlicher Ergebenheit
Th. Fontane.

P. S. Von den Aufzeichnungen aus dem Jahre 70/71 habe ich nicht gesprochen; es bleibt damit beim Alten. So wie der erste Abschnitt oder auch das Ganze fertig ist, bitte ich mir das M. S. schicken zu wollen, damit ich es lesen und weiterbefördern kann. Th. F.

(7) *Berlin* 22. April 85.
Potsd. Str. 134.c.
Hochgeehrter Herr.

Tausend Dank für Brief, Manuskript, Goethe. Das M. S. haben wir auch gleich gelesen – »wir« heißt: Frau, Tochter, ich – und finden es allerseits sehr angenehm; ein paar Klei-

15

nigkeiten zu modificiren (beispielsweise Menzel) gestatten
Sie wohl.

In den nächsten Tagen einen ausführlichern Brief.

Am Freitag schicke ich endlich meine Novelle fort, an der
ich ein halbes Jahr lang unausgesetzt gearbeitet habe, – dann
athme ich auf und beginne mit Abtragung der hoch aufge-
summten Briefschulden.

Ergebenste Empfehlung an Frau Gemahlin, die mir aber
nicht schreiben darf. Das ist nur Mühsal aus Artigkeit. Ich
hole mir die freundlichen Worte nach 6 oder 7 Wochen persönlich. In vorzüglicher Ergebenheit

Th. Fontane.

(8)   *Berlin* 24. April 85.
                                             Potsd. Str. 134.c.
Hochgeehrter Herr.

Wie das immer so geht, wenn man einen Brief durch
einen Herolds-Brief mit einer gewissen Feierlichkeit an-
kündigt, – ist der große Moment nachher da, so findet man,
daß der Herold eigentlich schon alles gesagt hat. Der Dank
ist ausgesprochen, Goethe (sehr schön) hängt überm So-
pha, wundervoll eingeklemmt in eine freie Stelle, und über
die »Erinnerungen« ist au fond auch das Nöthige gesagt.
Sie gestatten mir, wie ich nicht bezweifle, ein paar kleine
Aenderungen, ganz kleine, und so wie sie gemacht sind,
aber nicht vor Schluß des Reichstags, schicke ich alles an
Freund Stephany. Wenn ich Sie wiedersehe, kann ich hoffentlich von der Annahme berichten.

Die kl. »Novelle« habe ich noch nicht gelesen, denn erst
seit gestern, wo die meinige nach Leipzig hin abging, bin
ich wieder Mensch und kann aufathmen; aber heut noch
mache ich mich an die Lektüre derselben. Ich nehme an, daß
Ihnen am Druck der Geschichte nicht sonderlich gelegen ist

und daß ein Urtheil, mündlich oder schriftlich, darüber zu hören, Ihren Erwartungen entspricht. Aber noch eine Hauptsache: fahren Sie doch ja mit den »Erinnerungen« fort, – im Gegensatz zu meiner früher geäußerten Meinung, bin ich jetzt der Ansicht, daß die Dupanloup- und Orleans-Tage noch interessanter sein können. Ein Bischof wirkt auch immer.

Wir leben jetzt mitten im Frühling und ich kann mir noch gar nicht denken, daß ich in 5 oder 6 Wochen schon wieder bei Exner Kaffe trinken und die schöne Marie zu Pferde sehn soll. Vorläufig bin ich von 6monatlicher unausgesetzter Novellenarbeit, immer dieselbe Geschichte, kolossal angegriffen. Wenn ich komme, komme ich diesmal wahrscheinlich mit Frau und *Tochter*, welche letztre seit 3 Wochen an Milzanschwellung und einem versteckten Nervenfieber laborirt und überhaupt recht elend ist. Da mag denn das Riesengebirge wieder seine Wunder thun. Der Seekrieg zwischen Rußland und England, wird uns ja wohl auf der Hampelbaude nicht stören. Wundervoll in Ihrem Briefe, für den ich nochmals danke, war die Geschichte von Klavier und Tisch. So was erquickt einen alten Menschen. Mit der Bitte mich Frau Gemahlin angelegentlichst empfehlen zu wollen, in vorzüglicher Ergebenheit

Th. Fontane.

(9) Berlin 28. April 85.
Potsd. Str. 134.c.

Hochgeehrter Herr.

Unsre letzten Briefe haben sich gekreuzt. Empfangen Sie herzlichen Dank für jedes freundliche Wort; nicht mehr allzu lange Zeit und ich hoffe diesen Dank mündlich wiederholen zu können. Heute noch schreibe ich nach Krummhübel und versuche, mich unsrer vorjährigen Wohnung auch für dies Jahr wieder zu versichern. – Dem gräflichen Paare bitte ich mich, wenn's paßt, respektvollst (oder so was Aehnliches) empfehlen zu wollen.

Ich schreibe heut, weil ich eben Ihre Novellette gelesen habe. Man kann von ihr sagen: »Ende gut, alles gut«. Die Schlußsituation in der Kapelle giebt dem Ganzen eine gewisse *Stimmungsweihe*, die das Bedenken, das bis dahin vorherrscht, wieder balancirt. Zu dem Oftdagewesensten in der Novellistik – Pardon, wenn ich sage, unerlaubt oft da gewesen – gehört die von einem Bildhauer (der Bildhauer ist in *diesem* Punkte dem Maler noch um einen Pas vor) angeschwärmte Comtesse. Man kann sich dafür nicht mehr interessiren. Und dies Gefühl einer gewissen verlornen Liebesmüh begleitet einen während der Lektüre. Ganz zuletzt aber weicht dies Gefühl einer *andern* Empfindung und die Schlußsituation entläßt uns mit dem süßen Schauer, den wir empfinden, wenn wir das Volkslied von der Nonne lesen, die dem Leben und der Liebe wider ihren Willen entrissen wurde. Nicht der einzelne Fall rührt uns, sondern ein allgemeines Menschheitsweh durchzittert unsre Brust und davon ist etwas in dem Tone, womit Ihre kl. Erzählung schließt. Es ist, als hörten wir aus der Ferne den aus der gräflichen Kapelle kommenden Orgelton um uns her verklingen. Das thut wohl. Aber so sehr sich das Ohr diesem Tone neigt, so reicht er doch nicht aus, aus dem Ganzen etwas Lebensberechtigtes zu machen. – Eine Veröffentlichung in Feuilletons, die sehr gern etwas Kurzes bringen, halte ich für nicht schwer durchführbar. Vielleicht in der »Täglichen Rundschau«.

Mit der Bitte mich Frau Gemahlin empfehlen zu wollen, in vorzüglicher Ergebenheit

Th. Fontane

Morgen gehe ich mit meiner Tochter (die seit 4 Wochen krank ist) nach Hanckel's Ablage zwischen Schmöckwitz und K[önigs] Wusterhausen, an der wendischen Spree. Wir bleiben dort 8 oder 14 Tage.

(10)   *Berlin* 30. Mai 85.
                                          Potsd. Str. 134.c.
Hochgeehrter Herr Doktor.

In den nächsten Tagen schon will ich fort, bin aber so herunter, daß ich mich Ihnen auf der Hinreise nicht präsentiren kann; ich bestelle mir einen Wagen nach Hirschberg hin und thue 3 Tage lang nichts als Luft holen. Dann, Reconvalescent, (so wenigstens hoffe ich), bitte ich mich Ihnen u. Frau Gemahlin vorstellen zu dürfen. – Ihre Kapitel lagern auf der Zeitung. Da ich, wenn er (d. Chef) sie gelesen haben wird, die freudige Zustimmung des Chefredakteurs keinen Augenblick bezweifle, möchte ich Sie schon heute aufgefordert haben, die Orleans-Kapitel im Laufe des Juni zu schreiben.

Auf baldiges Wiedersehn. In vorzüglicher Ergebenheit
                                          Th. Fontane

(11)   *Krummhübel* 6. Juni 85.

Hochgeehrter Herr.

Schon seit Montag Abend bin ich hier und begann meinen Aufenthalt mit 2 mal Heizen täglich und war Nachts (trotz Federbett) in eine Reisedecke gewickelt; seit vorgestern beneide ich die Glasbläser in der Josephinenhütte, die blos einen blauen Kittel tragen.

Ich habe mich noch nicht gemeldet, weil ich in einer ganz elenden Verfassung hier ankam, die nur ganz allmälig einem leidlichen Wohlbefinden weicht. Meine Zustände lassen aber noch immer viel zu wünschen übrig, hab' ich doch in diesem April und Mai *zu* sehr durch die Berliner Malaria gelitten. Ich finde die Canal-Luft, auf die Berlin W. angewiesen ist, so furchtbar, daß ich fest entschlossen bin, im nächsten Jahr in Lichterfelde eine *Frühlings*wohnung zu miethen, wo ich die sechs, acht Wochen vor der Sommerfrische zubringen kann.

Am Mittwoch oder Donnerstag kommt meine Frau, ich hole sie von Schmiedeberg ab und stelle sie Ihnen und Frau Gemahlin, der ich mich zu empfehlen bitte, vorher vor. – Hier ist es herrlich, trotzdem manches recht schlecht ist. Aber Luft, Luft! Ich lebe fast davon. In herzlicher Ergebenheit, hochgeehrter Herr Doktor,

Ihr Th. Fontane.

(12)   *Krummhübel* 9. Juni 85.

Hochgeehrter Herr Doktor.

Ergebensten Dank für Brief und Buch, aber so werthvoll mir die Zeilen von Dr. Friedländer, so wenig werthvoll sind mir die hinterlassenen Papiere des Barons de la Belle-Croix. Es ist alles Mystifikation, Buchhändlerschwindel; eine kl. Firma, die – wie die Rückseite des Umschlags zeigt – einige literatisirende Leutnants an der Leine hat, die tüchtig übersetzen, in Zeitfragen machen und militärisch-politische Probleme vom Standpunkt von Osnabrück oder Aurich aus, lösen müssen. Ich gehe die größte Wette ein, daß binnen heut und 4 Monaten in derselben Firma ein Werk erscheinen wird, das die afghanische Frage für mehrere Jahrhundert regelt und je nach der Laune des Verfassers, d. h. je nachdem er sich einen größren oder geringren Absatz davon verspricht, Gladstone, Giers, Komaroff, Lumsden für Genies und Ehrenmänner oder für Imbeciles und Beutelschneider erklärt. Belle-Croix existirt nicht und wenn er irgendwo existirt, so lebt er und ist unschuldig an diesen »hinterlassenen Papieren«. Ich hatte schon starke Bedenken als Sie mir davon erzählten z. B. die Geschichte mit der schönen Försterstochter oder so ähnlich, alles verbrauchtestes Romanmittel. Gleich die ersten 6 Zeilen tragen den Stempel der Unächtheit an der Stirn. Ich habe unter solchen Büchern – über die ich nicht meinen ganzen Unmuth aussprechen darf, weil Sie's ja mit Vergnügen gelesen haben – so furchtbar gelitten, habe noch im vorigen und vorvorigen Jahre (Karl Bleibtreus freche Schmiererreien) mich so schrecklich darüber geärgert – ich erzähle Ihnen demnächst davon – daß ich ein Zittern kriege, wenn ich solch Buch blos sehe. Nichts für ungut. Auf Wort, ich bin sonst kein Spielverderber. Aber diese Literatur, die blos der Spekulation dient, ist mir schrecklich. – Meine Frau kommt frühestens am Donnerstag, vielleicht erst Sonnabend, weil sie – wie sie mir schreibt – Freitags nicht gerne reist. Bitte mich Ihren Damen, Mutter und Gattin, ganz ergebenst empfehlen zu wollen.

In vorzüglicher Ergebenheit
Ihr Th. F.

(13)   *Krummhübel* 11. Juni 85.

Hochgeehrter Herr.

Ein Brief meiner Frau, den ich heute erwartete, ist ausgeblieben und so bin ich denn nicht absolut sicher, ob sie morgen reist. Ich glaube es aber und bitte darauf hin, mich nochmals für Freitag 2½ bei Ihnen anmelden zu dürfen. Treffen morgen 11 Uhr noch Zeilen ein, die den Sonnabend als Reisetag festsetzen, so telegraphire ich oder schicke einen Boten, damit Sie bis 1 Uhr von der veränderten Situation Kenntniß erhalten. Ich würde dann erst Sonnabend Ihr Gast sein. Aber dies alles ist nicht sehr wahrscheinlich. Bis auf Weitres also: Freitag 2 ½.

In den »Enthüllungen«, die keine sind, – nicht mal in den unglaublichen Liebesgeschichten – habe ich gestern Abend gelesen, das ganze letzte Drittel. Ein verwegener Schmöker. Mündlich ein Mehreres.

Unter ergebensten Empfehlungen an alle die Ihrigen, wie immer Ihr ganz ergebenster

Th. Fontane.

(14) *Krummhübel* 19. Juni 85.

Hochgeehrter Herr.

Ihre Güte wird es entschuldigen, wenn wir unsren Besuch in Ihrem Hause noch bis zu Beginn der nächsten Woche hinausschieben, wo dann meine Frau – wenn es die fahrplanmäßigen Züge gestatten – am selben Tage noch bis Liegnitz (zu Treutlers) weiter will. Es kam von dorther eine Einladung und so sehr meine Frau für Krummhübler Stille schwärmt, so haben doch 8 Tage völlig ausgereicht, ihr eine Unterbrechung dieser »himmlischen Ruhe« wünschenswerth erscheinen zu lassen.

Uebrigens ist es mit der »himmlischen Ruhe« hier, seit dem 15. einigermaßen vorbei, bei Schreibers sind schon elf Gäste, Dr. Schwerin hat Villa Grosser bezogen, Scholtz aus Arnsdorf hat seine »Commandite« im Gerichtskretscham bezogen und last not least die schöne Marie ist wieder da und steht mit einem Afrikareisenden 3. Klasse (wahrscheinlich ein Stangenscher) auf dem Ziepfuß, wozu die krausen Haare dieser ramponirten Hebe freilich herausfordern.

22

Mit der Bitte mich und meine Frau Ihren Damen empfehlen zu wollen, in vorzüglicher Ergebenheit

Th. Fontane.

(15)   *Krummhübel 26. Juni 85.*

Gestern Abend starb, durch des Herrn Amtsrichters Jagd-
hund, mein »Muckelchen«, weißes Kaninchen erster Güte,
was ich hiermit tiefbetrübt zur Anzeige bringe.

Maywald
an d. Lomnitz-Brücke, 26. Juni 85.

Vorstehendes, wenigstens inhaltlich, Ihnen, hochgeehrter
Herr, zu melden, habe ich übernommen. In demselben Augenblicke, wo mich der Gedanke beschäftigte: »Himmel-
wetter, wenn nun der Hund als Feld- oder Forst-Frevler
todtgeschossen wird!« (ich habe nämlich solche Geschichte
in Wernigerode mal erlebt) in demselben Augenblicke
packte der Gegenstand meiner Sorge das Kaninchen und
schuf mir, indem er zwischen passiv und aktiv die Rollen
tauschte, eine neue.

Gegen 9 ½ war ich zu Hause; die langweiligste Partie war
das Dorf, wo ich 50 mal Guten Abend sagen mußte, was
selbst für meine Höflichkeit zu viel ist. Ich las dann noch
Zeitung und »Nord und Süd« bis nach Mitternacht. Wildenbruch hat wieder einen furchtbaren Vers gesündigt, der
helle Blödsinn, und dieser Mann behauptet, der wiederer-
standene Heinrich v. Kleist zu sein. Wenn Kleist nieste, fiel
im Verhältniß zu W., ein himmlischer Regen auf die Erde.
Das Tollste ist, daß das Publikum ihm gläubig folgt. Und
dann wundert man sich, daß die Sudanesen dem Mahdi
nachlaufen. Nur frech! Bitte mich allerseits zu empfehlen.   Ihr Th. F.

Hochgeehrter Herr.

Herzlichen Dank für Ihre freundlichen Zeilen und für alles was Ihre Güte für mich zu thun entschlossen ist oder schon gethan hat. Ihre Frau Mama wird Sie heute früh verlassen haben; welch Reisetag! Ein unnatürlich heißes Wetter, und wenn ich dann an die Million denke, die nach wie vor in Berlin herumkribbelt, so dreht sich mir das Herz im Leibe um. *Ich könnt' es nicht aushalten.*

Gestern aß ich bei Dr. Schwerins; ein Theil der alten Vertraulichkeit stellte sich wieder her und die heiklen Punkte – es sind deren mehrere; er ist unter anderm ein Freundschaftscultus-Fanatiker, eine entsetzliche Eigenschaft, die einen auf Thatsächlichkeit und Unsentimentalität gestellten Menschen zur Verzweiflung bringen kann – diese heiklen Punkte also wurden vermieden. Nur *nach* Tisch war es schlimm. Das Schwerinsche Haus gehört nämlich zu denen (und in Berlin erst recht) wo man beständig von Vertretern aller Nationen, Religionen und Lebensberufe tückisch überfallen wird. Eben will man eine Hörnchenspitze in den Kaffe tauchen und den Erweichungsprozeß liebevoll beobachten, so taucht ein Fabrikant oder ein Spezialarzt oder ein Oberlehrer auf, namentlich die letztren immer mit 5 Kindern und einer Tante als »Stütze der Hausfrau«. Nun geht das Geschnacke los, und das alles bei 30 Grad Celsius. Wenn ich zu Jemandem geladen bin, so muß Kirschkuchen oder Butterbrot und Käse der letzte Gang sein, aber nicht eine Kleinkinderbewahr-Anstalt. Heute werde ich nun nach Erdmannsdorff geschleppt. Es ist ordentlich grausam. Bei tropischer Hitze will ich still sitzen, aber nicht auf die Koppe steigen oder Aehnliches. Und bei der Gelegenheit wage ich auch gleich scheu die Bitte, den Reuß-Tag – erlabendes Wort, bei dem ich die Reuß durch die Luzerner

Brücke schäumen sehe – erst bei wieder kühler gewordenem Wetter anbrechen zu lassen. Ich leide so sehr unter der Hitze. Läßt sie nach, so schreibe ich gleich oder telegraphire, und wir fixiren dann Tag und Stunde. *Heute* schon alles fest machen, möchte ich nicht gern. Ihre Güte wird mir verzeihn, aber ich bin nicht blos ein alter, sondern was schlimmer auch ein kränklicher Herr.

Mit der Bitte mich Frau Gemahlin angelegentlichst empfehlen zu wollen, in vorzüglicher Ergebenheit

Th. Fontane.

(17) *Krummhübel* 5. Juli 85.

Hochgeehrter Herr.

Es ist die höchste Zeit, daß ich mich für den schönen Abend bei Ihnen bedanke, den ich Ihrer Vermittlung verdanke. Nachträglich darf ich ja gestehn, daß ich einen kleinen horror vor diesem Eingeführtwerden hatte. »Noch ein Prinz mehr auf Deinem Lebenswege«. So meine Betrachtung. Aber es verlief alles anders, und so gesellschaftsmüde ich nicht nur redensartlich, sondern in Wirklichkeit bin, so froh und glücklich bin ich, diesen überaus reizenden Prinzen-Abend erlebt zu haben. Frage ich mich, was es denn nun eigentlich war, was dem Beisammensein einen solchen aparten Charme lieh, so ist es, wenn mich nicht alles täuscht, die seltene Natürlichkeit, Liebenswürdigkeit und Herzensgüte, die das prinzliche Paar auszeichnet, ihn vielleicht noch mehr als sie. C'est le ton, qui fait la musique. Wenn der Eindruck den ich gemacht habe, nur halb der ist, den ich empfing, so will ich zufrieden sein. Alles in dem Hause wirkt behaglich, der Aufbau, die Herrichtung, alles deckt sich mit dem Wesen seiner Bewohner. Daß ich in der Julius Wolff-Frage so sehr oppositionell war, wird man mir verziehn haben; ich kenn' ihn *zu* gut und bin meiner Sache *zu* sicher. Ich *kann* mich nicht irren. Wie schon hundertfältig (denn bei der Popularität des Mannes wird ja beständig von ihm gesprochen) kam mir, auch am Mittwoch wieder, auf der Heimfahrt die Frage: »bist Du nicht zu weit gegangen? Kannst Du verantworten, was Du gesagt hast?« Aber, Gott sei Dank, meine bestimmte Antwort lautet: »ja.« W.s beide Romane (dicke Bücher) habe ich von Anfang bis Ende gelesen, seine Feuilletons und Tischreden kenn' ich, seinem Auftreten in künstlerischen und literarischen Kreisen bin ich gefolgt, ich darf sagen: ich *kenn* ihn, und weiß daß er unsagbar unbedeutend ist. Ein unsagbar unbedeutender Mensch aber kann keine 2 bändige große Dichtung schreiben und noch dazu einen »Tannhäuser«. Unmöglich! Bitte mich Frau Gemahlin zu empfehlen.

Ihr Th. F.

(17a)
[An Georg Friedlaenders Mutter Elisabeth Friedlaender]
Krummhübel 11. Juli 85.
Gnädigste Frau.

Ganz ergebensten Dank für das reizende kleine Buch, in das ich gleich hineinsah und vier, fünf Seiten las. Es ist sehr amüsant, am amüsantesten für den, der beide Sprachen kennt und hüben und drüben zu Haus ist. Wenn Herz und guter Wille für die That gelten dürfen, so kann ich das beinah von mir sagen. Und so werde ich denn dem Buche noch viel Erheiterung verdanken.

Gestern Nachmittag hatte ich die große Freude die Schmiedeberger Herrschaften hier zu sehn: Sohn, Tochter, Enkelin. Alle wohl und heiter (die Kleine ganz in roth wie eine Mohnblume) und in bester Plauderstimmung. Auch Direktor Menzel kam. So saßen wir bei Exner bis 9½, wo

ich nach Hause geschickt wurde, Schmiedeberg-Arnsdorf
bei Schnitzel und Eierkuchen zurücklassend. Am Dienstag,
wo meine Frau von Liegnitz zurückkehrt, werde ich die
Freude haben, die Ihrigen wiederzusehn.

Unter besten Wünschen für Ihr Wohl, gnädigste Frau, in
vorzüglicher Ergebenheit Ihr

Th. Fontane.

(18)   *Krummhübel* 13. Juli 85.

Hochgeehrter Herr.

Also 2 Uhr! Der Sohn wird sehr bedauern, nicht mit von
der Partie sein zu können, aber er ist noch gar nicht da und
trifft erst morgen, mit der Mama gleichzeitig, in Schmiedeberg ein. Ueber Haus Richter-Eberty morgen ein Ergiebi-
ges; heute nur noch Dank für Ihre liebenswürdigen Zeilen,
ergebenste Empfehlungen an Frau Gemahlin, und ein Gruß
an die kleine liebe Mohnblume.

Wie immer Ihr   Th. F.

(19)   [15. Juli 85]

Wie gütig Sie sind! Ein Expreß-Bote bei diesem Wetter!

Ich kriegte gestern Abend allerdings einen kleinen
Schreck, empfand aber deutlich, daß sich nicht gut »nein«
sagen lasse; das trägt einem nur Zweifel und Unruh ins
Gemüth, was störender ist als die äußre Unruhe, die doch
nur ein paar Stunden dauert: »Und dann um 9 (wie ein altes
Theatersprichwort sagt) ist alles aus.«

Also ich acceptirte und schickte heute, gleich nach dem
Wolkenbruch, ein Telegramm »daß ich 7 Uhr in Neuhoff
eintreffen würde.« Hoffentlich finde ich Sie Beide dort

vor. Eine frühre Stunde wählte ich absichtlich nicht, weil es dann blos früher anfängt, aber nicht früher aufhört. Pardon, wenn ich diesmal *direkt* in Neuhoff vorfahre, denn ich bin ein bischen angegriffen und möchte dem 3 stündigen Conversationsstück nicht noch gern [ein Vorspiel geben.

Auf Wiedersehen. In vorzügl. Ergebenheit Ihr

Th. F.]

(20) *Krummhübel 2. Aug. 85.*

Hochgeehrter Herr.
   Diese Zeilen wollen 3erlei:
   1. Sie Beide daheim begrüßen,
   2. Ihnen danken für Ihren liebenswürdigen Brief aus Brüssel und
   3. Sie bitten, mich bei nächster, sich bietender Gelegenheit im Hause Richter-Eberty wegen eines faux-pas (der aber eigentlich keiner war und nur so gedeutet werden kann) entschuldigen zu wollen.
Herr Richter, der gestern (Sonnabend) freundlichst mit mir plauderte, hatte die Güte mich seiner Frau und Schwägerin, Frau v. Bülow, vorstellen zu wollen, bei welcher Gelegenheit ich ihn bat, diese Vorstellung gütigst aufschieben zu wollen »ich sei furchtbar angegriffen.« Dies war nun thatsächlich der Fall, denn von 2 Uhr an, wo ich beim Justizrath Kette aus Frankfurt a/O zu Tische war, hatte ich unausgesetzt Conversation gemacht, so daß mir das bekannte Mühlrad mit Doppeldampfkraft im Kopfe herumging. Dennoch fühle ich ganz das Mißliche solches »Ansuchens um Vertagung« weshalb ich Sie beschwöre, diese fatale Geschichte wieder zurecht rücken zu wollen. Weitres bleibt mündlicher Auseinandersetzung vorbehal-

ten, nur so viel: alle meine Pläne nahmen ein tragikomi-
sches Ende.

Gruß und Empfehlung von Ihrem   Th. Fontane.

(21)   *Krummhübel* 4. Aug. 85

Hochgeehrter Herr.

Eben habe ich Ihren Brüsseler Brief noch mal durchgelesen (meine Frau hatte ihn verkramt) und ich bin nun wenigstens vor mir selbst entschuldigt, die Stelle über H[ans]
A[rnold] »Das Neuste ist immer das Schönste« übersehn
oder wenigstens nicht mehr im Gedächtniß gehabt zu haben. Es ist doch nur eine Zwischenbemerkung während
ich gestern den Eindruck hatte ein kleiner Essay. Und daß
mir *der* entgangen sein sollte, war doch stark und genirte
mich.

Noch wichtiger das Folgende.

Bitte, machen Sie sich möglichst bald an die Fortsetzung
der Erinnerungen aus 70/71, damit ich das betr. Manuskript
noch etwa bis 20. August einsenden kann, *je früher je besser.*
Ist der Sommer erst vorüber, so hapert's mit Raum und
Lust. In vorzügl. Ergebenheit, unter Empfehlungen an
Frau Gemahlin wenn sie schon zurück sein sollte, Ihr

Th. Fontane.

(22)   *Krummhübel* 14. Aug. 85.

Hochgeehrter Herr.

Wenigstens ein Dankeswort will ich an Sie richten, sonst
ist nichts zu vermelden, entweder weil nichts Vermeldens-
werthes da ist oder weil einem der Sinn für die Wahrnehmung allmälig verloren geht. Freund W. Hertz (Bessersche

29

Buchhandlung) sagte mal: »man ist nur so lange fremd an einem Ort wie einem die Semmeln fremd vorkommen.« Dieser Zeitpunkt liegt für mich in Krummhübel weit zurück, mir ist als ob die hiesige Semmel gleich am ersten Tage mit erschaffen wäre, und parallel damit läuft denn natürlich, daß ich hier überhaupt nichts mehr höre und sehe. »Dein Sinn ist zu, dein Herz ist todt.« Die Koppe, das Kapellchen mit der Bimmelglocke, selbst die schöne Marie haben ihren Zauber verloren, und der Zeitpunkt ist da, wo das renovirte Schauspielhaus mit seinem elektrischen Licht und die Frage »wer wird Berndaln ersetzen?« mein Gemüth zu beschäftigen beginnt. Nicht lebhaft, dazu ist man zu alt und zu abgebrüht, aber doch ein bischen. Bis zum 1. oder 2. denk' ich trotz alledem hier auszuhalten. – Mit der Familie des »nicht fertig gewordenen Engels« haben wir uns näher angefreundet, alles Leute von seltener Vortrefflichkeit, von denen ich Ihnen mal erzählen muß. Uebrigens keine neue Bekanntschaft, sondern nur eine wiederaufgenommene. Freilich liegen 30 Jahre dazwischen. Schwerins seh' ich sehr selten, heute soll ein erneuter Versuch gemacht werden und vielleicht einigen wir uns über einen »Grosser-Tag«. – Daß ich mich über R[ichter] mit so großer Ungenirtheit ausgesprochen habe, thut mir hinterher leid. Hätte ich gewußt, daß ihre oder Ihre Beziehungen (eine feine Frage der Rechtschreibung) so nahe wären, so hätte ich mich vorsichtiger ausgedrückt. Im Uebrigen ist einem der Mensch nicht das, was er *überhaupt* ist, sondern das, was er einem allerpersönlichst und ganz im Speziellen ist, wobei sich's treffen kann, daß einem eine fragwürdige Gestalt viel mehr ans Herz gewachsen ist als irgend ein Tugendpriester und Gesinnungstrampel. Im Verkehr der Menschen untereinander ist Liebe das Entscheidende; wer mich liebt und mir beständig die Beweise davon giebt, den liebe ich wieder und frage den Teufel danach, ob er andern gefällt oder eine sittliche Größe

30

repräsentirt. Freilich mein Urtheil wenn ich mich so ausdrücken darf als Historiker, bleibt unbestechlich und es
kann sich ereignen, daß ich sage: »Racker und Greul, aber
mein Freund«. – Gestern waren wir in Arnsdorf und sahen
das ganze Haus Eberty: Frau Richter im Landauer auf dem
Wege nach Schmiedeberg oder Krummhübel und dann
Herrn v. Bülow und Frau in der Arnsdorfer Dorfgasse. Mit
Hans Arnold sprach ich ein paar Minuten und empfing einen angenehmen Eindruck. Ich glaube, sie spricht wie sie
schreibt, d. h. sie hat auch im Sprechen die beneidenswerthe Gabe, das Kleinzeug der Unterhaltung durch etwas »je
ne sais quoi-kiges« (wie mein Freund Lucae zu sagen
pflegte) mit einem gewissen Reiz auszustatten, so daß auch
das Alltägliche in die Sphäre des Pikanten gehoben wird.
Dies ist *wirklich* eine Gabe. Die meisten Menschen haben
nur *die*, das an sich bedeutende zu vertrivialisiren. Unter
vielen Empfehlungen an Frau Gemahlin

Ihr

Th. F.

(23) [Postkarte   Poststempel: Krummhübel 17. 8. 85]

Vielen Dank! Auf Wiedersehn am Dienstag 4 Uhr in Ho-
henwiese bei Th[eodor] Gr[osser]. Brief an letztren von
Wang aus gerichtet, gemeinschaftlich mit Dr. Schwerin.
   Ergebenste Empfehlungen an Frau Gemahlin.
   Wie immer   Th. F.

Hochgeehrter Herr.

Nur ein paar Worte.

Die Richter-Reise betrachte ich als aufgegeben und bitte ich Sie herzlich, das Begrabene begraben sein zu lassen. Die Hals-Entzündung hat ein guter Engel geschickt; ob der der Wahrheit stehe dahin. In Häusern mit Krachs wechseln die Programms oft.

Heute steht Sturm im Kalender – diesmal draußen in der Natur – und ich bezweifle, daß wir morgen gutes Reisewetter für unsre F. F. Partie (Friedländer, Fontane) haben würden. So möcht' ich mir denn erlauben auch für diese kleine Partie Vertagung zu proponiren, aber nur auf ganz kurze Zeit, denn wir *müssen* nun endlich schöne, sichre Tage kriegen. So wie die da sind, bin ich zu jeder Stunde bereit. Mein seit vielen Wochen gehegter Plan war der, mit dem hiesigen Lehrer Loesche um 4 Uhr Nachmittags bis zur Riesenbaude zu steigen und dort die Nacht zuzubringen. Am andren Tag dann die Teiche und Spindelmühl, und am zweiten bez. am dritten Tag über die Schneegruben und Schreiberau zurück. Von Schreiberau aus zu Wagen bis Schmiedeberg bez. Krummhübel. Wie denken Sie darüber? Vielleicht läßt es sich auch umdrehn und wir beginnen mit einer Fahrt nach Schreiberau, wo wir dann die erste Nacht bleiben.

Unter Gruß und Handkuß für die gnädige Frau, wie immer

Ihr Th. F.

Hochgeehrter Herr.

Vielen Dank für Ihre Karte, die mir ein neuer Beweis Ihrer Güte. Nicht gerade fahrplanmäßig traf ich erst 5 ¼ in Schmiedeberg ein, nachdem ich eine Nat. Ztg. und ein Berliner Tageblatt – beide zufällig von einer unerlaubten Langweiligkeit – auswendig gelernt hatte. Die Koppe sah so traurig drein, als ob sie mitgelesen hätte. Alles ein bischen grau und belegt. Aber nicht meine Stimmung. Ich war ganz munter, stiebelte heiter durch den Dreck durch (unterwegs Begegnung mit dem in einer Pony-Equipage fahrenden Fräulein Grosser) und war nach fünfviertel Stunden hier. Dann bequem gemacht, Thee, Lampe, Zeitungen, Briefe – das reine Göttervergnügen.

Die 3 Tage waren *sehr* interessant. Wollte ich es auf die Wunder der Landschaft etc. schieben, so wäre das gelogen, ein Berg, ein Schloß, eine Stadt mehr, bedeutet mir nicht viel; aber Gablonz in seiner Gegensätzlichkeit hat mich wirklich interessirt und noch mehr die Reisegesellschaft. Was ist die Gegensätzlichkeit von Gablonz gegen die von Frau Richter und Frau Friedlaender. Nichts ist natürlicher als daß sich beide Damen lieben, sie sind beide mit seltner Vollkommenheit herausgebildete Frauentypen, eine so lehrreich wie die andre; sie zu beobachten ist ein constantes Novellelesen. Ihre kleine Frau aber verehre ich mehr denn je. Sie ist ein Schatz. Wie immer

Ihr Th. F.

(26) [Postkarte   Poststempel: Krummhübel 18. 9. 85.]

Der letzte Bogen ist verschrieben, die letzte Marke fort und
so muß ich denn auf dieser Karte von Ihnen und Frau Gemahlin Abschied nehmen. Herzlichen Dank für Ihre
freundlichen Zeilen und die beschämend gütige Einladung.
Aber noch mal Station machen, geht nicht; es ist nun auch
genug. Drei Bücher von Ihnen (eins davon von der Mama)
nehme ich mit nach Berlin, von wo aus ich sie Ihnen nach
wenigen Tagen schicke; ich habe mich in das Heim-Buch
hineingelesen und möchte gern damit zu Ende kommen.
Empfehlen Sie mich allerseits, sämmtlichen Herrschaften
in Arnsdorf und wenn sich's macht und es paßt, auch dem
Doppelgestirn von Hohenwiese. Bald ein Wiedersehn in
Berlin.

Ihr Th. F.

(27)   *Berlin* 20. Septemb. 85.
                                   Potsd. Str. 134.c.
Hochgeehrter Herr.

Seit gestern 5 Uhr bin ich wieder an alter Stelle, die mir
wohler thut als ich erwartete. Wenig hoffen ist immer gut.
Diese Zeilen sollen Ihnen und Frau Gemahlin nochmals
danken; aus meinem geplanten Stillleben hat Ihre Interven-
tion eine »Saison« mit allen Chikanen gemacht, sogar mit
einem Prinzen. Alles in allem war es viel besser so, als anders; 16 Wochen Einsamkeit und Schnitzel ist nicht auszuhalten.

Bitte, schreiben Sie das für die »Vossin« Bestimmte bald-
möglichst; können Sie's bis Anfang Oktober schaffen, so ist
Abdruck in diesem Jahre wenigstens noch möglich, nachher
nicht mehr. Was die »Novellette« angeht, so will ich sie an
die Tägl: Rundschau schicken wenn Sie's wünschen, es ist

mir aber fraglich, ob es genommen wird. Es läuft ganz gut mit drunter, eignet sich aber nicht zum Debüt.

Die Bücher schicke ich in den nächsten Tagen. Unter Wiederholung meiner Bitte mich den verschiedenen Kreisen im Kreis Hirschberg mit denen ich durch Ihre Güte in Berührung kam, empfehlen zu wollen, in vorzüglicher Ergebenheit

Ihr Th. F.

Gruß und Empfehlung von meiner Frau an Sie beiderseits.

(28)   *Berlin* 24. Sept. 85.
                                                Potsd. Str. 134.c.

Hochgeehrter Herr.

Welche Welt von Stoff! Wollte nur Gott, daß er erfreulicher wäre. Was mir wieder auffällt, ist, daß das Pech nie als Einzelfrucht sondern immer traubenförmig auftritt, immer Mitrailleusenschuß. Das Sorgenvollste sind die beiden Kinder; ich wage aber zu sagen, Scharlach, wenn sich nicht alle bösen Mächte verschwören, ist eine Sache, der man gut beizukommen versteht, und der Diphteritis-Anfall kann nicht schlimm gewesen sein, sonst hätte Ihr Bericht schlimmer geklungen. Es ist eine Krankheit, die ihre Furchtbarkeit, wenn sie überhaupt furchtbar auftritt, immer in den ersten Stunden zeigt. So hoffe ich denn das Beste. Besonders verdrießlich muß Ihnen das schwägerliche Auftreten gewesen sein. Ich habe von solchem Egoismus, trotzdem ich mich ohne Weiteres für einen strammen Egoisten halte, keine Vorstellung. Man erkennt die Menschen an ihren praedominirenden Gefühlen. Daß ihm die Sache verquer kam, ist begreiflich; in solchem Fall aber muß die kleine Mißstimmung in dem großen Gefühl der Theilnahme sofort auf und untergehn. Aber! Und nun gar Hannoveraner. Oder richtiger weil. Es sind sonderbare Menschen. Gescheidt und tüchtig wie alle Niedersachsen, aber auch wenig angenehm wie alle Niedersachsen.

Und dazwischen wie tanzendes Irrlicht und wie feierliches Fanal, die Gestalten der 17jährigen und des Chefpräsidenten! Das Leben macht doch die besten Witze und steht obenan in der Kunst der Antithese. Die Liebesgeschichte ist sehr interessant und was das Beste dran ist, sie hat ihre *sehr* versöhnlichen Seiten. Durchgängerische Sinnlichkeit bleibt zwar »au sein de sa famille« immer eine ängstliche Geschichte, sie ist, in dem hier vorliegenden Fall aber mit so viel Naivetät und Unschuld gepaart, daß ich entschieden für pardonniren und mildeste Behandlung bin. – Die Novellette schicke ich an die »Tägl: Rundschau«. Mit dem herzlichen Wunsche *sehr* bald nur Gutes von Ihnen und aus Hirschberg zu hören, in aufrichtiger Ergebenheit Ihr

Th. Fontane.

(29)   *Berlin* 26. Sept. 85.
                                          Potsd. Str. 134.c.

Hochgeehrter Herr.

Das Gedicht hatte ich neulich vergessen; es folgt nun heute.

Die Novellette an die »T. Rundschau« ist abgeschickt; kriege ich sie zurück, so wollen wir sie bis nächsten Sommer lagern lassen, da bringt sie dann wohl die Vossin, namentlich wenn Sie sich mit ihr bis dahin angefreundet haben.

Mit den Kindern geht es hoffentlich gut. Dies von Herzen der Wunsch

Ihres ganz ergebensten
Th. Fontane.

Haben Sie denn die Wahlrede von Prinz R[euß] gelesen, worin es heißt: »Wer *dieser* Regierung opponirt, ist einfach bornirt.« Hat mich riesig amüsirt. Denn so ungewöhnlich die Aeußerung ist, so ist sie doch eigentlich richtig. Ihr

Th. F.

(30)   Berlin 7. Okt. 85.
                                                 Potsd. Str. 134.c.
Hochgeehrter Herr.

Daß kein Brief von Ihnen gekommen, nehmen wir als ein gutes Zeichen. No News good News. Aber die direkte Bestätigung zu hören, wird uns eine große Freude sein. Auch die Tragikomödie hat hoffentlich ausgespielt und verständigen und reputirlichen Zuständen Platz gemacht.

In der letzten Woche wurd' ich auch mittelbar beständig an Haus Friedländer erinnert, weil es Haus F. war, in dem ich Hans Arnolds nähere Bekanntschaft machte. Das neue Buch derselben hab' ich gelesen und heute früh einen Brief darüber an Frau v. Bülow geschrieben. Alles in allem bin ich danach weit über Erwarten befriedigt. Einzelnes, so die Novelle »Die junge Frau Doktorin«, bekundet die fix und fertige Schriftstellerin, mehr noch die Künstlerin, die ihr Metier vollkommen versteht; ihre eigentliche Bedeutung liegt aber nicht in *dem*, was Schriftstellerin und Künstlerin an ihr ist (das alles läßt sich bei Fleiß und mittlerer Begabung lernen) sondern in dem, was ihr eine heitre Fee mit in die Wiege gesteckt hat. Sie beobachtet vorzüglich und hat ein scharfes Auge für das Komische, vor allem aber – und das adelt diese Begabung erst – hat sie Geschmack, Gefühl und komische Erfindung. Das, was die kleinen heitren Geschichten so gut macht, ist nicht das ihr von außen her Gegebene, sondern das von ihr *Hinzugethane*. Ihre Natur und ihr Talent ist doch viel reicher als ich gedacht.

37

Mit vielem Dank die Bücher zurück, auch das, was Ihre Frau Mama in ihrer Güte an mich schickte. Mit der Heim'schen Biographie bin ich nicht fertig geworden und finde nun auch keine Zeit mehr, aber im nächsten Sommer, wenn mir noch ein neuer Krummhübler Aufenthalt beschieden ist, beende ich hoffentlich die Lektüre. Holteis Talent, das ich immer hochstellte, habe ich aufs Neue bewundern gelernt. Alles huschlig, flüchtig und mit schlechten Stellen untermischt, aber in dem rasch und liederlich Hingeworfenen steckt auch wieder der Zauber der Sachen.

Mit der Bitte mich Ihren Damen, sei's in Schmiede – sei's in Hirschberg empfehlen zu wollen, auch unter Gruß und Empfehlung an die Arnsdorfer Herrschaften wie immer Ihr herzlich ergebenster

Th. Fontane.

So weit gestern Abend. Heute sind wir in großer Aufregung durch den Ausgang des Graefschen Prozesses, obschon kaum was zu verwundern ist. Das Gericht mit seiner Anklage vertritt den alten Zustand der Gesellschaft, das Verdikt der Geschworenen den neuen. Ich bin von G[raef]'s doppelter Schuld überzeugt und hätte ihn trotzdem wahrscheinlich auch nicht verurtheilt. Die gebildete Welt genirt sich nach dieser Seite hin Rigorismus zu zeigen, läßt aus Angst der Tugendboldschaft, richtiger noch der Tugend-*lüge* bezichtigt zu werden, 5 grade sein, und rafft sich erst dann zu einer Verurtheilung auf, wenn die Schuld klipp und klar ist und ein Ertappen in flagranti vorliegt. Der Ausgang des Prozesses beweist, daß das sexuelle Gebiet ein Gebiet ist, auf dem der Indizienbeweis zur Verurtheilung nicht mehr ausreicht, weil die moderne Welt dies nicht wünscht. Für die ganze juristische Welt ist es ein furchtbar harter Schlag und der Staatsanwalt, ein, glaub ich, forscher und gescheidter Kerl, steht da wie ein Fatzke. Es ist eine sehr ernste Sache.

(31)   *Berlin* 8. Novb. 85.
                                                 Potsd. Str. 134.c.

Hochgeehrter Herr.

In aller Sonntagsstille nur ein paar Worte, um Ihnen, neben meiner Freude über die Wiederherstellung des glücklichen Status quo ante, auch das Nöthige hinsichtlich Ihrer Novellette zu vermelden. Schon als ich das letzte Mal schrieb, hatte ich den ablehnenden Bescheid des Dr. Fr: Lange, Chefredakteur der »Tägl: Rundschau« in Händen, hielt aber, ich weiß nicht mehr aus welchem Grunde, damals damit zurück. Lange bezeichnet die Geschichte als zu »romantisch« und in dieser ihrer Romantik als einigermaßen überholt. Es hat mich dies Urtheil auch nicht gewundert; es ist eine Geschichte ganz *gegen* den Zeitgeschmack. Ich behalte sie aber hier und werde nächsten Sommer mein Heil damit bei Stephany versuchen; in einer großen Zeitung, verzeihen Sie den Ausdruck, »verthut« sich dergleichen und die Frage »romantisch oder nichtromantisch« sinkt zu etwas Gleichgültigem herab, deshalb gleichgültig, weil sich unter hunderttausend Lesern immer 10,000 finden, die's aus demselben Grunde nett finden, um dessentwillen es die andern ablehnen. Ueberblick' ich aber die bisherigen Schicksale, so läßt sich wirklich (auch »romantisch«) von Aschenputel und Schmerzenskind sprechen.

Von unsrem Coloniefest haben Sie wohl in den Zeitungen gelesen; es war nicht *ganz* so schön, wie's die Zeitungen ausposaunt haben und nur in einem war nicht zu viel gesagt: die Colonistentöchter waren schön und graziös und ihren Toiletten merkte man es an, daß der *Seiden*-Webstuhl an der

Wiege vieler gestanden hatte. Der Atlas knisterte von allen
Seiten. – Von Frau v. Bülow hatte ich einen sehr liebenswürdigen Brief; über ihr neustes Novellenbuch schreibe ich
spätestens in nächster Woche; die Kreuz-Ztg. ist bereits mit
einem ziemlich insipiden Lob-Artikel voran gegangen. –
Mein Buch (die Novelle) erscheint in den nächsten Tagen;
sobald es da ist, schicke ich es Ihnen. Empfehlen Sie mich
Ihrer verehrten Frau wie der »schönen (Papier-)Müllerin«.
Einen Kuß der kleinen Mohnblume von ihrem und Ihrem

Th. F.

(32)   *Berlin* 16. Novb. 85.
                                        Potsd. Str. 134.c.

Hochgeehrter Herr.

Allerschönsten Dank für den lieben, hübschen, liebenswürdigen und nur allzu schmeichelhaften Brief, wie zugleich für den eingerahmten Goethe. Das alte Medaillon ist
vorläufig noch das bevorzugte, was zu erzählen eine lange
Geschichte gäbe. Wir freuen uns herzlich mit Ihnen, daß Sie
nun wieder alles frisch und gesund um sich haben und die
nicht-schönen Tage von Hirschberg (im Gegensatz zu denen von Aranjuez) vorüber sind.

Das kl. Manuskript bitte ich noch behalten zu dürfen;
man kann nie wissen.

Anbei nun der »Birnbaum« in bequem lesbarer Gestalt.
Daß keine schöne, herzerquickliche Gestalt darin ist, wer
dies auch gesagt haben mag, ist richtig und keine üble Bemerkung, das Schöne, Trostreiche, Erhebende schreitet
aber gestaltlos durch die Geschichte hin und ist einfach das
gepredigte Evangelium von der Gerechtigkeit Gottes, von
der Ordnung in seiner Welt. Ja, das steht so fest, daß die
Predigt sogar einen humoristischen Anstrich gewinnen
konnte. – Mir geht es nicht gut, bin ich wieder gesund,

schreibe ich mehr. Unter Gruß und vielen Empfehlungen wie immer Ihr herzlich ergebenster

Th. F.

Ihre Frau Mama hatte die große Güte bei uns vorzusprechen und uns einen frühern Band von Hans Arnold zu schicken; meine Frau wird den Besuch in den nächsten Tagen erwidern.

(33)

Gratulor!
  Vorzüglich gelungen.
  Brief morgen oder übermorgen.
  Ich habe bis diese Minute (8¼ Abends) für Lindau schreiben müssen, der in zwei drei Tagen ein neues Blatt edirt. 1000 Grüße.
  Wie immer Ihr

Th. F.

Berlin 5. Januar 86.

(34)   *Berlin* 6. Januar 86.
Potsd. Str. 134.c.

Hochgeehrter Herr.
  Mein »Juchzer« über die Hörner-Schlittenfahrt wird bereits zu Ihnen gedrungen sein; ich bin sicher, daß Sie mit diesem reizenden kleinen Aufsatze vielen Berlinern gestern eine rechte Herzensfreude bereitet haben, am meisten den Schlesiern die hier wohnen und am allerallermeisten den zahllosen »Sommerfrischlern«, die fast noch rübezahlrischer gesonnen sind, als die, die dem guten alten Kerl direkt unterstehn. Etwa wie die Baiern jetzt noch kaiserwilhelm-

licher sind als die Brandenburger. Ich bin stolz darauf, Sie bei der »Vossin« eingeführt zu haben und der Rest Ihrer Kriegsbeschreibungen und Erlebnisse wird nach diesem Zwischengericht doppelt willkommen sein. Die Wirkung desselben würde noch größer gewesen sein, wenn Sie sich ¾ Spalten gespart und etwa bei dem Absatze: »Aber da steht ja schon eine ganze Wagenburg etc.« begonnen hätten. Der Anlauf zu dem Sprung ist zu groß. Früher war das ab ovo gestattet, jetzt bevorzugt man das in medias res-gehen. Und dies ist offenbar ein Fortschritt. Der Inhalt muß sich mit der Ueberschrift decken; Extra's unstatthaft.

Und nun herzlichen Dank für den so liebenswürdigen und so schmeichelhaften Geburtstagsbrief, auf dessen zweiter Seite sich 'mal wieder die faust-hamlet'sche Berlin-Sehnsucht regte. »Und wenn's auch nur das Schauspielhaus wär'.« Aber glücklicherweise scheint es nur ein Anfall gewesen zu sein und ich lese in der »Hörnerschlittenfahrt« zu meiner Freude: »was Berlin, was Friedrichsstraße!« Daß beide Gedanken in einer Minute nebeneinander wohnen können, weiß ich aus eigener Erfahrung, jeden Tag will ich in die Einsamkeit und jeden Tag fühl' ich, daß es Potsdammer Straße 134c. doch schließlich am besten ist. Eigentlich ist es ein Glück, ein Lebelang an einer Sehnsucht zu lutschen; einige sagen ja sogar, das ganze Leben sei nur dazu da, sich das Ferne, das Unbestimmte zu wünschen.

Ob ich wieder nach Krummhübel komme? Mehrere Wochen lang hatte ich keine rechte Lust dazu und sann über andre Plätze (etwa bei Hohenwiese hinauf) nach, ich habe mich aber »wieder gegeben« was glaub' ich ein Berolinismus ist. Schließlich ist es doch sehr schön in K., und wo fänd' ich Personen, die mich so trügen und verwöhnten wie gewisse Schmiedeberger, deren Namen ich klüglich verschweige. So wird es denn wohl wieder Krummhübel werden (jedenfalls das Hirschberger Thal) und meine Frau zählt jetzt schon die Tage; sie muß sich hier *zu* sehr quälen und abmühen und blickt auf die 2 Schreiberschen Stuben wie auf einen Ruhehafen. Die Anzeige von der Verlobung unsres Aeltesten werden Sie erhalten haben; Pfingsten soll Hochzeit sein; beide junge Leute sind sehr glücklich.

Sie schreiben mir so Freundliches über das Menzel-Gedicht und ich stecke es diesmal ohne Verlegenheit ein, weil es, glaub ich, apart gelungen ist. Uebrigens müßt' es auch mit dem Deubel zugehn, denn ich habe runde 3 Wochen dran gearbeitet. Der Erfolg war glänzend, am entzücktesten der Kronprinz, der bei Menzel, jedem der es hören wollte, erzählte, daß er es seiner Frau 2 mal beim Frühstück vorgelesen und es dann (ganz charakteristisch) »ausgeschnitten« habe. Derlei Freundliches drang von vielen Seiten her an mich heran und doch bin ich, beinah 14 Tage lang, aus dem Aerger oder richtiger aus einem sehr schmerzlichen Gefühl nicht herausgekommen. Am 7. Abends ging ich noch 'mal auf die Zeitung, um die letzte Correctur zu besorgen und erfuhr hier vom Chefredakteur: »er habe eben mit Lessing gesprochen; nun ja, es sei hübsch, sogar recht hübsch, aber eigentlich sei es doch zu viel in ein und derselben Nummer erst einen langen Menzel-Artikel und dann auch noch ein langes Menzel-Gedicht zu bringen« kurzum man ließ mich fühlen, daß man das Gedicht nur aus *Gefälligkeit* drucke und weil es doch nun mal da sei. Ich hatte geglaubt, man würde mich umarmen (und man hätt' es *gemußt*) und mir alle möglichen schönen Dinge sagen. Ja, ich mache Ihnen gern und offen das Bekenntniß, ich hatte geglaubt, man werde mir 12 Flaschen Champagner oder dergleichen ins Haus schicken. Denn Menzel war am 8. Dezember das große Tages-Ereigniß und wer das Glück hat, für ein Tagesereigniß das ausschlaggebende Wort zu finden, der muß schon vom *geschäftlichen* Zeitungsstandpunkt aus belohnt und gefeiert werden. Aber Kuchen! Dies alles war indessen blos Vorspiel. Menzel selbst gab kein Lebenszeichen und kam erst am 10. oder 11. Tage, um sich zu bedanken. Es kann Zufall gewesen sein, will sagen unbeabsichtigt, aber selbst *dann* ist es starker Taback. Wenn man jemanden *so* feiert, so muß der Gefeierte auf der Stelle Zeit zu einem Telegramm oder einer Rohrpostkarte finden und nicht zehn Tage vergehn lassen. Es wird aber wohl anders liegen und der Grund seiner Säumniß in einem gewissen Mißfallen zu suchen sein. Irgendein Wort hat ihm nicht zugesagt oder ihn geradezu verdrossen und er hat Zeit gebraucht, sich zu recolligiren. Auch *das* läßt sich verzeihn, aber sehr angenehm ist es nicht für *den*, der auf seinen ehrlich verdienten Dank wartet. Die Welt ist wunderbar. Im Uebrigen, wie sie auch sei, Ihnen und Ihrer lieben verehrten Frau die herzlichsten Neujahrswünsche von Ihrem treu ergebensten

Th. Fontane.

(35)   *Berlin* 2. März 86.
                                         Potsd. Str. 134.c.

Hochgeehrter Herr u. Freund.

Zunächst allerschönsten Dank für so viel beschämende Güte. Zwei Briefe en suite, der eine dem andern auf die Hacken tretend, das ist allein schon eine That; und nun erst der Inhalt, jedes Wort eine Liebenswürdigkeit.

Eigentlich sollten diese Dankeszeilen längst in Ihren Händen sein, aber waren *das* Tage. Während ich mitunter 3 Wochen in aller Stille zu Hause sitze, bei Thee, Vossin und Ranke (den ich jetzt lese) war von vorigem Donnerstag an der Deubel los. Es hing Gewicht sich an Gewicht und nachdem ich am Freitag einen »Commers mit Damen« inclusive geriebenem Salamander – nur der »Landesvater« fehlte – durchgemacht hatte, folgte am Sonnabend eine Landpar-

44

thie nach Lichterfelde, denn das war es trotzdem es Diner hieß, am Sonntag ein Souper bei Freund Stephany (Heinemann, Ludwig Löwe, Wendelin v. Maltzahn zugegen) und gestern Montag Beginn eines Gastspiels, das auf 12 Rollen, sonst immer 3, anschwellen kann. Daß der Gast Sauer heißt, ist selbstverständlich, kann mich aber nicht trösten. Und das alles bei 10° Kälte und Nordost, der mein Todfeind ist. Gott sei Dank hab' ich's überstanden, aber es war eine Wintercampagne comme-il-faut, russischer Feldzug.

Und nun die Wohnungsfrage, die mir so recht Ihre freundschaftlichen Gesinnungen für mich gezeigt hat.

Ich stehe so dazu.

Oft bin ich an dem betr: Hause vorbeigekommen – der verrückte vorjährige Pastor, der bei Schreiber's durch das »Nebelhorn« verdrängt wurde, wohnte darin – und ich glaube zu wissen, was ja auch Heidenheim bestätigt, daß es so gut ist, wie man's nur verlangen kann. Das Mißliche liegt wo anders: alles Gebundensein ist schrecklich und unklug zugleich, denn es kommt immer anders, als man vorher gerechnet hat. Miethet man auf 8 Tage, so kann man sicher sein, 8 Wochen, oder auch 18, ruhig an der betreffenden Stelle still sitzen zu können, miethet man umgekehrt auf 18 Wochen so kommt schon nach 18 Stunden was dazwischen: man wird krank, oder ein andrer wird es, oder ein Prinz will einen mit nach Italien nehmen, oder ein Buchhändler oder eine Zeitung schreibt einem: für diesen Eröffnungs- oder Trauer-Feierlichkeits-Bericht (Lokal: Petersburg oder Stockholm) zahlen wir Ihnen bei freier Reise 1000 Mark. Kurzum etwas Gutes oder Schlimmes fährt immer dazwischen wenn man sich fest gemacht hat, das Schicksal haßt es daß der Mensch irgend was vorausbestimmt, er muß immer zuwartend sein, immer den Moment als eine Gnade empfangen, aber ihn nicht als selbstverständlich, als »vorausbezahlt« beanspruchen. Da geht dann leicht der Einsatz verloren und ich wäre traurig für eine vielleicht 1 wöchentliche Villeggiatur in Querseiffen 360 Mark auf ein Brett bezahlen zu müssen. Selbst der Blick auf das Schild »Gasthaus zur Annen-Kapelle« ist damit zu theuer bezahlt. Es wäre mir – meine Frau schrieb schon in diesem Sinne an Frau Richter – deshalb sehr lieb, wenn die Sache mit abwartender Vorsicht betrieben werden könnte. Vor Mitte Mai wird sich ja wohl niemand bei Mutter Kluge melden und steht es um diese Zeit mit uns noch ebenso wie in diesem Augenblicke, so würde ich dann gerne sagen: »*nu*, man los.« Denn wenn es gefährlich ist zu flink zu sein, so ist es fast noch gefährlicher zu lange zu warten. Das Schicksal, wenn es einem die Hand bietet, verlangt auch, daß man einschlägt und nicht noch lange vornehm und anspruchsvoll oder schwächlich und pedantisch zögert. Also zunächst: Vertagung, und dann, von einem bestimmten Punkt an, tapfer zugegriffen.

Was Sie mir über L[udwig] P[ietsch] geschrieben haben, hat mich auf's äußerste interessirt und – frappirt. Daß er *auf die Dauer* nichts für Sie sein würde, noch weniger für Frau Gemahlin – der ich mich aufs angelegentlichste empfehle – *das* wußt' ich, aber daß er auch eine 24 stündige Probe nur schwach bestehen würde, das hat mich doch überrascht. Ich fürchtete, als ich zuerst von diesem Besuche hörte, daß ich in die fatale, weil immer kleinlich wirkende Lage kommen würde, abwiegeln zu müssen, und nun sehe ich zu meinem Staunen, daß es ungekehrt liegt, denn ich möchte doch wirklich aussprechen dürfen: Sie unterschätzen ihn. Als Charakter steht er ganz tief, ist Null, zählt nicht mit, aber sein journalistisches ist nicht blos ersten Ranges, sondern ganz einzig in seiner Art. Dabei hat er, aller durchbrechenden Rohheit (und schlimmerem) zum Trotz, eine überaus feine künstlerische Empfindung, auf literarischem Gebiete fast noch mehr, als auf dem der bildenden Künste. Wie viel Schönes hat er über Storm, Turgenjew und viele andre geschrieben. Seine Bemerkungen hinsichtlich Menzels sind unklug und wirken renommistisch, au fond ist es aber mehr. Es ist mit solchen eitlen und selbstbewußten Aussprüchen immer eine eigne Sache. Lindau sagte vor 10 Jahren mal zu mir: »Udo Brachvogel (aus New-York) war heute bei mir; er sagte mir: drüben spräche man nur von 2 Menschen, von Bismarck und mir (Lindau)«. Das klingt toll und es ist nie klug, es zu sagen. Aber ich bin wie von meinem Leben überzeugt, daß es richtig war. Die gräßliche Bescheidenheits-Komödie, die wir beständig führen müssen, schafft mehr Unwahrheit in die Welt, als wenn man flott drauf los renommirte oder wenigstens sich daran gewöhnt, sein Licht nicht unter den Scheffel zu stellen.

Wie immer Ihr
Th. Fontane

Ich habe die ganzen 12 Seiten in einer halben Stunde 'runter gefledert und kann sie nicht noch mal durchlesen. Also Pardon für allerhand Fehler.

Th. F.

[Auf beiliegendem Blatt]

Das Couvert mit seiner Aufschrift »*Frau* Dr. Friedländer« lagert schon ein Vierteljahr in meiner Schreibmappe und will fort. Daher benutze ich es und weiß, der Brief segelt nun unter guter Flagge.

(36)   *Berlin* 9. April 86.
                                                Potsd. Str. 134.c.

Hochgeehrter Herr u. Freund.

Ein sehr flüchtiger aber sehr langer Brief – ein Unglück kommt nie allein – wird Ihnen in den Februartagen zugegangen sein und daß ich noch keine Antwort darauf erhalten habe, wenigstens keine geschriebene, erkläre ich mir aus Ihrer steten Rücksicht und Liebenswürdigkeit gegen mich: nur den armen Kerl nicht engagiren, nicht brieflich verwickeln. Dies legt mir aber eine doppelte Verpflichtung auf, Ihnen für die *Thaten* zu danken, in denen Sie mittlerweile mit Haus Fontane correspondirt haben. Ich meine den Wohnungs-Rettungs-Akt. Als ich von einem Breslauer Herrn v. Itzenplitz las – in Breslau giebt es Itzige aber nicht Itzenplitze – war mein erstes Wort: »*das* ist Tells Geschoß« oder richtiger: einer jener sagenhaften Pfeile, die nicht zum Tode sondern zum Leben abgeschwirrt wurden. Mit andern Worten, ich hielt den Itzenplitz, von dem Frau Richter schrieb, für ein Geschöpf Ihrer Laune, für ein Produkt freundschaftlich liebenswürdigen Uebereinkommens, um den »Halb-Engagirten« ein für allemal aus der Schlinge heraus zu lassen.

Wie's nun aber auch sein möge, so oder so, ich bin herzlich froh, wieder absolute Wahl- und Aktionsfreiheit zu haben. Meine Frau läßt sich bei Einladungen, Aufforderungen, Abmachungen, immer vom Moment bestimmen und entbehrt ganz der Fähigkeit, sich die Tragweite eines »ja« rasch zu vergegenwärtigen, so daß Abwieglungen zu meiner täglichen Beschäftigung gehören. – Solch »Haus in Querseiffen« sicher in Aussicht zu haben, bei guten, ordentlichen, reinlichen Leuten, – ja, das ist etwas sehr Hübsches, aber nun kommt der Rugclaas wie die Plattdeutschen sagen, und die »draw-backs« um mich bis ins Englische zu steigern, nehmen ihren Anfang. Werden wir überhaupt ins Gebirge reisen können? werden wir nicht gezwungen sein, uns mit 4 (statt mit 12) Wochen zu begnügen? Werden nicht vielleicht Ratten oder Mäuse im Hause sein? Werden mich Hundeblaff und Hahnenschrei nicht zu Verzweiflung bringen? So drängen die Fragen heran. Kurzum, man muß

Spielraum haben und von 8 Tagen zu 8 Tagen wechseln können. 120 Thaler will doch niemand gern umsonst zahlen; *ich*, allein, käme noch allenfalls drüber hin, aber Frauen, selbst wenn sie sehr wohlhabend sind, können für nichts und wieder nichts gezahlte 120 Thaler ein Vierteljahrlang nicht verwinden; *der* Sommer ist pfutsch und zeigt kein heitres Gesicht mehr.

Wir haben nun das Folgende vor.

Zwischen dem 10. und 15. Juni soll Hochzeit sein; unmittelbar nach der Hochzeit – fast als ob sich's um die eigene Hochzeitsreise handelte – soll zu vieren aufgebrochen werden: Frau, Tochter, Mädchen, ich. Das »Mädchen« ist wichtig; es emancipirt uns von der Eßfrage, macht die Nähe von Exner oder Rummler zu etwas Gleichgültigem. Wir wollen in Schmiedeberg ein, zwei Tage sein und von dort aus, vielleicht unter Ihrer liebenswürdigen Führung, eine Wohnungs-Entdeckungsreise bis nach Wang hinauf machen. Ein Unterkommen in einer der noch über »Waldhaus« hinausgelegenen Bauden wäre uns das liebste; ich kann dort oben ruhiger arbeiten als in einem mit 20 Menschen besetzten Hause und habe eine viel schönere Luft. In diesem Punkte bin ich Feinschmecker geworden und habe 'rausprobirt, daß eine eigentlich feine Luft erst hinter Wollmanns anfängt. Ich denke mir, daß Sie diesem allem zustimmen werden.

Die Vossin beschäftigt sich mit keinem Landestheil so viel, wie mit dem Hirschberger Thal, immer ist ein Lehrer abgesetzt oder ein Redakteur eingesteckt worden. Politisch eine gräßliche Gegend, weil jeder Jammerlappen genau weiß, wie's Bismarck hätte machen sollen. Die letzten Nachrichten betrafen nun leider Heinrich Reuß XXIII; erst aus der Notiz, daß »der Verstorbene nach Neuhof bei Schmiedeberg« übergeführt worden sei, ersah ich, daß es sich um unsre oder bescheidener *Ihre* Reuß'ens handelt. Was lag denn eigentlich vor? Ist die Familie sehr unglücklich? Eine Frage, die überflüssig scheint, und es doch so oft nicht ist. – In nächster Woche giebt Menzel ein großes Dankes-Diner im Kaiserhof, da werde ich auch Pietsch sehn; so viel ich höre, sind wir die beiden einzigen geladenen Schriftsteller, was wir beide als unser gutes Recht ansehn dürfen, denn wenn sich Menzel in erster Reihe auch selbst gemacht hat, in zweiter Reihe ist er durch L[udwig] P[ietsch] *das*, was er ist. Dies schon neulich berührte Thema, freu ich mich mit Ihnen im Juni durchsprechen zu können. – Habe ich Ihnen denn schon von der Verlobung auch unsres *zweiten* Sohnes geschrieben? Ein ebenfalls frohes Ereigniß, weil er zwar nicht reich aber sonst sehr gut gewählt hat, ein Fräulein Soldmann, Tochter des Oberpost-Direktors in Münster. – Was macht das Notizbuch von Förster Frey? Diesen Sommer will ich nun ernstlich anfangen und die Geschichte niederschreiben. – Im »Universum« (den Westermannschen Monatsheften verwandt) erscheint jetzt meine neuste Arbeit, an der ich schon in Krummhübel herumcorrigirte und dann den ganzen Winter durch bis jetzt, – eine riesig mühevolle Arbeit und vielleicht nicht mal geglückt. Meine Frau wenigstens betont ziemlich unverblümt eine starke Langweiligkeit. Aber schließlich, *was* ist interessant? Doch am Ende nur das, was fleißig und ordentlich ist. Alles andre ist Schwindel oder nicht besser als Polizeibericht. Im Gegentheil; *der* hat wenigstens die Phrasenlosigkeit. Und nun allerherzlichste Grüße u. Empfehlungen an die Häuser Friedländer u. Richter von Ihrem treu ergebensten

Th. Fontane.

(37)   *Berlin* 11. April 86.
                                          Potsd. Str. 134.c.

Hochgeehrter Herr.

Diese Zeilen sollen Ihnen, neben meinem Dank, nur unsre allseitige Freude aussprechen, Sie und Frau Gemahlin so bald begrüßen zu können. Unsre Tage sind noch ganz frei, mit alleiniger Ausnahme der 24 Stunden von Mittwoch Abend (Schack's Timandra) bis Donnerstag Abend (Menzel–Diner) und dazwischen zwei zu schreibende Kritiken: die kleine und die große. Sehr gespannt sind wir auf die Geschichte des rothblonden Pastors; Skandal ist immer das süßeste. Man wird an Auerbachs »Auf der Höhe« erinnert, wo sich Gräfin Irma »zur Läuterung« immer höher hinauf zieht. Allerdings auch *dies* eine zweideutige Wendung. Aber wir sind ja beinah so weit, daß jeder Satz nebenher auch noch eine Aequivoke bedeutet. Also auf baldige Begrüßung.   Wie immer Ihr
                                                          Th. F.

(38)   *Berlin* 15. April 86.
                                          Potsd. Str. 134.c.

Hochgeehrter Herr u. Freund.

Keine Ahnung hatte ich, daß das Friedländersche Paar nebenan war; ich horchte mit halbem Ohre hin, habe aber weder Ihre noch Frau Gemahlin Stimme erkannt.

Ihren lieben Brief beantwortete ich gleich am Sonntag und habe ihn am Sonntag Abend selbst zur Post gebracht und nicht einmal sehr spät. Er müßte Montag früh in Schmiedeberg gewesen sein. Vielleicht waren Sie schon fort.

Ich freue mich sehr auf morgen Abend; wir werden am Fenster stehn, damit wir aufschließen können wenn das Haus schon »zu« sein sollte.

Eben, um die Tagesverwirrung voll zu machen, kriege ich einen Brief von Rud: Genée, der mir patzig die Freundschaft kündigt. Morgen, unter Vorlegung des Scriptums, das Weitere. Gott, wie lebt man! Und dabei ein sogenannter guter Kerl. Das heißt *ich*, nicht Genée. *Der* platzt.

Unter herzlichsten Empfehlungen an Ihre Damen wie immer Ihr

Th. F.

(39) *Berlin* 6. Mai 86.
Potsd. Str. 134.c.

Hochgeehrter Herr.

Gestern war eine reizende Dame bei meinen zwei Damen, entpuppte sich als Frau Generalarzt Wenzel und theilte mit: ihr Versuch bei dem Cantor (ich glaube sie sagte Cantor) auf Kirche Wang eine hübsche Wohnung zu miethen, sei an dem Wort gescheitert: ein bestimmtes »ja« sei nicht eher möglich, als bis die Familie Fontane in Berlin sich in dieser Wohnungsfrage schlüssig gemacht habe. Diese Mittheilung hat in uns die Furcht wachgerufen, daß vielleicht ein Brief von Ihnen verloren gegangen sein könne, ein Brief auf den Sie Antwort erwarten und vielleicht schon verwundert drein schaun, weil die Antwort noch nicht eingegangen ist. Liegt es aber auch anders, so liegt es doch wahrscheinlich so, daß Ihre Güte bereits für uns thätig und um unsre Placirung im Faubourg St. Germain von Wang bemüht gewesen ist.

Unsre Stellung bitten wir dahin präcisiren zu dürfen: Nur kein Binden auf viele Wochen hinaus! Das war das Reizende bei Schreiber's, daß man jede Woche sein Camp abbrechen konnte. Gesicherte Rückzugslinie ist mein Lebens-Ideal. So müssen wir denn gegen alle solche Personen, die die Katze im Sack zu kaufen Lust haben, von vornherein zurückstehn. Alle Vermiether vermiethen lieber saison- als wochenweise. Vor Anfang Juli zieht übrigens schwerlich irgend wer nach Wang hinauf und ließe sich mit Rücksicht auf diese Thatsache vielleicht eine 14tägige Miethe von Mitte bis Ende Juni ermöglichen. Freilich müßten wir dann, wenn Wenzel's eintreffen, unter allen Umständen heraus, auch wenn es uns riesig gefallen sollte. Aber das ist immer noch besser, als 13 Wochen lang angenagelt sein. – Uns geht es erträglich, aber nur erträglich, Kälte, Galle, Verstimmungen – so verbringt man die Maitage und spricht man dann Andre, so sieht man, daß es einem noch wieder wundervoll geht. Wenn sich nur der ganze *unnöthige* Aerger aus der Welt schaffen ließe, der Aerger blos zum Vergnügen der Einwohner. Herzlichste Grüße Ihnen allen von Ihrem alten

Th. Fontane.

(40)   *Berlin* 9. Mai 86.
                                        Potsd. Str. 134.c.

Hochgeehrter Herr.

Vielen herzlichen Dank! Der Frau Generalarzt ist Mittheilung gemacht und volle Freiheit gegeben worden; – vielleicht treffen wir sie sammt Gatten auf den Bergen wieder und haben dann wenigstens einen Doktor in der Nähe. Freilich die Admiralitätsärzte, denen er zuzählt, erfreuen sich keines Heilrufs. Wie alles in Preußen Verwaltungsleute.

Die Geschichte von der »dritten Glocke« hat mich nicht blos interessirt, sondern gerührt; es bestätigt mir meinen alten Satz, daß das Dorf- und kleinstädtische Leben zwar nicht reicher an Glück (im Gegentheil) aber reicher an originellen Vorkommnissen ist. Der Boden dafür ist günstiger.

Und das führt mich auf den Hauptpunkt Ihres Briefes, über den wir in 6 Wochen viel zu orakeln haben werden. Heute nur das: alles was ich je gesagt habe, hatte das Eine zur unumstößlichen Voraussetzung: »Schmiedeberg ist Ihnen ein *beglückendes Idyll*.« Ist es das *nicht* mehr, so zieh' ich alles zurück und beschwöre Sie umgekehrt: »nun so flink wie möglich heraus.« Glück ist überall Glück und wenn man's hat, so soll man's halten und wenn es in Tobolsk oder gar in Ochotzk wäre. Zerrinnt es einem aber zwischen den Händen oder wird aus Brot ein Stein oder aus einem flatternden Band ein Strick, dann Sorgetragung für change of air, dann weg, fort. *Dann* ist große Stadt besser, weil sich Streit, Klatsch, Niedertracht mehr darin verthut. – Die Worte von Dove, wenn man sich in Bild und Gedanken erst zurecht gefunden hat, sind *sehr* hübsch. – Prof. Friedberg wird ja nun nationalliberaler Abgeordneter, – es wird ihm obliegen, die Partei heraus zu reißen, was schwer ist.

Für heute nichts weiter; in spätestens 4 Wochen schreibe ich wieder und kann mich dann vielleicht schon anmelden. Meine Damen danken und grüßen. Unter herzlichsten Empfehlungen an Frau Gemahlin, wie immer Ihr ganz ergebenster

Th. Fontane

Die Kritik über Hans Arnold, besten Dank dafür, ist ein bischen wie Kraut und Rüben; er sagt zu viel durcheinander. Auch in dem »Wanderer«, diesmal eine Glanznummer, haben wir alles mit Vergnügen gelesen.

P. S. In meinem gestrigen Briefe habe ich etwas Wichtiges vergessen, was misdeutet werden kann: ich habe kein Wort über Ihre nun fast abgeschlossene Arbeit gesagt. Eine 10 Pfennig-Poen ist das geringste Strafmaß, das ich mir dafür auferlegen kann. Ich freue mich aufrichtig auf die Lektüre dieser Kapitel, die Leser der Vossin gewiß auch und sehr wahrscheinlich auch die Redaktion. Redaktionen vertreten nämlich, nach meinen Erfahrungen, immer den höchsten Grad von Nüchternheit und ihnen zu gefallen, ist das Höchste was der Schriftsteller erreichen kann.

Hier alles beim Alten d. h. kolossale Nerven-Depression. Luft, Clavigo!

Wie immer

Ihr

B. 10. Mai 86. Th. F.

(41)   *Berlin* 4. Juni 86.
                                              Potsd. Str. 134.c.

Hochgeehrter Herr u. Freund.

Herzlichen Dank für Ihre freundlichen Zeilen; noch 10 oder 11 Tage, so hoffe ich aufbrechen zu können, – ich zähle die Stunden, denn die Berliner Canal-Luft fängt an mir fürchterlich zu werden. Sonderbarerweise sind meine einzigen Rettungen kleine Tafel-Extravaganzen und zwei Flaschen Rheinwein oder Aehnliches üben ihre alte Anti-Malaria-Kraft. Aber erstens hat man sie nicht jeden Tag und wenn ich sie hätte, würden sie mich umbringen, – das Mittel ist so oft schlimmer als die Krankheit. – Ich freue mich, daß Sie von Stephanys Redaktions-Aeußerungen einen so guten Eindruck gehabt haben, – es läuft nicht immer so ab und selbst ein alles in allem so Verwöhnter und gut Akkreditirter wie ich, was muß er nicht alles einstecken! Aber ich klage nie mehr, bin ich doch während dieser letzten Monate Zeuge von Vorgängen gewesen, die mich von dem Wahne geheilt haben (hoffentlich) daß man persönlich zu einem ganz besondren Pech verdammt sei. – Vor 3 Tagen hatten wir Besuch von Herrn u. Frau v. Bülow; sie war hochelegant, pique, prima, comme-il-faut, und sehr liebenswürdig. Ich machte natürlich ein halbes Dutzend Fehler und wußte von Gott und der Welt nichts, was hinterher immer etwas genant ist. Am 12. Hochzeit im englischen Hause; am 15. früh will ich fort, aber nur mit Tochter, da die Frau hier noch hunderterlei zu thun hat. Am 1. Feiertage schreibe ich noch 'mal. Ergebenste Empfehlungen Ihren hochverehrten Damen.

Wie immer

Ihr Th. Fontane.

Eine Welt von Stoff liegt vor: Ausstellung, Kronprinz, Kaiser, Ranke, Menzel, Waitz, P. Heyse etc.

(42)   *Berlin* 13. Juni 86.
                                                Potsd. Str. 134.c.

Hochgeehrter Herr u. Freund.

Die Hochzeit (gestern) liegt hinter uns und am Dienstag früh wollen wir fort, meine Tochter und ich. Die Mama bleibt noch zurück. Ich freue mich auf Schlesien, das Gebirge, Sie. Auf frohes Wiedersehn bei Ankunft des Bimmel- und Bummel-Zuges. Unter herzlichen Empfehlungen an Frau Gemahlin, wie immer Ihr

Th. Fontane.

(43)   *Krummhübel* 19. Juni 86

Hochgeehrter Herr u. Freund.

Aus diesem Schiller-Hause, das durch einen Reichsgerichtsrath seine Weihe empfing, sende ich Ihnen und Ihren Damen Gruß und Dank. Wir befinden uns den Umständen nach wohl. Gleich nach unsrer Ankunft machten wir einen Versöhnungsbesuch bei Schreiber's, trafen dann Ruthardt vor dem Hause des jetzt verflossenen oder wenigstens verzogenen Schuster Lindau und suchten dann Schwerins auf, die freundlich, gütig, aufmerksam wie immer waren. Trotzdem fragte mich mein enfant terrible auf dem Heimwege: »müssen wir da täglich hin?« und der Ton, in dem die Frage geschah, machte es mir unmöglich, mit einem prompten »ja« zu antworten. Ich sagte also nur: »*ich* vielleicht.« Der kleine gute freundliche Mann ist ihr schrecklich, besonders seine Bildung und seine Latinität. Ich werde mich aber nicht umstimmen lassen, trotzdem sie den schwachen Punkt richtig erkannt hat. Aber wer hat nicht schwache Punkte! So wie das Wetter besser ist, kommen wir und trinken Kaffe bei Ihnen. Einen Kuß von Vater und Tochter an Lütti (wenn nur nicht der Stadtgerichtsrath auch so hieße!)

In aufrichtiger Ergebenheit Ihr

Th. Fontane.

(44) *Krummhübel* 24. Juni 86.

Hochgeehrter Herr.

Diese Zeilen sollen Ihnen danken und der Frau Mama meinen gehorsamsten Empfehl überbringen; es noch persönlich zu thun, daran hindert mich, um mit unsrem Freunde Schwerin zu sprechen, Jupiter Pluvius. Freilich bin ich ihm und seiner Bildung die Erklärung schuldig, daß er's so billig nicht thut und als Regel einen Gott oder einen Namen aus der Tasche zieht, den ich noch nicht gehört habe.

Von Ihren tragikomischen Schicksalen haben wir mit Heiterkeit und Theilnahme gelesen. Richtwege sind fast immer Irrwege. Daß ich mich mit Therapeutik nicht blamirt habe, hat mich als ausgesprochenen Nicht-Schwerin mit Befriedigung erfüllt.

Mit der »Arbeit am Fenster« geht es leidlich; ich habe heute das 4. Kapitel geschrieben, alles noch roh, aber es ist doch da; »der Stil wird angeputzt« sagte mal ein Berliner Baumeister.

Das Telegramm wurd uns in der Thür schon angekündigt (»ein Telegramm für Sie ist angekommen«) was meine erregte Tochter veranlaßte, ohne Studium der Adresse, es aufzureißen. Verzeihen Sie diesen Mißgriff. – Es bleibt kalt und windig, so daß Frau Schiller heute schon zum 2. Male geheizt hat. Alles erfüllt sich. Friedrich II. auf Sanssouci bei Kaminfeuer und offnen Flügelthüren, war immer mein Ideal.

Nochmals 1000 Grüße an Jung und Alt und herzlichste Wünsche für die Frau Mama mit auf die Reise. Wie immer Ihr ergebenster

Th. F.

Meine Tochter dankt und grüßt.

Th. F.

(45) [Postkarte   Poststempel: Krummhübel 26. 6. 86].

Wir sind morgen zu Schwerins zu Tische geladen, von welchem angenehmen Fakt – man ißt gerne mal 3 Gerichte – wir's doch für unsre Pflicht halten Sie für den Fall in Kenntniß zu setzen, daß für morgen Ihrerseits eine Krummhübel-Partie geplant sein sollte. Auf baldig Wiedersehn hier oder dort. Unter Gruß und Empfehlung Ihr

Th. F.

Hochgeehrter Herr.

Herzlichen Dank! Wir freuen uns jeden Tag, wo Sie kommen, Dienstag oder Donnerstag – alles eins, mit oder ohne General.

Eben lese ich Ihre freundl: Zeilen noch mal durch und finde, daß es auch heißen kann: Dienstag *und* Donnerstag. Ich kann nur sagen »tant mieux«.

Die Tr[eutler]'sche Geschichte zu hören, bin ich sehr gespannt. Ich sagte gleich in Berlin, als der Neuhöfer davon gesprochen hatte (ganz allgemein, ohne jedes Detail): »*so* kann es nicht sein, Dr. F. ist einer Unart gegen eine alte Dame ganz unfähig.« Sagen wir: Mißverständnisse!

Pietsch Bericht heute hat einen großen Eindruck auf mich gemacht; einmal ist er als *Bericht* sehr gut, die Hauptsache bleibt aber, daß der Hergang selbst wie eine gewonnene Schlacht wirkt und auch das Ausland so berühren wird. Wir sind, Gott sei Dank, aus der Ruppigkeit ein- für allemal heraus.

Unter Gruß und Empfehlung aller- (beider-) seits an alle wie immer

Ihr

Th. F.

Sie würden mich Ihnen verbinden, wenn ich immer Vormittags erführe, ob Sie und die Ihrigen Nachmittags kommen.

Hochgeehrter Herr.

Nicht um nochmals für den schönen Tag zu danken
(wozu Grund genug vorläge) sondern um uns wegen eines
kleinen faux pas oder etwas Aehnlichem zu entschuldigen,
gehen diese Zeilen in die Welt. Ich glaube, daß es besser
gewesen wäre, meine Tochter und ich hätten in des liebenswürdigen Diskant-Amerikaners Gegenwart über R[ich-
ter]'s geschwiegen und ich bedaure lebhaft, Ihr leises
Augenplinkern (leise aus Rücksicht gegen mich) erst so spät
verstanden zu haben. Ich verfalle immer wieder in meinen
alten Fehler, der Situation und der jeweiligen Gesellschaft
nicht genug Rechnung zu tragen. Was mich dabei vor Gott
entschuldigt, entschuldigt mich nicht vor den Menschen.
Immer, meiner Natur nach, geneigt, alles Schöne, Freundliche, Kluge, Talentvolle rückhaltlos anzuerkennen, betrachte ich es, nebenherlaufend, als mein gutes Recht, auch
über Unauskömmlichkeiten offen mich auszusprechen,
immer mit dem Bewußtsein in ähnlichen Unauskömmlichkeiten tief drin zu stecken. So war es gestern mit R.'s,
sowohl bei dem Mittags- wie bei dem Abendgespräch. Ich
betrachte das Leben, und ganz besonders das Gesellschaftliche darin, wie ein Theaterstück und folge jeder Scene mit
einem künstlerischen Interesse wie von meinem Parquet-
platz No. 23 aus. Alles spielt dabei mit, alles hat sein Gewicht und seine Bedeutung, auch das Kleinste, das Aeußer-
lichste. Von Spott und Ueberhebung ist keine Rede, nur
Betrachtung, Prüfung, Abwägung. Und zu solcher Prüfung forderte die Pfirsich-Geschichte geradezu heraus. Ein
Pfirsich ist etwas Wundervolles und wenn einem zu Ehren
ein Pfirsich bei Borchardt telegraphisch bestellt wird, so
muß man solchem liebenswürdigen Besteller einen Tempel
oder doch mindestens einen Kiosk bauen, – ich glaube das

letztre zieht er vor. Wenn eben dieser Wunder-Pfirsich aber abgezogen, bräunlich getönt und günstigstenfalls von dem Ansehn einer geschmorten Prünelle auf einer Untertasse herumgereicht wird und wenn dann ein Diener mit gefrornem Champagner (es ist mir noch lieb, daß ich diesem Unsinn ganz naiv ein kl. Mißtrauensvotum gegeben habe) diesem Pfirsich-Umgang folgt und krampfhaft Eisklümpelchen von verdächtigstem Ansehn in die Gläser hineinschüttelt, so langsam, so andauernd, daß man Zeit gewinnt die furchtbaren baumwollenen Handschuhe des Unglücklichen zu mustern, so wächst zwar, weil ich eine glücklich-humoristische Natur habe, mein Amüsement und ich möcht' es nicht missen, weil es in seiner Art unübertrefflich ist, aber es ist und bleibt, gesellschaftlich und schönheitlich angesehn, eine lächerliche Leistung, lächerlich trotz der besten und liebenswürdigsten Intentionen. Wenn die reichen R.s lernen wollten, wie feine Leute das machen, so hätten sie's bequem; sie brauchten sich nur in Schmiedeberg umzuthun, in einem Hause das neben Frau John liegt und mit dem sie noch dazu befreundet sind. Ich frage das verehrte Fr.sche Paar, ob solche Pfirsich-Appretur und solche Spucke-Schüttelung, die nur durch die Form der Champagner Flasche der Unappetitlichkeit entgeht, in ihrem Hause möglich wäre?

Herzlichste Grüße von

Ihrem Th. F.

Hochgeehrter Herr.

Besten Dank! Wir freuen uns sehr auf morgen: sollte der Leutnant *doch* antworten und Sie morgen behindern, so bitten wir den Dienstag überschlagen u. die Fahrt auf Mittwoch vertagen zu wollen. Dienstag: »Suppe bei Schwerins«. Suppe ist in letztrem Hause Spezialität, so daß ein Mädchen mal sagte: »Der alte Herr ist sehr gut, aber in Suppen ist er schlimm.« Ich hab es zum Guten bestätigt gefunden. Das kl. Prinzen-Diner auch kulinarisch vorzüglich. Mündlich alle möglichen Details. Unter ergebensten Empfehlungen von uns an Haus Friedländer, wie immer

Ihr
Th. F.

Gnädigste Frau.

Sie haben befohlen und ich berichte. Statt einfach »Krummhübel« hätte ich oben schreiben können: Lazareth Krummhübel oder Schiller-Hospital.

Bald nach 1 erschien meine Tochter, ein Licht in der Hand, weiß mit rothem Umschlagetuch, die reine Lady Macbeth mit geschwollener Backe. Seit 11 war sie in beständigem Gallen-Erbrechen gewesen und ich sollte nun helfen. Etwas schwierig, da mir als Heilmittel nur Rothwein, Whiskey und Natr: bicarbonicum zu Gebot standen. Es wurde auch alles durchprobirt, Whiskey, äußerlich und innerlich, schien einen Augenblick zu helfen, aber es wurde nur schlimmer. Endlich verfielen wir auf Morphiumtropfen, wovon wir zufällig einen kleinen halbverdorbenen Rest hatten. Es half wirklich, das entsetzliche Würgen ließ nach, alles beruhigte sich und das arme Thierchen stieg wieder in ihre Kammer hinauf. Aber eine halbe Stunde kriegte *ich* es mit der Angst, die Tropfen – schon über Jahr und Tag alt – waren in der langen Zeit verdunstet, bräunlich und dick geworden, und es war möglich, daß sie durch diese Verdunstung 4 mal so stark geworden waren wie sie sein sollten. Ich machte mich nun also treppauf, um nachzusehn ob ich nicht einen gemüthlichen Vergiftungsakt ausgeführt und eine neue Stellung zur Schmiedeberger Amtsrichterei gewonnen hätte. Glücklicherweise war es bestimmt, nach dieser Seite hin beim Alten zu bleiben. Das Gallenerbrechen ist nicht wiedergekommen und es geht erträglich, doch ist sie vollkommen als eine Kranke anzusehn und wohl noch mindestens auf drei, vier Tage. Wenn es möglich ist, dies nach Arnsdorf hin (Eberty-Richters) wissen zu lassen, würde ich Ihnen sehr dankbar sein. – Mit mir geht es auch nur so so und bin ich eben erst (4 Uhr) aufgestanden. Bis halb eins kam kein Mensch in mein Zimmer, Frau Schiller unterließ es aus Rücksicht, so daß ich – russisches Bad nichts dagegen – in einer ebenfalls mitleidswerthen Verfassung war. Respektive noch bin. Diese Zeilen mein erstes Lebenszeichen; es bedeutet uns gewiß Gutes, daß sie sich an *Sie* richten. Gruß und Empfehlung Ihnen, dem verehrten Gatten und dem Herrn Neffen. Letztrer – der sehr angenehm wirkt – der Typ eines preußischen Referendars aus dem Rayon des Kammergerichts. Meine Tochter empfiehlt sich allerseits und grüßt Lüttichen. In vorzüglicher Ergebenheit

Th. Fontane.

Hochgeehrter Herr.

1. Herzlichen Dank für die freundlichen Zeilen vom gestrigen Tage.

2. Dito herzlichen Dank für die aufrichtige Freude, die mir Ihr heutiges 2. Kapitel bereitet hat. Ganz auf der Höhe der drei ersten, vielleicht das bis jetzt beste. Das gestrige schwächer*; nur der Brotkrumenstern vorzüglich. Ich freue mich auf die Fortsetzungen. Stephany hat alle Ursache froh zu sein.

3. Zu der heutigen Partie nach Wolfshau habe ich kein Fiducit, drum schreibe ich.

4. Befinden hier beiderseits mau; die Tochter noch immer dicke Backe, das Gallenleiden aber gehoben.

5. Empfehlungen und Grüße Ihnen und der hochverehrten Frau von Ihrem ergebensten

Th. F.

* es hat zu wenig aparte Züge.

Hochgeehrter Herr.

Wenn wir nicht Contre-Ordre erhalten, so kommt meine Tochter am Sonnabend, sagen wir 12 Uhr zu Ihnen, ist Ihr Tischgast und holt unter Ihrer und Frau Gemahlin freundlicher Assistenz die Fontanesche Mama vom Bahnhof, welche letztre dann wohl am liebsten, nach viertelstündiger Bahnhofsplauderei, nach hier weiterfahren wird. *Ich* kann nicht mit dabei sein, weil ich den Sonnabend-Vormittag noch brauche, um mit der Krummhübler Hälfte meiner Novelle (2. Hälfte in Kansas, Amerika) abzuschließen. Zu Beginn der nächsten Woche sprechen wir dann gemein-

schaftlich bei Friedländers vor. Erscheint Ihnen am Sonnabend eine Vormittagsfahrt nach Hirschberg indicirt, so
muß meine Tochter früher hier fort. – Kapitel VII. u. VIII.
haben mir wieder sehr gut gefallen, VII. eben so gut wie
VIII., trotzdem dieses die sehr glücklichen Züge mit der
falschen Opiumflasche und der Pauke enthält. Aus beiden
vorzüglichen Niedlichkeiten hätten Sie aber vielleicht mehr
machen können; sie müßten stärker wirken.

    Unter ergebensten Empfehlungen wie immer

Ihr

Th. F.

(52)

Herzlichen Dank für Ihre so beschämend freundlichen Zeilen, auf die ich, von verschiednen Seiten her in Anspruch
genommen, leider nur in lapidarster Kürze antworten
kann.

    Sonntag 3 Uhr mit aufrichtiger Freude die Ihrigen; meine
Frau liegt zwar total erkältet und magenverstimmt im Bett,
wird sich aber bis dahin, denk ich, erholt haben. Allerseits
herzlichste Grüße von Ihrem ergebensten

Th. F.

Krummhübel 5. Aug. 86.

(53)

In der Eil gestern habe ich vergessen auf den Partie-Punkt
zu antworten. Komme ich mit meiner Arbeit innerhalb der
nächsten vier, fünf Tage so viel weiter, daß ich Land sehe,
so machen wir's Ausgang der nächsten Woche, vielleicht
Freitag Abend fort und Sonnabend Abend zurück.

    Ich hoffte immer noch Sie beide trotz d. Koppenpartie

gestern bei R[ichter]s zu sehn; Stobbe's waren da. – Meine Frau ist krank, gestern und heute zu Bett (nicht mit bei Richters); seit einer Stunde geht es aber etwas besser, – totale Magenverstimmung und dann wie immer die des Gemüthes dazu.

Martha ist mit Kette's nach der Annen-Kapelle; sie fängt an sich zu erholen.

Gruß und Empfehlung und möge Toeche Sinn und Verstand haben.

Wie immer

Ihr ergebenster

Krummhübel   Th. F.
6. Aug. 86.

(54)   *Krummhübel* 14. Aug. 86.

Hochgeehrter Herr.

Diese Woche, die ganz ohne briefliches Lebenszeichen von Ihnen vergangen ist, kommt mir ganz sonderbar vor. Ich fürchte fast, daß eine Bemerkung meiner Frau (Frauen lieben solche Neckereien; ich bin nicht sehr dafür) Sie abgeschreckt hat. Friedrich Eggers sagte immer: »es giebt keinen Spaß«; – ich habe es damals bestritten, aber es ist eigentlich richtig, eine Spur von Gift, wenn auch nur aus Leichtsinn oder Unbedacht eingestippt, ist immer drin und diese Giftspur juckt wie ein Mückenstich.

Ich hörte sehr gern auch *Ihre* Schilderung der Koppen-Nacht; Frauen haben ein beschränktes Schilderungs- weil Beobachtungstalent, – sie sehen vieles schärfer als wir, aber andres gar nicht, so daß mir die männlichen Berichterstattungen im Ganzen genommen lieber sind. Ich würde fragen, ob die Anstrengung Ihrer Frau Gemahlin auch nicht geschadet habe, wenn wir nicht durch Schwerins (entzückt von Haus, Familie, Aufnahme) über diesen Punkt beruhigt wären. Inzwischen hat die Grosser- bez. Wang-Partie doch noch stattgefunden; es war sehr nett und doch weiß ich kaum, ob ich bedauern soll, daß Sie Beide nicht dabei waren. Sind es so viele, so zerplaudert und verzettelt man sich so leicht; handelt es sich darum, jemand kennen zu lernen, ihn einigermaßen auf Herz u. Nieren zu prüfen, so sind die Tête à Têtes, die sich allenfalls auch zu Familien-Tête à Tête's ausdehnen können, am besten. Die ganze Geschichte bot wieder viel Stoff; wie begrenzt ist doch überall das Glück und das Berliner Judenwort »Reichthum beruhigt« sagt immer noch zu viel. Bei Lichte besehn sind Ruhe und Glück überhaupt dasselbe.

Bin ich von der Partie her noch Ihr Schuldner? Ich rechne darauf, daß Sie mir nicht ein paar Mark Schuld generös unterschlagen.

Hat Toeche geschrieben oder schreiben lassen?

Unter herzlichen Empfehlungen aller an alle wie immer Ihr

Th. Fontane.

(55) *Krummhübel* 17. Aug. 86.

Hochgeehrter Herr.

Nur ein paar Worte, denn es ist schon spät und höchste Zeit für die Post. Besten Dank für Ihren langen, lieben Brief. Ich denke viel über die »große Frage« hin und her und beim Frühstück und Thee wird sie durchgesprochen. Ich bin mir bewußt, Ihnen, Ihren Anschauungen und Ansprüchen an Leben und Gesellschaft nicht nur auf halbem sondern auf ⅞ Weg entgegenzukommen, ja in manchen, vielleicht in den meisten Stücken absolut auf Ihrer Seite zu stehn, – dennoch wächst das Gefühl in mir, daß irgend etwas in Ihrem Gemüthsleben oder in der Einwirkung auf Ihre Nerven und Sinne oder in Ihrem Urtheil über oder in Ihrer Stellung zu den Menschen nicht so ist wie es sein sollte. Sie sind so reizbar geworden – ich bitte dies sagen zu dürfen, weil Sie ja gegen mich persönlich die Nachsicht und Güte selbst sind – sind so voll Soupçon und Witterung von kleiner Verschwörung und Intrigue, daß nur noch ein Schritt ist bis zum Stimmenhören. Ach, ich kenne das alles auch und weiß nur zu gut, daß man sich so weit hinauf aergern und empfindlich machen kann. Ich sehe darin die leidige Nachwirkung der Vorgänge, die Ihnen die Winter- und Frühlingsmonate vergällt haben. Wenn Sie, jetzt ist es leider zu spät, ein paar Wochen lang in guter, lieber, lebensfroher Gesellschaft in Schweiz oder Tyrol umhergewandert wären, so wäre es von Ihnen abgefallen. Sie sind an der alles Zuschwernehmestelle angelangt, wo Sie den Unterschied der Dinge nicht mehr sehn und beispielsweise das Benehmen der in der Verschwörung begriffenen Casino-Gesellschaft und das Benehmen der Familie Richter-Eberty ziemlich gleich taxiren, wenigstens in der unmittelbaren Wirkung auf Sie. Dazwischen liegen aber Welten. Die Schmiedeberger Verschworenen sind Ihre Feinde, die Arnsdorfer sind Ihre Freunde; mit jenen war kein Paktiren möglich und je schneller und entschiedener es zum Bruch kam, desto besser. Denn die Schmiedeberger, die einen aus moralischen die andern aus geistigen Gründen, sind Ihrer nicht werth. Aber die Arnsdorfer mit all ihren Fehlern, Schwächen, Unbequemlichkeiten und Sonderbarkeiten, sind durchaus Leute, deren Freundschaft Sie pflegen müssen, erstens weil man Sie liebt und schätzt und zweitens weil man Ihnen das Maß von Geist, von Bildung, von Interesse, (von »Vocabeln« sagt eine Freundin von Martha) entgegenbringt, dessen Sie durchaus bedürfen. Ich beschwöre Sie, stellen Sie sich drüber und lassen Sie fünfe grade sein. Ride si sapis

sagt Demokrit und natürlich auch Schwerin. Wenn Sie
sich's vornehmen, so ist in 8 Tagen alles beglichen. Seinerseits muß man artig, verbindlich, rücksichtsvoll verbleiben
und es an Aufmerksamkeiten und freundlichen Worten,
vielleicht auch 'mal an Dienstleistungen und Gefälligkeiten
nicht fehlen lassen, aber man muß es alles thun blos zur
Salvirung des eignen Gewissens; findet es kein Echo, nun
so bleibt es aus. In der Regel aber ist es wie mit dem Kuk-
kuk, erst schweigt er oder antwortet 1 mal, aber bald nachher 100 mal.

Wie immer Ihr

Th. F.

(56)

Also morgen (Sonnabend) 3 Uhr hoffentlich auf Wiedersehn. Bringen Sie gute Nachrichten mit: von Toeche, von
Stephany (vielleicht schon den Artikel) und von sich selbst
durch sich selbst. Zugleich bitte ich noch dem »Universum«-Packet die 3 oder 5 Bändchen »Gertrud und Linart«
(oder Linhardt) zupacken zu wollen; das betr. Kapitel ist
zwar schon geschrieben, aber das Richtige für das vorläufig
blos Angenommene muß noch hinein. Gruß und Empfehlung an die verehrte Frau. Wie immer Ihr

Th. F.

Kr. 20. August 86.

Hochgeehrter Herr.

Wir sind heil angekommen und nach eingenommenem Thee in die Baba gegangen. Das Stehen im Nieselregen hat Ihrer Frau Gemahlin hoffentlich nicht geschadet. Mit meiner Frau geht es etwas besser, leider ist das Wetter nicht gut oder, richtiger, erträgt sich in »Villa Schiller« nicht gut, in der bei dieser Mischung von Schwüle und Sonnenlosigkeit, meine kleine Holzkammer ein Brutofen, ein »unterm Bleidach«, der Salon unten aber einfach ein multriger Kartoffelkeller ist. Die Wohnung ist nur gut an einem hellen, frischen, kühlen und zugleich sonnigen Herbsttage. – Die Gesellschaft gestern war sehr nett, aber doch ganz wie der Tag heut: schwül und sonnenlos. Selbst Frau Stoeckhardt zieht mehr wie der 11er Komet als wie Sonne oder gar Mond über den Himmel. Es giebt dort viele geheime Gedanken. Das ist interessant, aber auf die Dauer das Gegentheil von gemüthlich. Woran es liegt, habe ich noch nicht wegkriegen können. Gruß und Empfehlung von Ihrem

Th. F.

Hochgeehrter Herr.

Besten Dank für Sendung, Briefe etc. Mit der Gesundheit von Frau Gemahlin geht es hoffentlich wieder besser. Hier das Befinden leidlich, nachdem wir am Donnerstag bei Scholz dinirt und namentlich durch kostbaren Schlei die gastrischen Zustände siegreich bekämpft haben. Der Bote mit dem Fleisch traf hier gestern erst um 3 ein, so daß Schwerins Ablehnung ein wahrer Segen war, – wir hätten uns sonst unsterblich blamirt und die gute dicke Frau hungrig nach Hause schicken müssen. Heute sind wir bei G[rosser]'s zum Thee. Heinrich, mir graut vor Dir. Zum Ueberfluß wird auch noch bulgarisch sentimentalisirt; ich habe für solche Leimsiedereien kein Verständniß und ärgre mich, wenn Personen aus der Oberschicht der Gesellschaft, solche Rührseligkeitskomödie mitspielen. Der Fürst thut mir leid und im Detail könnte manches anders sein, aber er erliegt doch nur einem ehernen Geschick, einer politischen Nothwendigkeit, zum Mindesten einem großen Gedanken, der seit fast 200 Jahren die russische Politik beherrscht. Und an *solchem* Stein zu stolpern oder auch den Hals zu brechen, ist für den, den's trifft, zwar sehr fatal, aber kein Stoff zu beliebiger Heulhuberei bei Klößen und Birnen. Denn der Appetit geht diesen auf die Thräne Gestimmten nie aus.

Am Donnerstag reist die Tochter, am Sonnabend die Frau; *ich* bleibe noch eine weitere Woche.

Von Hertz wird nun wohl morgen ein Brief eintreffen; möge er gut lauten. Ich halte es für grade so wahrscheinlich, wie ich einen verständigen Brief von dem Filz und Schafskopp T[oeche] von Anfang an für unwahrscheinlich hielt. Doktor, Historiker, geb. v. Albedyll und Geschäftsmann, das ist immer eine furchtbare Mischung. Gruß an Lüttychen, Empfehlung an Frau Gemahlin.

Wie immer Ihr

Th. F.

(59)   *Krummhübel* 1. Sept. 86.

Hochgeehrter Herr.

Eben kommt Ihr Brief vom Dienstag, für den ich bestens danke. Ich hätte mittlerweile schon Ihre freundl: Zeilen vom Sonnabend oder Sonntag, der die gute Nachricht von

W. Hertz brachte, beantwortet, wenn ich nicht seit Sonntag Nacht ganz elend wäre, so elend daß ich seitdem keine Zeile geschrieben habe mit Ausnahme der Worte: »Radix Colombo« von welcher Wurzel ich mir heute zwei Loth durch einen expressen Boten aus Schmiedeberg habe holen lassen. Auf dem Diner bei Richters war ich nicht (die Damen amüsirten sich sehr gut) heut um 6 werde ich aber bei Eberty's sein, zu welchem Behufe Rad. Colombo angeschafft wurde, um mich einigermaßen gefechtsfähig zu machen. Solche Hitze bringt mich um und ist für mich gleich bedeutend mit völliger Brachlegung meiner leiblichen und geistigen Kräfte. Daß es mit Ihrer Frau Gemahlin, der ich mich zu empfehlen bitte, wieder besser geht, freut uns alle von Herzen. Ein Glück, daß die Kinder bei dieser Temperatur gedeihn. In Berlin soll es furchtbar sein.

Ihre Mitteilungen über die Obduktion haben mich *sehr* amüsirt, besonders der »einzig berechtigte Leichengeruch«. Das Ganze ein kleines Seitenstück zu Zolas »Bauch von Paris« in dem eine Art Käse-Concert vom Baß des Limburgers bis zur Geige des Neufchatellers geschildert wird. Ich würde sagen, das Ganze gäbe ein gutes neues Kapitel für die »Erlebnisse« oder so ähnlich, wenn nicht schon verwandte Sachen in dem Zukunfts-Buche vorkämen.

Meine Tochter will morgen fort und hat vor, etwa um 11 bei Ihnen mit vorzusprechen und sich Ihnen allerseits zu empfehlen. Meine Frau reist Sonnabend, ich Sonnabend über 8 Tage. Aendert sich das Wetter nicht, so kann von Vergnügen für mich gar keine Rede sein und bleibe ich dann nur, weil ich fühle, daß mich in Berlin diese hochgradige Hitze umbringen würde. – Gestern keine Zeitung, heute keine Zeitung. – Gründe unbekannt, aber jedenfalls störend. Gestern und vorgestern hat mir meine Frau Lindaus Roman aus »Vom Fels zum Meer« vorgelesen; es läßt sich manches dagegen sagen, ist aber im Ganzen doch recht gut und viel viel besser, als ich, nach allem was ich drüber gehört, erwarten konnte. – Die Forderung: »Doktor, Amtsrichter und Reserve-Offizier« oder dem Aehnliches, ist wieder eine ächte H[ertz]sche gräßliche Weisheitsforderung, unübertreffliches Specimen jener den Bogen überspannenden, hyperfeinen Berechnungsweise, von der ich Ihnen schon früher gesprochen habe. Ich finde es einfach geschmacklos und würde versuchen es ihm auszureden. In herzlicher Ergebenheit Ihr

Th. Fontane.

(60) [Postkarte   Poststempel: Krummhübel 1. 9. 86.]

Brief-Nachschrift. Wie wir eben erfahren, muß meine Tochter einen schon bald nach 8 aus Schmiedeberg abgehenden Zug benutzen, um um 3 ½ in Frankfurt zu sein, – der Besuch bei Ihnen muß somit leider unterbleiben. Sie schreibt gewiß noch von Berlin aus und spricht ihr Bedauern aus; in diesem Augenblick ist sie (seit heute Mittag) in Arnsdorf.

Ihr

Th. F.

(61)   *Krummhübel* 5. Sept. 86.

Gnädigste Frau.

   Den Heliotrop vor mir, die Pflaumen mit dem königlichen Namen zur Rechten, muß ich Ihnen vor allem für diese neue Liebenswürdigkeit von Herzen danken, um so mehr, als ich nicht einmal weiß, ob ich es am Dienstag können werde. Mir ist ganz erbärmlich, so daß ich bei Schwerins abschreiben mußte; ich kann nicht 100 Schritt gehn und kaum eine Zeitungsspalte lesen. Letztres ist das Allerschlimmste. Nun wird der Tag so lang und es wäre zum verzweifeln, wenn nicht die Mattigkeit wenigstens ein Druseln gestattete. Wechselt das Wetter bis Dienstag, so hoffe ich sagen zu können: ich komme, wechselt es nicht, so ist es mir physisch und moralisch unmöglich. War *das* ein Sommer! Ein wahres Mirakel, daß ich meine lange Novelle habe schreiben können. Paßt es noch, so möchte ich nun doch noch die Schwerins-Einladung proponiren; der Grund, um dessentwillen ich bat: »lieber nicht« kommt ja durch mein heutiges Nicht-Erscheinen bei Schwerins in Wegfall. Und wenn ich nun gar am Dienstag *nicht* käme, so hätte ich mit meiner gestrigen Bitte nur Verwirrung und Verlegenheit gestiftet. – Von meiner Frau trafen heut ein paar Zeilen ein; sie scheint froh, wieder daheim zu sein, was ich ihr nach den Anstrengungen und Krankheiten dieser Sommer-Campagne nicht verdenken kann. Krank u. angegriffen ist man zu Haus am besten aufgehoben. Sie und Martha tragen mir die herzlichsten Grüße an Sie, Gemahl und die Kinder auf.

In vorzügl. Ergebenheit
Th. Fontane

Der telegr. Bericht aus Sofia in der Sonnabend-Abend-Nummer ist von Pietsch und sehr gut; farbenreich wie immer. Was dann aber in großem Druck folgt (»in Worten kriecht er, aber in Thaten ist er ein Held«) ist unerhört. Einen genialen Intriguanten kann ich auf solchen Widerspruch hin feiern, aber nicht einen Biedermeier, der in deutschester Tugend macht. Alles sinnlos.

Krummhübel 6. Sept. 86.

Hochgeehrter Herr.

Besten Dank! Mir geht es schlecht; ich habe gestern den ganzen Tag im Bett gelegen, heut ist es ein bischen besser. Ich hungre und schlafe mich gesund, – billig aber langweilig. Bis Mittwoch bin ich hoffentlich wieder bei Wege. Ihrer Charakteristik der G[raevenitzen]s stimme ich vollkommen zu, nicht ganz Ihrem Lobe P[aul] S[chlenther]'s. Ich habe die Kritik erst nach Eintreffen Ihres Briefes gelesen; gestern – sehr angegriffen – hatte ich es versäumt, in das Beiblatt hineinzukucken. Es ist nicht übel geschrieben, aber doch zu sehr an den Haaren herbeigezogen: gieb mir 2 Dinge, das Tertium comparationis *muß* sich finden.

Buchbinder in Ruppin druckt ganz gut, – mein Scherenberg-Buch ist auch seine Leistung.

Gruß und Empfehlung und einen deutschen Händedruck an »Friedländer II.«

Wie immer Ihr
Th. Fontane

Krummhübel 7. Sept. 86.

Hochgeehrter Herr.

Statt meiner kommen diese Zeilen; um 3 ½ hoffe ich schon in Frankfurt zu sein, wenn mir nicht meine Zustände, noch unterwegs, einen Strich durch die Rechnung machen. Um die Eisenbahnfahrt abzukürzen, fahre ich von hier aus gleich nach Hirschberg. Werden Ihnen und Frau Gemahlin durch diese Plötzlichkeit die Tisch-Arrangements gestört – was ich beinah fürchte – so bitte ich, mir gütigst verzeihn zu wollen, aber ich muß durchaus fort, denn ich sehe deutlich, daß es hier nichts mehr wird. Als Ritter von der traurigen

Gestalt hier herum zu sitzen und auf den herrlichen Gene-
sungstag zu warten, der vielleicht zu Weihnachten anbricht,
ist doch zu weitaussehend. Ueberhaupt alle diese Sommerfrischen! In den ersten Tagen lebt man auf, findet es göttlich
schön, und hält sich 6 oder 8 Wochen auf der Höhe. Bricht
aber das Elend, in Gestalt irgend einer Krankheit (am
schlimmsten das Gastrisch-nervöse) erst mal herein, so ist
man verloren. Der naive Misthaufen, das überall hingelegte
Huhn- oder Katzenklexchen, das Wasser aus höchst fragwürdigen Rinnsalen, die geheimnißvoll, meist unter Blu-
men versteckt, einmündenden Abzugskanäle, die Cham-
pignons die in der Stube wachsen, die Mäuse die knabbern,
das Fleisch das Leder und der Wein der mit Sprit versetzte
Tinte ist, – das alles fängt dann plötzlich an fürchterlich zu
werden, weil es wohl der Gesunde aber nicht der Kranke
ertragen kann. Mit diesem wochenlangen Sich-elend-füh-
len müssen Sie's auch entschuldigen, wenn mir der Mittagstein etc. plötzlich entwerthet wurde. Mir ist ein spießbürgerliches Mittagsbrot, sagen wir Hammelfleisch mit
Bohnen, in diesem Augenblicke wichtiger als alle Mittags-
steine der Welt. Aber auch wieder daheim, werde ich in
Liebe und Dankbarkeit des Hauses Friedländer gedenken,
ohne welches die schönen Tage von Aranjuez schon viel viel
früher ihr Ende erreicht haben würden. Denn das muß
schließlich noch gesagt werden: der Einsamkeits-Cultus,
den ich zu Hause ganz aufrichtig und zu meiner vollsten
Befriedigung treibe, läßt sich in einem Gebirgsdorfe höchstens vier, fünf Wochen durchführen, dauert es länger, so
ist man ohne Freunde, die zu sprechen und zu kochen verstehn, geradezu verloren.

Tausend herzliche Grüße allerseits. Wie immer Ihr aufrichtig ergebenster

Th. Fontane

Der Heliotrop blüht noch immer und erfreut mich jeden Tag. An Frau Schiller habe ich Korb, Schale und drei Bücher (darunter auch das Namens- u. Fremdenbuch) abgegeben.

Th. F.

(64)

Ihr lieber Brief, der eben kommt, wo ich den meinigen schon geschlossen habe, soll doch noch einen Extra-Dank finden. Auch habe ich in Brief I etwas vergessen: Linart und Gertrud, Ihre Zustimmung vorwegnehmend, habe ich mit nach Berlin genommen, d. h. Martha neulich schon. Sie schreibt heute: »grüße die Freunde u. Schillers, vor allem aber Frau Friedländer.« Sehr verständig. Nochmals

Ihr Th. F.

Kr. 7. Sept. 86.

(65)   *Berlin* 11. Sept. 86
                                                 Potsd. Str. 134.c.
Hochgeehrter Herr.

Meine Tochter hat vor, heut noch an Ihre Frau Gemahlin zu schreiben; da ich, bei dem vorläufig herrschenden Haus-Chaos, der Sache aber nicht recht traue, so will ich meinen 2 Kr[ummhübler] Abschiedsbriefen noch einen dritten von hier aus folgen lassen. Ich kann nur wiederholen, daß ich, für Sommer 86, alles genossene Gute und Schöne lediglich dem freundschaftlichen Verkehr mit Schmiedeberg–Arnsdorf–Hohenwiese, nichts aber Krummhübel verdanke. Wie Sie wissen suchte ich in erster Reihe den Verkehr mit Natur und Einsamkeit und muß doch gestehn, daß ich ohne Menschen und Gesellschaft verloren gewesen wäre. Die »Sommer*frische*« als solche war ganz verfehlt, *so* total, daß ich die Rückkehr in das staubige Berlin als einen Segen empfinde. Denn der Canal ist nichts gegen die »Wohlgerüche Arabiens«, die uns in Kr. Tag und Nacht umflossen. Auf 4 Wochen, während welcher man bei sich blos in Schlafstelle liegt, 16 Stunden aber auf dem Kamm etc. zubringt, ist das alles wundervoll, auf 12 Wochen und länger ist es entsetzlich. Wie in allem Aesthetischen so sind auch in *diesem* Punkte die Deutschen gegen die Westnationen zurück. Herzlichste Grüße Ihnen allen von Ihrem ergebensten

Th. Fontane.

(66)   *Berlin* 19. Sept. 86.
                                          Potsd. Str. 134.c.
Hochgeehrter Herr.

Herzlichen Dank für Ihren freundlichen und ausführlichen Brief. Ich muß zunächst nochmals um meiner plötzlichen Flucht willen um Entschuldigung bitten, aber ich war ganz unglaublich herunter, seit Wochen schon, so daß sich meiner eine kleine Verzweiflung bemächtigte: »Nur rasch, rasch.« Es ist das eine ganz natürliche Reaktion bei einem Menschen, der sich in allen möglichen Lebenslagen das Unangenehme immer wegdemonstrirt und dabei bis an die äußerste Grenze geht. Wird diese nun aber überschritten, so kommt der Umschlag und ich operire dann ebenso rasch wie ich vorher langsam operirte. Schillers waren liebe, gute Leute, denen ich persönlich die freundschaftlichsten Gefühle bewahre, das »Ozon« der Villa Schiller aber ging mir über den Spaß, jedenfalls über die Kraft und die Zustände, an denen meine Frau und ich so viele Wochen gelitten haben, waren einfach Malaria-Zustände, typhöse Vetterschaft. Ich bitte Sie und Frau Gemahlin mit dieser Deprimirtheit, aus der ich eigentlich nicht herausgekommen bin, auch manches Widerspruchsvolle entschuldigen zu wollen. In den Tagen, in denen ich mich wohl fühlte, hatte ich eine aufrichtige Lust auf dem Kamm umherzumarschiren und in irgend einer Baude zu nächtigen, während der letzten Wochen aber erschienen mir jede 100 Schritt, die ich nicht nothwendig zu machen brauchte, als eine Thorheit. Und in so niedergedrückter Verfassung bin ich auch abgereist. In diesem Augenblicke geht es mir besser, aber noch keineswegs gut und wie ich schon während der letzten 14 Tage in Kr. keinen Strich gethan habe, so auch hier nicht seit meiner Rückkehr.

Mit Freude habe ich gelesen, daß es in Hohenwiese so hübsch war; Ihrer Charakterisirung der Häuser G[rosser] und R[ichter] kann ich nur zustimmen, – das ist eben der Unterschied zwischen christlichem und jüdischem Geist. Der letztre hat so viel Blendendes und Verführerisches und jeder Berliner (ich selbst in hohem Maaße) ist ihm auf länger oder kürzer verfallen gewesen. Er hat auch viel Fördersames. Im Ganzen ist er aber ein Unglück und etwas durchaus niedrig Stehendes. Darauf bezieht es sich auch, wenn ich so oft Ihnen widersprach und von der zur allgemeinen Annahme gewordenen Ueberlegenheit des jüdischen Geistes nichts wissen wollte. Die Juden haben nichts von der germanischen Schwerfälligkeit, sie sind quick, witzig, zugespitzt im Ausdruck, aber der germanische Geist ist dem jüdischen unendlich überlegen. Letztrer bringt einen auf die Dauer einfach zur Verzweiflung und kann einem das sogenannt »Geistreiche« geradezu verleiden. Es ist auch deutlich wahrzunehmen, daß die norddeutsche ja selbst die gebildete Berliner Gesellschaft aus diesem dürftigen Uebergangsstadium heraus ist. E[berty]'s, und vor allem Frau R. (die trotz alledem genialste der Familie) stecken aber noch in diesem Stadium drin. Es ist einfach überholt, antiquirt, und wenn nicht Leute wie Lindau, Stettenheim etc. immer noch etwas Holz nachschöben, so hätte *hier* die ganze Geschichte schon längst ihr Ende erreicht. E.'s und R.'s sind aber *doch* sehr nett; Freundlichkeit, Wohlwollen, Gastlichkeit, Unterhaltlichkeit, *das* sind die Dinge auf die es gesellschaftlich ankommt und die Frage nach der tieferen oder flacheren Observanz versinkt daneben. »Jedes Thierchen sein Manierchen« wenn nur die Manier nicht einfach als Unmanier auftritt.

Dieser Brief soll Sie nicht in eine Correspondenz verwikkeln, wir wollen uns beschränken und in größren Etappen vorgehn. Ich schreibe wieder, wenn ich aus Münster zurück bin und Ihnen Ihre 4 Bände schicke. Tausend Grüße der hochverehrten Frau wie den Kindern von Ihrem ergebensten

Th. Fontane.

(67)   *Berlin* 11. Oktob. 86.
                                                      Potsd. Str. 134.c.
Hochgeehrter Herr.

Seit Mittwoch Abend sind wir von Münster zurück, wo wir den »Sohn der Gattin gefreit«, und allerlei, was von Tag zu Tag aufgeschoben wurde, harrt nun der Erledigung, darunter auch die Rücksendung der 4 Bände »Lienhart und Gertrud« an Haus Friedländer. Ich habe die beiden ersten Bände ziemlich genau gelesen, die beiden letzten durchblättert und würde, bei besserem körperlichen und geistigen Befinden, mich erheblich daran gefreut haben, denn es ist, ohne jetzt noch interessant zu sein, ein Zeit- und Culturbild ersten Ranges, leider bin ich aber immer noch nicht auf dem Zeuge, was mir denn auch die Freude der Lektüre geschmälert hat. Seit der letzten Augustwoche, also seit nun gerade 7 Wochen, habe ich keinen frischen Tag gehabt und das Wenige, was ich habe schreiben müssen, ist mir blutsauer geworden. Der Herbst war schlecht und der Sommer auch, und während ich sonst, beim Eintritt in den Winter, auf Krummhübel dankbar zurück und zugleich sehnsüchtig in die neue Sommerfrische hinausblickte, fehlt mir diesmal dies Doppelgefühl gänzlich. Erwäge ich, wieviel Freundlichkeiten ich gerade diesmal erfahren, wie idyllisch ich an den stillen Tagen gelebt habe, so kann ich es nur auf das bedrückende Wetter und vielleicht mehr noch auf die für meine Bedürfnisse ganz unpassende Wohnung schieben. Ich entfloh dem Berliner Canal, um mich in einem Gossen-Delta (und was für Gossen!) anzusiedeln. So spukt mir denn die Malaria seit vollen 4 Monaten im Leibe herum und was das Schlimmste ist, Krummhübel ist mir verleidet. Ehe nicht das große Hôtel, das Richter, glaub ich, in der Nähe des Birkicht zu bauen plant, fertig ist, kriegen mich nicht 4 Pferde mehr in das so sehr gepriesene und »wo der Mensch nicht hinkommt mit seiner Qual« (und allem möglichen andern) auch *wirklich* entzückende Krummhübel hinein. Das Ideal-Krummhübel, wie's der Passant, der aus dem Thal heraufsteigende Nachmittagskaffetrinker kennen lernt, ist himmlisch, das Alltags- und *Dauer*-Krummhübel ist eine ziemlich traurige Geschichte. »Zum deutschen Kaiser« und seine Environs, Exners Schattenseite (wo die Gänse und Enten ihr Düngungswesen treiben), Förster Wenzel, Schlächter Klose, das Haus gegenüber wo Prof. Hoppe wohnte, Schlächter Jost, das steinerne Briefträgerhaus, alles was zu beiden Seiten der Hauptstraße liegt (das »Tannicht« und die »Neun Häuser«) das Alexandrinenbad mit seiner Feuchtigkeit und seinen Pilzen, – alles ist stänkrig oder muffig oder kellrig und das grade Gegentheil von frischer Luft*. Auch oben auf Breitenhau, wo Richters ihre

* Nur Schreiber's Haus (besonders die Halb-Etage die wir bewohnten) ist ein wahres Quisisana; aber dafür waren andre Mißstände, vor allem Unruhe, zu viel Menschen.

neue Villa bauen, ist es nichts weniger als gesund; Gesundheitswohnungen sind dort nur dann herzustellen, wenn man die Häuser, hoch-unterwölbt, wie auf Stadtbahnbogen baut. Die Römer wissen recht gut, was sie thun, wenn sie sich für die Wohnungen im 3. Stock die besten Preise bezahlen lassen. Und dabei fallen mir die Krummhübler Preise ein! Einer, der auf Breitenhau wohnt, (den Namen hab ich vergessen) hat, als Dr. Schwerin anfragte, für den nächsten Sommer 700 oder 750 Mark gefordert. Für wenig mehr an *Jahres*miete wohne ich hier in der Potsdammerstraße; die Leute verlieren Sinn und Verstand und wenn sie so fortfahren mit Schmutz und hohen Preisen, so kommt ein arger Rückschlag. Es läßt sich aus zahllosen Preß-Aeußerungen dieses Sommers deutlich erkennen, daß die Berliner es satt haben, für »gute Luft« die keine ist, lächerlich hohe Preise zu bezahlen. Das Ende vom Liede wird wahrscheinlich sein, daß man auf den Plateaus von Teltow und Barnim *wirkliche* Sommerfrischen einrichtet, auf die man dann allabendlich hinausfährt.

Aber schon zuviel davon. »Lassen Sie uns zu interessanteren Dingen übergehn« sagte mal ein Herr v. Behr zu mir, als ich ihm 3 Minuten lang etwas vorgeklagt hatte. Was macht das Buch? Nach meiner Berechnung muß der Druck beendet sein und in spätestens 4 Wochen wird es ausgegeben werden. Ich schreibe sehr gern eine kl. Anzeige für die Vossin, wenn Sie nicht – was ernstlich erwogen sein will – L[udwig] P[ietsch] vorziehn. Er hat ganz andre Lobebacken wie ich und wenn Menzel Recht hat, daß es beim Lob immer nur auf die Quantität ankommt, so kann ich mit Pietsch nicht annähernd concurriren. Das dürfen Sie nun aber nicht so fassen, als ob ich mich ihm, nach der Seite der Qualität hin, überlegen fühlte. Durchaus nicht. Was er schreibt, ist gut und richtig (Sie wissen ja, wie hoch ich von seinem Talent denke) und der Unterschied liegt nur in der

Breite, ja man könnte sagen in den Quadratmetern der Leinwand und dem starken Colorit.

Wie sieht es in Arnsdorf aus? Was ist geplant? Sofia, Constantinopel, Cairo? Oder steht Berlin noch auf dem Programm? Jedenfalls bitte ich mich den Herrschaften zu empfehlen. Zum Zweiten: was macht die Schmiedeberger Fehde? Kein Friedensschluß in Sicht? Nach wie vor: hie Friedländer, hie Treutler? Oder gar Knautsch! Vor allem, was macht die hochverehrte Frau? was machen die Kinder?

Von uns ist wenig zu berichten, alles ist in mehr oder weniger elendem Zustande und richtet sich an der Hoffnung auf, daß, nach *so* andauernder Sommer- und Herbstespleite, ganz wunderbare Winterherrlichkeit kommen muß, Kräfte zum Bäume ausreißen. – Die Hochzeitsreise nach Münster nahm 4 Tage in Anspruch; das Wetter war schön, das Hôtel gut, die Schwiegereltern liebenswürdig, das junge Paar glücklich, die alte Stadt interessant, – dennoch waren wir froh, am Mittwoch Abend wieder daheim zu sein; zum Leben gehört Kraft und zum Vergnügen erst recht, und diese Kräfte hat weder Vater noch Mutter noch Tochter.

Mit herzlichsten Wünschen für Ihr aller Wohl, zugleich in dankbarer Erinnerung an die wahren Rettungsthaten des Hauses Friedländer, Ihr aufrichtig ergebenster

Th. Fontane.

[Auf beiliegendem Blatt]

Meine Frau hat vor vier, fünf Tagen an Freund Graebel geschrieben und um einen Schinken gebeten; es ist aber weder ein Schinken noch eine Antwort hier eingetroffen. Vielleicht spricht meine hochverehrte Freundin und Gönnerin bei Gr. vor und erweicht sein Herz durch die Mittheilung, »daß selbst Westphalen – wie wir uns vor 8 Tagen in

Münster überzeugen konnten – gegen Graebel verschwindet.« Frau v. Troschke hat am Ende doch Recht: nichts über Schmiedeberg!

(68)   *Berlin* 22. Okt. 86.
                                              Potsd. Str. 134.c.

Hochgeehrter Herr.

Es stehen bis Ende des Monats lauter unruhige Tage in Sicht: neue Stücke, Dr. G. Engel-Feier, Geburtstage, Colonie-Feier (am 29.) so daß ich lieber heute schon schreibe. Zunächst herzlichen Dank für so viel freundliche Worte, für so viel interessante Mittheilungen. Je bestimmter Sie den Schmiedeberger Frieden als ausgeschlossen ansehn, desto besser für Ihren Haus- und Herzensfrieden. Cultivirung halber und Ausflickung zerrissener Verhältnisse, ist das Thörichste was man thun kann. Man kann nicht ganz ohne Menschen leben, aber ein paar genügen, ja, ein paar sind besser als viele. – Die Geschichte mit Pietsch, diesmal unsrer nicht Ihrer, ist wieder groß. Fanchon bleibt sich immer gleich. Sie wissen, wie sehr ich von dem stupenden Talent des Mannes eingenommen bin, aber je mehr ich's bin, desto mehr betrübt mich dies totale Deficit von Charakter, Anstand, Gesinnung. Dabei weiß ich nicht, wo das Geld bleibt; ich wette, daß er jährlich 6000 Thaler einnimmt und rechne ich das, was Pumpe und Geschenke einbringen, hinzu, so muß es viel mehr sein. Dabei ist er persönlich bedürfnißlos, wovon Sie sich letzten Winter schaudernd überzeugt haben. Wo bleibt es? Dabei fällt mir das Buchbesprechen ein. Er macht es in der That besser als ich, er ist, wie man früher in Berlin (vor Einführung der Feuerwehr) sagte »ein besserer Tuter« und darauf hin empfehle ich ihn Ihnen nach wie vor. Andrerseits ist die Widmung kein Hinderniß, ich würde, was ich ohnehin jetzt immer

84

thue, natürlich die Theaterbesprechungen abgerechnet, meine Namenschiffre weglassen, und ist Ihnen, nach diesem Briefaustausch mit dem Sohn, ein Wiederanknüpfen mit dem Alten irgendwie unangenehm, so stehe ich gern zur Verfügung. Für das *Buch* ist es besser, L[udwig] P[ietsch] schreibt.

Graebel hat noch nichts von sich hören und sehen lassen, vielleicht ist ein nochmaliger Anstoß wünschenswerth. – Aeußerst glücklich bin ich, daß ich diesen Zeilen Ihre Novellette beischließen kann. Es hing an einem Haar. Ich hatte die kleine Arbeit wieder mit nach Kr. genommen, um sie Ihnen einzuhändigen, was dann aber unterblieb; zurückgekehrt hielt ich sie, beim Auspacken, einen Augenblick zweifelvoll in der Hand und bin nun froh, damals eine weiße Kugel gegeben und für Leben gestimmt zu haben. Sie sind momentan so gut gestellt, daß Sie das Geld einscheffeln könnten, wenn Sie viel auf Lager hätten. Sonderbar, auch *das* ist mir zeitlebens versagt geblieben, ich bin nicht einen Tag Mode gewesen und mitunter staune ich, daß ich es, trotzdem, zu wenigstens hohen Honoraren gebracht habe. – Von Sommer und Reiseplänen schreibe ich nichts; offengestanden dehnt sich die allgemeine Müdigkeit, die mich beherrscht, auch auf Reisen und Sommerfrischen aus und wäre Berlin, während der Sommermonate, nicht ein so furchtbares Nest, so würd' ich gar nicht mehr reisen. Schließlich sitz' ich hier, 3 Treppen hoch in der Potsdammerstraße, doch am comfortablesten und stillsten und läge mein Haus, statt 300 Schritt vom Canal, auf dem Kreuz- oder Windmühlenberg, so würd ich meine Reisekoffer zum Trödler schicken.

Empfehlen Sie mich Richters und Ebertys (letztre werden gut thun, sie gehen wieder nach Breslau; Berlin ist vergnügungsreich aber ungemüthlich) vor allem aber Ihrer hochverehrten Frau. Meine Damen schließen sich von gan-

zem Herzen an. An Lüttichen und den Jungen Gruß und
Kuß. Wie immer

Ihr aufrichtig ergebenster
Th. Fontane.

(69)   *Berlin* 7. Novb. 86.
                                          Potsd. Str. 134.c.
Hochgeehrter Herr.

Nur ein paar Worte, Ihnen herzlich zu danken für Brief,
Buch u. Widmung, welche letztre mich mit Stolz erfüllt. Es
konnte mir kaum ein mich sympathischer berührendes
Buch gewidmet werden, als das Ihrige. Mögen sich viele,
wie ich, dazu stellen, dann ist ein guter Absatz gesichert.
Freilich, Bücher, Publikum! An dem Besten und Liebenswürdigsten geht es vorüber und das Geschmackloseste
wird verschlungen. L[udwig] P[ietsch] wird übrigens gewiß sehr gut darüber schreiben, etwas persönlich, etwas zu
viel »mein Freund«, etwas zu viel in eignen Kriegserinne-
rungen (vielleicht mit Liebes-Reminiscenzen) schwelgend,
aber im Ganzen doch nett und namentlich praktisch nütz-
lich. Denn das Wort Menzel's »nur dick aufgetragenes Lob
hat Werth« ist leider richtig. Ohne Lärm, Geschrei, Radau
geht es nicht mehr.

Ihr Schnupfen ist hoffentlich im Abzug; wenn er ele-
mentar auftritt, kann er einem selbst die Freude über ein
erstes Buch verderben. Uebrigens war das Erscheinen Ihres
Buches in meinen vier Pfählen von demselben Effekt begleitet, wie früher Ihr persönliches Erscheinen. Wenn Friedländers in Sicht waren, war »Villa Schiller« Rendez-vous
für die Gesammt-Aristokratie von Krummhübel – Arnsdorf – Schmiedeberg: Ruthardt, Graevenitz, Kette's, Schwerins, Richters, Ebertys, Grossers – alles fand sich ein und
arbeitete an meiner gesellschaftlichen Schulung. Denn

nichts Schwereres, als 5 widerstreitende Parten a tempo unterhalten. Ihr Buch in Sicht beschwor sofort (gestern Abend) das Richtersche Paar herauf, das hier mit einer guten aber langweiligen Geheimräthin, die gekommen war ihr innerstes Herz auszuschütten, zusammentraf und drei Stunden nach Eintreffen Ihres Buchs, war unser kleines und niedriges Zimmer der Vereinigungsplatz für Sohn, Schwiegertochter, Frau Banquier Sternheim, Baron Buddenbrock, Herr und Frau Geheimräthin Stoeckhardt und einen jungen Herrn v. Mandel, letztrer Einjähriger in der Garde-Artillerie, 6 Fuß groß, total fremd und brustschwach in der Ober-Etage. Ihm mußte ich mich widmen (und that's) und mußte Frau Stöckhardt einem Glücklicheren überlassen. Sie war reizender denn je, Martha (hingerissen) sagte nachher: »sie könne sich nicht entsinnen, eine Dame kennen gelernt zu haben, in der Anmuth, Schönheit, Esprit, chic und das vollkommenste Zuhaussein in der Obersphäre der Gesellschaft so sehr mit Natürlichkeit und Vorliebe für Schelmerei verquickt gewesen sei.« Ich muß dem zustimmen. In ihrer Art ist sie eine Nummer 1. Ich plauderte gern noch weiter: Gustav-Engel-Fest (sehr grand von Seiten der Zeitung) Coloniefest, und vor allem interessante Begegnungen u. Briefwechsel mit Lindau, aber der Raum ist weg. So denn ein andermal. Gruß und Empfehlung der verehrten Frau, einen Kuß den Kindern. In aufrichtiger Ergebenheit wie immer Ihr

Th. Fontane.

Hochgeehrter Herr.

Ed. v. Hartmann schrieb mal einen Aufsatz, in dem
den Gedanken durchführte: wie sonst der Katholicismus
das Leben durchdrang und den Einzelmenschen von »im
Mutterleibe an« bis über das Grab hinaus in Händen hielt,
stärkte, segnete, peinigte, opferte, so jetzt der Militarismus. Ihr Fall ist ein schrecklicher Beleg dafür. Was soll der
ganze Quatsch? Es ist so toll, daß eigentlich nur ein Dollbregen die rechte Antwort darauf geben und unter Ausführung einer unanständigen Geberde repliciren und der gesunden Vernunft zum Siege verhelfen kann. Ich finde es
geradezu gräßlich, und außer Ihnen werde ich wohl der am
meisten Empörte sein. Man erlebt etwas und beschreibt es
16 Jahre später, so viel mir gegenwärtig ist, niemandem zu
Leide, und für solche rein persönlichen Aufzeichnungen
soll ich einem militärischen Gerichtshof oder einem Ehrengericht verantwortlich sein? Unsinn. Ich finde, daß Staat
und Behörden auf dem Punkt stehn, in ihrem Uebereifer
sich beständig zu blamiren. Wenn man *solch* Buch, wie das
Ihrige, nicht mehr publiciren darf ohne den »Staat« an irgend einer Stelle zu kränken, so kann mir der ganze Staat
gestohlen werden. Es muß ein entsetzlicher Lederschneider
dahinter stecken, Grützmacher persönlich ist wohl unschuldig, aber das Ganze hat einen kolossalen Grützma-
cheranstrich. Ich kann nur sagen vorwärts und zwar
stramm, schneidig, »feste«. Weist man Ihnen im Einzelnen
einen faux pas nach – was am Ende möglich – so müssen Sie
darüber Ihr Bedauern aussprechen, kann auch keinem ver-
nünftigen Menschen schwer werden, will man sich aber auf
den Peter von Arbuez hin ausspielen und solche Veröffentlichung ganz allgemein als Ketzerei verurtheilen, so würde
ich aufmucken, nicht nachgeben und bis an die höchste

Stelle gehn. Und wenn es auch da nicht hilft, im Parlament und in der Presse einen heillosen Lärm machen. Lassen Sie mich bald mehr hören. Wie immer Ihr

Th. F.

(71)   *Berlin* 15. Novb. 86.
                                                    Potsd. Str. 134.c.

Hochgeehrter Herr.

Nur wenige Zeilen, um Ihnen für Ihren liebenswürdigen, ausführlichen und interessanten Brief zu danken. Interessant, aber in den Aufschlüssen die er giebt, in den Bildern die er entrollt, wenig erfreulich. Wo sind wir mit unsrem Staats- und Militair-Popanz angelangt, wenn jede natürliche, unbefangene Darstellung von persönlichen Erlebnissen, die sich geflissentlich des Uebergreifens in andre Gebiete, jeder Kritik, jeder Spur von animus injuriandi enthält, halb und halb auf Hochverrath, jedenfalls aber auf Ungehörigkeit, auf Eitelkeit, Ueberhebung und Schädigung andrer Interessen gedeutet werden kann. Sie sagen an einer Stelle: »es ist empörend« und dem kann ich nur zustimmen. In welche Abgründe von Neid, Kleinheit und Dummheit blickt man. Das Letzte ist das Schlimmste. Wie Sie sehr richtig bemerken: Sie haben *Ihre*, nicht Meie's Erinnerungen geschrieben. Er kann ja nun *seine* schreiben und Ihre übergehn. Der militärische Rechts-, Anstands- und Ehr-Begriff fängt an überzuschnappen; soll *da*nach verfahren werden, so kann man nicht mehr 3 Zeilen schreiben, ohne sich an den Galgen zu liefern.

Gruß und Empfehlung von Ihrem

Th. F.

Berlin 2. Januar 87.
Potsd. Str. 134.c.

Hochgeehrter Herr.

Seien Sie schönstens bedankt für Ihren liebenswürdigen und inhaltsreichen Brief, der mich außerdem in *allen* seinen Mittheilungen aufrichtig erfreut hat: endliche Beilegung der so sehr fatalen Fehde (wenn eine Maienlust, so nur für *ihn**) anerkennende Briefe von Simson, Dove und andern, neue liter: Arbeiten, Vorlesung, Theater, lebende Bilder und die erneuerten freundlichen Beziehungen zum Prinzen. Dazu Gesundheit und frohe Festesstimmung in Ihrer unmittelbaren Umgebung. Das ist ganz das Leben, wie ich es Ihnen wünsche, ganz das Leben, das es Ihnen schließlich als ein Glück erscheinen lassen muß, von der eigentlichen Schmiedebergerei los zu sein. Reuß, Münchhausens, St. Pauls, zu denen sich noch eben so viel gute Nummern hinzufinden, etwas Frömmigkeit, etwas Kunst und viel Anstand und gute Sitte, das ist besser als Spießbürger-Empfindlichkeit und Neidhammelei. Empfehlen Sie mich, wenn sich's macht, all den vorgenannten Herrschaften und erzählen Sie mir brieflich von allen Geschehnissen, wenn die großen Tage der Proben und Aufführung erst hinter Ihnen liegen. Am meisten (die Beilegung des Streits abgerechnet, die natürlich die Hauptsache war) freue ich mich, daß Sie literarisch so rasch festen Fuß gefaßt haben und bei den Begegnungen mit Frau v. Bülow »Hie Welf, hie Waiblingen« aufführen können. »Hie Daheim, hie Gartenlaube.« Haben Sie sich in letzterer erst etablirt, so werden Sie sich vor Bitten um Beiträge gar nicht mehr retten können; gerade solche Schilderungen, wie Sie vorhaben, sind das, wonach Redaktionen und Publikum am meisten Verlangen tragen. Zudem zweifle ich nicht, daß Sie's sehr gut machen

---

* [Mit Bleistift am Rande] Mündlich Näheres.

werden, sehr knapp, ungesucht im Ausdruck und doch mit richtigem Gefühl für die Pointe.

Bei der ganzen Sache kann ich nur beklagen, daß Sie sich durch die Journal-Mitarbeiterschaft der Vossischen entfremden. Und das ist doch nicht gut. Zeitungen (dahinter bin ich nun gekommen, nachdem ich alles durchprobirt habe) sind doch das Beste: sie erscheinen alle Tage, bringen das Eingeschickte, wenn man drum bittet und gut mit ihnen steht, oft nach 12 Stunden schon, erweisen einem kleine Gefälligkeiten, kräkeln nicht, stellen nicht ewig Anstands- und Aengstlichkeits-Bedingungen und zahlen prompt und gut. Allerdings verlangen auch sie Hätschelung und Courmacherei und hat mir L[udwig] P[ietsch] beispielsweise erzählt, daß Stephany L. P.'s Kritik über Ihr Buch 4 Wochen früher gebracht haben würde, wenn Sie, selbstverständlich als einen bloßen Akt der Courtoisie, seine (Stephanys) Bewilligung zu so rascher Edirung der Zeitungskapitel als *Buch* erbeten hätten. So hat mir's Pietsch erzählt, und wiewohl er etwas flunkert, kann ich doch nicht glauben, daß er sich die Geschichte (die Ihnen mitzutheilen, ich für meine Pflicht gehalten habe) aus dem Finger gesogen hat. Ich stehe in dieser Sache ausnahmsweise ganz *gegen* Stephany; vor 30 und auch noch vor 20 Jahren waren solche Forderungen die Regel, jetzt aber betrachtet man es als selbstverständlich, 4 Tage oder 4 Wochen oder höchstens 4 Monate nach dem Zeitungsabdruck, das, was man geschrieben hat, als Buch erscheinen zu sehn. Ob gesetzliche Normen existiren, weiß ich nicht. Die ganze Geschichte aber, wenn sie wahr ist – und sie wird wohl wahr sein – zeigt wieder wie vorsichtig man mit Chefredakteuren umgehen muß; sie haben alle etwas vom Zeus oder Zaren und schießen gleich drauf los. In Ihr Lob der L. P.'schen Kritik kann ich nur mit herabhängender Unterlippe einstimmen; sie war freundlich genug, aber recht schwach und an ein paar Stellen geradezu confuse. Wo soll es auch herkommen? Sie wissen, wie sehr ich von seinem riesigen Talente eingenommen bin, aber nach gerade geht ihm die Puste aus; wenn Herkules 40 Jahre lang Steinträger gewesen und 3 mal mit der Molle die Leiter heruntergefallen wäre, wär' er auch nicht Herkules mehr.

Mein Geburtstag verlief sehr nett. Unter den schönen Damen, die den Abend verherrlichten und sich um die Berühmtheit »Menzel« gruppirten, war auch Frau Richter. Man kann sagen, sie hatte mit den Menzels getauscht; welchem der Vorzug gebührt, stehe dahin. Als junge Frau und so lange es sich um kein Album-Aquarell handelt, würde ich doch wohl unsren Arnsdorfer mit der Devise »Kein Schlagflüsselchen gefällig« vorziehn. Die schöne Frau gefiel selbstverständlich sehr und wurde von einigen alten Herren tapfer umcourt; sie trug kupferfarbene Seide mit einem großen Bischofsschmuck darauf und sah brillant aus. Am Tage vorher war sie zum Diner bei Grossers gewesen, von Frau Stöckhardt entzückt und überhaupt sehr befriedigt, – was mich aufrichtig gefreut hat. Denn Richters Flucht nach Aegypten verdrießt sie doch sehr und *muß* sie verdrießen.

Ob ich Försters Brief noch finde? Beim Briefe-ordnen werde ich dran denken, aber ich bitte schon heut um Entschuldigung, wenn er ausbleibt. Grützmachers Brief schließe ich bei; sehr nett, aber doch *zu* schauderöse Handschrift, jedes Wort ein Rebus.

Der hochverehrten Frau viele herzliche Empfehlungen von uns allen, den Kindern einen onkligen Kuß von Ihrem Ihnen aufrichtig ergebenen

Th. Fontane.

Hochgeehrter Herr.

Die Unruhe seit Sonnabend war groß, gesellschaftlich, politisch, theaterlich. Ibsens »Gespenster« setzten mich am Sonntag in höchste Spannung und Erregung und morgen früh werden Sie – wenn Stephany nicht anders darüber beschließt – meine Bedenken gegen das neue Evangelium Ibsen in der Vossin finden. Alle diese Vorgänge haben mich auch in meiner Correspondenz zurückgebracht und mir nicht einmal Zeit gelassen, Ihre Frage zu beantworten. Ich thue das nun in aller Kürze und behalte mir weitere Plaudereien für die nächste Woche vor.

Es giebt natürlich großartige Theatergeschichtswerke, an der Spitze *das* von dem verstorbenen J. Klein, den ich vor 6 oder 7 Jahren mitbegraben half, ein Begräbniß, das ich Ihnen mal beschreiben muß. Solcher Werke giebt es verschiedene, aber das bloße Lesen der Kapitel–Ueberschriften würde Sie matt und müde machen. Ich proponire, weil ich es in gleicher Situation immer so gemacht habe,

   a. Einleitung.
   b. Disposition. Skelett.
   c. Behängung dieses Skeletts mit Conversationslexikonmaterial und
   d. Ornamentirung dieses Behang-Materials mit Anekdoten aus dem Leben berühmter Künstler und Künstlerinnen.

a. und b. haben Sie in sich, d. auch (oder in Büchern und Brochüren, die Ihnen zur Hand sind) so daß es, bilde ich mir ein, nur des *Hinweises* auf das Convers. Lexikon bedarf, das Sie natürlich auch in Ihrer Bücherei haben. Das Convers. Lexikon, weil trocken in dem was es bringt, reicht für derartige Vorträge und Aufsätze nie ganz aus, aber es ist unschätzbar in der Uebersicht, in der *Material-Gruppirung* die es giebt. Das »Anputzen der Façade« macht sich nachher leicht.

Nächstens mehr. Unter Gruß und Empfehlung an die hochverehrte Frau und die Kinder, wie immer in herzlicher Ergebenheit

Th. Fontane.

(74)   *Berlin* 26. Januar 87.
                                                 Potsd. Str. 134.c.
Hochgeehrter Herr.

Gestern Abend war Frau Richter ein paar Stunden bei uns und im Plaudern über Schmiedeberg und seine Annexe kam mir auch wieder in Erinnerung, daß mein letzter Brief nur ein Bröckelchen war und daß ich Ihnen noch eine weitere Antwort schulde. Mir ist es eine ganze Zeitlang nicht sehr gut gegangen, in der Ibsen-Veranstaltung mußte ich mich erkältet haben, dann kamen die Tage mit 12 und 15 Grad und warfen mich vollends nieder. Im Theater mußte ich mich vertreten lassen, was ich immer sehr ungern thue. Seit ein paar Tagen geht es wieder besser und ich freue mich Mittags der Schlittschuhläufer auf der Rousseau-Insel. Unter diesen Schlittschuhläufern ist auch der 62jährige L[udwig] P[ietsch]. Vorgestern traf ich ihn in einer glänzenden Soirée bei Lessings (Geburtstagsfeier der Dame vom Hause) und hörte: »schade, daß ich Ischias habe oder Rückenmärker bin, es tröstet mich aber, daß ich jeden Tag 4 Stunden Schlittschuh laufe und neulich bis 6½ früh getanzt habe.« Dann spreche ich ihm regelmäßig meine Bewunderung aus und danke Gott, daß ich um 10 oder 11 zu Bett gehe. Was verträgt sich nicht alles in einem Kopf, selbst in einem guten!

Was macht Ihr Vortrag? Wie steht es mit den Beiträgen für »Kunst für alle«, Gartenlaube und vielleicht auch für die

Vossin? Sie sollten sie nicht ganz fallen lassen; ich kann nur wiederholen, eine Zeitung dienstwillig zur Hand zu haben, ist sehr viel werth. Und es arbeitet sich am leichtesten für Zeitungen, man braucht nicht lange zu warten und kriegt es gut oder wenigstens erträglich bezahlt. Wann kommen Sie nach Berlin? Der nächste Monat ist der beste, im März läßt es schon nach. Was macht der Prinz? Geht er unter in Politik? Was machen die Wahlen? Und wie werden *Sie* glücklich aus dem Dilemma herauskommen? *Ich* kann mich von der Betheiligung drücken, aber Sie müssen heran und Farbe bekennen, was für Ultras rechts und links ein Vergnügen, aber für einen freisinnigen Mittelsmann eine sehr schwere Sache ist. Dazu kommt, daß der Bismarck-Enthusiasmus, selbst bei seinen aufrichtigsten Bewunderern, immer mehr ins Wackeln kommt; er behauptet Fabelhaftes immer ins Gelache hinein und schneidet den besten Leuten flott drauf los die Ehre ab. Wie kann er den Fortschrittlern vorwerfen, sie hätten Schleswig-Holstein an Dänemark ausliefern wollen? Der reine Unsinn. In solchen Sätzen ergeht er sich beständig. Bei diesem rücksichtslosen Vorgehen trifft ers natürlich auch mal, aber das ist nicht anders, wie wenn ich mir's angewöhne, jeden Menschen, der in mein Zimmer tritt, einen Dieb zu nennen. Der Hundertste wird in die Knie fallen und ausrufen: »bitte, verrathen Sie's nicht«, aber der polizeilich-kriminalistische Modus ist doch ungewöhnlich und wenig nachahmenswerth. Man hat das Gefühl, er glaubt sich, gottgleich, alles erlauben zu dürfen und geht von dem Lindauschen Satze aus: »ein Fußtritt vom Herzog von Ratibor ist immer noch besser als ein Kuß von Bleichroeder.« Vielleicht. Aber ich verzichte auf Beides. – Heute Abend kommt Richter wieder, nachdem er sich in Nizza 14 Tage lang wieder entwüstet hat. Gruß und Empfehlung an die verehrte Frau, einen Kuß den Kindern. Wie immer
Ihr   Th. F.

Berlin 19. Febr. 87.
Potsd. Str. 134.c.

Hochgeehrter Herr.

Seit Tagen will ich schreiben, aber immer kam was dazwischen, gestern Abend ein Besuch von Freund Heyden,
heut ein Besuch von dem vielgenannten Freund Zoellner;
letztrer hat vor 8 Tagen seine reizende liebenswürdige einzige Tochter, 24 Jahr alt am Typhus verloren, mit welchem
Trauerfall all die Störungen und Besuche zusammenhängen. Unser ganzer Kreis nahm den lebhaftesten Antheil an
dem Verlust. Und doch was bedeutet der Einzelne! Denken
Sie sich, am Dienstag wurde das Fräulein begraben und
unter denen die sich zur Todtenfeier in der Grabkapelle ein-
gefunden hatten, war auch ein Fräulein Lucae, alte Dame
von 50, beinlos, die in ihrem Rollstuhl der Feier beiwohnte.
Ihre Freundin und Begleiterin, ein Fräulein Wilmsen,
schloß sich dem eigentlichen Leichenkondukt an, ließ die
Freundin in dem Kapellchen zurück und sagte: »in 5 Minuten hole ich Dich ab; ich will doch meinen Kranz mit aufs
Grab legen.« Und wirklich nach 5 Minuten ist sie wieder
da. Aber so kurz die Zeit, sie war doch lang genug gewesen,
um die Situation zu verändern: Fräulein Lucae war nicht
mehr drin in der Halle, sondern draußen auf dem Kirch-
hofsweg, wo der Ostwind blies. Drinnen stand seit 5 Minuten ein andrer Sarg und ein andrer Prediger sprach und
eine andre Versammlung weinte, – von »ruhig abwarten«
war keine Rede gewesen. So das Leben und Sterben in einer
großen Stadt. Alles fabrikmäßig, Massenproduktion. Sentimentale Betrachtungen daran zu knüpfen wäre lächerlich,
aber schön ist es nicht und die ruhigeren Formen des Daseins, wo alles ausklingt, sind mir sympathischer.

Ihre beiden inhaltreichen Briefe, für die ich herzlich
danke, haben so viel Fragen angeregt. Ihr Vortrag, Ihre literarischen Arbeiten, Ihre Wulffen-Fehde. Die Wulffen-Ge-

schichte regte mich in den ersten Tagen furchtbar auf und ich wollte schon an Sie schreiben und um die Erlaubniß bitten, über die Frage als solche, ohne Namensnennungen, aber doch unter Citirung einzelner Hauptpunkte schreiben zu dürfen. Zuletzt beruhigte ich mich und zwar nicht blos von Zeit wegen, sondern doch auch unter dem Einfluß bestimmter Erwägungen, die nicht alle absolut zu Ihren Gunsten plaidirten. Sehen wir uns früher oder später, so sprechen wir ausführlicher darüber, heute nur so viel: daß man als freier Mann, auch wenn man noch so lange des Königs Rock getragen, das Recht haben muß so schreiben zu dürfen, wie Sie geschrieben, das ist mir klar und wenn staatlicherseits das bestritten werden sollte, so thut mir der Staat leid. Ob es aber opportun, ja, Pardon, gesellschaftlich zulässig war, von einem »verblüfften« Obersten zu sprechen und eben diesem Obersten das Büchelchen zu übersenden, *das* ist mir fraglich. Und nach *der* Seite hin, erscheinen mir noch einige andre Bemerkungen in Ihrem Büchelchen angreifsch. Ich persönlich, wenn ich es geschrieben hätte, hätte muthmaßlich viel viel Anfechtbareres gesagt und meine Obersten und Generäle noch schlimmer als »verblüfft« dastehen lassen, mein Sündenregister an Unvorsichtigkeit ist riesengroß; aber ich nehme *das* für mich in Anspruch, daß ich, wenn hinterher drauf aufmerksam gemacht, unter verlegenem Lächeln einräumte: »ja, wenn ich das *nicht* gesagt hätte, so wär' es besser gewesen.« Ich zweifle keinen Augenblick, daß wir uns über diesen Punkt einigen werden, nicht in jedem Einzelfall, aber im Prinzip.

Es freut mich, daß Ihr Vortrag so gefallen hat; ich hab es nicht anders erwartet. Das Honorar für Ihre Beiträge wird wohl später eintreffen; manche Blätter bezahlen nicht gleich, sondern bei Vierteljahrsschluß. Entgegengesetzten Falls würde ich mich melden. Unter allen Umständen bleibt es bei dem, was ich Ihnen schon öfters schrieb: reiche Zeitungen zahlen am besten und die Mitarbeiterschaft an solchen ist die lohnendste. Was die Mittheilungen aus der Amtsrichterschaft angeht, so wird es freilich wohl gut sein, zu horchen, wie die Oberbehörden darüber denken, sonst wird Ihnen ein staatsanwaltlicher Wulffen geboren.

Von Richter – Eberty – Bülows weiß ich so gut wie nichts. Vor 14 Tagen machte das Richtersche *Paar* einen Besuch, den ich, krank, elend und durch den Todesfall in Mitleidenschaft gezogen, noch nicht erwiedern konnte. Die Tochter, die sonst das Repräsentationsgeschäft zu besorgen hat, ist seit 3 Wochen in Rostock; ehe sie nicht zurück ist, werden wir schwerlich von den Arnsdorfern viel hören. Haben Sie noch einen Ausflug nach hier vor, so würde ich ihn *nun* bis zum Geburtstag des Kaisers, also etwa bis zum 18. März verschieben. Es giebt dann doch mancherlei zu sehn, was sonst wegfällt und was namentlich für Litti, die doch wohl mitkommt, eine Lebenserinnerung bleibt. Empfehlen Sie mich, wenn's paßt, dem prinzlichen Hause, desgleichen Gruß und Empfehlung an die hochverehrte Frau. Wie immer

Ihr treu ergebenster

Th. Fontane.

(76)   *Berlin* 3. April 87.
                                          Potsd. Str. 134.c.

Hochgeehrter Herr.

Es lag ohnehin in meiner Absicht, heute an Sie zu schreiben; nun kam Ihr Brief und wurde mir ein neuer Sporn. Sie konnten mir nichts Interessanteres schreiben, aber auch nichts Traurigeres. Lebe ich oder träume ich, leben wir unter Wilhelm I. oder unter Fr. W. I., unter Moltke oder unter dem alten Dessauer, haben wir eben bei Sedan oder blos bei

Malplaquet gesiegt, sind wir in den Händen von Werbe-Offizieren oder im Schutze freiheitlicher uns unser Recht und unsre Würde garantirender Gesetze? Ja, die Sache liegt so, daß *Sie* persönlich unter den Werbe-Offizieren besser dran gewesen wären! Im Ganzen leben wir in einer forschen und großen Zeit und ich danke Gott täglich, daß ich nicht blos 1837, wo der Pegelstand am niedrigsten war, sondern auch noch 1887 erlebt habe; wir sind aus dem Elend, der Armuth und Polizeiwirthschaft heraus, alles gut, aber neben unsrer neuen Größe läuft eine Kleinheit, eine Enge und Unfreiheit her, die die verachtete Stillstands- und Polizeiperiode der 20er und 30er Jahre nicht gekannt hat. Besonders die militärische Welt überschlägt sich; es ist der verwöhnte Sohn im Hause, der, weil er am besten reiten und tanzen kann, sich unter Zustimmung der Eltern alles erlauben darf. Der Rest der Welt, wenn er eine eigne Meinung haben will, ist nur dazu da gescholten und verdächtigt, unter allen Umständen aber angepumpt zu werden. Von dieser militärischen Welt gilt in gesteigertem Maße das, was von der ganzen Zeit gilt: im Ganzen glänzend, im Einzelnen jämmerlich. Dabei mehren sich die Zeichen innerlichen Verfalls: Selbstsucht und rücksichtslosestes Streberthum sind an die Stelle feinen Ehrgefühls und vornehmer Milde getreten und während in den Herzen Rohheit und destruktive Ideen Fortschritte machen, zeigt sich nach außen hin ein todter, bei uns nie da gewesener Byzantinismus. Dabei wird die Jugend immer fachmäßig dummer, dem Hammel, der vorspringt, springen die andern nach und an die Stelle selbstständigen Denkens ist Salamanderreiben und Nachplapperei getreten. Früher wurden Dinge »Mode«, die nur der eine mitmachte der andre nicht, jetzt faßt ein Schlagwort oder gar eine »Parole« die Menschen mit der Macht einer Epidemie, der sich der Einzelne kaum entziehen kann und die so lange dauert bis ein bestimmter Theil der Gesellschaft »ausgeseucht« ist. Aber schon ist eine neue Epidemie da und bemächtigt sich eines neuen Bruchtheils der Gesellschaft.

Ein Opfer solcher Epidemie sind nun auch Sie geworden, nicht in dem Sinne, daß Sie selbst davon befallen wurden (Gott sei Dank nicht) aber in dem in mancher Beziehung ebenso traurigen Sinne, daß Sie von solchen epidemisch Kranken in ihre Krankenstube hineingezerrt wurden. Und da sehen Sie sich nun mit Vorwürfen überhäuft, im Wesentlichen darüber, daß Sie gesund geblieben sind und nicht auch in des Militarismus Meien-Blüthe stehn. Welche Niedrigkeit, von Ihnen zu glauben, daß Sie sich die kleinen Rezensionen selbst besorgt hätten, zu glauben, daß Sie selbst der L[udwig] P[ietsch] der Vossischen Zeitung seien! Ich habe leider auch zu unsren Oberbehörden *gar kein* Fiducit mehr – nicht weil es an gutem Willen, wohl aber an Zeit und Liebe für den Einzelfall fehlt – sonst bin ich wie von meinem Leben überzeugt, ein feiner, vornehmer Herr wie der Kriegsminister, würde nicht blos auf Ihre Seite treten, sondern empört sein über die grenzenlose Plumpheit, über die den eignen niedrigen Standpunkt verrathenden Anklagen, mit denen man gegen Sie vorgegangen ist. Ein Mann von geachteter gesellschaftlicher Stellung, ein Richter, aus guter Familie, dekorirt mit dem eisernen Kreuz – den stellt man vor Gericht, wenn Todtschlag, Diebstahl oder Verbrechen gegen die Sittlichkeit dem Staatsanwalt keine Wahl lassen, aber man bezichtigt ihn nicht, auf gut Glück hin und ohne jede Information, sich seine Lobartikel selbst geschrieben zu haben. Das ist, einem Ehrenmanne gegenüber, eine solche Schändlichkeit und Beleidigung, daß nicht Sie zur Rechenschaft gezogen *werden*, sondern umgekehrt daß Sie die Verläumder zur Rechenschaft ziehen müßten. Aber sehen Sie, *das* ist gerade das Empörende, daß man recht gut weiß, daß Sie das nicht können, daß Sie, Familienvater und

Nicht-Pistolenschütze, sich diesen Affront gefallen lassen und dadurch zur allerbilligsten Heldenschaft so und so vieler junger oder auch ältrer Offiziere beisteuern müssen. Wären Sie ein Mann wie Fürst Pückler, oder hätte Fürst Pückler ein Büchelchen wie das Ihrige geschrieben, keine Hand hätte sich erhoben, keine Lippe sich gerührt, selbst Meie hätte wohlweislich geschwiegen, denn das ganze Offiziercorps hätte gewußt, der schießt mit Seelenruhe 6 von uns über den Haufen, er hat den Charakter und die Geschicklichkeit dazu. Sie können sich gar nicht vorstellen, wie mich speziell auch *dies* reizt und ärgert. Es ist unwürdig, einen Streit herauf zu beschwören und sich dann dem nach Lage der Sache zehnfach Schwächeren gegenüber, aufs hohe Heldenpferd zu setzen. Im Einzelnen werden dies auch wohl viele zugeben, aber wenn 20 oder 60 zusammen sind, siegt immer das Schlechte, das Thörichte, das Renommistische. Hammelsprung auch da. Der Münchhausensche Rath, den Spieß umzudrehn, ist *sehr* gut. Im Uebrigen wünsche ich Ihnen von ganzem Herzen endliche Beilegung dieser unerquicklichen, trübseligen Sache. Gruß und Empfehlung Ihnen und Frau Gemahlin. Einen Kuß den Kindern. Wie immer Ihr

Th. Fontane.

(77)   *Berlin* 3. Mai 87.
                                        Potsd. Str. 134.c.
Hochgeehrter Herr.

Ihr Brief der gestern kam, versetzte mich und uns alle in eine große Aufregung; ich hätte gern gleich und einigermaßen ausführlich geschrieben, es sind aber tolle Theatertage mit noch allerlei dazwischen und so ging es nicht und geht auch heute nicht. Nur dies flüchtige Lebenszeichen, dicht vor erneutem Theaterbesuch. Ich beschwöre Sie, las-

sen Sie sich die Butter vom Brote nicht nehmen, drehen Sie
den Spieß um, sagen Sie »macht was ihr wollt mit mir,
ich verstehe diese Welt nicht mehr, verurtheilt mich, meinetwegen, immer drauf los, *ich* spreche mich frei und
halte das Ganze für die Ueberspannung eines Prinzips und
einer Anschauung, die, eben in ihrer Ueberspannung und
Ueberspanntheit, jeden Anspruch auf Recht und Geltung
verliert.« Und in dem Stil weiter, auch vor Ihren *Spezial-*
Behörden. Sie müssen sich nur immer das Aeußerste vor
Augen halten, also event. Rücktritt aus Ihrem Amt, und
sich dabei sagen: »na, *da*ran geh ich auch noch nicht zu
Grunde.« Ein Mann wie Sie hat heutzutage hundert Hülfen.
Vorläufig wünsche ich von Herzen, daß sich alles applaniren
möge, aber es sieht kaum danach aus. Und so denn nur
tapfer drauf los. Nächstens mehr. Schreiben Sie mir, bitte,
von dem Ausgang des 5. Mai. Ihr

Th. F.

(78) *Berlin* 6. Mai 87.
Potsd. Str. 134.c.

Hochgeehrter Herr.

Besten Dank für Ihre Karte. Daß die Geschichte vertagt
worden ist, kann ich nur dann als ein Glück ansehn, wenn
sich die Hoffnung einer Niederschlagung des ganzen Unsinns daran knüpfen läßt. Sonst würde ich nach meinem
Charakter sagen: je eher, desto besser. Aber wie immer
auch, ich freue mich, daß Sie der Sache jetzt mit Ruhe ent-
gegensehn. Wenn Sie – was ich bei Ihrer juristischen und
gesellschaftlichen Schulung (die letztre ist fast noch wichtiger als die erstre) annehme – das richtige Wort treffen, fest
aber nicht schroff, entgegenkommend aber nicht schwach
sind, so muß die Sache *früher oder später* zu einem für Sie
guten Ausgang führen. Je mehr ich mir die Sache überlege,

je mehr wird es mir zur Gewißheit, daß in Ihrem Spezial-falle ganz pechöse Dinge zusammengewirkt haben. M[eie] muß eine furchtbar kleine Natur und W[ulffen] ein ungewöhnliches Rhinoceros sein. Ich bin, wie von meinem Leben überzeugt, käme diese Geschichte zu Kenntniß der eigentlich maßgebenden Persönlichkeiten in unsrer Armee – die nur freilich immer gern schweigen, um sich nicht Verkennungen etc. ausgesetzt zu sehn – so würden sie sich empören oder wenigstens die Achseln zucken. Ich kann und will nicht glauben, daß wir bereits *so* weit herunter sind, um schlimmer als unter der Inquisition zu leben, bei der doch wenigstens »Methode im Wahnsinn« war. Ich schrieb Ihnen schon früher einmal, über »Verblüfftheit« konnte sich W. nicht besonders freuen und solche fragwürdigen Einzelnheiten mögen sich noch verschiedene finden. Aber solche Dinge stehen in jedem Buch, und können (wenn's überhaupt sein soll) nur literarisch bekämpft werden, meinetwegen mit superiorem Spott, ganz von oben herunter. Es giebt ja zu dem Zwecke Fachblätter genug. Aber Kriegs- oder wenigstens Ehrengericht – einen gruselt und man fühlt sich seines Lebens nicht mehr sicher, wenn man blos »guten Morgen« sagt.

Wie immer Ihr
Th. F.

(79)   *Berlin* 15. 6. 87.
                                                    Potsd. Str. 134.c.
Hochgeehrter Herr.

   Seit dem Tage wo Ihr Brief kam (Sonntag) will ich schreiben, denn der Inhalt desselben hatte mich wieder sehr aufgeregt. Aber an jedem neuen Tage verbot sich's, bis 3 Arbeitszeit, die streng inne gehalten werden muß und an jedem Abende, die sonst für die Correspondenz da sind, kam was dazwischen. Am Sonntage kl. Festlichkeit draußen in Lichterfelde, wo mein Sohn den Jahrestag seiner Hochzeit feierte, Montag Theater, Dienstag ein kurzer Besuch der mir aber, durch eine spezielle Mittheilung, *jede* Stimmung nahm und heute wieder drittehalbstündiger Besuch der Herren A. v. Heyden und Richard Kahle (von 6 bis 8 ½) so daß ich das Schreiben halb und halb auch für heute schon wieder aufgegeben hatte. Plötzlich erfolgte aber Aufbruch und so habe ich denn noch eine kl. halbe Stunde. Die soll benutzt werden. Im ersten Augenblicke hatte ich 10 Pläne, ich wollte mich an verschiedene Kriegsministerial-Offiziere wenden: Major Sperling, Major v. Goßler, Oberstlieutnant v. Lettow und ihnen die Sache kurz vorstellen, ja ich kam sogar auf den Gedanken meine alten Beziehungen zu General v. Pape wieder hervorzusuchen und diesem die Frage vorzulegen: is es möglich? Aber ich habe es doch alles wieder aufgegeben und stehe auf dem Standpunkt den ich Anno 76 in verwandter Situation einnahm: es kommt nichts dabei heraus. Wenn man sich bei Beamten, Militairs, Adligen, Geistlichen nicht über ein *Individuum*, sondern über *überspannte Standesanschauungen* wie sie durch ein Einzelindividuum (oder mehrere) vertreten werden, beklagt, so kriegt man nie recht, weil jeder glaubt »seinem Stande« nichts vergeben zu dürfen, auch wenn man zugiebt vor einem Zuviel von Geltendmachung zu stehn. Dabei steckt in jedem Menschen ein Philisterzug und eine Philisteranschauung, die darauf hinausläuft: »na, ganz Unrecht werden die Andern wohl nicht haben«, wenigstens kann ich mich nicht entsinnen, daß in meinem langen Leben bei Gelegenheit ähnlicher Kränkungen und Unsinnigkeiten auch nur jemals ein Mensch auf meine Seite getreten wäre. Das Einzige was sich verlohnt, was einen Eindruck auf das Publikum macht, sind Entscheidungen durch die Gerichte, Sie können aber kein Civilgericht anrufen oder gegen ein militärisches Gericht ausspielen. Presse, Brochüre, *ganz* wirkungslos, heute gelesen, morgen vergessen. Also Resignation. Der Einzige der was thun könnte, wäre Toeche, wenn er seinem Schwiegervater (Albedyll) die Sache vorstellte; letztrer könnte dann die Kaiserumgebung beeinflussen. Aber Toeche wird sich hüten; ich glaube nicht, daß er der Mann danach ist. Nächstens mehr. In größter Eile wie immer Ihr

Th. F.

Bis 1. Juli bin ich in Berlin; ich schreibe Ihnen, wo ich hingehe. Vielleicht bin ich vom 1. *September* ab 4 Wochen in Krummhübel.

(80)   *Berlin* 17. Juni 87.
                                           Potsd. Str. 134.c.
Hochgeehrter Herr.

Heute bei etwas mehr Muße und noch dazu mit einer eben geschnittenen Schwanenfeder, die zwar keinen Spalt, aber dafür einen Haarfussel hat, der nun Spaltdienste thun und für Grundstriche sorgen muß.

Sie werden sich über ein gewisses Abwieglungsmoment in meinen letzten Zeilen gewundert haben, aber es hängt damit zusammen, daß ich, nachdem ich ein Lebenlang ein Hoffer, ein Erwarter, ein freudiger Inangriffnehmer aller möglichen Dinge gewesen, so zu sagen über Nacht ins Resignationslager übergegangen bin. Alle reformatorische Macht ruht heutzutage beim Geldbeutel, Ideen gelten wenig, Recht gilt gar nicht. Wer reich ist oder eine bestimmte Machtstellung einnimmt, kraft welcher er helfen und fördern kann, der kann aus sich heraus, so zu sagen direkt, viel Gutes schaffen, wer aber mit nichts kommt als mit Idee, Wahrheit, Recht, wer losgelöst von eigner und Andrer

Selbstsucht eine »Frage« durchfechten will, der kann nur gleich zu Hause bleiben. Es giebt nur noch persönliche, aber keine höheren Interessen, alles wird durch Furcht oder Vortheil oder Ehrgeiz bestimmt. Ihre Sache berührt eine Frage von allgemeiner Wichtigkeit, aber ehe sie nicht den Einzelnen persönlich drückt, wird der Einzelne nicht Lust haben, sich mit ihr zu befassen. Ich bezweifle nicht, daß es Hunderte von alten Militairs giebt – und je höher hinauf desto mehr – die das ganze gegen Sie eingeleitete Verfahren als einen Unsinn, eine Schnödheit und Jämmerlichkeit bezeichnen würden, aber sich damit von einem gewissen Vertheidigerstandpunkt aus ernsthaft zu befassen, dazu wird keiner Lust haben. Und so predige ich nochmals: alles ruhig laufen lassen oder – wenn dies möglich ist – dienstlich-nüchterner Appell an eine höhere Instanz, Antrag auf eine Revision des Verfahrens. Aber alles leidenschaftslos und wo möglich mit einer wirklichen Gleichgültigkeit gegen den Ausgang.

Bis zum 1. Juli bleibe ich hier, dann will ich sehn, mich in der Nähe von Berlin unterzubringen, wahrscheinlich in »Seebad Rüdersdorf« halben Wegs zwischen Erkner und Rüdersdorf. Meine Frau war gestern auf Recognoscirung da und hat es sehr schön gefunden. Ich will da tüchtig arbeiten, eine Kapitelreihe über die Quitzows; wie lang ich dort bleibe, selbst wenn es mir gefällt, ist fraglich; wahrscheinlich geh ich im August auf 14 Tage nach Rügen und vom 1. September an auf 4 Wochen nach Krummhübel. Aber alles schwankt, ich lasse mich gern treiben und warte wo die Welle mich landet. Empfehlen Sie mich der hochverehrten Frau, Gruß und Kuß den Kindern. Wie immer Ihr treu ergebenster

Th. Fontane.

Berlin 24. Juni 87.
                    Potsd. Str. 134.c.

Hochgeehrter Herr.

Heute früh erst – ich stecke seit Wochen in ungebührlich viel Arbeit – hat mir meine Frau Ihre Entgegnung oder Vertheidigung oder wie sonst man's nennen möge, vorgelesen. Es ist eine vorzügliche Arbeit, klar, übersichtlich, flüssig, dabei gemessen und leidenschaftslos, was durch ein paar spöttisch-bittre Bemerkungen nicht geändert wird. Ihre Arbeit hat nur einen Fehler: sie ist zu gut, noch mehr, sie ist überflüssig. Dies Gefühl hat mich während der ganzen Vorlesung begleitet. Es ist eine Art Mock-Verfahren, eine Komödie von Prozeß, drin der Angeklagte der von vornherein Verurtheilte ist. Er mag sagen, was er will »wenn er nur erst gehenkt wäre« oder »der Jude wird verbrannt«. Wenn ich in einer Gesellschaft gefragt werde »wie geht es Ihnen« oder wohl gar »was macht Ihre liebe Familie« so kann ich nie antworten, weil ich weiß, daß es dem Fragenden absolut gleichgültig ist und in einer von mir durchlebten, der Ihrigen einigermaßen ähnlichen Situation, habe ich Minister und Räthen gegenüber, kein Wort gesagt, weil ich mir dazu zu schade war. Dieser M[eie] muß ein furchtbarer Mensch sein und kann einem die Kriegshelden etc. gründlich verleiden. Wer mir sagt: »Sie haben diese Lobkritik sich selbst geschrieben« mit solchem Manne kann ich mich nicht mehr auseinandersetzen, er denkt *so* niedrig von mir, daß ich von ihm noch niedriger denken muß und wenn dann Excellenzen und hohe Staatswürdenträger kommen und solche Gedanken theilen und zu den ihrigen machen, so bin ich am Ende. Es ist etwas faul im Staate Dänemark und einem Götzenbilde zu Liebe, das sich mal »Dienst« mal »Ehre« nennt, werden Billigkeitsgefühl und gesunder Sinn begraben. Niemand hat den Muth direkt für Sie einzutreten; was Sie mir über Ihre Verwandten, die v. E.'s schreiben, ist nach dieser Seite hin charakteristisch. *Ich* hätte längst gesagt: »macht was ihr wollt und bleibt mir gewogen« und hätte ihnen Uniform, Leutnantschaft, Kreuz, den ganzen Mumpitz vor die Füße geworfen. Empfehlen Sie mich Ihren Damen. Wie immer Ihr treu ergebenster

Th. Fontane.

Ueber L[udwig] P[ietsch]'s Erklärung habe ich mich noch ganz besonders gefreut; sie bildet einen wundervollen Schlußstein der ganzen Arbeit.

Ihr Th. F.

(82) *Krummhübel* 25. 8. 87.

Hochgeehrter Herr.

Vielleicht haben wir schon morgen, Freitag, die Freude, Sie sammt Frau und Freund wiederzusehn, da es aber doch unbestimmt ist, so Sicherheits halber die ergebenste Mittheilung, daß wir, freilich nicht ohne Kampf und Schmerz, die große Kammpartie aufgegeben haben; ich habe Zeit und Lust dazu, aber ich darf es mir doch nicht zumuthen, weil ich mir das Wetter nicht aussuchen kann, ich muß es nehmen mit all seinen Möglichkeiten und Wechselfällen von Stichsonne, Schwüle, Regen, Nebel, Kälte und erschrecke bei dem Gedanken mir die zweite Hälfte meines Aufenthaltes hier vielleicht ganz ruiniren zu können. Es ist doch mitunter gut, sich daran zu erinnern, daß man ein »alter Knopp« ist.

Nun noch drei Fragen, die Sie, mit Hülfe des Convers: Lexikons, leicht und unter Danksagungen meinerseits, werden erledigen können. Wann war Napoleon vor Toulon

1792 oder 93? Wann vermählte er sich mit Josephine Beau-
harnais 1794 oder 95 oder 96? Wann war die Kapitulation
von Ulm 1805 oder 1809?

Unter 1000 Grüßen Ihr

Th. F.

Zu finden unter:
    Toulon,
    Josephine,
    Ulm.
Eventuell unter Napoleon und französische Kriege.

(83)   *Krummhübel*
                          16. Sept. 87.
                          Haus Meergans.
                          (Schlenther verschrieb sich auf
                          seinem Briefe an mich und adressirte:
                          Haus Meerschwein.)

Trotz der Losung: »schweigen heißt bleiben« schreibe ich
doch und zwar um Ihnen L[udwig] P[ietsch]'s Brief zu
schicken, der sich heute wiedergefunden hat. Es wäre nicht
übel, wenn Sie – vorausgesetzt, daß er diesmal mit Taschen-
tüchern kommt – ihn auf 3 Tage einlüden oder auch nur auf
2; ich glaube, daß ihm eine Tour nach dem Mittagstein und
den Teichen hinauf ein Labsal, unter allen Umständen aber
die bloße Einladung schon, auch wenn er sie nicht annimmt, eine Herzensfreude sein würde. Der arme Kerl ist
sehr deprimirt und jedes Zeichen von Anhänglichkeit und
Liebe thut ihm wohl.

Wir rechnen nun also darauf, Sie beide – und vielleicht
auch Herrn Bergel – morgen, Sonnabend, noch mal zu
sehn. Sagen wir 6. Wir steigen dann gleich zu Leiser hinauf
und »schlampampen« noch 'mal (vom Frau v. G[raevenitz]

Standpunkt angesehn). Verbietet sich Ihr Kommen, so sehen wir Sie vielleicht kurz vor 8 auf dem Bahnhofe. In Hirschberg will ich in die Stadt gehn und meiner Tochter die Justiz- und Militärbehörden zeigen. Unter ergebensten Empfehlungen wie immer Ihr

Th. Fontane.

(84) Arnsdorf
17. 9. 87.

Eben 3½ wollten wir von Richter's nach Kr[ummhübel] zurück, um uns durch Kaffe und Vossin für den Abend und einen Leiser-Gang an Ihrer und Frau Gemahlin Seite vorzubereiten, als Ihre Zeilen via Krummhübel hier in Arnsdorf eintreffen. Ich beklage aufrichtig, daß nun der Abschieds-Ungar zu Wasser wird und hoffe morgen früh auf eine kurze Plauderviertelstunde. Ach wie vieles liegt wieder vor, mehr als Sie ahnen; mein Erstes muß sein, von Berlin aus ausführlich, eindringlich, herzlich, beschwörend an Sie zu schreiben. Morgen früh heißt es vorläufig: der Rest ist Schweigen. An den armen Bergel schreibe ich heut Abend noch. Entschuldigen Sie das Gekritzel, an eleganten Damenschreibtischen schreibt sich's schlecht, wenn man keine elegante Dame ist. Wie immer Ihr herzlich ergebener

Th. F.

(85) [Krummhübel, 17. Septbr. 87] Sonnabend
5 Uhr.

Auch nicht der kleinste Schnippel Briefpapier ist mehr da; so wollen Sie gütigst diesen sonderbaren Zettel entschuldigen. Grosser lädt uns zu morgen Mittag 2 Uhr ein und ich

bin schwach genug gewesen in einer darüber geführten Debatte nachzugeben und die Einladung anzunehmen. Ich
melde dies per Expressen, damit Ihre Güte morgen früh
nicht vielleicht umsonst nach mir und Tochter sucht. Das
Zweite ist: halten Sie mir diese Inconsequenz zu gut, – ich
lehne bittend und dankend *Ihre* freundliche Einladung ab
und nehme nun die Grossersche an, Grosser's, zu dem ich
doch nur ganz oberflächliche Beziehungen unterhalte.
Hoffentlich brauche ich Ihnen nicht zu versichern, daß jeder
dolus fehlt. Es ist nichts wie Hin und Herschwankerei, die
mich aber doch bedrückt und in gewissem Sinne vor mir
selbst verklagt. Seien Sie nachsichtiger als mein eigenes Gewissen. Das darf ich sagen: »ach, es war nicht meine Wahl«;
ich befände mich um 2 lieber auf dem Rückwege nach Berlin, so sehr ich das Grossersche Haus zu schätzen weiß.
Unter herzlichen Empfehlungen Ihr

Th. F.

(86)   *Berlin* 20. Sept. 87.

Potsd. Str. 134.c.

Hochgeehrter Herr.

Die schönen Tage von Aranjuez sind vorüber und was ich
hier in Madrid vorgefunden habe, läßt zum Theil sehr zu
wünschen übrig. Mein ältester Sohn ist ernstlich krank und
Martha, statt sich hier gemüthlich wieder einzuleben, muß
heute noch nach Lichterfelde hinaus, um zu pflegen und
etwas Schick, Ordnung und Raison in die Krankenbehand-
lung zu bringen. Denn die liebenswürdige Schwiegertochter, eben weil sie liebenswürdig ist, greift nicht genug
durch und entbehrt der Commandostimme, deren Kranke
so sehr bedürfen.

Was ich Ihnen aber eigentlich schreiben wollte, das ist eine Mischung oder Aneinanderreihung von Dank, Entschuldigung und Bitte, Dank für die schönen auf Waldhaus- und Leisergängen verbrachten Stunden und Entschuldigung für Dinge, die wie Sonderbarkeiten aussahen und doch wahr und wahrhaftig keine waren. Ich wollte still sitzen, niemanden besuchen und nachdem die ersten Tage ungenutzt verstrichen waren, auch keine Partieen machen, das war alles so ehrlich gemeint wie nur möglich, und doch bin ich in der letzten Woche umhergefahren, habe bei R[ichter]'s geluncht und bei Gr[osser]'s dinirt und bin zwischen Wiesen- und Riesenbaude 36 Stunden lang wie zu Hause gewesen. Ich hoffe, daß Sie mir nichts davon zum Schlimmen angerechnet und das Lassen und das Thun nicht in irgend welche Beziehung zu der noch schwebenden »großen Frage« (die andre »große Frage« hat sich ja Gott sei Dank erledigt) gebracht haben. Und an diesen dritten Punkt, reihe ich nun auch die Bitte, von der ich oben sprach. Muß durchaus in dieser Gegnerschaft – denn von einer bloßen Gleichgültigkeit läßt sich kaum sprechen – fortgelebt werden? Ich glaube, nein. Ich habe mir nun von beiden Seiten her Welten erzählen lassen und daraus die Ueberzeugung gewonnen, daß bloßer Kleinkram vorliegt, daß Auffassungen, gefärbten Berichten, Mißverständnissen ein Einfluß zugestanden worden ist, der besser nicht stattgefunden hätte. Zwei, drei Dinge sind hüben und drüben von ernsterer Art, aber gerade bei diesen erfüllte mich derselbe feste Glaube wie damals, wo Sie die alte Treutler beleidigt haben sollten. Ich erklärte rund heraus »das ist gar nicht möglich« und es scheint mir, daß ich mit dieser Anschauung selbst bei denen, die damals davon nichts wissen wollten, Recht behalten habe. Es ist meine aufrichtige Ueberzeugung, daß es jetzt wieder so liegt. Es führt zu nichts, in Detail-Erörterungen einzutreten, das Einzelne ist gleichgültig oder kann wenigstens verziehen, vergessen werden, wenn man einer gegenseitigen Anstands- und Freundschafts-Gesinnung vertrauen darf. Dies *war* unzweifelhaft der Fall; warum sollte es nicht wieder sein? Alles was sich gegen Haus R[ichter] sagen läßt, weiß ich; aber ich kann nicht zugeben, daß es Veranlassung geben könnte, mit ihnen zu brechen. Im Gegentheil, es sind sehr *umgängliche* Personen und ihren Schwächen und Fehlern gegenüber gilt der Satz: »ja, so sind nun mal die Menschen und sogar die guten Menschen.« Und durchdringt man sich mit dieser Anschauung, so geht alles gut und glatt. Unter Gruß und Empfehlungen an Sie u. Frau Gemahlin, Ihr aufrichtig ergebenster

Th. F.

(87)   *Berlin* 12. Okt. 87.
                                              Potsd. Str. 134.c.
Hochgeehrter Herr.

Die ganze vorige Woche und auch diese noch bis zu dieser Stunde stand im Dienst von »Zu guter Stunde«, weil ein längeres Warten auf M. S. nicht mehr möglich war. Und es war gut so, denn es unterbrach mich bei den Danksagungsbriefen, die schon weit über 100 hinaus waren und mich zuletzt ganz stumpf gemacht hatten. Ueberhaupt ist die Art wie der Trauerapparat arbeitet, doch sehr unvollkommen und beinah roh, roh weil er das Beste was der Mensch hat, zu bloßer Phrase, ja zur Kunstthräne und Gefühlsheuchelei herunterdrückt. Und dabei noch die widerwärtige Wahrnehmung, daß die Menschen im höchsten Maße unzufrieden mit einem sind und Asche streun und Kleider zerreißen verlangen und einen noch nicht einmal für einen Eisblock halten. Denn der kann doch wenigstens schmelzen. Der »andre« ist mit dem »andren« nie zufrieden und zum Kolossalmuth und zur Kolossalliebe, verlangt er auch den

Kolossalschmerz. Und doch ist Maß nicht nur das Schöne, sondern auch das Wahre. Sie sehen, selbst dieser schmerzliche Fall [Tod des Sohnes George], der nun auf dem Rest meines Lebensweges neben mir hergeht, hat meine Menschenanschauung nicht geändert am wenigsten erquicklicher und beglückender für mich gemacht. Es giebt viel Freundliches in der Welt, aber das offiziell Freundschaftliche, da hapert's. Auch auf diesem Gebiete wächst das Beste in der Freiheit, Freundschaft aber ist eine Zwangsanstalt.

In der heutigen Vossin hat uns L[udwig] P[ietsch]'s Besprechung eines Buches von Maler Lüders ungemein erfreut, in gewissem Sinne sind *Sie* der Held der Besprechung. Es ist jammerschade, daß das den Personen, an die sichs richtet, nicht zu Gesichte kommt. Freilich, es würde da nicht viel helfen und mit »Judenblatt« abgethan sein. Ich werde aber doch eigens noch an L. P. schreiben und in ihn dringen, dieselben Worte zu gebrauchen, wenn er über eben das Buch vielleicht auch an die Schles. Ztg. schreibt. Viele Grüße von uns allen an Sie und Frau Gemahlin. Was macht Bergel? Wie immer Ihr treu ergebenster

Th. Fontane.

(88)   *Berlin* 27. Novb. 87.
                                         Potsd. Str. 134.c.

Hochgeehrter Herr.

Nun endlich! Eine stille Sonntagsstunde ist da und soll nicht unbenutzt vorübergehn. Seit Ihr lieber Brief kam, sind freilich schon viele stille Sonntagsstunden da gewesen, aber sie lassen sich nicht immer verwenden, da ist man entweder abgespannt von der Vormittagsarbeit oder hat Aerger gehabt oder erwartet einen Bekannten der sich angemeldet und jeden Augenblick kommen und die Stille stören kann. Heut ist es aber sicher-still und dabei so lautlos, als ob Schneeflocken fielen und doch liegt nur das mondscheinene elektrische Licht draußen auf den Straßen. Auf das, was wir die »große Frage« getauft haben, gehe ich heute nicht mehr ein und hoffe von Herzen, daß auch in Zukunft keine Veranlassung dazu mehr da ist; Richter war vor 14 Tagen hier und wenn wir ihn richtig verstanden und seine Berichte die wünschenswerthe historische Treue gehabt haben, so dürfen wir doch wohl annehmen, daß die neuerdings zwischen Arnsdorf und Schmiedeberg hin und her fliegende Taube zween Häusern den Oelzweig gebracht haben wird. Die großen Wasser des Zornes sind verlaufen. Möge es in Wahrheit so sein. Das ist unser aller aufrichtiger Wunsch. An einem Haare hing es und Sie hätten, was diese Zeilen Ihnen sagen sollen, nicht brieflich sondern mündlich erfahren. Martha stand auf dem Punkte, Richter nach Arnsdorf hin zu begleiten und dort 14 Tage lang der Pflege der Frau Richter und zugleich auch der eigenen zu leben. Frau Richter telegraphirte aber ab, was schließlich ein rechtes Glück war, denn die Geschichte, hervorgegangen aus dem Wunsche meiner Frau, zwei Kranken etwas Gutes anzuthun, war eigentlich eine Uebereilung gewesen. Wir können Martha kaum missen, da sie, so sauer es ihr oft werden mag, doch immer noch die Einzige ist, die die Hausrepräsentation leisten kann. Ich arbeite bis 3, wobei ich nicht gestört werden darf, weil das tägliche Brot daran hängt, dann bis gegen 4 bei Tisch, dann 2 Stunden lang zu Bett und wenn dann die Abendzeitung gelesen ist, so ist der Tag eigentlich um. An dieser Form des Lebens kann ich nichts ändern. Mit meiner Frau steht es noch schlimmer, sie kränkelt viel, sehr viel, liegt tagelang und doch muß am Ende wer da sein, der mal einen Menschen und wenn es auch nur eine Schauspielerin wäre, empfangen kann. Da brauchen wir dann Martha wie der Blinde seinen Stab. Im Theater ist ziemlich viel zu thun, wie Sie beim Lesen der Vossin bemerkt haben werden; das Letzte war der »Seestern« von meinem Freunde Philipp Eulenburg, der mich heut Mittag auch auf eine Stunde besuchte. Bei der Kritik über sein Stück half ich mir dadurch, daß ich es bei der sogenannten »kleinen Kritik«, die am Abend selbst geschrieben wird, bewenden ließ. Hätte ich mich am andern Tage in Details eingelassen, so hätte ich nothwendig sehr fatale Dinge sagen müssen, die mir nie verziehen worden wären. Eulenburg betrachtet den Abend übrigens als einen Erfolg und wird weiter schreiben. Ach, die Eitelkeiten der Menschen! Und während man sie an den Anderen wahrnimmt und belächelt, übersieht man, daß man gerade eben so ist und daß man mit all seinen Anstrengungen und Einbildungen ebenso drin steckt, ebenso in die Vergessenheit hinüberschwimmt, und zwar sehr sehr rasch, wie alle die andern, vor denen man sich einbildete etwas voraus zu haben. Dabei fällt mir auch Lindaus neuster Roman ein; die Kritik darüber, die heute (Sonntag) in der Vossin steht, rührt von mir her, ich habe sie aber nicht unterzeichnet, weil, wenn ich dies thue, sich gleich 18 mit ihren Büchern bei mir melden, 6 Männer und zwölf Weiber. – Die Nachrichten über Bergel habe ich mit der größten Teilnahme gelesen; hoffentlich geht es ihm wieder gut, äußerlich und innerlich. Frau und Tochter grüßen herzlich, ich aber bin unter Gruß und Empfehlung an Sie, die hochverehrte Frau und die lieben Kinder, wie immer Ihr aufrichtig ergebenster

Th. Fontane.

Berlin 7. Dezb. 87.
                                         Potsd. Str. 134.c.

Hochgeehrter Herr.

Diesmal sollen aber nicht wieder sechs, acht Wochen vergehn, kaum eben so viel Tage. Der Wunsch ging sogar
dahin, Ihnen auf der Stelle zu danken, denn unter den vielen
hübschen Briefen, die ich Ihrer Güte verdanke, steht dieser
obenan, – Sie haben ja das berühmte »talent epistolaire«,
aber *dieser* Sieg ist der glänzendste, Moltke, Sedan. Drük-
ken Sie dem armen Bergel meine ganze Theilnahme aus
und wenn die Frommen ihn jetzt mürbe haben und ganz
bestimmt wissen, wer ihm eigentlich den Zehenschuß bei-
gebracht hat, so stören Sie Bergel nicht, wenn er es auch zu
glauben anfängt. Das Schlimmste sind immer die Halbhei-
ten, Luther ist gut und Strauß (aber nicht der dicke Hofprediger) ist auch gut, nur muß man auf Vereinigung beider
Standpunkte verzichten. So kann ich mir denken, daß Sie –
und auch ich – dem armen Kerl ebenso eine Quelle der
Unruhe wie des Trostes und der Freude gewesen sind. –
Dann folgt in Ihrem Briefe die Geschichte von der Alten,
die sich den »Spass« machte, sich aufzuhängen und dann
General v. Nachtigall und dann Oberst v. d. Heyde. Was die
beiden Militärs angeht, so muß Ihnen aus dem Verhalten
derselben ein gewisser Trost erblühn, aber wenn ich mich
in Ihre Lage versetze, so würde für mich doch ein höchst
schmerzliches Gefühl das weitaus überwiegende bleiben.
Literarisch und allerpersönlichst kann Ihnen diese Rechtfer-
tigung von so ganz besonders berufener Seite her nur
Freude machen, aber wenn Sie von Ihrer Person abstrahiren
und den Fall als signatura temporis und nicht als blos möglich *in* Preußen, sondern auch als charakteristisch *für* Preußen ansehn, so muß man, und Sie mit, als Patriot und
Mensch blutige Thränen weinen. Das ist auch immer der
Standpunkt gewesen, den ich dieser unglückseligen Sache

gegenüber eingenommen habe; der Schmerz, die Kränkung, die Beängstigungen, die Sie durchmachen mußten, das hat mir alles furchtbar leid gethan, aber was mich empörte, hatte mit Ihrer Person nichts zu thun und war ein Achselzucken und fast ein Grauen darüber, daß man am Ausgange des 19. Jahrhunderts *das* in einem Staate erleben muß, der stolz ist auf seine Bildung, seinen Fortschritt, seine Freiheit. Da war die Inquisition nichts dagegen. Denn die Inquisition, so glücklich ich bin ihre Zeiten nicht erlebt zu haben, handelte doch aus einem großen Prinzip heraus, es stand beständig eine Welt oder doch eine Weltanschauung auf dem Spiel; aber auf dem Punkt zu stehn, vor Gericht seine Ehre einzubüßen, weil man nach 17 Jahren erzählt, ein dämlicher alter Oberst habe »verblüfft« ausgesehn, das ist unerhört. Der alte W[ulffen], wenn er sonst Lust hatte, konnte Sie fordern und todtschießen, aber Ehre aberkennen wollen, ist Unsinn. – Die Geschichte aus dem Gebirge wird mal ein vorzügliches Blatt in Ihren derartigen Aufzeichnungen abgeben. Aber so famos ich es finde, ja so *apart* famos, so ist es doch nur Stoff für ein einziges Blatt und die Form einer *kurzen Tagebuchaufzeichnung* die beste dafür. Eine Geschichte läßt sich nicht draus machen, es muß einfach als Bild und Erlebniß wirken. Aber 30 oder 40 solche oder ähnliche Aufzeichnungen gäben ein wundervolles Buch. Ihnen und allen Mitgliedern des Hauses herzlichste Grüße. Wie immer Ihr treu ergebenster

Th. Fontane.

(90)   *Berlin* 2. Januar 88.
                                          Potsd. Str. 134.c.
Hochgeehrter Herr u. Freund.

Seien Sie schönstens bedankt für Ihr Gedenken des 30.
und für die beigeschlossene »Winterreise«, nicht von Göthe
und nicht von Heine, aber von Friedländer, der's auch versteht. Sie halten es mir zu gut, wenn ich mich heut auf
diesen Dank beschränke, denn die immer mehr überhand-
nehmende Sitte des Kartenschickens zu Neujahr, die nur zu
kleinerem Theil mit dem bequemen »p[our] f[éliciter]« beantwortet werden können, frißt einem ganze Tage weg,
was für jeden ärgerlich ist, aber am meisten für *die*, die mit
ihren Tagen wohlweislich zu geizen anfangen. Neulich las
ich in einem Feuilleton der Nat. Ztg. daß ihr Freund Alfred
Dove der Herausgeber der Ranke'schen Nachlaß-Bände ist.
Wie denkt Dove wohl eigentlich über diesen Nachlaß? Viele
sagen: die Rankesche Familie wolle blos Geld 'rausschla-
gen. Ruhm hin, Ruhm her. Unter herzlichsten Grüßen und
Neujahrswünschen Ihr

                                                    Th. F.

(91)   *Berlin* 3. Febr. 88
                                          Potsd. Str. 134.c.
In aller Eil, die Poststunde ist nah, eine ganz ergebenste
Frage, die Sie, als »Wanderer im Riesengebirge« leicht werden beantworten können. Ich will eine kl. rührsame Ballade schreiben und habe die Geschichte, vom Thüringer-
wald her wo sie eigentlich spielt, nach dem Riesengebirge
verlegt und zwar auf die Strecke: *Seidorf–Annenkapelle.* Es
ist eine Verschneiungs-Geschichte, in der zwei zarte Kinder »Brüderchen u. Schwesterchen« zu Grunde gehn, das
Schwesterchen als *Heldin.* Nun brauche ich dazu genauste
Lokalkenntniß oder noch richtiger korrekte Lokalbenen-

nungen, denn das Terrain in seinen Grundzügen kenne ich ausreichend. Lokalbenennungen. Also wenn es auf der Strecke: Krummhübel – Wang spielte, würde ich sprechen von: Breitenhau (Rummler würde ich vermeiden) von der »Bank am Wäldchen«, von den Steinen, dem Wasser, der Brücke unten, vom Waldhaus, vom Kretscham, vom Kirchhof und der Kirche. Also alles was am Wege liegt und – es sei was es sei – irgend einen Namen führt, wodurch es jeder kennt. Eine Waldpartie (wie Birkicht oder Tannicht) eine Steinpartie oder ein Einzelstein mit phantastischem Namen, ein Quell- und Brunnenplatz, Kretscham und *Bauden*-Namen – *das* wäre mir das Liebste. Vielleicht auch Namen eines Bergwassers, Teiches, Moorgrundes, Wiese. Ganz exakt braucht es gar nicht zu sein, nur so viel um den Lokalton herauszubringen. Wenn es sein kann, umgehend. Verzeihung für dies Drängen. Aber ich bin schon in der Arbeit.

Heut vor 8 Tagen war ich in einer Gesellschaft mit Baurath Boeckmann zusammen, der über Japan geschrieben und durch gedruckte Briefe einige Unannehmlichkeiten gehabt hat. Wie mit dem geriesterten Stiefel: seit Ihrer Publicirung höre ich nur noch von ähnlichen Schicksalen in ähnlicher Situation. Ich erzählte ihm Ihr Loos, er war neugierig und ich schickte ihm das Büchelchen. Wenn ich was höre, ich sehe ihn freilich sehr selten, so schreibe ich es Ihnen. Herzlichste Grüße von uns allen dem ganzen Hause Friedländer von Ihrem ergebensten

Th. F.

(92) Berlin 6. Febr. 88.
Potsd. Str. 134.c.

Hochgeehrter Herr.

Seien Sie schönstens bedankt, auch für den Bergelbrief, den ich doch in erster Reihe auch Ihnen verdanke. Dummer Ausdruck. Erst nachträglich fällt mir ein, daß er ja an *Sie* gerichtet ist, wenn auch in meiner Sache. Trotz der Aufregung, in der ich mich wegen der beinah gleichzeitig anhebenden Bismarck-Rede befand (Martha hatte ein Billet ergattert und konnte zuhören) setzte ich mich doch hin und schrieb unter dem Eindruck von »Heiden-Tilke« und »Hexentreppe« die Ballade nieder, in der natürlich nichts von Heiden Tilke und Hexentreppe vorkommt, wie das immer der Fall zu sein pflegt. Man braucht die Namen-Anregung und das Bewußtsein, daß ein bestimmtes Quantum von Sachlichem neben einem liegt – und aus diesem Besitz-Bewußtsein heraus producirt man dann. Wie oft habe ich schon gehört: »aber Sie scheinen es nicht gebraucht zu haben.« Falsch. Ich habe es *doch* gebraucht. Es spukt nur hinter der Scene. – Was Sie über Bergel schreiben, thut mir herzlich leid. Was soll *dar*aus werden! Aber er wirkte so, so daß die Nachricht »vielleicht schwindsüchtig« mich nicht sonderlich überraschte. Ja, es würde das manches in seinem Charakter erklären. – Berlin steht vor Erregung auf dem Kopf. Aber Bismarck, während er *zur Welt* sprach und die vorläufigen Schicksale derselben vielleicht bestimmte, war persönlich sehr klapprig und sprach zwei Drittel seiner Rede sitzend. Nochmals Dank und 1000 herzliche Grüße Ihnen allen. Wie immer Ihr

Th. F.

Berlin 10. Febr. 88.
                                                     Potsd. Str. 134.c.

Hochgeehrter Herr.

Schon wieder im Feld! Und diesmal mit den viel angefochtenen »Irrungen, Wirrungen«. Daß sie (die Irrungen)
sich siegreich durcharbeiten, ist mir bei der entsetzlichen
Mediokrität deutscher Kritik und deutschen Durch-
schnittsgeschmacks nicht wahrscheinlich. Ist auch nicht
nöthig. Man muß es nehmen, wie's fällt. Und vielleicht hat
man ja auch Unrecht. Aber ich glaub es nicht. Unter ergebensten Empfehlungen an Frau Gemahlin und Gruß und
Kuß für die Kinder (Litti weist ihn hoffentlich nicht zurück)
wie immer Ihr herzlich ergebenster

                                                        Th. Fontane.

Berlin 12. April 88.
                                                     Potsd. Str. 134.c.

Hochgeehrter Herr u. Freund.

Seien Sie schönstens bedankt für Ihren lieben Brief, in
dem mir – fast muß ich sagen leider – die pessimistischen
Allgemeinbetrachtungen noch wohler gethan haben als die
freundlichen Worte, die sich an meine Person richteten.
Ach, es ist leider alles so, wie Sie schreiben und je länger ich
lebe – und in diesen letzten Lebensjahren, wie bei den Fall-
gesetzen mit beschleunigter Geschwindigkeit – drängt
sich's mir auf, wie erbärmlich das Leben ist, erbärmlich
durch die Menschen. Denn mein auch pessimistischer
Freund Hofprediger Windel in Potsdam hatte Recht, als er
mir neulich fast unter Thränen sagte: Ja, Schiller hat es getroffen »Die Welt ist herrlich überall, Wo der Mensch nicht
hinkommt mit seiner Qual.« Und seiner Gemeinheit und
Niedertracht, darf man hinzusetzen. »Ach, Saldern, wenn
er die ›mechante Race‹ die sich Mensch nennt, so gut und so

lange kennte wie ich, würd' er auch so denken und so sprechen wie ich« – sagte der alte Fritz in seinen letzten Lebenstagen. Ja »mechante Race« diese Tage zeigen es wieder. Beobachten Sie, wie weite weite Kreise – natürlich der unglückselige »Fortschritt« mal wieder an der Spitze – jetzt von Bismarck abfallen und dem neuen Lichte sich zuwenden, trotzdem jeder weiß, daß es nur ein Stundenlicht ist. Wie würde sich die Gemeinheit erst zeigen, wenn der arme gute Kaiser Friedrich – eine edle, aber zur Trauer stimmende Gestalt durch und durch – wenn er statt der Kanüle Nerven hätte wie Stricke. Bismarck wäre schon öffentlich verhöhnt und beschimpft worden. Jeder denkt nur an sich und seinen Vortheil; Gesinnung is nich, sich damit befassen ist nur lächerlich, ist anmaßlich wie Tugend und bald auch vielleicht wie Ehrlichkeit. Es bleibt dabei – und deshalb darf man auch immer wieder darauf zurückkommen – zu dem traurig und niederdrückend Lehrreichsten was ich in meinem ganzen Leben erlebt habe, gehört *Ihre* Geschichte, die Geschichte Ihres Büchelchens. Wohin ich in der Sache blicke, nur immer 2 erlei: Dummheit und Feigheit oder richtiger *gesinnungstüchtige Großmäuligkeit*, die – wenn Sie (ich glaube, ich schrieb es schon oft) ein Pistolenschütze wie Fürst Pückler oder ein Dollbregen wie, vor 45 Jahren, ein mir befreundeter Schützen-Kapitain in Leipzig (der hintereinander weg drei seiner ihn beleidigenden Kameraden im Duell erschoß) gewesen wären, sofort in die furchtbarste Feigheit umgeschlagen wäre. All diese Jammerprinzen erlaubten sich das alles, weil sie glaubten, es sich Ihnen, einem civilen verheiratheten Manne gegenüber erlauben zu können, hätte man aber in Hirschberg und Cottbus oder wo sonst noch gewußt, daß mit Ihnen schlecht Kirschenpflükken sei und daß Sie sich in Ihrem Garten damit beschäftigten auf 15 Schritt das Cœur-As aus der Karte zu schießen, so hätte sich niemand gerührt, weder der Herr Major, noch der Herr Hauptmann, noch der Herr Steuer-Supernumerarius. Mit Ekel erfüllen mich diese Loyalitäts-, Muths- und Gesinnungsthaten, hinter deren Heldenallüren nur der Jammer lauert. Seien Sie froh, daß Sie den ganzen Menschenquark erkannt und – hinter sich haben. Nur zu wahr ist das, was Sie – zur Erklärung und dadurch zur halben Entschuldigung des Geschehenen – in Ihrem Briefe betonen: die Verdrehtheit, die darin liegt, eine Institution, die einen frischen und ritterlichen Kastengeist zur Voraussetzung hat, auf beliebige kl. Nußknacker übertragen zu wollen. Gott besser's. Wird aber wohl nicht. 1000 Grüße Ihnen allen von Ihrem treu ergebensten

Th. F.

(95)   *Berlin* 13. April 88.
                                          Potsd. Str. 134.c.

Hochgeehrter Herr. In meinem gestrigen Briefe – ich war sehr in der Hast – habe ich Manches vergessen, unter anderm auch versäumt, über Ihre gescheiterte Berliner Reise ein Wort zu sagen. Und das erscheint mir nachträglich wie eine Unart. Ein Glück, daß Sie nicht gekommen sind und sich eine Menge von Enttäuschungen erspart haben. Es war alles furchtbar. Das Erscheinen so vieler Fürstlichkeiten, Bismarcks großartige Haltung, sein zu Tage tretendes Gefühl, seine Reden, die künstlerische Herrichtung der Via funeralis (und zwar unter den denkbar größten Opfern und Schwierigkeiten) die Trauerfeier im Dom und die Kögelsche Rede – das war das Große, zum Theil das Bewundernswerthe von der Sache, sonst aber war alles selbstisch, roh, gemein und von der »erhabenen Trauer« wovon die Zeitungen überflossen, existirte nichts. Dazu welche Vorkehrungen! Viele Personen sind 10 mal im Dom gewesen, die weitaus Meisten haben es 10 mal vergeblich versucht. Alles Durchstecherei. Die Kutscher, Lakaien, Dienerschaften machten sich ein Geschäft draus, für 3 und 5 Mark jeden mitzunehmen der zahlte. Das wüste Volk aber lagerte bis 12 oder 1 vor dem Dom, dann zogen sie, unter Radau, in die Keller und Bummse der Neuen Friedrichsstraße, soffen und johlten hier mit ihren Frauen und Liebsten bis 5 Uhr früh und zogen dann aufs Neue vor den Dom, der tagelang ihr Standquartier war. »Wohl dem, der frei von Schuld und Fehle« – zu Hause geblieben ist. Nochmals herzlichste Grüße. Wie immer Ihr

Th. F.

(96)   *Berlin* 16. Juni 88.
Potsd. Str. 134.c.

Hochgeehrter Herr.

Seien Sie schönstens bedankt für Ihren lieben Brief, der mir mal wieder von Gegenden und Menschen erzählt hat, für die ich – Nitsche, Rummler, Leiser etc. miteingerechnet – nun mal eine Vorliebe habe, vielleicht weil es immer nur bei flüchtigen Streifungen geblieben ist. Mir geht das Herz auf, wenn ich daran denke, daß ich binnen heut und 2 Monaten vielleicht wieder bei Leiser sitzen und »Julien« moralisch zwingen werde, auch eine Flasche herben Ungar (oder sagen wir eine halbe) vorfahren zu lassen. Mir ist dabei nur aufrichtig schmerzlich, daß ich dann bei Leiser ohne Sie, ohne die hochverehrte Frau (der ich mich, wie der Frau Mama, angelegentlichst zu empfehlen bitte) ja vielleicht selbst ohne Bergel sitzen werde. Und das will mir nicht recht ein. Man wird in solchen Sachen unglaublich klapprig und senil und lebt ganz aufrichtig der Vorstellung, daß wenn man nicht mit einer bestimmten Persönlichkeit an einer bestimmten Stelle sitzen könne, so sei's überhaupt nicht mehr die alte, richtige Stelle. Meine Hoffnung ist die, daß Sie vielleicht schon am 15. September zurück sind und daß wir dann mindestens noch eine Woche zu gemeinschaftlichen Partieen haben. Am 24. (dem Todestage meines Sohnes) möchte ich freilich wieder in Berlin zurück sein; ich bin nicht sehr sentimental und zerbreche mir nicht den Kopf über das alte Tod und Leben-Spiel, von der Stelle kommt man doch nicht, aber ein gewisses aesthetisches Gefühl schiebt doch dann und wann einen Riegel vor und verbietet mir am Todestage meines Sohnes das Harfengeklimper auf der Riesenbaude. »Fischerin, du kleine« und dazu *die* Augen und zähe Kipfel, die mal jung und frisch waren, als es die Harfenjule auch noch war.

Von Kaiser Friedrich spreche ich nicht; schon in den Zeitungen steht so viel, daß man halb zu Tode geödet wird. Nur dann und wann ein Goldkorn, wie die Worte »lerne leiden ohne zu klagen« und dann vorgestern, oder vielleicht gestern erst, der Moment, wo der Sterbende die Hand seiner Frau in die Hand Bismarcks legte. Kolossal ergreifend, groß, eine ganze Geschichte. Was liegt da alles drin! Liebe, Vergebung, Bitte, Vertraun. Und wie immer ist das, was das Herz thut, das Klügste. Wenn ihr, der armen Frau (denn das ist sie, so wenig sympathisch sie mir allezeit gewesen ist) irgendwer helfen kann, so ist es Bismarck. Sonst ist sie unterm Schlitten.

Daß Sie sich an der Concurrenz betheiligen wollen, freut mich und daß es eine »Amtsrichterskizze« sein soll, freut mich doppelt. Nur machen Sie sich, und wenn Sie schreiben wie ein Gott, keine Hoffnung auf Preis und Gewinn. Ich geh in meiner Skepsis vielleicht zu weit, aber ich bin zeitlebens ohne jede Spur von Vertraun zu solchen Dingen gewesen und was ich davon gesehn und erlebt habe, hat mich in meinem äußersten Mistraun bestärkt. Wie alles Schwindel ist, so ganz besonders auch dies. Alles was in »Sitzungen« abgemacht wird – ich will aus Rücksicht und Anstand die eigentlichen Gerichtssitzungen ausnehmen – ist von vornherein Blödsinn oder Durchstecherei, Lüge, Komödie, vor allem Nachsprecherei. Ein Großmaul hat das Wort – schon blos weil er großmäulig ist, immer mit einem Minimum von Anspruch – und diese eine fragwürdige Gestalt reißt den Rest der Bequemen und Schwächlinge mit fort. Denken Sie an die Hirschberger Ehrengerichtssitzung und die Steuer-Supernumerare aus dem Gebirge! So ist es überall und in jeder Sache. Neulich hab' ich ein Lustspiel gesehn, wo ein sächsischer Flickschneider (Herr Krause; brillant) beständig sagt: »Kind, beruhige Dich, alles ist Fatum.« Es ist wirklich so. Man lacht, aber eigentlich nur, um sich den furchtbaren Ernst der Sache wegzulachen. Vor 3 Tagen hatten wir eine Schillerstiftssitzung. Ich, sonst immer der Gütigste, stimmte *gegen* den Petenten und war dazu nur *zu* berechtigt. Und nun folgten die Andern meinem Beispiel und das arme Luder, übrigens ein Scheusal, kriegt nichts. Wäre Frenzel mit dagewesen und hätte *vor* mir das Wort genommen, so wäre der Ausgang der entgegengesetzte gewesen und Petent hätte schon seine 300 Mark. Frenzel hätte sicherlich *für* den Mann gestimmt und die andern Hämmel wären nachgesprungen, zuletzt wahrscheinlich auch *ich*, denn es macht allemal einen sehr häßlichen Eindruck, wenn man in einer das Wohl eines Kollegen betreffenden Unterstützungssache sich hartnäckig gegen solche Unterstützung sträubt. Alles hängt am seidnen Faden; daß ich nicht schon seit 17 Jahren im Wallgraben von Besançon liege, verdanke ich nicht meiner Unschuld oder meinem Recht, sondern einem Zufall. Fatum sagt der Flickschneider. Und nun mit weitem Zirkelschlag auf Ihre Novelle zurück. Es ist ganz gleichgültig, ob Sie den Preis

kriegen oder nicht, die Hauptsache ist, daß die kleine Geschichte geschrieben wird. Nur ja recht knapp; aber doch
nicht *so* knapp, daß Verständniß und Wirkung darunter leiden.

Ich werde, während des Juli, wohl wieder in der Nähe von
Berlin unterkriechen, irgendwo an der Stettiner Bahn hin.
Da bleib ich denn bis Anfang August, dann 8 Tage in Berlin, und dann am 10. oder 12., wenn sich die großen Wasser
verlaufen, nach Krummhübel. Ich will da eine Frey-No-
velle, die ich schon vor 2 Jahren schrieb, korrigiren. –
Meine Tochter ist in Rostock, kommt aber bald wieder und
will Anfang Juli mit meines Sohnes junger Wittwe und deren Schwester nach Krummhübel; in irgend einer Giebel-
stube werden sie ja wohl noch ein Unterkommen finden.
Vielleicht spricht meine Tochter, gleich bei Passirung von
Schmiedeberg, auf eine halbe Stunde bei Ihnen vor und
freut sich Littis und Hans Jürgens. An Bergel herzliche
Grüße. Mit der wiederholten Bitte mich Ihren Damen
empfehlen zu wollen, in vorzügl. Ergebenheit,

Th. Fontane.

(97) *Berlin* 2. Juli 88.
Potsd. Str. 134.c.

Hochgeehrter Herr.

Empfangen Sie und vor allem Frau Gemahlin den Ausdruck meiner, unsrer herzlichsten Theilnahme.

Trauer und Unruhe werden morgen erst auf ihrer Höhe
sein und so will ich mich kurz fassen und für Weiteres die
Tage des Wiedersehns abwarten. Denn, wenn es sich irgend
thun läßt, will ich doch bald nach dem 15. von hier fort und
zwar nach Krummhübel. In Ihrer Schilderung kann ich die
biedren und wenigstens den Sommer über manierlichen

Krummhübler kaum wiedererkennen, – sie wissen doch sonst die Anstandskomödie zu spielen und namentlich ihrem Amtsrichter gegenüber. Aber es ist auf nichts mehr Verlaß, nicht 'mal mehr auf die Wunder, die der Vortheil wirkt. Ich freue mich, daß mein veränderter Reiseplan mir noch Gelegenheit geben wird, Sie und die lieben Ihrigen ein paar Wochen lang zu sehn. Fräulein Schwägerin kommt nun wohl in Ihr Haus?

Empfehlen Sie mich allerseits und erleben Sie nicht *zu* viel Interessantes. Mitunter ist weniger das Angenehmere. Wie immer Ihr

Th. Fontane.

(98)   *Berlin* 15. Juli 88.
                                               Potsd. Str. 134.c.
Hochgeehrter Freund.

Ich würde mich aufrichtig freun, wenn ich Sie morgen zu kurzer Zwiesprach am Bahnhof fände. Artiger wäre es ja freilich, ich führe, unter Beschreibung einer Curve, bei Ihnen vor und machte einen regelrechten Antrittsbesuch, aber Ihre Güte wird es so genau nicht nehmen. Ich möchte auch nicht gern *zu* spät an der Welt Ende (Brotbaude, wo meine Tochter gemiethet hat) ankommen. Das Wetter ist toll, aber eigentlich sieht es nur so aus; ist man erst drin, so ist es nicht so toll. Im Uebrigen bin ich froh, dem Streit der Meinungen, der hier tobt, entfliehn zu können. Ich glaube, daß sich wunderbare Sachen zugetragen haben, aber zum Theil aus Nothwehr, die freilich weiter ging, als sie durfte. Mündlich mehr. Unter herzlichen Grüßen und Empfehlungen Ihr treu ergebenster

Th. Fontane

Hochgeehrter Herr.

Vor einer halben Stunde kam Ihr Brief. Wie liebenswürdig auch in Trauertagen die Fahne der Gastlichkeit, unter der Sie so oft gesiegt, hochhalten zu wollen. Und das Banner soll auch nicht umsonst aufgerichtet worden sein, meine Tochter und ich werden kommen, aber doch erst nach einer kleinen Weile. Sagen wir am Schluß der nächsten Woche oder zu Beginn der dann folgenden, zwischen dem 28. und 31. Es käme mir wie ein Unrecht vor, schon vorher Ihre hochverehrte Frau, der ich mich zu empfehlen bitte, mit kleinen häuslichen Extra-Sorgen beschweren zu wollen. Wir brechen dann zu Fuß hier auf und sind in dritthalb Stunden, mit kleinen Ingwer-Stationen bei Leiser, Rummler, Exner in Schmiedeberg, wo wir bald nach 12 eintreffen. Zurück nehmen wir dann einen Wagen bis zu Rummlers und machen den Rest wieder zu Fuß. Kommt meine Frau mit, die wir Sonnabend oder Montag erwarten, so müssen wir gleich von hier aus einen Wagen nehmen, was immer ins Geld läuft.*

Ihre Charakteristik des alten Zoelfel – ich entsinne mich mehr seiner schwarzen Perrücke als seiner selbst – hat mich sehr erheitert, ebenso der katholische Cantor mit seinem Adamsapfel. Die kirchliche Welt, und wenn es auch nur ihr Ausläufer in Gestalt eines Cantors wäre, hat an Lächerlichem und Bedenklichem vor dem Rest der Menschheit immer einen Schritt voraus.

Es ist hier oben sehr schön und wenn ich meinen Kolossalschnupfen erst los bin, wird es mir vortrefflich ergehn; so bin ich doch in aller Bewegung sehr behindert. Unter wiederholten Empfehlungen, in herzlicher Ergebenheit

                                    Th. Fontane.

* All das melde ich natürlich 2 Tage zuvor, damit noch Contreordre eintreffen kann.

Hochgeehrter Herr.

Allerschönsten Dank für Ihren lieben Brief. Ueber seinen reichen Inhalt mündlich. Erhalten wir nicht Contre-Ordre, so treffen wir, meine Frau und ich, Sonnabend kurz vor 2 bei Ihnen ein. Das Marschiren habe ich doch aufgegeben, da man sich »Marschirwetter« ohne welches es nicht geht, nicht bestellen kann. Unter Gruß und Empfehlungen von Baude zu Palazzo Ihr treu ergebenster

Th. Fontane.

(101)   [Postkarte   Poststempel: Krummhübel 26. 7. 88.]

Ich fand gestern (Mittwoch) keine Gelegenheit mehr, meinen Brief zur Post zu geben. So wollen Sie denn gütigst entschuldigen, daß unsre Anmeldung für Sonnabend so spät kommt. Paßt es nicht, so bitte ich um ein Telegramm. Bleibt dies aus, so kommen wir. In vorzügl. Ergebenheit,

Th. F.

(102)   [Postkarte   Poststempel: Arnsdorf 29. 7. 88.]

Allerschönsten Dank. Ich bin, wegen zu erledigender massenhafter Korrekturbogen, heute nicht zum Schreiben gekommen. Aber morgen Ausführliches. Unter Gruß und Empfehlung Ihr

Th. F.

Hochgeehrter Herr.

In strömendem Regen kamen wir am Sonnabend hier an; Richter hatte uns bis Rummler in dem Excellenzenwagen fahren lassen; dann kam der Regenschirm an die Reihe und das »per pem« wie der alte Schwerin immer sagte, der sich in diesem Fall die Pluralform schenkte. Oben auf meiner Klause las ich Ihren lieben Brief und mußte mir sagen: »was doch ein Schmiedeberger Tag einem Schmiedeberger Amtsrichter alles bringen kann.« Das ist ja beinah mehr, als Wilhelm II. in Peterhof erlebte und ein berichterstattender L[udwig] P[ietsch] hätte vollauf damit zu thun. Auch der von Neu-Germania hineinragende König Forestiere I. macht sich dabei brillant. Eine Stiftung für *Andre* würde ich aber aus dem Erbschaftstheil nicht machen oder höchstens dann, wenn es wenig ist; ist es viel (was ich Ihnen aufrichtig wünsche) so würde ich vorziehn es für mich und die Meinen in englischen Consols anzulegen oder höchstens die Zinsen zu sammeln und aus ihnen, nach 20 Jahren, eine Stiftung zu machen. Beredet wird man doch. Eine verstorbene Tante sagte von mir: »ich sei eigentlich ein Intriguant« und es wird Leute geben, die noch Schlimmeres von mir sagen. Neugierig bin ich, Details von Ihnen zu hören und nicht blos in der St. Arnauld-Angelegenheit. Paßt es Ihnen, so komme ich (mit Frau) am Mittwoch und bin gegen 2 bei Ihnen. Dabei kann ich aber nicht genugsam hervorheben, daß Sie, wenn wieder etwas dazwischen kommt, nicht in Ihrer Güte für mich Anstand nehmen, abermals abzutelegraphiren. Denn es liegt jetzt so viel auf Ihren Schultern, daß Sie eigentlich keinen Tag ganz sicher haben. Ich bitte dann nur um ein Telegramm bis etwa morgen 4 oder 5 Uhr Nachmittags, nicht *unsret*wegen so verhältnißmäßig früh (denn auch Mittwoch Vormittag wäre ja noch Zeit genug) sondern unsres Wirths halber, der sich mit seinen Pferden danach einrichtet und fuhrelos dasitzt, wenn noch in letzter Stunde abbestellt wird. Unter Gruß und Empfehlung

Ihr herzlich ergebenster

Th. Fontane.

(104) *Krummhübel*, Brotbaude.
20. Aug. 88.

Gnädigste Frau.

Ihr Herr Gemahl hat mich durch eine Karte von München aus erfreut; ich kann ihm nicht persönlich danken, weil sein Aufenthalt alle 3 Tage wechseln wird und bitte deshalb *Sie*, gnädigste Frau, ihm diesen meinen Dank aussprechen zu wollen. Ich schreibe *dann* ausführlich, wenn ich weiß, daß er wieder zurück ist. Es liegt ja so viel Stoff vor. Welch unerwarteter (*mir* hochwillkommener) Wechsel der Dinge durch die Verlobung Ihres Herrn Neffen. Ich hoffe nun auf Capuletti und Montecchi mit heitrem Ausgang. Es ist am besten so. Ueberhaupt: nur kein Streit, keine Fehden, kein Aerger. Selig sind die Friedfertigen. Ob sie selig werden, weiß ich nicht, aber es sind die einzigen leidlich Glücklichen. Lieber den Vorwurf der Schwäche auf sich laden, als das Leben unter bittren und häßlichen Gefühlen hinbringen. Kampf und Streit paßt nur für solche, die, ihrer Natur nach, ein *Vergnügen* daran finden. – In der letzten Nummer von »Zur guten Stunde« (der *ersten* des neuen Jahrgangs) ist ein Buntbild: »betende Mädchen«; die ältre sieht ganz aus wie Ihre Litty. – Wie lange meines Bleibens hier noch ist, weiß ich nicht, aber ob länger oder kürzer, ich nehme schon heute Veranlassung, mich Ihnen, gnädigste Frau, angelegentlichst zu empfehlen. Meine Damen grüßen herzlich. In aufrichtiger herzlicher Ergebenheit

Th. Fontane.

Berlin 5. Okt. 88.
Potsd. Str. 134.c.

Hochgeehrter Herr.

Schon seit Wochen will ich schreiben und anfragen, wie es Ihnen und den lieben Ihrigen, Frau u. Kindern, geht. Aber es sind unruhige Zeiten, wobei ich an »Tagebuch« und Geffcken noch nicht einmal denke. Mein neues Buch, dessen Correkturbogen mich schon auf der lieben Brotbaude stark behelligten, hat mir bis zur Stunde (jetzt ist es endlich fertig) viel Arbeit und Sorge gemacht und jetzt dichte ich seit 8 Tagen für meinen Freund Béringuier, der in einer Festsitzung des Berliner Geschichtsvereins das Andenken der beiden verstorbenen Kaiser, mit Hülfe etlicher Ottaverime von mir, zu feiern wünscht. Als ich ihm sagte »das sei eine große Arbeit, es daure 8 Tage« antwortete er nur: »da habe ich keinen andern Trost, als Sie auch gleich noch um einen Prolog zum 28. (Coloniefest) zu bitten.« Ich mußte ja sagen, denn ich bin der Colonie, zu deren Häuptern Béringuier zählt, sehr zu Dank verpflichtet: drei Vettern von mir waren auf dem Colonie-Waisenhause und mein 2. Sohn viele Jahre lang im Seminar. »Da helpt et dann nich.«

Wie verlief Ihre Reise? Sind Sie Stöckhardts unterwegs begegnet? Was macht Bergel, Frau v. Münchhausen, Prinz Reuß? Vor allem, was macht unsre schöne Freundin (ich darf sie hoffentlich wieder so nennen) Frau Richter? Und Ebertys überhaupt und der Commerzienrath und Stobbes und das Brautpaar? Frau Stöckhardt reist morgen wieder nach Hohenwiese, um die Kinder abzuholen, die Fräulein Alice mittlerweile bemuttert hat. Fräulein Stellmacher, eine sehr nette junge Dame, die an jenem Sonntage mit in Hohenwiese war, hat sich mittlerweile verlobt, sonderbarerweise mit einem Herrn Wagenmann. Das nenn' ich Namenpassendheit. Gesellschaftlich ist hier noch nichts los, aber die Theater blühen, glücklicherweise nicht für mich. Barnay trat bekanntlich vor und sagte: »ich bin *sehr* glücklich«; Osk. Blumenthal soll am Schluß seines »Anton Anthony« (der nicht sehr gefiel) *auch* vorgetreten sein und mit derselben Handbewegung, Hand aufs Herz, gesagt haben: »ich bin sehr unglücklich.« Anna Lindau wurde brieflich zurückgerufen »weil das den Akt der Scheidung beschleunige«; sie antwortete telegraphisch: »Impossible; mon Jacques est malade.« Das sind so kleine Geschichten, die den Berliner amüsiren. Natürlich geht man im Uebrigen in Tagebuch und Geffcken auf. Ein Bekannter von uns, der, trotzdem er Assessor und Reserveleutnant, nicht ganz mittutet, wurde vor ein paar Tagen mit der Frage empfangen: »Nun, was sagen *Sie* zu dieser schamlosen Veröffentlichung.« Er war baff und schwieg. Ich werde täglich an Ihre Ehrengerichtsgeschichte erinnert, freie Menschen von natürlicher unbefangner Empfindung giebt es nicht mehr, alles steckt, zum Theil ohne es zu wissen (und das ist das Allerschlimmste) in Staatspatentheit und Offiziosität. Es ist traurig. Uebrigens bin ich weder mit der Veröffentlichung einverstanden, noch ein Schwärmer für Kaiser Friedrich. Nur ist die Veröffentlichung nichts »Schamloses« und Kaiser Friedrich, ein so schlechter Praktikus er war, war doch immerhin eine ideale Gestalt, der man ein Stück Respekt nicht versagen darf. 1000 Grüße. In vorzügl. Ergebenheit

Th. Fontane.

(106)   *Berlin* 24. Okt. 88.
                                          Potsd. Str. 134.c.
Hochgeehrter Herr.

Ich war für den lieben, langen und in seinen Details so interessanten Brief vom 9. d. schon in Ihrer Schuld und nun erfreut mich Ihre Güte durch einen zweiten Brief. Sonst bin ich prompter, aber ich weiß nicht woran es liegt, ich komme mit nichts so recht vom Fleck. Die Dichterei, deren Resultate Sie so freundlich beurtheilen, ist nur zur Hälfte Schuld daran, daß ich mit allem im Rückstand bin; was ich vermisse, ist das bischen Spannkraft, das ich in der Regel aus dem Gebirge mit nach Hause bringe. Alles wird mir schwer und wenn mir die Verhältnisse es gestatteten, so schlösse ich die Bude und beschränkte mich darauf, nur alle 8 oder 14 Tage einmal ein Gedicht, oder einen Aufsatz oder eine Kritik zu schreiben. Besonders auch Letztres, was in allen Fällen, wo man nicht schreiben *muß*, sondern schreiben *will*, ein ganz besondres Vergnügen gewährt. Haben Sie vielleicht gelesen, was ich, in der Montag Abendnummer der Vossin, über Ibsen und seine »Wildente« geschrieben habe? Solche Kritiken erquicken vielleicht keinen andern, aber sicherlich *den*, der sie schreibt, weil er in ihnen Gelegenheit findet, sich an die schwierigsten Fragen heran zu machen, nicht um sie zu lösen, aber doch um sie zu *stellen*. Und schon in dieser bloßen Fragestellung, die gleichbedeutend ist mit einem Absagebrief gegen das Alte, liegt eine Art Genuß. – In Ihrem ersten Briefe hat Ihr in Gastein zurückbleibender »staatsanwaltlicher College« den tiefsten Eindruck auf mich gemacht. Diese beständigen kleinen Schicksalstücken, bei denen die persönliche Schuldfrage nur erst ein Zweites und beinah Nebensächliches ist, interessiren mich immer ungemein. Es ist, als ob die Götter unser nach eignem Plan zurechtgelegtes Glück nicht wollen, sie werfen uns dann und wann eine süße Frucht in den Schooß und haben nichts dagegen (im Gegentheil) daß sie uns schmeckt, aber so wie wir das Glück zwingen oder auch nur mit Hülfe von Baedecker uns etappenmäßig ausrechnen wollen, in Innsbruck *dies* Glück und in Verona *das* und in Venedig ein stupendes drittes in einer Gondel oder Nicht-Gondel, – so darf man sicher sein, daß alles kläglich scheitert. Wie viel Thränen junger Frauen sind schon auf dem Marcusplatz vergossen worden und kaum eine dieser Frauen die nicht wenigstens (auch wenn sie blos im Hôtel war) auf der Seufzerbrücke gestanden hätte. Und das sind dann die berühmten Hochzeitsreisen, die, nach der Berechnung des Bräutigams, direkt in den Himmel führen sollten. Und so auch Ihr armer staatsanwaltlicher College. Das freut sich nun in Beuthen oder Myslowitz 11 Monate lang auf eine Reise nach Italien und schwärmt von »Assunta« und »Concepcion« und wird, ehe sich die letztre in ihrer Tiziantizianischen oder Murillomurilloschen Verklärung präsentiren kann, auf dem Vorweg-Abstecher in die Praxis der Sache, *so* gründlich 'reingelegt. – Haben Sie herzlichen Dank für alles, was Sie mir über die irdischen Größen des Hirschberger Thals, vom Prinzen an bis auf den Kupferminenkönig, mitgetheilt haben. Kleine gesellschaftliche Bedenken, die Sie gegen den Letztren äußern (zumal in Ihrem ersten Briefe) laß ich gerne gelten und ich bestreite keinen Augenblick, daß ein intimerer freundschaftlicher Verkehr dadurch ausgeschlossen wird. Aber sich 'mal sehen, ist selbst für mich, der ich doch ein Lebens-Abgefundener bin, immer noch von Interesse, weil man doch von dem einzig werthvollen Studium, dem Menschenstudium, nicht ganz los kann. Eine neue Figur interessirt immer noch wieder und in ihren Fehlern gelegentlich noch mehr als in ihren Vorzügen. Wobei mir einfällt, daß wir gestern bei Heinrich Richter zum Diner waren. Empfehlen Sie mich der hochverehrten Frau; herzliche Grüße allerseits von meinen Damen. Wie immer Ihr aufrichtig ergebenster

Th. Fontane

(107) *Berlin* 3. Novb. 88.
Potsd. Str. 134.c.
Hochgeehrter Herr.

Die die Ersten sein sollten, kommen immer zuletzt an die Reihe und so trifft es sich, daß dies Buch um 3 und 5 Tage später an Dr. Friedländer abgeht, als andre Exemplare, die zwischen Minister und Dorfschulmeister hin und her pendelten. Der Hauptminister war Puttkamer, die Dorfschulmeister sitzen in der Priegnitz und haben mir bei Quitzöwel geholfen. Seien Sie dem Buch ein freundlicher Leser; am meisten Gnade wird wohl Hoppenrade finden. Es ist ganz Historie in Novellenform.

Was macht der Prinz? Münchhausens, Hohenwiese? Wie sieht es in Arnsdorf aus?

Ergebenste Empfehlungen der hochverehrten Frau, einen Onkelkuß den Kindern. In vorzüglicher Ergebenheit

Th. Fontane.

(108) *Berlin* 12. Novb. 88.
Potsd. Str. 134.c.
Hochgeehrter Herr.

Herzlichen Dank für Ihren lieben langen Brief; Sie schreiben noch Briefe, die Meisten schicken einem Telegramme, die nur zufällig in Briefform aufgegeben werden; von Ihren Briefen hat man nicht blos Anschauungen über dies und das, sondern oft auch das »dies und das« selber. So die Geschichte von der alten Jerschke. Wenn Sie sie nicht schon Ihrem im Schooße der Zukunft ruhenden Novellenschatz einverleibt haben, so möchte ich Sie bitten, mir den Stoff zu überlassen, ja vielleicht schenken Sie mir noch einen zweiten dazu. Ich will nämlich im Laufe des nächsten Jahres, vielleicht schon im Frühjahr, ein kleines Büchelchen herausgeben, das den Titel führen soll:

drin ich kleine Geschichten der Art zusammenstellen
möchte; das Meiste hab ich, aber etwa 2 Nummern fehlen
noch, und da nähme ich gern was aus Ihrem Vorrath. Aber
es muß Ihnen leicht werden, es zu opfern, sonst nicht; ich
nehme dies aber beinah an, da Sie ja nicht blos der »reiche
Mann« in Ihrem schon gegenwärtigen Besitzstande sind,
sondern Ihr Vermögen alle Vierteljahr auch noch durch eine
Gebirgsfahrt vermehren. Uebrigens (Pardon) komme ich
dabei auf eine alte dringende Bitte bez. Rath zurück. Ist
über kurz oder lang der Moment da, wo Sie mit diesen
»Erinnerungen« beginnen, so gehen Sie dabei so unnovelli-
stisch wie möglich vor; je mehr es Ihnen glückt, die Dinge
halb geschäftsmäßig, vielleicht in einem künstlerisch arran-
girten Aktenstil vorzutragen, je größer wird der Effekt
sein. – Was Sie mir über Prinzlichkeit und Aristokratie
schreiben, hat mich sehr interessirt; es ist mir ganz zweifellos, daß man in *den* Kreisen, die sich früher einfach die
»Gesellschaft« nannten, gesellschaftlich besser fährt, als
mit Gevatter Schneider und Handschuhmacher; nur Eines:
man wird nie warm, nie gemüthlich und rückt nicht vom
Fleck. Man kann sagen »das schadet auch nichts«, aber auf
die Dauer fehlt einem doch was. Dazu kommt, daß es mir
immer schwerer wird, Anschauungen ruhig hinzunehmen,
die ich für verrückt oder 'raufgepufft oder anmaßlich halte.
Dergleichen alle 3 Jahr einmal zu hören, amüsirt mich, aber
mit solchen Personen zu *verkehren*, ist mir unmöglich. Nur
das bleibt bestehn: lieber Einsamkeit und ein Buch und eine
Zeitung, als schlechte Gesellschaft von der man nichts hat
als Aerger und mitunter direkte Beleidigung. – Ich kenne
Nordau's Buch nur aus längeren Auszügen; danach habe
ich den Eindruck gehabt, daß er die Offiziosität, die Staatspatentheit und die bis zur Karrikatur getriebene Militäran-

schauung geißeln will und in all *diesem* stimme ich ihm bei. Nicht im Einzelnen, aber in der Grundtendenz. Was sehn und erleben wir nicht grade *jetzt* wieder und ich fürchte, wir sind erst am Anfang. – Der Quitzow-Abend im Theater war *sehr* interessant; ich war ganz Anti-Wildenbruch, bin jetzt aber besiegt. Ich kann meine frühre Gegnerschaft aber nicht bedauern: v. W. ist absolut kritiklos; *hier* hat es das gut Stück Genie, das in ihm steckt, 'mal glänzend getroffen; in seinen frühren Arbeiten sah ich nur ein Durcheinander von Treffern und Nichttreffern, dessen ich nicht froh werden konnte. Bitte, grüßen Sie den guten Bergel und empfehlen Sie mich Ihren Damen, denen ich meine Theilnahme ausspreche.

In aufrichtiger Ergebenheit Ihr

Th. Fontane.

(109)   *Berlin* 31. Dezb. 88.
                                           Potsd. Str. 134.c.
Hochgeehrter Herr Rath.

Ich stelle, gratulirend, den Rath an die Spitze und komme dann erst mit meinem herzlichsten Dank für Ihren lieben Geburtstagsbrief. Ihn in seinen Einzelnheiten zu beantworten, ist an diesem Zwischentage zwischen Geburtstag und Neujahrstag unmöglich und ich mag nichts über's Knie brechen. Ich schreibe noch im ersten Drittel des Januar ausführlich. Vorläufig Ihnen und den lieben Ihrigen alles Beste zum neuen Jahre wünschend, in herzlicher Ergebenheit

Th. Fontane.

(110)   *Berlin* 7. Januar 89.
                                     Potsd. Str. 134.c.
Hochgeehrter Herr.

Schon gestern Abend, nachdem ich, unerhört für meine
Verhältnisse, eine große Stadtreise mit Visiten, Panorama-
Besuch (Jerusalem u. Golgatha) Panoptikum und Sünd-
fluth-Tableau gemacht hatte, wollte ich schreiben, kam
aber nicht dazu, weil meine Frau in der Laune war, mir
Ibsens neues Stück »Die Frau vom Meere« vorzulesen, eine
Geberlaune, die ich doch nicht unbenutzt vorübergehn las-
sen wollte. Beiläufig, mein Ibsen-Enthusiasmus hat seit
8 Tagen einen Knax weg und die »Frau vom Meere« hat den
Bruch nicht geheilt, sondern blos für einen Doppelbruch
Sorge getragen. So daß mich diese Saison dem Leser der
Vossin in einem zwiefachen Wechsel zeigen wird: den Wil-
denbruch-Anfeinder als einen Wildenbruch-Freund und
den Ibsen-Enthusiasten als einen Ibsen-Antagonisten.

Sie gratuliren mir zu dem Orden. Ich weiß nicht, ob ich
Ihnen nicht schon darauf geantwortet habe, verzeihen Sie
also, wenn ich mich vielleicht wiederhole. Man kriegt die
Orden für *Andre*, nur in *dieser* Beleuchtung haben sie
Werth, aber *dann* auch einen wirklichen Werth. Wäre ich ein
gesellschaftlich angesehner Mann, ein Gegenstand von
Huldigungen oder auch nur Achtung, die man allseitig
meiner Stellung oder meinem Vermögen entgegenbrächte,
so bedeutete mir solche Auszeichnung, mit der ich mich
übrigens kaum je vor der Welt herumziren werde, so gut
wie nichts. Angesichts der Thatsache aber, daß man in
Deutschland und speziell in Preußen nur dann etwas gilt,
wenn man »staatlich approbirt« ist, hat solch Orden einen
wirklichen *praktischen* Werth: man wird respektvoller ange-
kuckt und besser behandelt. Und so sei denn Goßler geseg-
net, der mich »eingereicht« hat.

Daß wir Sie während der kurzen Zeit Ihres Aufenthalts in

141

Berlin nicht gesehn haben, sollte ich füglich bedauern, aber, aller Artigkeit zum Hohne, darf ich es nicht aussprechen, denn wir waren vom 12. November an bis 3. Januar in einer sehr unrepräsentativen Verfassung. Unsre Münstersche Schwiegertochter war mit ihrem ¾jährigen Kinde auf Logirbesuch bei uns, von Mitte Dezember ab auch unser Sohn selbst, und so ungewöhnlich gut und glatt alles verlief, die Schwiegertochter sehr nett, das Kind reizend und der Sohn ein Unicum von Gutheit, so war es doch für meine beiden Damen eine kolossale Strapatze, schon allein dadurch, daß 8 Wochen lang von Nachmittagsschlaf, ohne den sie nicht gut bestehn können, des beständig zu wartenden Kindes halber keine Rede war. Da herrschte denn, auch noch unter Lachen, eine gewisse Deprimirtheit vor, die die repräsentativen Künste, die überhaupt nicht unsre Hausstärke bilden, nicht sonderlich hoch hätte springen lassen.

Seit Wochen bin ich wieder ganz Politik: Ost-Afrika, Geffcken, Morier, Samoa. Mir will alles nicht recht gefallen und so wenig ich mit dem Fortschrittsprogramm zu thun habe, so kann ich doch nicht leugnen, daß ich seit einem Vierteljahr in einem bis dahin mir unbekannt gebliebenen Grade auf Seiten meiner guten Vossin stehe. »Blinder Eifer schadet nur.« Mitunter wird man an Stimmen-hören und Verfolgungswahnsinn erinnert. Gewiß hat er schwere Feinde, gewiß ist hundertfältig eine Neigung da, sich gegen ihn zu verschwören und ihn zu stürzen und gewiß (oder doch fast gewiß) sind in Krieg und Frieden unglaubliche Dinge geschehn, Hoch- und Landesverrätherei, ganz frisch, fromm, fröhlich und frei, als müßt' es nur so sein, alles aus dem naiven Dünkel heraus, eine princess royal of England kann sich dergleichen erlauben; es trifft ja nur den »alten Ekel« und ihn los zu sein, ist wichtiger als der Verlust von zwei, drei Provinzen. »Vielleicht können wir auch

Hannover bei der Gelegenheit wiederherstellen.« Sie sehen, ich steh *im Letzten* ganz auf Bismarcks Seite, es ist um die Wände 'rauf zu gehn, von dem Tag an, wo die Gräfin Reventlow ungestraft von »Euer Großvater, der Räuber-König« sprechen durfte, aber je mehr ich glaube, daß viel Strafbares, ja furchtbar Strafbares vorliegt, je mehr hätte ich gewünscht, man hätte den Zeitpunkt abgewartet, um dann mit vernichtenden Beweisen vorgehn zu können. So bleibt alles im Dunkel und was vielleicht lediglich beleidigtes patriotisches Gefühl ist, wirkt wie kleine persönliche Gehässigkeit. Dies beklage ich außerordentlich, es schädigt nicht nur Bismarcks Ruhm, sondern auch Deutschlands Ansehn. Vielleicht, daß er in einer Woche, geladen mit Stoff, vor den Reichstag tritt und mal wieder eine jener Reden hält, die im Nu um den Aequator laufen. Und nun genug von diesen Dingen, herzlichste Grüße und Empfehlungen Ihnen allen, an Groß und Klein, von Ihrem aufrichtig ergebensten

Th. Fontane.

(111)   *Berlin* 28. März 89.
                                          Potsd. Str. 134.c.
Hochgeehrter Herr.

Eben suche ich Ihren letzten lieben Brief aus einem Berge unbeantwortet gebliebener Briefe heraus und lese »29. Dezeb. 88«. Ist es möglich? Ein ganzes Vierteljahr. Daß es lang war, wußte ich, aber *so* lange, das hat mich doch betroffen. Anklagen über Säumniß oder gar Faulheit kann ich mich freilich nicht, denn gerade, daß ich so fleißig sein mußte, oft mit nur halber und viertel Kraft, das ist Ursach dieser Verspätung geworden. Nun habe ich endlich meine Krummhübler Geschichte in die Welt hinausgeschickt und bin seit vier, fünf Tagen wieder ein Mensch, der einen alten

Onkel besuchen (ich habe hier einen 89jährigen Bruder meiner Mutter), ein Buch mußevoll lesen und lange Briefschulden abtragen kann.

Aber womit anfangen? Wie geht es im eignen Hause? Was machen Frau und Kinder? Was Treutler, was Bergel? Was die Verschwornen von der Gegenpartei? Was der Prinz? Was Münchhausens? Was das Brautpaar Korn-Stobbe? Was die schöne Frau von Arnsdorf? Und die letztre Frage fällt nicht zum Wenigsten ins Gewicht, denn sie besteht nicht blos für sich, sondern bestimmt so viele andre Fragen, die mit dem Namen und Hause Eberty zusammenhängen. Wenn ich recht berichtet bin, so hat er, Richter, hier in aller Ausführlichkeit und mit jedem wünschenswerthen Detail die Sache durchgesprochen, so daß von »Diskretion« keine Rede mehr zu sein braucht. Mich interessirt dabei nicht der Klatsch, sondern blos die Frage: »was wird?« Wie ich schon andeutete, es muß dadurch – so wunderbarer Wandlungen Richter auch fähig ist – doch schließlich das ganze Arnsdorfer Leben umgestaltet werden. Unsre Seelenstimmung hier ist eine sehr sonderbare. Von Vorwurf keine Rede (gegen Niemanden, auch gegen ihn nicht) aber auch keine Rede von Trauer. Es macht alles wenig Eindruck und ist nur ein pikanter und auch psychologisch leidlich interessanter Gesprächsgegenstand. Nur so viel bleibt bestehen: auch wenn von Trauer keine Rede sein kann, Schade um die schöne, nach mehr als einer Seite hin glücklich beanlagte und im letzten Grunde doch liebenswürdige Frau. *Er* wird sich rasch trösten, *sie* auch, aber während bei ihm der Trost vorhalten wird, ist es mir bei ihr zweifelhaft. Zum Unglück ist Stobbe todt. So kann man nicht wissen, wie's auf der »abschüssigen Ebene« weiter geht. So gut wie mit der Frau Ravené, die als Frau Simon ein neues, besseres Leben anfing, – so gut schließt es nicht immer ab. Ja der Frau Ravené-Fall ist ein Ausnahmefall.

Auch auf *uns* und unsre herkömmliche Sommerfrische wird die Geschichte einwirken; Richter hat hier mit Entzücken von einem »neuen Service« gesprochen, aber von diesem Service, sei's Meißner sei's Sèvres, haben wir doch nicht Lust eine neue Béarnaiser-Sauce zu essen. Ich lasse mich solche Sachen nicht sehr anfechten und gehe weit mit – wahrscheinlich *zu* weit – aber selbst für mich existiren Grenzen, ich will nicht sagen moralische, aber doch aesthetische oder durch ganz gemeine Lebensklugheit gezogene. So werden wir denn wohl nach dem Bairischen gehn, wenn ich nicht eins der Dörfer um Hermsdorf herum wähle oder Hermsdorf selbst. Nach Schreiberhau mag ich nicht und Erdmannsdorf ist mir zu sumpfig, der reine Berliner Thiergarten. Am liebsten bliebe ich in der Mark, deren Sandplateaus ich für besonders gesund halte, aber mir, dem Verherrlicher des Märkischen, ist alles Märkische so schrecklich. Diese eigenthümlich anspruchsvolle Ruppigkeit, immer der Nickelgroschen mit Thalerallüren ist mir unerträglich. Es beobachten und schildern, ist amüsant, aber mit drunterstecken ist furchtbar.

Und nun breche ich ab, denn ich muß noch in meinen »literar: Club«. Ja, ich habe mich einfangen lassen, tauche jeden Donnerstag Abend im Kaiserhof auf und finde es über Erwarten nett. Wenn's nur vorhält! Parteihader wird wohl dafür sorgen, daß die Sache bald wieder einen Knax kriegt. Aber das soll mir die Freude, so lang es dauert, nicht verderben. So denn Gruß und Empfehlung an Sie und Ihre hochverehrte liebe Frau von uns allen.

In herzlicher Ergebenheit
Th. Fontane.

Berlin 29. März 89.
                                                    Potsd. Str. 134.c.

Hochgeehrter Herr.

Unsre Briefe haben sich gekreuzt. Er ist nun also alles so, wie wir's hier gehört hatten. Nur wüßten wir gern Näheres und Ihre Güte läßt uns vielleicht dies Nähere wissen. Warum mußte Menzel mit über die Klinge springen? Warum soll Meyerhof »gehn«? (Pastoren können sich doch ihre Stellen nicht aussuchen). Warum, wenn ich recht berichtet bin, soll selbst der »katholische« durch einen andern ersetzt werden? Und vor allem warum geht Heidenhayn? Richter ist doch kein Grundherr mit jus primae noctis (fast könnte man das Gegentheil sagen) und kann Heidenhayn nicht hindern als »freier Doktor« in Arnsdorf weiter zu leben. Oder ist die Praxis, ohne Richters Beihülfe, so schlecht, daß er davon nicht leben kann? Aber wenn nun durchaus aufgeräumt und ausgefegt werden soll, wo *bleiben* die Ausgefegten? Wo bleibt die schöne Frau? Wo bleibt Heidenhayn? Wo bleibt *Frau* Heidenhayn (die eigentlich die bejammernswertheste Rolle in diesem Drama spielt), wo bleibt Fräulein Elise? Wie stellt sich überhaupt die ganze Schwesterschaft zu Magdalenen? Oder ist sie nicht Magdalene? Ist alles Schwindel, Spiegelfechterei der Hölle? Kann aus dem Ganzen auch ein Stück weibliches Martyrium zurechtgeschneidert werden? Dies wäre mir das Unliebste. Wenn schon, denn schon. Wo so vieles zu mildester Beurtheilung auffordert, hat man die Pflicht dieser milden Beurtheilung; aber – wie man jetzt so schön sagt – »von der Verschleierung der Thatsachen« mag ich nichts wissen. Mit Frl. Elise kann Frau Marie sehr gut zusammenleben, mit den Schwestern Bülow oder Stobbe scheint mir die Sache mißlich. Neulich war ich mit Syndikus Eberty zusammen und sprach unbefangen, weil ich noch nichts wußte, von Frau Richter; – er biß aber nicht recht an, sondern ging auf

England über, sein Lieblingsthema. Ueber der ganzen Geschichte hat schließlich ein Unstern gestanden; trennte sich das Paar vor einem halben Jahr schon, so war alles in der Ordnung und ein neues Leben konnte anfangen, – jetzt Unheil wohin man sieht. Seien Sie herzlich bedankt für Ihren lieben Brief, aus dem ich ersehe, daß dieser Winter Ihnen ein Idyll war. Glücklich die, die im Hafen der Häuslichkeit stille Tage leben. Gruß und Empfehlung Ihnen allen.

Wie immer Ihr

Th. Fontane.

(113) *Berlin* 30. März 89.
Potsd. Str. 134.c.

Hochgeehrter Herr.

Vielleicht kreuzen sich unsre Briefe zum dritten Mal.

Alles was wir vor Eintreffen Ihres ersten lieben Briefes wußten, wußten wir durch Stoeckhardts, wo Richter »freiweg« vorgegangen war. Natürlich also alles einseitig. In den Hauptsachen wird es aber wohl stimmen. Die Krone Ihres Briefes sind die 35 Piepvögel, die mich in convulsivisches Lachen brachten, die Stelle über Heidenhayn in der Wasserkunst oder so ähnlich wirkt durch den Zauber des Helldunkels. Die Bewunderung der Zähne der armen Frau Heidenhayn ist das Pietscheste was ich von Pietsch kenne. »Schuft Menzel« mit angebotenen Ohrfeigen hat mir imponirt, – Richter wirkt dabei wie Karl Moor, als er erklärt »drunterfahren und furchtbar Musterung halten zu wollen«. Er mußte bei der Gelegenheit seine Pappenheimer kennen, sonst hätte er, bei den angebotenen Ohrfeigen, selber welche kriegen können. In vorzüglicher Ergebenheit

Th. Fontane.

(114)   *Berlin* 31. März 89.
                                              Potsd. Str. 134.c.
Hochgeehrter Herr.

Unter den vielen interessanten Briefen die ich Ihnen verdanke – und mir schweben da besonders die Amtsrichter-Briefe vor – war doch wohl keiner, der interessanter gewesen wäre als dieser letzte, sicherlich kein pikanterer. Alles amüsant und traurig zugleich. Denn im Letzten – und wenn auch das Schlimmste in *schlimmster Gestalt* (denn nur darum kann es sich wohl noch handeln) passirt sein sollte – gehören meine Sympathieen doch *ihr*. Meine Sympathieen und meine Theilnahme. Nur in Einem wird sie geschlagen: er ist der viel Interessantere und wenn ich mir ihn vorstelle, wie er in seiner Hexenküche aufräumt, mit dem Besen bez. der Reitgerte in der Hand, so habe ich ganz *Faust*, Akt 2., Hexenküche vor Augen, wo Mephisto aufhört Mephisto zu sein und Höllenfürst wird und mit seinem »Entzwei, entzwei, Da liegt der Brei« zornig dazwischenfährt. Diese *Macht*stellung R[ichter]'s ist mir das Interessanteste und giebt nach vielen Seiten hin zu denken. Ueber den Skandal als solchen nichts mehr; ich warte nun ruhig ab, bis ich Sie wiedersehe und lasse mir dann die gewiß famosen Details erzählen. Heidenhain schließt schlecht ab, fast noch schlechter als Menzel. Von etwas hier »ausschwatzen« kann keine Rede sein, denn wir kennen auch nicht einen Menschen, der sich für die Richterei interessirt, Stöckhardts ausgenommen, die wir alle 4 Monat einmal sehn und die viel mehr wissen als wir. 1000 Grüße. Herzlichst Ihr
                                              Th. Fontane

Kissingen 8. Juli 89
bei Gottfried Will.

Hochgeehrter Herr.

Schon von Berlin aus wollte ich schreiben und in aller
Kürze über unsre Sommerpläne berichten. Wir werden diesmal – zum ersten Mal seit wohl 7 Jahren – Schlesien untreu
werden, denn, selbst nach beendeter Kur hier, werden wir
kaum eine 3 fach so weite Fahrt machen, um schließlich
in Schlesien, dem ich die alte Liebe bewahre, doch ebenso
landschaftlich wie im Verpflegungspunkt, nur ungefähr
dasselbe zu finden, was uns das an unsrem Wege liegende
Thüringen so bequem bietet. Wir werden also wohl in Ilmenau, Arnstadt oder Elgersburg bleiben; Oberhof (jetzt
viel genannt) ist zu besucht und doch zugleich zu einsam und
langweilig; blos »jriene Bäume« und geputzte Jüdinnen, die
sich drin herumzieren, das ist mir zu wenig.

Und nun, nach diesem kurzen Berichte, wie geht es Ihnen? wie Frau Gemahlin? (der ich mich angelegentlichst
empfehle) und endlich was machen die Kinder? Ich hoffe,
Gutes und Bestes zu vernehmen. Werde ich Krummhübel
noch mal wiedersehn? Ich liebe es so sehr und verdanke ihm
so viele schöne Tage, viel viel mehr als man durchschnittsmäßig in Sommerfrischen zu haben pflegt; dafür haben so
viele befreundete Personen und in erster Reihe Haus Friedländer gesorgt. Aber freilich die Richter-Tragödie (mit einer kl. Beimischung von Farce) hat viel geändert und ein
neuer Aufenthalt an alter Stätte würde doch manches anders erscheinen lassen und an dem Gesammtbilde die kolo-
ristischen Valeurs, die das Haus Richter gab, vermissen
lassen. Trotzdem wohnte ich gern mal wieder in der sogenannten »Schreiberei«, die, wenn ich da war, doppelten
Anspruch auf diesen Namen hatte. Wo lebt Frau Richter?
Was macht Heidenhayn? Was Menzel? Ueber Richter selbst
hörte meine Frau Einiges von Frau G[eheim] R[at] Stoeck-

hardt, der Faden (es kam Besuch) wurd' aber abgeschnitten, als die Hauptsachen kommen sollten. Sehr was Schönes schien es nicht zu sein. Mit besten Wünschen für Ihr
Wohl und unter herzlichen Empfehlungen von meiner Frau
und mir an Sie und Frau Gemahlin,

Ihr treu ergebenster
Th. Fontane.

(116)   *Kissingen* 25. Juli 89.
                                        Bei Gottfried Will.

Hochgeehrter Herr.

   In aller Kürze wenigstens will ich Ihnen für Ihren liebenswürdigen und wie immer inhaltsreichen Brief aufs herzlichste danken. Das Buch »Aus dem Leben eines Amts-
oder Landrichters« werde ich wohl nicht mehr erleben,
aber es wird ein gutes und interessantes und für den, der
zu lesen versteht, auch lehrreiches Buch werden. Einschal-
tend möchte ich an dieser Stelle gleich bemerken, daß ich
hier von einer Art Seitenstück zu Ihren vom alten Wulffen
und Kamerad Meye so hart angefochtenen »Kriegserinne-
rungen« gehört habe, nur daß muthmaßlich alles vom
Dienststandpunkt aus zu Beanstandende darin fehlt. Dies
Buch heißt: *Feldbriefe* von Georg Heinrich Rindfleisch,
demselben Rindfleisch, der als Unterstaatssekretair im
Justizministerium verstarb. Vielleicht kennen Sie's schon.
Ein Mit-Kurgast, der heute abgereist, hat mir das Buch
zurückgelassen und ich werde es hier, dann in Bayreuth
(wohin ich übermorgen abdampfe) und zuletzt in München
durchlesen. Es soll sehr gut sein. Unter den Kurgästen hier
ist auch mein alter Gönner Unterstaatssekretair Homeyer,
an seiner Seite gelegentlich Keudell; man weiß kaum, ob
man grüßen soll und ansprechen ist noch fraglicher. – Aber
die Hauptsache nicht zu vergessen: den speziellen Dank für

alles was sich auf die ganze Richterei, vor allem auf ihn selber bezieht. Die Geschichte mit den 2 Roberten: Kabinetsstück. Er hat doch eine cynisch geniale Ader und ist wenigstens *da*durch all den andern, die ihn *blos* für einen Kommisknüppel halten, *sehr* überlegen. Die schöne Frau, für die ich nach wie vor ein Tendre habe, ist doch nur Durchschnitt. Mit der ganzen jüdischen Ueberlegenheit ist es überhaupt so so und der germanische Knote ist eigentlich der überlegene. Wenn man bedenkt, über welche Bildungsmittel die Juden verfügen, so ist es erstaunlich, wie *wenig* dabei herauskommt. Sie sind lebenskluges Mittelgut; am besten in der Medizin, wo der Schwindel anfängt.

Meine Frau empfiehlt sich Ihnen allen angelegentlichst. So thue ich. In aufrichtiger Ergebenheit Ihr

Th. F.

(117)   *Berlin* 20. Aug. 89.
                                             Potsd. Str. 134.c.
Hochgeehrter Herr.

Werden Sie diese Zeilen noch in Schmiedeberg finden oder schon auf dem Eyffelthurm? Wo auch immer, sie sollen Ihnen meinen herzlichen Dank aussprechen für Ihren lieben Brief vom 3. d., den ich noch, kurz vor Thoresschluß, in Kissingen erhielt. Wie liebenswürdig, mich auf den Guido Weiß'schen Artikel aufmerksam zu machen, von dem ich – wenn nicht ein Zufall gewaltet hätte – bis dahin ohne all und jede Kenntniß gewesen wäre. Denken Sie, keine 24 Stunden vor Eintreffen ihres Briefes, sitzt meine Frau auf der Kissinger Promenade im Gespräch mit dem Hofschauspieler Sauer von hier und seiner interessanten Frau, einer Ungarin. Auf derselben Bank mit ihnen auch noch eine schöne junge Frau, die bald an dem Gespräch theilnimmt und an meine Frau die Worte richtet: »Fontane soll auch hier sein; kennen Sie ihn? können Sie ihn mir zeigen?« Nun, die Antwort versteht sich von selbst; und wer war die Fragerin? eine Frau Dr. Stern aus Frankfurt a. M., einzige Tochter von Guido Weiß. Diese sprach denn auch von dem Artikel. Aber wo stand er? wo war er zu finden? Kurzum, ich mußte von hier aus an Guido Weiß schreiben, der mir die betr: Nummer der *Frankf:* Zeitung geschickt hat. Natürlich habe ich mich sehr darüber gefreut, vor allem deshalb, weil einen der ganze Rest des Artikels belehrt, daß man es mit einem klugen Manne zu thun hat, der das ganze Gebiet beherrscht. – Wir waren bis zum 6. in Kissingen und flitzten dann in einem Tage hierher; ich hatte genug vom reisen und sehnte mich nach ausschlafen und grünen Kartoffeln mit Hammelcotelett. Es war *sehr* hübsch in K., aber 5 ½ Woche ist über und über genug; das »Internationale« (Russen und Rumänier) kriegt man satt und Juden giebt es hier auch. Neunzehntel waren Juden und das letzte Zehntel oft *so* schwach ausgestattet – an Toilette gewiß und meist auch an Physiognomieen – daß ich mehr als einmal zu meiner Frau gesagt habe: »schade, daß das 10. Zehntel nicht auch Juden sind.«

Das große Ereigniß für mich in K. war nicht die Kaiserin und auch nicht Rakoczi oder Pandur, sondern eine Reise nach Bayreuth: strapaziös und sehr theuer (jedes Theater-Billet 20 Mark) und das alles – um nichts zu sehn und zu hören. Ich konnte es in dem geschlossenen, mit 1500 nassen Menschen (vorher Wolkenbruch) angefüllten Raume nicht aushalten, wartete nicht einmal den Schluß der Parsifal-Ouvertüre ab und machte, daß ich wieder 'raus kam, froh, daß ich überhaupt heraus kommen *konnte.* Ich bedarf durchaus des Gefühls einer gesicherten Rückzugslinie, – in dem geschlossenen Scheunen-Tempel aber saß ich wie als Kind in einer zugeschlagenen Apfelkiste. Hundert Mark waren futsch. Trotzdem thut mir die Reise nicht leid; die

Beobachtung dieses Welttreibens – es war ein Hochgenuß die Fremdenliste zu lesen – hat mich aufs Höchste interessirt; aus New-York oder Boston war gar nichts; Siam, Shanghai, Bombay, Colorado, Nebraska, Minnesota, *das* waren die Namen, die wirkten.

Und nun noch ein Wort über das *Rindfleisch*-Buch. Ausgezeichnetes Buch, aber allerdings etwas zu viel Rindfleisch. Toujours Rindfleisch ist nun zwar besser als toujours perdrix, aber es kann einem doch auch 'mal zu viel werden. Da habe ich eben, in der heutigen Vossin, einen vorzüglichen Artikel über Büchsel gelesen. So eine Art Büchsel war Rindfleisch auch. Ganz famoser Knopp, klug, charaktervoll, ideal und doch auch wieder (und dies das Beste) schlicht und schön menschlich. Sie sehen, ich lasse es an Lob nicht fehlen. Aber dieser deutschnationale Standpunkt, wie er sich da giebt, hat doch was Bornirtes. Die Gambetta-Zeit von 70/71 ist eine große Zeit; was daran schwach und vielleicht auch eitel und verwerflich war, liegt auf der Hand, aber es mischt sich, gerade auch im Einzelnen, so viel erhaben Opferfreudiges ein, daß man solche deutsch-chauvinistische Sprache nicht führen darf. Vorzüglich sind seine Ausfälle gegen die Welfen. Die militärische Kritik, die er übt, geht weit weit über Ihre Harmlosigkeiten hinaus, aber – *er* ist todt und Sie leben. Das macht denn doch einen Unterschied. Außerdem (Sie können das auch noch wieder an Bismarck sehn) sind solche Urtheile, wie »der Oberst stand *verblüfft* da«, oder so was ähnliches, immer die schlimmsten, weil sie den alten Schafskopp v. W[ulffen] in seiner schwächsten Gestalt zeigen. Der Herausgeber hätte einige ähnliche Intimitäten weglassen müssen; da muß ja die patente kleine adlige Badearzt- und Medizinalrathstochter noch nachträglich ganz roth bei werden. Tausend Grüße. Wie immer Ihr treu ergebenster.

Th. F.

Hochgeehrter Herr.

Ich wollte schon gleich denselben Abend schreiben, bin aber nicht dazu gekommen, – schreiben wegen der Hertz-Anfrage. Streng geschäftlich angesehn, hätte er Ihnen ja schreiben und mittheilen müssen: es steht so. Ich bin aber überzeugt, er thut das nie. Er geht davon aus »ich bin ein N°. 1-Buchhändler (mein Sohn meint, er sei die absolute Nummer 1) und mein Ruf und Ansehn sind so felsenfest fundirt, daß von Ungehörigkeiten keine Rede sein kann, keiner, der mich kennt, kann auch nur im Traum an so was denken.« Und so läßt er die Sache gehn. Das Buch ist da, das ist die Hauptsache; es gehört mit zur Kriegsliteratur der 70er Jahre, das muß den Verfasser freun; er kann jeden Augenblick ein Exemplar beziehn und es einem Freund oder einer Freundin überreichen, aber – Geschäft is nich. Läge die Sache so, daß er Ihnen auch nur die bescheidne Summe von 100 Mark zu behändigen hätte, so mein' ich müßte er schreiben und dies thun, liegt es aber ungünstiger, rechnet er sich – ich weiß nicht, ob dies überhaupt möglich ist – noch einen kl. Schaden heraus, so mag er die Sache weiter gar nicht berühren. So glaube ich, nach meiner Kenntniß Hertz's, die Sache ansehn zu müssen. Haben *Sie* aber, was ich in diesem Augenblicke nicht weiß, das Büchelchen auf Ihre Kosten drucken lassen, so liegt es freilich anders. Wie's aber auch sein mag, *lassen Sie's laufen!* Von einer wirkl: Bemogelung kann bei der Beschaffenheit des Mannes keine Rede sein, so daß sich's wirklich blos um eine »Auffassung« handeln kann. Um einer solchen willen (selbst wenn die Hertz'sche falsch wäre) würde ich aber nicht mit ihm anbinden, sondern mir die Möglichkeit weitren Verkehrs mit einer *so* angesehnen Firma offen halten. Bald ein Mehreres. Wie immer							Ihr Th. F.

Berlin 14. Sept. 89.
                                          Potsd. Str. 134.c.

Hochgeehrter Herr.

Irgendwo in der Welt werden Sie diese Zeilen schon treffen und wenn nicht, so mag ihnen, den Zeilen die noch
dankbarere Rolle zufallen, Sie bei der Heimkehr mit begrüßen zu dürfen. Ich stecke knietief in Briefschulden bei Ihnen
und kann sie auch heute nur sehr unvollkommen abtragen,
einerseits weil ich Ihren vorletzten Brief, den ich nach
Mecklenburg an meine Tochter schickte, nicht in Händen
habe, dann aber, weil ich mal wieder auf dem Sprunge
stehe, sogar auf dem Reisesprunge. Ich will nämlich heut
Abend noch nach Bredow (bei Nauen) und dort, je nach
dem was ich finde, eine halbe oder ganze Woche zubringen.
Es hängt das natürlich mit der großen, auf 2 dicke Bände
berechneten Bredow-Arbeit zusammen, von der ich Ihnen
wohl schon schrieb.

Es liegen so viele Fragen vor: Richter er, Richter sie, Heidenhayn, Graevenitzens, Bergel, Rindfleisch, seine Person
und sein Buch. In Bezug auf Graevenitzens habe ich nur
das Wort: »man soll nicht sagen, was 'ne Sache ist«; so lange
der Mensch noch lebt, kann er sich auch erholen und bes-
sern, ja, bis zu einem Normalzustand hin, den er früher
nicht einmal inne hatte. Ich habe mich aber *mit* Ihnen aufrichtig über die »gute Inscenirung« bei Exners gefreut;
Julia, wenn sie will, versteht das ganz vortrefflich, und
nur eines stört mich an ihr, und auch in *diesem* Falle wieder, – sie gehört zu den Personen, die nichts ohne Absicht
thun. Ich habe für solche Menschen nicht viel in meinem
Herzen übrig. – In der großen Richterfrage sehe ich immer noch nicht klar; es scheint jetzt die Parole ausgegeben
»alles platonisch«, woran ich, der ich sonst wahrhaftig
nicht die Neigung habe, »Verhältnisse« vom Standpunkt
eines alten Stadt- und Dorfchirurgus anzusehn, in *diesem*

speziellen Falle nicht glaube. Wozu sonst der Lärm? das Auseinandersprengen, als wäre eine Dynamitbombe geplatzt. Wie dem aber auch sei, alles erfüllt mich, was die Frau angeht, mit Theilnahme, und alles was ihn angeht, mit Interesse. Jedes Wort, das Sie mir von ihm mittheilen, ist mir ein Gaudium und ich finde dann immer, daß Sie vor fünf oder sechs Jahren, als wir zuerst über Haus Richter sprachen, ihn am richtigsten charakterisirt haben. Er hat einen entschieden genialen Zug, der freilich bei Cynismus billiger ist, als bei Wohlanständigkeit. – Ueber Rindfleisch würde ich furchtbar gern mit ihnen plaudern, weil er mir typisch zu sein scheint, ein Vertreter all der Tugenden in unsren oberen Gesellschafts-, namentlich aber in unsren *Regierungs*kreisen und doch zugleich ausgestattet mit jener ich will nicht sagen die höheren, aber doch die *feineren* Dinge des Lebens betreffenden Beschränktheit, die den Verkehr mit diesen vielfach ausgezeichneten Menschen mehr oder weniger unerquicklich macht. Sie kennen 6 Oden von Horaz, ein bischen Homer und ein bischen Ovid, und gestützt hierauf, nehmen sie's als ihr gutes Recht in Anspruch, alle modernen Bestrebungen auf diesem Gebiet als »Blech« anzusehn. Sie glauben dies thun zu dürfen, weil sie so *viel* (s. Prima u. Secunda) von der Sache verstehn, in Wahrheit aber ist alles nur eine Folge von ihrem Wenig- oder Garnichtsverstehn von der Sache. Gott sei Dank, kommt man an oberster Stelle (z. B. Goßler) jetzt dahinter, daß da Wandel geschafft werden muß, zunächst um Gerechtigkeits- und *wirklicher* Bildung willen, dann aber auch um Vortheils willen. Denn diese Trefflichkeitsmenschen, die mit ihren auf den feinen Gebieten durchaus beschränkten Anschauungen (auch Wissen) unser Leben erfüllen und durchdringen, sind ein Hauptgrund, warum wir von den schließlich doch civilisirteren Nationen nicht für voll angesehn und – gehaßt werden.

Empfehlen Sie mich Frau Gemahlin angelegentlichst.
Wie immer

Ihr Th. F.

(120)   *Berlin* 11. Novb. 89.
                                           Potsd. Str. 134. c.
Hochgeehrter Herr.

Herzlichen Dank für Ihren lieben, wundervollen Brief,
der so niederdrückend und so erhebend wirkt. Denn ich
kann nicht zugeben, daß ein Einblick in die Misere, das sich
Ueberzeugen von der Unzulänglichkeit und günstigstenfalls von der Mittelmäßigkeit der Menschen, eine gut orga-
nisirte Natur *auf die Dauer* unglücklich mache. Ganz im
Gegentheil. Je besser man seine Pappenheimer kennen
lernt, je mehr man sieht, wie dumm alles liegt, oft sogar
innerhalb des Metiers, sicher aber wenn es über das Metier
hinaus geht, – je mehr man sich mit dieser Erkenntniß
durchdringt, je heitrer wird man, aller Aerger fällt fort und
man resignirt sich dahin: »nach Lage der Sache geht es
einem eigentlich noch sehr gut«, denn das natürliche Resultat aller dieser Schofelinskischaften müßte Verzweiflung
oder Vereinsamung oder unausgesetzte Fehde sein. Und
doch lebt man und hat glückliche Stunden mit allerlei Freuden und Auszeichnungen, die man weder nach der Beschaffenheit der Menschen, noch auch nach der kritischen Stellung, die man diesen gegenüber einnimmt, für möglich
halten sollte. Jeder nimmt die Beispiele aus dem, was ihm
zunächst liegt, ich also aus der literarischen Welt. Sie erzählen in Ihrem Briefe ein paar kostbare Geschichten von
Kollege Großpietsch und Frau, und demnächst von »Ober-
försters«, wo die Frau auch wieder dem Manne den Rang
abläuft. Nun, auf diese Geschichten berufe ich mich; dergleichen erlebt man beständig, auch hier, auch in »höch-

sten« und »gebildetsten« Häusern, namentlich wenn sie wohl noch gar kirchlich sind. Und ich darf Ihnen versichern, wenn ich dann nach Hause komme und überschlage, was ich da eben gehört habe, so erscheinen mir die kleinen Erfolge meines liter: Lebens noch gradezu als ein Wunder. Ich habe, ein paar über den Neid erhabene Kollegen abgerechnet, in meinem langen Leben nicht 50, vielleicht nicht 15 Personen kennen gelernt, denen gegenüber ich das Gefühl gehabt hätte: ihnen dichterisch und literarisch *wirklich* etwas gewesen zu sein. Im Kreise meiner Freunde hier (oder gar Verwandten) ist nicht einer; jeder hält sich die Dinge grundsätzlich und ängstlich vom Leibe, und vergegenwärtige ich mir das alles, so habe ich allerdings Ursach, über den Verkauf von lumpigen 1000 Exemplaren erstaunt zu sein, denn 100 ist eigentlich auch schon zu viel. Und mehr als 100 werden auch wirklich aus dem Herzen heraus *nicht* gekauft, das andre ist Zufall, Reclame, Schwindel. Aber daß der Zufall einem über das eigentlich Richtige hinaus so wohlwill, das ist doch so zu sagen etwas Schönes, wofür man sich in Heiterkeit bei eben diesem Zufall bedanken muß. Also noch einmal: das Lebens-Resultat, so schlecht es ist, ist immer noch besser, als es eigentlich sein dürfte. Manchen mag diese Betrachtung quälen, mich quält sie nicht, vielmehr freue ich mich, daß, nach einem unerforschlichen Rathschluß, schließlich noch so viel Gnade für Recht ergeht. Zudem (und dies ist so wichtig und eigentlich ausschlaggebend) fehlt in all dem Dümmlichen jeder animus injuriandi; kann ich einer Dame böse sein, die von der Familie Douglas höchstens den Grafen Douglas (in der Nähe von Halle) kennt, der vorigen Winter die lange Kaiserrede hielt? – Ich habe selbstsüchtigerweise bis hierher blos von literarischen Dingen, das heißt also versteckt von mir selber gesprochen; aber wie's literarisch liegt, so liegt es *überall*, zum Theil noch schlimmer, weil der Sinn für das

Poetische doch vielfach angeboren in den Seelen der Menschen lebt, während der Sinn für die bildenden Künste bei nicht allzu vielen und der für die Architektur bei nur ganz vereinzelten zu finden ist. Welchen entsetzlichen Quatsch müssen die Baumeister mit anhören. Und die Musiker! Wenn man ihnen von der musikalischen Volksseele erzählt, so kriegen sie das Lachen und wahrscheinlich mit Recht. Ein riesiges Quantum von Unausreichendheit auf *jedem* Gebiet erfüllt die Welt, eine Thatsache die jeder zugiebt (sich selbst mit eingeschlossen) der wir aber alle noch lange nicht genug Rechnung tragen. Wir »rechnen« immer noch mit der Menschheit; Beifall, Zustimmung, Ehren, bedeuten uns immer noch 'was, als wäre damit was gethan; das ist aber falsch und unklug, wir müssen vielmehr unsre Seele mit dem Glauben an die Nichtigkeit dieser Dinge ganz erfüllen und unser Glück einzig und allein in der Arbeit, in dem uns Bethätigen unser selbst finden.

Herzliche Freude hatte ich an allem, was Sie mir über Grävenitzens, will sagen über Ihre jetzt günstigere Meinung hinsichtlich des alten Paares geschrieben haben. Beide sind der Theilnahme bedürftig, er, weil es zu Ende geht, und sie, weil sie den Gefährten durch ein Leben hin, nun bald nicht mehr zur Seite haben wird. So darf ich denn sagen, ich gönne ihnen Beiden jedes freundliche und anerkennende Wort; ich persönlich aber, bei aller Würdigung kleiner gesellschaftlicher Vorzüge, die ich ihm und ihr gern lassen will, kann mich doch für derartige Personen nicht erwärmen. Es ist zu viel Coulisse, zu viel Haberei und Thuerei dabei. Er ist unerlaubt unbedeutend; solche Menschen sollte es im *Staats*leben gar nicht geben. Und werden solche Exemplare geboren, so müssen sie von Jugend an in eine Art »Altentheil« gesetzt und abgefüttert werden; es hat aber etwas Aergerliches und Provocirendes, solchen guten alten Herrn, durch bloße Inscenirungsgeschicklichkeit bis

fast zu 80 Jahren hinauf künstlich am Leben gehalten zu
sehn, am *politischen* Leben. Das geht nicht. Diese Armselig-
keitszeiten liegen hinter uns. Und dieselbe Null (Null und
zugleich unsichrer Passagier) die er auf politischem Gebiete
war, war er auf jedem, und was er in Kunst und Literatur
zusammenquatschte, ist auf keine Kuhhaut zu schreiben.
Er mußte in der Priegnitz seinen Kohl bauen oder eine
Schmetterlingsammlung anlegen, aber in Reichstag und
Reichsgericht gehörte er nicht hinein und er saß da auch
nicht von Gottes- oder Königs- sondern blos von Juliens
Gnaden; – *sie* machte alles. Und das ist schrecklich. Aber
nun genug für heut.

Die Frey-Geschichte wird wohl mit dem neuen Jahr in
der »Gartenlaube« anfangen, oder doch nicht viel später,
wenigstens habe ich in voriger Woche schon die Korrektur-
fahnen in Händen gehabt. Leider wird mir die Geschichte
sehr gekürzt und hier und da auch wohl verunstaltet werden; aber dagegen ist nichts zu machen und so gräme ich
mich nicht weiter darüber. In herzlicher Ergebenheit, unter
1000 Grüßen und Empfehlungen

Ihr

Th. Fontane

(121)   *Berlin* 12. Novb. 89.

Potsd. Str. 134.c.

Hochgeehrter Herr.

Die Schwierigkeit wird schließlich nur in der Auswahl
liegen, denn ich glaube der Stoff fließt überreich.

Da ist jetzt ein Buch vom Gymnasiallehrer (am Grauen
Kloster) Heidemann erschienen: »die Reformation in der
Mark Brandenburg« zweifellos ein sehr gutes Buch, denn
ich kenne andre Bücher (die Quitzowzeit etc) von ihm. Sie
finden darin gewiß alles. Ich denke mir aber, Sie thuen bes-

ser, sich auf *ein* bestimmtes Ereigniß oder wenigstens auf ein bestimmtes Jahrzehnt oder Jahrfünft zu concentriren. Also vielleicht:

Ablaßkram, Tetzel, Hake von Stülpe.

Kohlhaas. Die Queiß- und Minckwitz-Fehde.

Die Stellung der kurfürstlichen Eheleute zu einander.

Die Flucht der Kurfürstin nach Wittenberg.

Kurfürst Joachim II. nach der Mühlberger Schlacht.*

Das Abendmahl in der Nicolaikirche zu Spandau.

Vielleicht fassen Sie ein paar Themata auch zusammen. Die Hake von Stülpegeschichte finden Sie brillant im »Wärwolf« von Willibald Alexis. Kohlhaas mannigfach. Minckwitz etc. in Wohlbrücks Geschichte von Lebus, die Flucht der Kurfürstin in jedem Spezialbuch (auch eine schöne Ballade von Lepel existirt), die Spandauer Vorgänge wahrscheinlich in einem Büchelchen, das den Titel führt: Das Denkmal des Kurfürsten Joachims II. in Spandau, Festschrift von Prof. Dr. Groß, Spandau, Neugebauersche Buchhandlung. Zuletzt entscheidet über solchen Vortrag doch einzig und allein die Kunst der Composition, die Gruppirung und die *Anekdote*; die *Fülle* des Stoffs ist tödtlich. Also ist es eigentlich schließlich gleich, welch Buch Sie nehmen: *Bekmanns* Geschichte der Mark oder *Engel* (Angelus marchicus) oder *Buchholz* Geschichte der Kurmark Brandenburg. In jedem finden Sie, woraus Sie was machen können; die späteren Bücher, mit Ausnahme des Heidemannschen, sind zu knapp. Natürlich zu jeder weitren Auskunft jeden Augenblick bereit. Wie immer Ihr aufrichtig ergebenster

Th. Fontane.

---

* Er zieht gegen Alba den Degen, als man das ihm in Bezug auf den hessischen Landgrafen gegebene Wort bricht, – ein poetischer und *politisch* sehr wichtiger Moment.

Wenn ich was hätte, schickte ich gleich was mit, aber während ich aus der fridericianischen Zeit mancherlei habe, habe ich aus der Reformationszeit so gut wie gar nichts.

Th. F.

Dic Geschichte mit dem Kaiser, Ihrem Buch, Ihrem Ehrengericht etc. um Gottes willen fallen lassen. Gesprächsweis auf einer Jagdpartie die Sache beibringen, – sehr gut, aber nur nicht feierlich und offiziell; die Grenzaufseherleutnants bleiben doch wie sie sind.

(121 a) [An Georg Friedlaenders Mutter
Elisabeth Friedlaender]

Berlin 20. Januar 90.

Gnädigste Frau.

Welche Freude und Ehre für mich, daß auch Sie meiner gedachten. Allerherzlichsten Dank für Ihre Glückwünsche. Wie sehr mich die Gegenwart Ihres Herrn Sohnes beim Fest am 4. erfreute, brauche ich Ihnen nicht zu versichern. Daß ich nur 5 Minuten (nach Tisch) mit ihm plaudern konnte, bringt solch Tag mit sich; die, die's wohl mit Einem meinen, um sich zu sehn, das ist die Hauptsache, zugleich das Bleibende. Sie aber, gnädigste Frau, wollen die Versichrung vorzüglichster Ergebenheit genehmigen

Ihres

Th. Fontane.

Berlin 28. Januar 90.
                                         Potsd. Str. 134.c.

Hochgeehrter Herr.

Die Ersten werden die Letzten sein. An Müller und Schultze habe ich 3 Wochen lang Briefe bis zur Erschlaffung geschrieben, ganz zuletzt erst kommen die Eigentlichen und unter den Eigentlichsten sind Sie.

Daß Sie zu meinem Feste kamen, welche große Liebenswürdigkeit, welche wirkliche Freude, größer als Sie sich denken können. Wenn diese Freude nicht wie ein Schwärmer- und Raketen-schleuderndes Feuerrad zu Tage getreten ist, so war sie trotzdem da und Sie werden mir's in Rechnung stellen, wie schwer meine Situation an jenem Abend war.

An jenem Abend und – auch hinterher. Vielfach habe ich jetzt das Gefühl, als sei seitdem alles schief gegangen und als sei das Fest nichts gewesen, als ein Quell aller möglichen Unliebsamkeiten. Ungefähr 400 Dankesbriefe habe ich geschrieben (eine wahre Bereicherung der Staatseinnahmen) und bei jeder Gelegenheit habe ich auch noch persönlich gedankt, ich darf Ihnen aber aufrichtig versichern, daß ich das Gefühl habe, niemanden recht zufrieden gestellt zu haben. Im Gegentheil, alles ist verletzt, gekronken. Das für mich Schrecklichste dabei ist, daß ich den »Hauptleuten« bis zu einem gewissen Grade Recht geben muß. Einzelne haben so viel für mich gethan, daß sie das Gefühl unterhalten dürfen: »er müßte dankbarer, aufmerksamer, überhaupt mehr für uns da sein«, aber sie würden anders sprechen, wenn sie wüßten, in welchen abgehetzten und abgequälten, zum Theil auch abgeärgerten Zuständen ich diese 4 Wochen verbracht habe. Der ganze Hergang ist mir wieder ein rechter Beweis, ein wie fragliches Glück eine derartige Auszeichnung ist; ich habe das Gefühl, daß sich die Zahl meiner Gegner seitdem verdoppelt, verdreifacht hat und daß meine Verehrer und Anschwärmer von mir zurückgekommen sind. Alles wäre anders gewesen, wenn ich gleich hätte abreisen können. Aber wo soll man in der ersten Januarwoche hin? Eigentlich kann man's doch blos zu Hause aushalten; der Parmesankäsefraß andrer Gegenden ist nicht zu bewältigen. Und so blieb ich denn. Außerdem hat mich die Voss. Zeitung pensionirt und ein bescheidener »Pensionär« kann nicht gleich nach Rom reisen, um sich Leo XIII. anzusehn. Bitte, schreiben Sie mir doch, welchen Eindruck Sie von dem Fest gehabt haben. Man sagt mir, es sei merkwürdig *gut* verlaufen, und diesen Eindruck habe ich auch persönlich gehabt; die Friktionen, Eifersüchteleien etc. etc. von denen ich oben sprach, haben erst später begonnen. Aber vielleicht hat auch schon das Fest die Anfänge davon gezeigt. Wäre Mai, so machte ich mich auf und vergäße bei Frau Schreiber oder irgend sonst wo im Gebirge die ganze Berliner Culturwelt. Wie wirkt »Quitt«? Ich habe, seit der Roman in der Gartenlaube steht, noch keine Zeile davon gelesen. 1000 Grüße und Empfehlungen allerseits. In herzlicher Ergebenheit

Ihr Th. Fontane.

(123)

Zwei Briefe habe ich noch zu schreiben, zu denen mir die Titel und Rangverhältnisse fehlen.
  1. An... Heinemann in Göttingen und
  2. An Adolf Stegemann in Wiesbaden, früher Reichsanwalt (??) oder Rechtsanwalt am Reichsgericht in Leipzig.
Heinemann war Staatsanwalt in Berlin und Ankläger gegen Professor Graef in dem berühmten Graefschen Prozeß. Was hat er jetzt für ein Amt oder einen Titel?

Ich denke mir, daß Sie aus Ihren juristischen Büchern und Kalendern Beides feststellen können.

Wegen eines Briefs wage ich nicht zu drängen, aber wenn Sie mir die richtigen Titel-Adressen beider Herren auf einer Karte schicken könnten, wäre ich Ihnen sehr dankbar.

Ihr

Th. F.

(124)   *Berlin* 5. Febr. 90.
                                               Potsd. Str. 134.c.

Hochgeehrter Herr.

Herzlichen Dank. »Da weiß man doch, warum man wacht«, und bei Ihnen, warum man liest; man hat sein morceau de resistance und erfährt hunderterlei, während der moderne Brief immer mehr den Telegrammstil annimmt und einen nur erfahren läßt: »kann nicht kommen; Jacques est malade«, oder Aehnliches. Die Urgeschichte von »Jacques est malade« kennen Sie muthmaßlich; welche Berliner Anekdote dränge *nicht* zu Ihnen?

Von meinem Feste habe ich mich nun allmälig erholt, bin aber noch nicht zum Arbeiten gekommen, wonach ich mich nach gerade sehne, wie nach Linsensuppe, wenn Dinertage hinter mir liegen. Ich habe seit mehr als 6 Wochen nichts geschrieben, als eine längre Kritik über Tolstois »Macht der Finsterniß«, von der mir Stephany dann mehr als 2/3 strich, während die Druckerei sich mühte, durch Doppeldruck einiger Zeilen dies Deficit ein klein wenig wieder zu balanciren, dafür und dadurch aber einen vollkommenen Unsinn herstellte. Früher hätte das 8 Tage lang an meinem Leben gezehrt, jetzt ist es mir beinah gleichgültig. Loben kann ich solch Verfahren aber freilich nicht. Soll meine Auffassung nicht gelten, so muß man einen Andern mit der Berichterstattung über diese Dinge betraun, so lange man mich aber dabei beläßt, muß man mein »ja« und »nein« auch respektiren, um so mehr als man weiß, daß ich nur durch rein künstlerische Motive in meinem Urtheil bestimmt werde.

Sehr interessirt hat mich, was Sie mir über den Ausgang der alten Verschwörer-Clique geschrieben haben und daß das Doktorgenie nur durch Vorspiegelung einer 6 spännigen Hochzeitskutsche ins Irrenhaus gebracht werden konnte. Das Vergnügen an der Geschichte hat aber doch einen bittern Bei- und Nachgeschmack; – das war nun also die ärztliche Capacität, auf die, mehrere Jahre lang, das leidende Schmiedeberg angewiesen war! Gar kein Arzt, das geht, da trägt man sein Leid und seinen Tod wie sein Schicksal, aber sich so wissenschaftlich hinmassakriren zu lassen, das ist bitter. Sie schreiben an einer andern Stelle von einer »Grosser-Tragödie«; wir wissen nichts davon, wenn nicht der eine Sohn mit seiner Mesalliance gemeint ist. Wo viel Geld ist, geht immer ein Gespenst um; je älter ich werde, je tiefer empfinde ich, soll heißen je schärfer beobachte ich den Fluch des Goldes; es scheint doch fast wie göttlicher Wille, daß sich der Mensch sein täglich Brot verdienen soll, der Minister natürlich anders wie der Tagelöhner, aber immer Arbeit mit bescheidnem Lohn. Ererbte Millionen sind nur Unglücksquellen und selbst die reichen Philanthropen sind elend, weil das Studium der Niedertracht und Undankbarkeit der Menschen ihnen ihr Thun verleidet. Eben war ein Herr bei mir, der mir vom jetzigen Besitzer von Gentzrode (zwischen Ruppin und Rheinsberg) erzählte, er habe schließlich seinem ganz ruppig gewordenen »Livréekutscher« eine »neue« Livrée für 20 Mark auf dem Mühlendamm gekauft. *Der* ist freilich kein Philanthrop, aber auch nicht schön. – Kommt die »Freie Bühne« (neue Wochenschrift) nach Schmiedeberg? Sehr lesenswerth. Brahm Chefredakteur. Darf ich bitten,

mich Frau Gemahlin empfehlen und Bergel grüßen zu
wollen; einen Gruß auch an die Kinder. In herzlicher Ergebenheit Ihr

Th. Fontane.

(125) Berlin 29. April 90.
Potsd. Str. 134.c.

Hochgeehrter Herr.

Zeichen und Wunder müssen geschehn, oder was dasselbe sagen will der 1. Mai mit seinen Arbeiterbataillonen
muß heranmarschieren, eh ich zum schreiben komme. Wo
wir in unsrer Correspondenz stehen geblieben sind, ich
weiß es nicht mehr, zu viel Wasser ist seitdem die Spree
hinuntergeflossen, machen wir also, wie eine Berliner Redensart sagt, eine neue Kiste auf.

Von den Bedrängnissen die die nächsten 36 Stunden
bringen können, spreche ich nicht, – ich glaube einfach
nicht daran. Denn wie steht es denn? Allem Schimpfen
unerachtet, an dem man gelegentlich redlich theilnimmt,
steht es doch so, daß die Welt nie glücklichere Tage gesehn
hat. Es giebt eine Masse von Elend und Unglück, aber
lauter Elend und Unglück, was außer aller Beziehung zu
unsren staatlichen und gesellschaftlichen Zuständen steht.
Alle 8 Tage treffen bei der Schillerstiftung Briefe ein, die
von Verhungern sprechen, von der Unmöglichkeit, seinen
»Menenius Agrippa«, an dem er seit dritthalb Jahren Tag
und Nacht arbeitet zu vollenden und dadurch den Beweis
seiner dichterischen Bedeutung vor aller Welt klar zu legen,
aber für solche verrückten Zwickel, die *durchaus* auf ihre
Façon selig d. h. reich und berühmt werden wollen, für
diese sonderbaren Gestalten ist Staat und Gesellschaft nicht
verantwortlich zu machen; wer umgekehrt seiner Laune
und seinem Hochmuth *nicht* nachgeht, sondern ehrlich ar-

beiten will, für den ist gesorgt; der Staat ist keine Züchtungs- und keine Versorgungsanstalt für verrückte Genies. *Ist* mal ein wirkliches darunter und geht doch zu Grunde, so ist das beklagenswerth, aber keine Veranlassung zu Revolutionen. Die, die jetzt auf dem Punkt stehn, alles auf den Kopf zu stellen, haben aber zu ihrem Umsturzgelüst auch nicht den geringsten Grund. Alle die, für die ich persönlich nun seit 50 Jahren (und oft für sehr sehr wenig Thaler) gearbeitet habe, waren Millionäre oder sind es noch, aber nicht eine Minute ist mir der Gedanke gekommen, ihnen die silbernen Löffel vom Tisch nehmen zu wollen. Man muß von seiner Arbeit schlecht und gerecht leben können, mehr ist nicht nöthig. Und für all das ist jetzt über und über gesorgt, namentlich bei denen, die den Radau insceniren.

Aber verzeihen Sie diesen Leitartikel im common sense-Stil und warten wir geduldig ab, was wird; meine arme Frau ängstigt sich furchtbar, sieht schon das ganze Nest an allen 4 Ecken angesteckt und wenn einer die Hausthür zuwirft, so vermuthet sie eine Dynamitpatrone. Uebrigens ist die Sache nicht überall gleich und in Galizien einsam auf einem Schloß zu wohnen, muß ein schlechtes Vergnügen sein, noch schlechter als für gewöhnlich.

Von Bismarck reden wir erst wieder, wenn er selbst geredet haben wird und von Pietsch ist nichts weiter zu sagen, als daß er der alte ist, trotzdem man ihm einen Kronenorden 4. Klasse ins Knopfloch gehängt hat. Ich habe mich drüber geärgert und dabei wieder so recht das Dürftige dieser Quincaillerie empfunden. Es ist nicht nöthig, daß ein Schriftsteller oder Journalist einen Orden kriegt, wenn der Betreffende aber ein so großes Genie ist, so vielen Millionen Menschen im Laufe von 30 Jahren Freude, Genuß, Belehrung verschafft hat, so muß man ihn durch 'was Besseres auszuzeichnen wissen. Ich glaube, er empfindet das auch. Es ist charakteristisch für die Stellung, die die Literatur bei uns einnimmt. Und dabei ist der »Staat« noch nicht der schlimmste; das Volk denkt noch geringer darüber, ein Schriftsteller ist ein Schmierarius, ein käuflicher Lügenbold, eine verächtliche oder eine lächerliche Figur. Nun, es schadet nicht viel, man fällt davon nicht todt um.

Der alte Grosser ist heimgegangen, die schöne Constanze hat der Welt ein neues schönes Kind geschenkt, denn das muß wahr sein, eins ist immer schöner als das andre; ob doch vielleicht etwas Judenblut drin sitzt? Das Profil hat sie dazu und Schlesien ist reich an Juden, deren Judenschaft mehr oder weniger verloren gegangen ist z. B. die Mattersdorfs; nur dann und wann predigt ein Ramses noch von alten Zeiten. – Richter soll ausgeflogen sein, Frau Richter noch nicht hier. Ob sie's nicht schon bereut? Es ist doch ganz selten, daß sich einer von solchem Kladderadatsch völlig erholt; gut sind nur *die* dran, die ganz ins andre Lager übergehn und durch die Wälder singen »ein freies Leben führen wir.« Was die Franzosen seit lange haben, die Halb-Welt, das haben wir jetzt hier auch und die, die ihr angehören, führen kein übles Leben, schließlich können sie ja immer noch ihren Frieden schließen und ein Asyl oder eine Kirche baun.

Das literar. Leben des Winters gruppirte sich um die »Freie Bühne«, sowohl um das Theater wie um das Blatt dieses Namens. Ich verfolge all diese Erscheinungen mit dem größten Interesse und finde die Jugend hat Recht. Das Ueberlieferte ist vollkommen schal und abgestanden; wer mir sagt »ich war gestern in ›Iphigenie‹, welch Hochgenuß!« der lügt oder ist ein Schaf und Nachplapper. Ein ander Mal mehr von den Hervorbringungen der jungen Schule. Wenn Sie »die Familie Selicke« (als Buch erschienen) und außerdem, von denselben Verfassern, »Die papierne Passion« und »Krumme Windgasse Nummer 20«

gelesen haben sollten, würde ich mich freun Ihr Urtheil zu hören. In den nächsten Tagen schicke ich Ihnen »Stine« einen eben erschienenen kleinen Roman von mir. Unter herzlichen Grüßen und Empfehlungen an Sie und Frau Gemahlin, wie immer Ihr aufrichtiger ergebenster

Th. Fontane.

(126)   *Berlin* 1. Mai 90.
                                                Potsd. Str. 134.c.

Hochgeehrter Herr.

Ihr lieber Brief war eine große Freude, der Mai konnte nicht besser beginnen. Zunächst ein Wort über die interessanten Einlagen. Der gelbe amerikanische Brief ist aus P . . . . ton, Wis.; darauf hin wurde die Karte mit den 5 großen Seen aufgeschlagen und ganz Wisconsin abgesucht, aber ein Ort mit P . . . ton wollte sich nicht finden lassen. Der Brief ist rührend in seiner Unbedeutendheit, rührend und imponirend; es gehört doch eine feste, in sich geschlossene Natur dazu, nach 10 oder 20 jährigem Aufenthalt in Amerika, noch immer so schlesisch schreiben zu können, nicht der geringste Anlauf zu Bravade, Phrase, Ueberheblichkeit, nur ganz schlicht: »*ihr* habt es gut, *ihr* könnt euch so viel Stullen abschneiden wie ihr wollt, – *uns* wurden die Stullen knapp zugemessen.« Wenn man in seinen alten Tagen sieht, wie wenig bei der modernen Großmäuligkeit herauskommt, so sind solche Schlichtheiten ein Labsal. Es ist doch das Eigentliche, der natürliche Mensch. Vor allem hat mich natürlich auch die Knobloch-stelle interessirt; danach muß man doch wohl annehmen, daß K. der Mörder gewesen ist oder mindestens die Hand mit im Spiele gehabt hat. Famos ist auch dieser Weibermuth: »Sie haben ja wohl auch den Frey gekannt etc.?« Uebrigens werden wenige Förster todtgeschossen, von denen noch nach zehn, zwölf

Jahren so viel Radau gemacht wird. – Beide Doveschen Sendungen sind sehr interessant, wenn auch aus sehr verschiedenen Gründen. Die Karte ist ein Musterstück, liebenswürdig, geistreich, graziös (*ich* gratulire noch nachträglich zum 24. April); der Brief interessirt mich durch seine politische Betrachtung bez. Stimmung, trotzdem ich ziemlich der entgegengesetzten Meinung bin. Bismarck hat keinen größeren Anschwärmer gehabt als mich, meine Frau hat mir nie eine seiner Reden oder Aeußerungen oder Briefe vorgelesen, ohne daß ich in ein helles Entzücken gerathen wäre, die Welt hat selten ein größeres Genie gesehn, selten einen muthigeren und charaktervolleren Mann und selten einen größeren Humoristen. Aber Eines war ihm versagt geblieben: Edelmuth; das Gegentheil davon, das zuletzt die häßliche Form kleinlichster Gehässigkeit annahm, zieht sich durch sein Leben (ohne den begleitenden infernalen Humor wäre es schon früher unerträglich gewesen) und an diesem Nicht-Edelmuth ist er schließlich gescheitert und in diesem Nicht-Edelmuth steckt die Wurzel der wenigstens relativen Gleichgültigkeit, mit der ihn selbst seine Bewunderer haben scheiden sehn. Etwas Tolleres wie die Denkschrift bei Gelegenheit der Veröffentlichung des Kronprinzlichen Tagebuchs hat die Welt nie gesehn, so furchtbar verlogen, daß diesem klaren Kopf das Niedagewesene passirte, das Hineingerathen in völlige Confusion. Geffcken (für den ich persönlich nicht viel übrig habe) Morier und die konsequente stille Befehdung Waldersee's, – lauter schlimme Kapitel, so schlimm, daß man froh sein muß aus dieser Geschichte heraus zu sein, aus einer Geschichte, die sich schließlich derart auf die *Forderung* unbedingter Bismarckanbetung zuspitzte, daß alle freie Bismarckbewunderung darin unterging. Es ist ein Glück, daß wir ihn los sind, und viele, viele Fragen werden jetzt besser, ehrlicher, klarer behandelt werden, als vorher. Er war eigentlich nur noch Gewohnheitsregente, that was er wollte, ließ alles warten und forderte nur immer mehr Devotion. Seine Größe lag hinter ihm; sie bleibt ihm in der Geschichte und in den Herzen des deutschen Volkes, aber was er in den letzten 3 Jahren davon verzapft hat, war *nicht* weit her.

Und nun *Ihr* Brief. Mit allem einverstanden. Die arme Frau Richter, für die ich bis diesen Tag ein Tendre habe, – eigentlich ist sie doch an einem Hochmuth gescheitert und noch dazu an einem wenig motivirten. Sie spielte sich in ihrem »Unglück«, d. h. in dem alten, unechten, in Arnsdorf, immer auf die »feine Frau« hin aus und das war sie nie, sie war nett, quick, lebhaft, voll Unternehmungslust und guter Einfälle, aber sie hätte die Schloßherrin von Arnsdorf ruhig weiterspielen können, »Commerzienräthin Richter« war gerade was für sie paßte. Natürlich ist er ein Knote und als er sich selber »Pferdejude« taufte, traf er es wundervoll, aber er hat ein gut Stück von einem Genie, war nicht kleinlich (in nichts) war reich, liebte die Frau und ließ sich um den Finger wickeln. Gescheitert seitens der Frau alles an der Vorstellung von einem erhabenen Ebertythum. Nun Familiengefühl ist eine schöne Sache und der alte Eberty war ein kluger Mann; aber ob es *so* mit ihm stand, daß Bayard und Montmorency-Gefühle bei seiner Hinterlassenschaft großgezogen werden konnten, *das* weiß ich doch nicht.

Bei Stoeckhardts ist nächstens Taufe; dies 4. Kind soll den Namen Rigaud oder Rigaut oder Ringo erhalten. Unsre alte Mathilde, vordem fast 20 Jahre in unsrem Hause, war gestern zur »Aushülfe« bei Stoeckhardts und liebt die schönen Kinder sehr, besonders Immo. Gestern Abend sagte sie: »Immo, Enzio und nu Rigaud, da weiß ich gar nich, was der ›Felix‹ dazwischen soll.« Für gewöhnliche Verhältnisse ist Felix schon mindestens ausreichend.

»Stine« schicke ich morgen oder übermorgen; besten

Dank für die freundlichen Worte über »Quitt«; es ist mir
sehr lieb, daß meine Behandlung des Stoffs keinen Anstoß
gegeben zu haben scheint; das ist mir schon genug. Die kl.
Besprechung von Dr. Baer war sehr nett. Wir wollen erst
auf 3 Wochen nach Kissingen, dann wieder 8 oder 14 Tage
in Berlin sein und dann an irgend eine Krummhübler Stelle;
Brotbaude hat uns sehr gut gefallen, ist nur leider weit ab
von allem Leben. Jedenfalls ist Aussicht, daß wir die Freude
haben, Sie und die Ihrigen wiederzusehn. Eine Zeitlang
richteten sich unsre Sommerpläne auf Oberammergau und
seine Spiele; aber es ist *zu* voll, *zu* wenig Comfort, und *so*
viel liegt mir denn schließlich doch nicht daran, einen
Meerschaumkopfpfeifenschnitzer als Christus am Kreuz zu
sehn. So wird dieser Plan wohl fallen. Gruß und Empfehlung Ihnen und Ihrem ganzen Hause von Ihrem herzlich
ergebensten

Th. Fontane.

(127)   *Berlin* 2. Mai 90.

Nach langem Schweigen, bricht es nun wie eine Fluth über
Sie herein. Anbei »Stine«, die den einen Vorzug hat, wenigstens kurz zu sein. Es sind noch 'mal Gestalten aus dem
Berliner Volksleben, aber nun ist es auch genug davon und
ich will mit jüngeren Kräften auf diesem Gebiete nicht länger concurriren.

Wie sich »Quitt« in der Gartenlaubengestalt eigentlich
ausnimmt, davon habe ich keine Ahnung. In der ersten
Hälfte, bis zu dem Moment also, wo Lehnert plötzlich aus
seinem Hause verschwunden ist, hat die Redaktion, so viel
ich aus den Kapitelzahlen ersehen konnte, (*gelesen* habe ich
im Abdruck keine Zeile) wahrscheinlich nichts oder nur
sehr wenig geändert, desto mehr in der zweiten Hälfte.

Hier ist kaum mehr als die Hälfte der Hälfte gegeben, wie ich wiederum aus den Zahlen ersehe. Im Manuskript waren es glaube ich 34 Kapitel und in der Gartenlaube sind es, wenn ich nicht irre, nur 26. Für die große Mehrheit der Leser wird die Geschichte durch diese starken Kürzungen nur gewonnen haben und selbst der Kenner wird das von mir Geschriebne sehr wahrscheinlich zu lang und hier und da auch zu langweilig finden. Was heißt aber langweilig? Davor darf man nicht erschrecken. In diesem Punkte ist Goethe neben Wilkie Collins ein Nachtwächter. Und so glaube ich denn, daß bei den starken Streichungen auch alle meine Finessen gefallen sind. Eine Finesse lag für mich beispielsweise darin, daß ich das Menonitenhaus in Nogat-Ehre wirklich im Stil von »A happy family« behandelte, d. h. Feindliches, diametral Entgegengesetztes *friedlich* daselbst zusammenführte: *Monsieur L'Hermite*, der den Erzbischof von Paris erschießen ließ, *Lehnert* der einen Förster erschoß und *Mister Kaulbars* und Frau, brave, klugschmusige, neunmalweise märkische Leute, die in ihrem preußischen Sechs-Dreier-Hochmuth *alles* besser wissen. Ich fürchte, daß von diesem kunstvollen Gegensatz nicht viel übrig geblieben ist.

Wie immer Ihr

Th. F.

(128) *Berlin* 27. 5. 90.
Potsd. Str. 134.c.

Hochgeehrter Herr.

Vor ungefähr 5 Wochen habe ich in rapider Reihenfolge drei Briefe an Haus Friedländer gerichtet, den dritten Brief in Begleitung meiner »Stine«. Darauf habe ich nun – den 1. Brief abgerechnet, den Sie, unter Anfügung einer Karte und eines Briefes von Ihrem Freunde Dove, mit gewohnter

Promptheit und Liebenswürdigkeit beantworteten – kein Lebenszeichen erhalten, was, wie ich Sie kenne, nur 3 Annahmen gestattet:

entweder meine Briefe, sammt Buch, sind nicht angekommen, oder

Ihre Antwort darauf ist verloren gegangen,

oder in einem meiner Briefe hat etwas Dummes und Ungeschicktes gestanden, was Sie verdrossen hat.

Das Letztre kann ich mir aber kaum denken, weil ich, so viel ich mich erinnre, eigentlich nur 2 Themata behandelt habe, erst Bismarck und dann »Quitt«. Es wäre ein großes Pech, wenn mir trotzdem etwas Menschliches passirt wäre.

So ist es denn doch das Wahrscheinlichere, daß, von hier oder von dort aus, etwas verloren gegangen ist und diese Sache klar zu stellen, ist Zweck dieser Zeilen. Eigentlich wollte ich erst von Kissingen aus schreiben und anfragen, aber man kann dergleichen nicht früh genug in Ordnung bringen.

Auf Kissingen, wo wir im vorigen Jahr sehr angenehm lebten, freuen wir uns sehr; wenn man alt geworden und am Rennen und Steigen und Nachtquartier in einer Sennhütte kein Gefallen mehr findet, sind solche großen Bäder mit ihren Zerstreuungen eigentlich das Beste; Krummhübel hat schon ein bischen davon, aber quartiert man sich auf der Brotbaude ein, so ist man eigentlich wie in Tabora oder Kavirondo. Unter herzlichen Empfehlungen an Ihre Damen, in vorzüglicher Ergebenheit

Th. Fontane

(*129*)   *Berlin* 29. 5. 90.
                                       Potsd. Str. 134.c.

Hochgeehrter Herr.

Nur ein paar Worte, denn ich mag Sie nicht in eine Correspondenz verwickeln. Allerschönsten Dank für Ihren freundlichen und inhaltreichen Brief, der mich erfreut und beruhigt hat; daß ich mit meiner Besorgniß und meiner Dringlichkeit ein wenig als komische Figur abschließe, schadet nicht viel; ein bischen komisch ist lange nicht das Schlimmste.

Wenn wir uns wiedersehn, worauf ich Anfang August mit so viel Sicherheit wie einem mit 70 noch zusteht, rechne, so haben wir reichen Stoff für die Debatte: Richter, Reuß, Stoeckhardts*, die, wie ich zu meinem Jubel ersehn, gemeinschaftlich die Hand nach König Enzios Namen ausstreckten, Bergel und Bruder, unser Adel und unsre Frommen, und wenn Zeit übrig bleibt auch Quitt und Stine. Doch bin ich auf Literaturgespräche nicht versessen, namentlich wenn sie eignes Fabrikat betreffen; was da ist, ist da und um noch was für die Zukunft zu lernen, dazu ist man zu alt. – Was Sie mir über beide Richters geschrieben, hat mich wieder im höchsten Maße interessirt; aber immer läuft er ihr den Rang ab. Alles was er thut, und wenn es verrückt ist und schlimmer als verrückt, hat immer noch einen gewissen Charme. »Verfluchter Kerl« kommt einem immer mit einer gewissen Anerkennung auf die Lippen. Mit dem Adel, hohen und niedren, bin ich fertig; er war zeitlebens ein Gegenstand meiner Liebe, die auch noch da ist, aber einer unglücklichen Liebe. Die Unmöglichkeit ir-

---

* Frau Geh[eim] R[at] Stöckhardt war heute bei uns; – Frau und Tochter wieder entzückt und gewiß mit Recht. Schade, daß der ganzen Grosserei, und ein bischen auch den Geheimrath-Schwiegersohn mit eingeschlossen, irgendwo was fehlt, sonst müßte einem der Verkehr mit dem Hause einen beständigen aesthetischen Genuß gewähren. Das Material ist vorzüglich, auch an Begabungen, aber sie sind nicht fein genug trainirt.

gend eines Sieges, hat mich doch schließlich von weitrer Werbung abstehn lassen. Und es geht auch so; ja besser. Empfehlen Sie mich Ihren Damen, nicht zum wenigsten Ihrer hochverehrten Mama.

> In vorzüglicher Ergebenheit
> Th. Fontane.

(130)   *Kissingen* 27. Juni 90.

Hochgeehrter Herr.

Ein Brief von Ihnen ist immer eine Freude, empfängt man ihn aber in Kissingen, so wiegt er doppelt, übrigens ohne Portozuschlag. Seien Sie schönstens dafür bedankt. Ihre Briefe haben nicht blos die Tugend interessant zu sein, sondern auch stofflich inhaltvoll, was ich von den meinigen, und wenn es die besten wären, nie zu sagen wage. Freilich sitzen Sie an einer ganz wundervollen Quelle, denn Haus Richter, wenn ich die Getrennten als eine Einheit nehme, ist an stofflichem Interesse nicht leicht zu übertreffen; da ist immer was los, ihrerseits ist immer was Fahriges und Fragwürdiges (Gemüselieferung! großartig) seinerseits immer was Schlaues geschehn, am liebsten in loyaler oder frommer Verpackung. »Ewige Jüdin« ist ein wundervoller Zuname für die arme Frau, die gewiß schon bedauert in Arnsdorf nicht still gesessen zu haben; – sie hatte da die »Gemüse« um wenigstens 12 Stunden frischer und manch andres noch. – Verzeihen Sie mir in Ihrer Güte, wenn ich den kaum begonnenen Brief schon wieder schließe, aber ich bin heute 10 Tage hier, also gerade im Stadium des »Brunnendusels«, den man respektiren soll, so verlangen es die Aerzte. – Ich kann nicht vor dem 7. August in Krummhübel sein und denke 4 Wochen zu bleiben, bin also in der glückl: Lage noch drei Wochen von Ihnen Nutzen ziehn zu können.

Empfehlen Sie mich Ihren Damen aus drei Generationen, denn Littychen (Pardon wenn die Rechtschreibung nicht stimmt) muß ich nun allmälig mit dazu rechnen und bewahren Sie Ihre freundl. Gesinnungen Ihrem aufrichtig ergebensten   Th. Fontane.

Meine Frau empfiehlt sich; die Tochter ist in Mecklenburg.

(131)   *Kissingen* 2. Juli 90.

Hochgeehrter Herr.

Ich springe gleich, um Versäumtes nachzuholen, in die Fragen hinein.

1. Die *Kritikerei* in der Vossin. a. Ballet: L. Pietsch. b. Oper: Prof. Gust. Engel und Prof: Urban (unterzeichnet blos -n). c. Schauspiel: Paul Schlenther und Gefolge. Dies Gefolge wechselt von Vierteljahr zu Vierteljahr, – erst war es Adalb. v. Hanstein, dann Dr. Neumann-Hofer, dann Dr. Schönfeld (oder so ähnlich) dann Dr. Richard Fischer oder R. F. Dieser ist es noch und wird sich wohl halten. Alle waren ganz gescheide Leute und ich weiß nicht recht, warum man so sehr wählt und mäkelt. Vielleicht liegt es daran, daß oft die Gesammtpersönlichkeit keine rechte Gewähr giebt.

2. *Heinrich Seidel.* Es ist ganz recht, daß er jeanpaulisirt, aber während er lange kein Jean Paul ist, ist er diesem doch an Form und Geschmack sehr überlegen. Auf seinem engen kleinen Gebiet ist er eine Nummer eins. Einzelnes (z. B. die kl. Geschichten von Lebrecht Hühnchen) ist meisterhaft. Man kann ihn aber nur genießen wie Confekt, in Kosthäppchen; er ist ohne rechte Kraft und sehr begrenzt, wiewohl persönlich ein kluger und sehr unterrichteter Herr.

3. Das mit Mauthner hat seine Richtigkeit, ich habe ihm dazu gerathen und es wäre sehr nett, wenn Sie Einiges von den Landrichtergeschichten niederschrieben.

Besten Dank für die Mittheilungen über Schollwer und Hinderjock; jeder gelungen in seiner Art. Aber das novellistische Interesse, das mir die Sache einflößt, wird andre nicht abhalten, die Sache anders anzusehn und viele werden wegbleiben. Auf mich persönlich macht es gar keinen Eindruck; will man sich durch solche Dinge einschüchtern lassen, so darf man die Nase nicht mehr zum Fenster hinaus stecken. Aber die Menschen sind wie sie sind und so wird der Schaden nicht ausbleiben. Daß überall »Verbandzeug« liegt, wird vollends viele greulich machen. Unter Gruß und Empfehlung von Haus zu Haus Ihr aufrichtig ergebenster

Th. Fontane.

(132)   *Berlin* 23. Juli 90.
                        Potsd. Str. 134.c.

Hochgeehrter Herr.

Ihre liebenswürdigen Zeilen haben mich erst hier ereilt, – schon am 15. hatten wir Kissingen verlassen, dessen Lieblichkeit schließlich durch seine Langeweile doch balancirt wurde. Dazu die vielen Juden, auf die man noch viel böser sein würde, wenn man nicht schmerzlich empfände, daß das christliche Element, in seiner Poplichkeit, noch tief drunter stände. Die Juden haben doch wenigstens eine Nase und einen guten Schneider, namentlich Schneiderin.

Daß die Kinder »zu Hofe« gehn, hat uns außerordentlich erfreut; es ist doch was Hübsches und Schmeichelhaftes, denn eine schönere Anerkennung von Haus, Hauston, Erziehung und Familie giebt es nicht. Es freut mich auch, daß es von unsrer Freundin und Gönnerin Frau v. Münchhausen ausgeht, denn es ehrt sie mit. Wäre sie engren Geistes und Herzens, so hätte sie krampfhaft nach 'was Adligem gesucht.

Ich freue mich, egoistischerweise, herzlich, daß ich Sie anwesend finde und nicht bis zum 15. zu warten brauche. Ich reise wahrscheinlich am 4.; meine Tochter ist seit vorgestern schon da und vorläufig in Nähe der Brotbaude, auf derselben »Alm«, einquartiert, meine Frau will in etwa drei Tagen folgen. Erst am 4. wird die Wohnung in der Brotbaude selbst frei.

Ueber alles andre mündlich, auch über die Amtsrichternovellen, die doch mal geschrieben werden müssen.

Unter herzlichen Empfehlungen an Ihre Damen, in vorzügl. Ergebenheit

Th. Fontane.

(133)

Theodor Fontane und Frau geben sich die Ehre Herrn Amtsgerichtsrath Dr. Friedländer nebst Gemahlin zu Mittwoch den 13. d. 3 Uhr ergebenst einzuladen.

Brotbaude 12. August 90.

(134)   *Brotbaude.*
                                                21. Aug. 90.
Hochgeehrter Herr.

Empfangen Sie den schönsten Dank für Ihre liebenswürdigen und nur zu gütigen Worte; dies Gefühl dreier glücklich verlebter Tage, wie sie so zweifelsohne sehr selten kommen, hatten wir auch. Dank auch für Ihre Schilderung der Tage, die Sie seitdem durchlebt; im Lesen solcher Schilderung oder auch wenn man mir von solchen Tagen voll festlicher Unruhe erzählt, empfinde ich mehr als bei irgend was, meine hohen Semester. Ich habe dann immer das Gefühl eines Rückenmärkers der mit steifen Stöckerbeinen über den Potsdamer-Platz soll und vor Angst und Unfähigkeit zittert. Von Besuch zu Besuch, von Fest zu Fest, das kann ich nicht mehr, und doch ist eine ununterbrochene Fest-Reihenfolge noch nicht das Schlimmste, ganz verliere ich erst dann den Kopf, wenn sich in die Festtage auch noch was von Dienst und Arbeit, das zwischendurch mit abgemacht werden muß, einschiebt. Da werfe ich die Flinte ins Korn.

Heute sind wir nach Krummhübel zu Tisch geladen, ganz dicht bei Villa Ursula, wo eine Abzweigung der Treutler-Familie wohnt; *unsre* Treutlers (aus Blasewitz, jetzt in Schmiedeberg bei der Alten auf Besuch) sind auch da und der eigentliche Attraktionspunkt.

Gestern Abend sahen wir von hier aus das große Feuer in Schreiberhau, trotz der großen Entfernung alles in vollkommener Klarheit. Wir wissen noch nicht, wer die Betroffenen waren.

Unter Gruß und Empfehlungen an Frau Gemahlin und Fräulein Schwägerin, desgleichen unter schönsten Grüßen an Bergel und die Kinder, wie immer in herzlicher Ergebenheit,

Th. Fontane

Hochgeehrter Herr.

Herzlichen Dank für Ihren lieben, ganz unerwarteten Brief. Ich beschäftigte mich auf dem Heimweg auch noch mit der Adelsfrage; daß wir darin ganz gleich empfinden, freut mich sehr. Sie schildern in den v. K.'s mit gewohnter Virtuosität die *gute* Form des Adels, gut deshalb weil sie mit der eigentlichen Adelsform, die weitab vom Wege blüht, kaum noch eine Aehnlichkeit hat. Der Stadtadel, der entweder ein Beamten-, Militär- oder wohl gar Kunst- und Wissenschaftsadel ist, ist Beamter, Militär etc. und reiht sich ein, dann und wann zeigt er noch mal Nücken, aber das ist nicht schlimm. Der eigentliche Adel, der, den wir im Auge hatten, ist der Landadel und so sehr ich gerade diesen liebe und so sehr ich einräume, daß er in seiner Natürlichkeit und Ehrlichkeit ganz besondre Meriten hat, so ist mir doch immer mehr und mehr klar geworden, daß diese Form in die moderne Welt nicht mehr paßt, daß sie verschwinden muß und jedenfalls daß man mit ihr nicht leben kann. Man kann sich viertelstundenlang an diesen merkwürdigen Gewächsen erfreun, aber man kann es zu keiner Freundschaft und Uebereinstimmung mit ihnen bringen. Meine rein nach der aesthetischen und novellistischen Seite hin liegende Vorliebe bleibt dieselbe, aber Verstand, Rechts- und Selbstgefühl lehnen sich gegen diese Liebe auf und erklären sie für eine Schwäche. Es geht einem auch im Leben mit Einzelindividuen so und dann wieder mit ganzen Nationen. Die Engländer habe ich mit meiner Liebe verfolgt und sie dann doch wieder für egoistische und heuchlerische Bande erklärt.

Heute haben wir den ganzen Tag im Nebel gesteckt; an einem hellen Tage kommen Sie gewiß mal wieder herauf und bringen Ihre Damen mit. Mit herzlichen Grüßen von Haus zu Haus, in vorzüglicher Ergebenheit

Th. Fontane.

(136)

[Postkarte mit Ansicht der Prinz-Heinrich-Baude, 1420 m ü. d. M.   Poststempel: Krummhübel 9. 9. 90]

Hochgeehrter Herr.

Mit 70 wird man wieder jugendlich und steigt nicht blos auf die Heinrichsbaude hinauf, sondern thut auch das denkbar Jugendlichste und sendet Bilder-Postkarten grüßend in die Welt hinaus. Die eine davon trifft Sie. Es ist merkwürdig »forsch« hier oben, allgemeiner Fortschritt, Deutschland wird Weltstadt. In vorzügl. Ergebenheit

Th. Fontane.

(137)   *Brotbaude.*
                                 19. Sept. 90
Hochgeehrter Herr.

Empfangen Sie und Frau Gemahlin den herzlichsten Dank für all das Gute, was der Postbote uns gestern heraufbrachte. In den Napfkuchen haben wir beim Kaffe bereits stark Bresche gelegt. Ihre Zeilen beschämen mich in ihrer Freundlichkeit und daß nun auch Maywald noch vergeblich gestrichen hat! Wenigstens vergeblich für mich.

Daß Sie das Hinaufsteigen in die Berge nie gescheut haben, hat nicht wenig dazu beigetragen, uns den Aufenthalt hier oben so angenehm zu machen; wenn es unsrerseits mit dem Hinuntersteigen gehapert hat, so kann ich nur immer wieder bitten, dies mit Nachsicht beurtheilen zu wollen.

Aber man wird immer schwerfälliger und dem alternd und absterbend in die untergehende Sonne blickenden Faust immer ähnlicher. »Ruhe ist die erste Bürgerpflicht« will sich in Berlin immer noch nicht ganz durchführen lassen, aber »Ruhe ist die erste Baudenpflicht« ist das Zeichen, in dem wir hier oben siegen.

In der Hoffnung Sie noch zu sehn, unter ergebensten Empfehlungen an Ihre Damen, wie immer Ihr

Th. Fontane

(138)   *Berlin* 28. 9. 90.
                                           Potsd. Str. 134.c.

Hochgeehrter Herr.

Gerade eine Woche ist es, auf die Stunde, daß ich Sie zum letzten Mal auf der Brotbaude sah, Sie und den Pius-Ritter und Bergel. Es ist mir ein Bedürfniß, Ihnen von hier aus nochmals zu danken für die große Liebenswürdigkeit und Treue im Besuch der Brotbauden-Einsiedler. Ueberschlagen wir jetzt hier das Maß unsrer Kräfte, das durch ein hier herrschendes sciroccohaftes Wetter, noch wieder starke Einbußen erfahren hat, so erscheint uns unser »Nicht-Hinabsteigen ins Thal«, um dessentwillen wir uns oben oft selbst verklagt haben, als eine läßliche Sünde. Am Todestag meines Sohnes war ich draußen in Lichterfelde, um ihm einen Kranz von Enzianen aus der Richterschen Kleinen-Teich-Bauden-Gegend aufs Grab zu legen, – sonst habe ich mich noch nicht von der Stelle gerührt. Meinen Damen geht es nicht besser, alles matt und welk. Wir sehnen uns nach Aufleben und Bethätigung von 7 Wochen lang aufgespeicherter Gebirgskraft. – Das Leben, das wir hier vorgefunden, ist, so weit es aus den Zeitungen zu uns spricht, langweilig; das einzig Vernünftige und Erquickliche wenn man alt geworden, ist Fleißigsein in Hof und Garten. Das

184

»Rennen und Jagen« ist öde und langweilig. – Verzeihung, daß wir nicht Ordre gegeben, Ihnen die Kuchenschachtel zurückzuschicken, aber es arrangirt sich wohl von selbst; jedenfalls schreiben wir in der Sache noch an Frau Schmidt. Unter herzlichen Empfehlungen von Haus zu Haus, Ihr

Th. Fontane.

Wenn Ihnen Nummer 52 von Mauthners »*Deutschland*« – Nummer vom 27. September – zu Händen kommen sollte, so, bitte, überfliegen Sie doch die kleine Erzählung von Max Harden »Bolero«. Es tritt ein Herr darin auf, ein Provinziale, der sich riesig freut, daß er mit gutem Gewissen, ja unter Zustimmung seines Berliner Gastfreundes, *alles in Berlin so riesig langweilig finden kann,* denn in seinem derzeitigen Posemuckel haben sie ihn durch öde Redensarten über die »Berliner Herrlichkeit« längst zur Verzweiflung gebracht. Ich mußte dabei an *Sie* denken; ich glaube, Sie hatten während Ihrer letzten Anwesenheit dieselben Empfindungen.

(138 a)

[Emilie Fontane an Georg Friedlaender]

Berlin d. 11. Okt. 90

Verehrter Herr und Freund.

Wir stecken schon wieder tief in dem unvermeidlichen Trubel und Strudel Berlin's und denken mit Wonne an unsre stillen Wochen auf der Brotbaude zurück und der angenehmen Unterbrechung, die dann und wann der liebe Besuch aus Schmiedeberg, verursachte. Gesundheitlich geht's namentlich und unberufen meinem Jubilar sehr gut; er hat im Alter von dem die Fülle, wonach sich die Jugend sehnt, Auszeichnungen aller Art, sogar ministerielle Diner's, wozu er die »Orden« einknöpfen muß, was er nicht recht versteht, Lessing-Denkmal-Enthüllung, wieder Diner, morgen Freie Bühne: »Der Vater« dem er zu meiner Freude nur als zweiter Kritiker beiwohnen wird. Dies sind die Freuden und Leiden meines Alten. Wir beiden Frauenzimmer werden durch durchreisende Freunde, Besorgungen von Logis und Commissionen aller Art, minder unterhaltend in Anspruch genommen, dazu geht es uns körperlich gar nicht gut, aber was hilfts? vielleicht ist es recht gut, daß jeder Tag sein besondres Pensum hat. Die Aufregungen fingen mit der Verlobung meiner Schwiegertochter, mit Herrn v. Neefe u. Olischau an u. wechselten mit dem Fall Lindau ab; aber a nine days wonder ist bald vorüber und man wartet schon auf einen neuen Fall und läßt den armen Lindau in seiner selbstgewählten, unerfreulichen Einsamkeit.

Diese lange Vorbemerkung soll es entschuldigen, daß ich erst heut mein Versprechen halte und Ihnen das Bild meines Mannes schicke; an der Verzögerung ist der Photograph schuld. Ich habe es Ihnen noch etwas lieber machen wollen, durch die Umschrift meines Alten.

Hoffentlich geht es Ihnen, der theuren Frau und den Kindern, so gut, wie ich es Ihnen von Herzen wünsche. Grüßen Sie sie auf's Herzlichste von uns, ebenso Freund Bergel, dem ich dauernde Zufriedenheit an seiner Hausdame wünsche, wie auch wir bisher mit unsrer schlesischen Wahl nur zufrieden sind.

In herzlichster Ergebenheit

Ihre alte Freundin
Emilie Fontane.

(139)   *Berlin* 22. Okt. 90.
                                    Potsd. Str. 134.c.

Hochgeehrter Herr.

Herzlichen Dank für den famosen letzten Brief, wie er nur aus Ihrer Hand und aus – Schmiedeberg kommen konnte. Denn Schmiedeberg ist nun mal Hochburg der Romantik, wo alle 14 Tage mehr los ist, als in einem märkischen Neste während eben so vieler Jahre. Es giebt doch wirklich eine Art genius loci und während an manchen Orten die Langeweile ihre graue Fahne schwingt, haben andre unausgesetzt ihren Tanz und ihre Musik. Diese Beobachtung habe ich schon als Junge gemacht; wie spießbürgerlich war mein heimathliches Ruppin, wie poetisch das aus bankrutten Kaufleuten bestehende Swinemünde, wo ich von meinem 7. bis zu meinem 12. Jahre lebte und nichts lernte. Fast möchte ich hinzusetzen Gott sei Dank. Denn das Leben auf Strom und See, der Sturm und die Ueberschwemmungen, englische Matrosen und russische Dampfschiffe, die den Kaiser Nicolaus brachten, – das war besser als die unregelmäßigen Verba, das einzig Unregelmäßige, was es in Ruppin gab. Ja, Swinemünde war herrlich, aber was bedeutet es neben Schmiedeberg, wo sich die gewöhnlichsten Menschen in Wundermenschen verkehren. Ein besondrer Segen scheint über dem Lehrerstand zu liegen: Dorf Quirl mit seinem Wander und seinem Bergel und nun diese Cantorstochter die alles schlägt, selbst das Sängerpaar dessen Namen ich immer vergesse (ich glaube Back), selbst Fräulein Nagel und die schöne Constanze, wenn ich den Namen einer so zweifelsohnen Geheimen Ober-Regierungsräthin in so jenseits der preußischen Tabulatur liegender Gesellschaft überhaupt nennen darf. Was wird Haus Reuß zu dieser büßenden Magdalena sagen und was vor allem die Vesta-Priesterin in Erdmannsdorf, die gegen *so* was doch nicht an kann. Und unsre schöne Commerzienräthin, für

die ich noch immer ein Faible habe trotz des Gärtners, der
das Gemüse schicken muß. Aber wenn mein Faible auch
noch faibler wäre, – wie trivial alles, wie wenig vornehm
neben solchen Märchen. Der Schulmeister hat 66 Oestreich
besiegt, hier besiegt die Kantorstochter das ganze Haus
Eberty mit all seinen Erbanekdoten. – Was macht Richter?
Ziert er sich schon mit dem Gregorsorden herum? Ist er
beim Fürstbischof zu Tisch? Oder macht er wieder eine
Schwenkung zum Prinzen und zum Protestantismus hin?
Alles von der kleinen Teichbaude aus, wo nun wohl schon
die Wiege zurechtgerückt wird, die Schildpatwiege, drin
man Fürstenkinder legt. – Meine Frau dankt herzlich und
empfiehlt sich Ihnen allerseits. Ich thue ein Gleiches und bin
und bleibe in vorzüglicher Ergebenheit

Ihr

Th. Fontane.

(140)   *Berlin* 24. Okt. 90.
                                          Potsd. Str. 134.c.

Die Lindaufrage, hochgeehrter Herr, ist eine sehr schwie-
rige Frage und nur so viel darf ich gutes Muthes gleich hier
aussprechen: Freund Bergel braucht nicht an Berlin und
nicht einmal an der Vossischen zu verzweifeln. Und auch
eigentlich nicht an Lindau.

Ich will 4 Punkte vorausschicken, damit ich nicht moralisch laxer als nöthig erscheine.

1. Lindaus Benehmen ist anfechtbar und jedenfalls nicht
sehr schön.

2. ich mißbillige daß der Ehrenrath der »Berliner Presse«
erklärt hat, in Lindaus Gebahren sei »nichts Unehrenhaftes«
zu erblicken.

3. ich mißbillige es, wiewohl es vielleicht das Klügste

war, daß die »Vossin« kein Wort über die Sache gebracht hat, und

4. ich beklage den literarischen oder doch mindestens preßlichen Gesammtzustand, der bei dieser Gelegenheit klar zu Tage getreten ist.

Aber weiter kann ich mit Verwerfung und Mißbilligung nicht gehn.

Die ersten Eindrücke sind nicht immer die richtigen, aber doch meist.

Als mir meine Frau (noch auf der Brotbaude) das Anklagematerial i. e. die Lindauschen Briefe vorlas, war mein erstes Wort: »das ist gar nichts. Lindau hat ein Liebesverhältniß gehabt und mag die Schabelsky-Physiognomie nicht mehr sehn, jedenfalls mag er nicht mehr über sie schreiben. Und so proponirt er ihr, Berlin zu verlassen und ist erbötig, ihr dazu goldne Brücken zu baun.«

Das ist alles. Ich finde darin nicht das Geringste, worüber ich mich sittlich entrüsten oder Veranlassung nehmen kann, gerade *das* an den Pranger zu stellen. Ein Lebemann mit Liebesverhältnissen kommt beständig in solche Lagen und wer nicht ein geaichter Philister ist, wird sich erinnern, daß er einmal oder mehrere mal in seinem Leben in ähnlichen oder viel schlimmeren Lagen gewesen ist und viel Anfechtbareres gethan hat. Noch einmal, vom lebemännischen Standpunkt aus angesehn, ist es gar nichts, aber journalistisch-moralisch angesehn, wenn sich diese beiden Adjektiva so dicht nebeneinander vertragen, journalistisch-moralisch angesehn, empfängt man allerdings einen schmerzlichen Eindruck und sieht an einem wahren Musterbeispiel demonstrirt, daß alles Schwindel, Clique, Mache ist. »Was gemacht werden kann, das wird gemacht.« Die Reputationen, die Lebenserfolge, Ruhm, Ansehn, Gewinn, – alles wird durch eine Gruppe von Personen bestimmt, die sich durch verschwiegnen Händedruck »zusammengefunden« haben und ihr Chef ist Lindau. Diesen Zustand finde ich nicht schön, aber es ist *überall* dasselbe Prinzip: Ausbeutung. Ursach zu *besondrer* Entrüstung – und um so weniger als man dies alles längst wußte – liegt nicht vor. Nur seitens des Ehrengerichts mußte man sich Ehren- und Anstands halber etwas vorsichtiger ausdrücken. In vorzügl. Ergebenheit Ihr

Th. Fontane.

(141)   *Berlin* 9. Dezb. 90.
                                              Potsd. Str. 134.c.

Hochgeehrter Herr.

Frau Gemahlin ist nun längst wieder daheim und hat unsre besten Grüße gebracht; ich sah sie leider nur kurze Zeit, da nebenan unser »Tabackskollegium« tagte, statt des Königs und des alten Dessauers freilich nur Zöllner und Lazarus, die mir aber auf die Dauer doch lieber sind, – einige Drastica gehen einem dadurch verloren, aber das Gefühl persönlicher Sicherheit ist größer. – Ihr letzter Brief war besonders reich an Stoff: Schloß Ruhberg, die Drömerbaude, ein Oberjäger »der nur mit Valescas Locke sterben will«, ein fragwürdiger, namentlich auch fragelustiger Rechtsanwalt, Excellenz Roeder, Küchenstolz und Küchen-Ehrgeiz (den ich mehr gelten lasse als manchen andern) und ganz zuletzt die büßenden Magdalenen: die germanische Cantorstochter und die Orientalin aus dem Hause Eberty. Wenn ich etwas vermisse, so ist es »er«, der Mann des Piusordens, der kleinen Teichbaude, des großen Portemonnaies. Ich möchte mit ihm nicht leben, aber von seinen Erlebnissen zu hören, ist immer interessant; er schlägt alle aus dem Felde, auch die originelle Excellenz, die alles sagen darf und auch Gebrauch davon macht. Wie kommen denn Czartoriskis nach Ruhberg? Wahrscheinlich eine

Verschwägerung mit den Radziwills. Sie müssen aber doch immer noch sehr reich sein, so viel ihnen die 3 Revolutionen von 30, 46 und 62 auch gekostet haben. Die Geschichte der Quirler Cantorstochter quirlt mir noch zu sehr durcheinander, ich kann noch keinen festen Boden finden; ich dachte »Mesalliance«, aber nun lese ich von lieben »unehelichen Kindern«, worauf auch die Haltung des verknotigten Rechtsanwalts hindeutet, er würde sonst seine Daumschrauben wohl etwas vorsichtiger ansetzen. Und weshalb Trennung? muß für legitimen Nachwuchs gesorgt werden? oder Untreue? Und wenn Untreue, von wem, von ihm oder von ihr oder von beiden? Letztres wohl das Wahrscheinlichste. O dies Quirl! Erst der demokrat. Schulmeister dessen Namen ich vergessen habe (Wander?), dann Bergel, dazwischen die Cantorstochter; und Bagg ist am Ende auch ein Quirlianer.

Einen Eindruck hat es auf mich gemacht, daß Ihr Freund Dove nach München gegangen ist. Ich kann ihm nur dazu gratulieren. Der Kaiser hat den Zeitungsleuten zwar kein gutes Zeugniß ausgestellt, aber das ändert an der Thatsache nichts, daß eine gutbesoldete Stellung an einer großen und einflußreichen Zeitung etwas höchst Begehrenswerthes ist. Jeden Tag in wichtigen Fragen sich aussprechen und Tausende belehren und herüberziehn oder in ihren Anschauungen kräftigen zu können, Zustimmung finden, beleben, erheitern, – das alles ist eine sehr schöne, herzerquickende Sache, viel mehr als Vorlesungen halten, die von den Kollegen bekrittelt, oder Bücher schreiben, die streng rezensirt und schlecht bezahlt werden. Wenn ich z. B., auf blos literarischem Gebiet, eine Stellung wie die von P. Schlenther sehe; es mag in Deutschland drei oder vier Literaturprofessoren geben, die angesehner, einflußreicher und besser bezahlt dastehen, jedenfalls sind es wenige; die Mehrzahl steht an Einfluß und Lebensfreude weit hinter Schlenther zurück, der gerade, durch seine Stellung, ein höchst interessantes großstädtisches Leben führt. – Seit Kurzem – sonderbar bei meinen hohen Semestern – fange ich überhaupt wieder an, auf das großstädtische Leben und den eignen Reiz, den es äußert, Gewicht zu legen. Nicht als ob ich dies Leben direkt mitleben möchte, das geht nicht, das widerstreitet meinem Können und meinem Geschmack, aber dies Leben wie aus einer Theaterloge mit *ankucken* zu können, das hat doch wirklich was für sich. Daß ich dies jetzt wieder stärker empfinde, hängt wohl damit zusammen, daß das Leben unter unsrem jungen Kaiser doch viel bunter, inhaltreicher, interessanter geworden ist. Immer ist etwas los. – Gestern wurde Menzel 75; wir waren da und über alles Erwarten hinaus vergnügt. 1000 Grüße u. Empfehlungen. Wie immer Ihr

Th. Fontane.

(*142*)   *Berlin* 8. Januar 91.
                                        Potsd. Str. 134.c.

Hochgeehrter Herr.

Herzlichen Dank für Ihre Glückwünsche und all das andre Freundliche und Interessante, was die Glückwünsche begleitete. Drei Perlen sind gewiß da: der Marinelli-Nachfolger mit Schlagring und Revolver, der alte Sturm mit dem leeren Papageikäfig und dem Finderbelohnungszettel und – Neuhoff. Wem der Preis gebührt, ist schwer zu sagen; aktuell in erster Reihe der Schlagringmann, poetisch-grotesk der alte Sammler, politisch Neuhoff mit seinem Wunsche »der gebornen v. Puttkamer ihren Standpunkt noch einmal klar zu machen«. Wahrscheinlich steht das Schlußstück an Interesse doch oben an; man lernt nicht aus. Und das alles an einer Stelle, wo, neben hoher Geburt, auch Bildung, gute Sitte, Zuverlässigkeit und selbst Wohlwollen zu

Hause sind. Aber ich darf mich nicht wundern, wenn ich an das zurückdenke, was Prinz Friedrich Karl mitunter über die besten Menschen sagte, blos weil ihr Ruhm oder ihre Zurückhaltung ihn verdroß. Es lebt sich doch in jener Mittelschicht, in der der Gentleman nicht blos gespielt, sondern zur Wahrheit gemacht wird, am besten. Wenn wir uns wiedersehn, liegen ungewöhnlich viel neue Themata vor. Daß Dove nach München gegangen ist, hat mich auch aufrichtig gefreut; *er* hat was von der Publizistik und die Publizistik hat was von *ihm*. Stehen erst an der Spitze jeder großen Zeitung Männer von so viel Wissen und geachteter gesellschaftlicher Stellung, so wird auch das ewige Gerede von den »catilinarischen Existenzen« und den »Hungerkandidaten« aufhören. Daß die Münchener Allg. Ztg. etwas stark bismarckfreundlich auftritt und fast mit den Hamburger Nachrichten wetteifert, schadet nicht viel, denn ohne gegenwärtig von Preßbedrückung reden zu wollen, scheint mir's doch, als bliebe in unsren preußischen Zeitungen vieles ungesagt, was gesagt werden müßte. Daß da Plätze vorhanden sind, wo solche ängstlichen Rücksichtnahmen fortfallen, ist ein wahres Glück.

Am nächsten Sonntag wird die »Freie Bühne« wieder ein Lebenszeichen geben und ein neues Stück von Gerh. Hauptmann bringen »Einsame Menschen«. Wenn es nicht *zu* kalt ist, will ich hingehn. Die ganze realistische Bewegung ist in ein Ebben gekommen, was auch nichts schadet, ihr Einfluß ist doch *sehr* groß gewesen und wenn sie den Geschmack des Publikums auch den Neuproduktionen nicht recht zuwenden konnte, so hat sie den Geschmack dem Alten, Abgestandenen, Phrasenhaften doch abgewendet, und auch *das* schon ist eine That.

Ich gebe gleichzeitig mit diesen Zeilen ein Exemplar von »Quitt« zur Post; sollte was dazwischen kommen, so jedenfalls morgen. Schlenther hat sehr hübsch darüber geschrie-

ben, sonst habe ich noch nicht recht was gelesen, was
übrigens auf den Verkauf des Buchs kaum einen Einfluß
hat. Ueber Julius Wolff wurde beinah nie geschrieben und
wenn doch, so meist tadelnd; trotzdem verkauften sich
40,000 Exemplare wie die warmen Semmeln. Lindau geht
nach Nord-Amerika, wie es heißt als »Reklame-Novellist«
um, durch seine Schilderungen der nördlichen Pacific-
Bahn, diese Bahn vor dem drohenden Concurs zu bewahren. Ich beneide ihn nicht drum. In vorzügl. Ergebenheit,
unter herzlichen Grüßen und Empfehlungen,

Ihr

Th. Fontane.

(143)   *Berlin* 19. Januar 91.
Potsd. Str. 134.c.

Hochgeehrter Herr.

Ihre Karte von der Heinrichsbaude, mit dem Mittagsstein als schwarzen Klex in der rechten Ecke, hat uns sehr
erfreut, mit einem kleinen Beisatz von Neid. So was können wir uns hier nicht leisten und wenn wir 10 mal um die
Müggelberge herumfahren; an *solchen* Tagen heißt es 3 mal:
vivat Schmiedeberg pereat die Geheimeratherei.

Unter besten Grüßen und Empfehlungen, auch Dank an
die beiden Herrn Mitunterzeichner,

Ihr

Th. Fontane.

(144) Berlin 22. Januar 91.
Potsd. Str. 134.c.

Hochgeehrter Herr.

Schönsten Dank für Ihren lieben Brief. Ich bin recht un-
wohl (aufgehäufte Erkältung) und kann nicht schreiben. So
nur das Nöthigste.

Die Blätter von 473 bis 502 sind aus einem eben erschienenen Lübkeschen Buche herausgeschnitten; das Buch enthält »Gesammeltes« darunter auch Lübkesche Kritiken
über meine Schreibereien. Das kl. »*Bär*« Gedicht gleich zu
Anfang ist nicht von Paul Heyse sondern von Rudolf Lö-
wenstein.

Ich glaube – wenn ich mir als alter Biograph diesen Rath
erlauben darf – es ist das Beste und sicherlich das wenigst
Anstrengende für Sie, Sie nehmen den Conversat: Lexikon-
Artikel als Faden und reihen, wo es passend scheint, an den
Faden Einiges an. Dazu empfiehlt sich am Besten »Kriegsgefangen«, dann die zwei Vorreden zum 1. Bande (Ruppin)
der »Wanderungen« und das Schlußwort im 4. Bande. Werfen Sie dann noch einen Blick auf »Vor dem Sturm« und
einige Gedichte: Der alte Zieten, Archibald Douglas, Kaiser Friedrich, so haben Sie über und über genug.

Ihr

Th. F.

[Eingelegtes Blatt]

Englisches

1. Ein Sommer in London.
2. Studien über englische Kunst, Presse, Theater.
3. Jenseit des Tweed.
4. Englisch-schottische Balladen.

Militärisches
1. Krieg gegen Dänemark 64.
2. Krieg gegen Oestreich 66.
3. Krieg gegen Frankreich 70/71.
4. Kriegsgefangen.
5. Aus den Tagen der Okkupation.

Wanderungen
1. Ruppin. 2. Oderland, 3. Havelland.
4. Spreeland. 5. Fünf Schlösser.

Gedichte.
Romane.

(145)   *Berlin* 5. Febr. 91.
                                          Potsd. Str. 134.c.

Hochgeehrter Herr.

Mein herzlicher Dank für Karte und Brief soll doch nicht
länger hinausgeschoben werden. Die östreichische Kunst,
so weit sie auf einer Postkarte zum Ausdruck kommen
kann, ist der k.preußischen überlegen. Diese kleine Zeichnung wirkt erheiternd und einladend, während die Hein-
richsbauden-Photographie mit dem schwarzen Klex in der
Ecke (Mittagsstein) einen langweiligen Eindruck macht.
Wahrscheinlich ist auch das Leben auf den Grenzbauden viel
unterhaltlicher; nur hat das Oestreichische – ich denke dabei an die Riesenbaude – so leicht einen Beigeschmack von
Bumms. Und das stört wieder. Ich freue mich immer, daß
Sie mit ungeschwächter Freude all das genießen, was Ihnen
die so bevorzugte Oertlichkeit bietet. Es scheint das so natürlich und ist es doch keineswegs; das Natürliche ist umgekehrt, leicht gleichgültig gegen das Tagtägliche zu werden
und wenn es das Schönste ist. So fällt denn das Verdienst all

196

der Freuden, die Sie sich und Andern machen, auf Sie. Ich jedenfalls könnte es Ihnen nicht nachmachen, auch wenn ich mich von 70 auf 50 zurückversetzen könnte. Meine Frau grüßt schönstens; die Tochter ist seit 5 Wochen in Bonn. Empfehlen Sie mich Frau Gemahlin. In vorzüglicher Ergebenheit

Th. Fontane.

Sollte Herr v. Holleben unsren Freund v. Grävenitz jun. vor Augen gehabt haben?

(146)   *Berlin* 25. Febr. 91.
                                             Potsd. Str. 134.c.
Hochgeehrter Herr.

Haben Sie Dank für Ihren lieben und ausführlichen Brief, der meiner Frau und mir (die Tochter ist immer noch in Bonn, wo sie letzten Sonnabend mit Dove in einer Gesellschaft zusammentraf) wie immer eine große Freude war. Moderne Briefe sind meist inhaltsleer, die Ihrigen enthalten, von der Lebendigkeit der Darstellung ganz abgesehn, immer einen Reichthum an Stoff. Daß der Vortrag gut verlaufen würde, wußte ich; Sie haben die Gabe, dergleichen appetitlich zurecht zu machen. Die getroffene Auswahl unter den Gedichten konnte nicht besser sein. – Ganz besonders interessiren mich immer die Mittheilungen aus dem High-Life; Geschichten aus dem Gebirge, vom Sterbebette wunderlicher Heiligen, die ihren armen Krimskrams vermachen oder auch nicht vermachen, sind ja eigentlich auf novellistischen Effekt angesehn, viel pikanter, aber bei allem Respekt vor dem »Genre«, *das* was »Historie« ist oder doch daran streift, geht mir, bei meiner Organisation, immer tiefer ins Blut. Alles was der Zeitgeschichte dient und zugleich Aufschluß über wirkliche oder prätendirte »höhere Menschenseelen« giebt, hat einen ganz besonderen Reiz für mich. Eine sehr gute Geschichte, deren Mittelpunkt Exner ist, ist mir nicht halb so interessant wie eine Geschichte aus Neuhof, wenn sie auch als Geschichte niedriger steht. Vielleicht spricht sich eine Vorliebe für das Aristokratische darin aus und läge dann alles lediglich nach der aesthetischen Seite hin, ich glaube aber daß diese Vorliebe für das Feinere nur so nebenher läuft, die Hauptsache ist doch, daß das aristokratische Thun und Gebahren auch eine praktisch politische Bedeutung hat, in den Gang der Dinge eingreift. Ob dumm oder nicht dumm, die hohe Lebensstellung sorgt dafür, daß es eine gewisse Bedeutung hat.

Auch die Mittheilungen über Bergel haben mich wieder sehr interessirt ich würde sein Thun ganz famos finden (denn in der Sache wird er wohl Recht haben) wenn es nicht, in Rücksicht auf seine Lebensstellung, doch alles unklug und querköpfig wäre. Er müßte eine Tochter von Silberstein oder auch von Matuschka heirathen oder sich von Richter adoptiren lassen, dann wäre alles in Ordnung. – Heute früh brachte die Vossin Ihren Aufsatz. Sehr gut, sehr nett, auch besonders *darin*, daß Sie die eigentliche Hörnerschlittenfahrt, über die man neuerdings so mancherlei gelesen, auf ein Minimum beschränkt und die Winterlandparthie zur Hauptsache gemacht haben. Alle die Krummhübel etc. kennen, werden Ihnen dankbar sein. – In der Knorpelgeschichte scheint mir der Heinrichsbaudenwirth Recht zu haben; Kalbsbrust ist immer Knorpel. – Die Krone des Briefes bleibt die Bemerkung des Fürsten über den alten Graevenitz. In solchen Stücken ist der Fürst groß und intuitiv. Natürlich liegt es so. Wer so sentimental war wie der alte G., muß nothwendig vorher irgendwo gemogelt haben. Ihr

Th. Fontane.

Berlin 3. Mai 91.
Potsd. Str. 134.c.

Hochgeehrter Herr.

Es war mir eine große Freude mal wieder von Ihnen zu
hören und im Ganzen nichts Schlimmes, denn die Kur in
Breslau will mir nicht als etwas Schlimmes erscheinen und
auch nicht die Thatsache, daß sie nöthig war. Jeder moderne Mensch ist aufgeregt und als ein Hauptbeweis, daß
ich einer andern Zeit angehöre, gilt mir immer das, daß ich
die Aufregungen, die jetzt die eigentlichste Influenza bilden, so gut wie gar nicht kenne. Ein Glück, daß Sie nicht
nach Baiern gingen, um sich dort so oder so kuriren zu
lassen; ich halte gar nichts davon. Veränderte Lebensver-
hältnisse, dazu die Herrscher- und Siegesmiene des Arztes,
schaffen natürlich eine Wirkung, alles mag auch gut und
rationell sein und nicht unter die Anklage des Schröpfen-
wollens kommen, – das letzte Resultat ist immer gering. Zu
den Nervenkuren habe ich noch weniger Fiducit als zu den
Lungenkuren.

Seit 3 Tagen ist ja nun Sommer und man darf sich mit
Sommerplänen tragen. Anfang Juni wollen wir, meine Frau
und ich, wieder nach Kissingen, dann von Anfang Juli bis
Anfang August hier still sitzen und dann wieder ins Gebirge
gehn, am liebsten an die alte Stelle. Kommt es noch dazu
und ist das Wetter nicht zu schlecht, so will ich diesmal
mehr steigen als früher; schade, daß man immer an der
entsetzlichen Schlingelbaude vorüber muß. Meine Tochter
hat vor bis in den Herbst hinein in Pommern, in Nähe von
Stralsund, zu bleiben, wo sie sich schon seit Ende März
aufhält; sie erhofft davon Genesung, ich glaube nicht
dran.

Der Schillerpreis ist ein großes Kapitel. Sicher sind mir
nur die 3000 Mark, alles andre ist so so. Die Presse hat mich
mit sichtlichem Wohlwollen behandelt und ich bin den be-

treffenden Personen dankbar dafür, denn sie hätten mir
auch Sottisen sagen können; so zweifelsohne ist niemand,
daß man ihm nicht seine Dämlichkeit auf irgend was hin
beweisen könnte. Also nochmals, ich bin dankbar, daß mir
direkte Kränkungen erspart geblieben sind. Dennoch hat
mich die ganze Tonart deprimirt. Ich bin wie ein »alter
braver Mann« behandelt worden mit dem man es »gut
meint« und der auch so seine kleinen, etwas antiquirten
Verdienste hat. Von einem warmen Wort »ja, *das* kann er«
(und nun irgend was nennen) keine Rede. Durchschnitt,
Mittelgut. Und das ist mir doch zu wenig. Aber glauben Sie
nicht, daß diese Wahrnehmung mich unglücklich macht;
ich sehe nur wie's liegt und daß es etwas schlechter liegt, als
ich dachte. Tausend Grüße Ihnen und Ihren Damen.

Ihr

Th. F.

(148)   *Berlin* 27. Mai 91.
                                                Potsd. Str. 134.c.

Hochgeehrter Herr.

Herzlichen Dank für Ihren lieben Brief; schon das Couvert mit seinen buntfarbigen Pritzelchen in Grau regte mich
an und der Inhalt natürlich erst recht. Dagmar und der
Bräutigam »der seinerseits über den Namen Lothar gebietet« (wundervoll glückliche Wendung) haben mich erheitert und erfreut, denn Sie haben, im Ganzen genommen, ja
nur Gutes über Beide zu melden, trotzdem wirken Beide
wie eine voraufgeschickte Illustration zu dem späteren Ausspruch »die Welt war nie so arm an Idealen«. Diese Anschauung beherrscht mich seit Jahr und Tag und jeder Tag
bringt neue Belege und steigert mein Unbehagen bis zur
Angst. Dabei muß ich bemerken, daß ich nie zu den Lob-
rednern des Vergangenen gehört habe, auch jetzt noch nicht

gehöre. Die Zeit, in die meine Jugend fiel, Ende der 30er Jahre, war auch schrecklich, in vielen Stücken, so in allem was Erscheinung angeht, schrecklicher als jetzt; die »Ruppigkeit« von damals ist überwunden (leider noch immer nicht genug) – aber so sehr ich diesen Fortschritt anerkenne, so sehr er mich geradezu beglückt, so gewiß ist er auf halbem Wege stecken geblieben, auf der Station »Aeußerlichkeit«. Alles dient dem Aeußerlichen; auf den ersten Ruck ist dadurch 'was gewonnen, die Sinne werden befriedigter, aber so wie man ein bischen schärfer zusieht, nimmt man eine Aeußerlichkeitsherrschaft wahr, die mit einer gewissen Verrohung Hand in Hand geht. Die ganze Welt, man könnte beinah sagen die Sozialdemokratie mit eingerechnet, hat sich durch gesteigerten Besitz und durch gesteigerte Lebensansprüche bis zu einer gewissen *Bourgeois*höhe, vielfach von greulichstem Protzenthum begleitet, entwickelt, aber von der Bewältigung der zweiten Hälfte des Weges, von der Entwicklung bis zur Aristokratie, der echten natürlich, wo das Geld wieder anfängt ganz andren Zwecken zu dienen als dem Bier- und Beefsteaks-Consum, – von dieser Entwicklung unsrer Zustände sind wir weiter ab denn je, weiter als in jenen Armuthszeiten unter Fr. W. III., wo es Tausende von höchst erfreulichen Einzelerscheinungen namentlich im Adel, im Professorenthum und unter den Geistlichen gab, Einzelerscheinungen, die derart kaum noch vorkommen. Was ein Mann wie Krupp thut, vielleicht großartig in seiner Art, ist doch etwas ganz andres und wurzelt verstandesmäßig in sozialer Frage, nicht in einem schönen Herzen und liebevoller Menschlichkeit.

Ich habe dies weiter ausgeführt, als man in einem Briefe wohl eigentlich soll, aber es ist die eigentlich »große Frage«, in der die andern großen Fragen erst drin stecken. Natürlich kann man eine höhere Idealität der Gemüther ebensowenig wieder herbeizaubern wie die »Religiosität«, die der gute alte Wilhelm seinem Volke wiedergeben wollte, dazu gehören andre Nummern wie Stöcker, aber wenn man auch mit Predigten und Reskripten der Sache nicht beikommen kann, so ist doch, glaub ich, schon viel gewonnen, wenn die moderne Menschheit zur Einsicht der Sachlage kommt, wenn sie sich im Spiegel sieht und einen Schreck kriegt. Und ein bischen davon, wenn mich nicht alles täuscht, ist schon da.

Schade, daß die Stahlquelle nicht bei der Anna-Kapelle springt; aber »Schlingelbaude«, das will mir nicht eingehn, abgesehn von dem langen, arroganten Schlaaks, der jetzt dort oben sein Wesen treibt.

Der »Karolinger«-Zug ist wirklich halb durchgefallen. Beinah freue ich mich darüber, wie ich mich nach gerade über alles freue, was unsren Leuten hier beibringt: die ganze gepriesene Herrlichkeit lasse furchtbar viel zu wünschen. Nicht blos in Berlin, im Preußenthum überhaupt steckt der Glaube, daß es mit uns ganz was Besondres sei; aber vorläufig ist noch das Gegentheil richtig, in allem stehen wir in 2. und mitunter auch erst in 3. und 4. Linie. Zweierlei haben wir, die Volksschule (Bergel) und die Armee, worin wir wahrscheinlich Nummer 1 sind, aber doch auch nicht in dem Grade, wie wir's uns einbilden. Man braucht sich nur die Musketiere, die als Leutnantsburschen die Straßen unsicher machen, anzusehn, um über die Vorstellung einer Superiorität zu lachen. Alles ist durchschnittsmäßig, oft auch *das* kaum, und nur dann und wann ereignet es sich, daß das Durchschnittsmäßige, weil es glänzend dirigirt wird (Generalstab und zum Theil auch Offizierkorps) über sich selbst hinauswächst. Herrschaft des Geistes über die grobe Masse. Von diesen zwei Dingen aber abgesehn, hapert es überall und die Redensart von der »deutschen Wissenschaft« kann ich gar nicht mehr hören. Unsre Bücher, und nicht zum wenigsten die wissenschaftlichen, sind schlechter, als die der andern Culturvölker. Literatur und Kunst höchst fragwürdig, – das »Berliner Haus« ein Monstrum. Und nun genug oder schon zu viel. In vorzügl. Ergebenheit

Th. Fontane.

Eins muß ich doch noch hinzufügen: der neue Reichsgerichtsrath! Seitdem Grävenitz es war, läßt sich nichts mehr sagen. Er war doch noch ganz die alte Zeit, von ihrer fraglichen Seite, mit dem *Anspruch* der »Idealität« und eigentlich blos biedermännischer Pfiffikus.

(*149*)   *Kissingen* 23. Juni 91.

Hochgeehrter Herr.

Ihr letzter lieber Brief vom 3., an welchem Tage wir Berlin verließen, war der erste Brief, den ich, nachgeschickt, hier empfing; seien Sie schönstens bedankt dafür, für die Allgemeinbetrachtungen, für das Reichsgerichtsräthliche (vordem Präsidentliche) für das Reußische und für das Richtersche sammt Annex im Schmiedeberger Gefängniß. Den Vogel schießt diesmal der neugebackene Reichsgerichtsrath ab. Das muß ja ein furchtbarer Kerl sein und das Herz dreht sich mir im Leibe um, wenn ich solchen Fatzke in höchste Reichs- und Richterstellen einrücken sehe. Sie schreiben »er sei ein Freund von Bosse«, wodurch die Sache leider nicht besser sondern schlimmer wird. Bosse gilt für eine Glanznummer und ist es glaub ich wirklich; trifft dies nun zu, so kann er sich doch ganz unmöglich einen ganz unbedeutenden Menschen zum Freunde ausgesucht haben und wir kämen dadurch in die furchtbare Lage annehmen zu müssen, daß der aus Hirschberg Weggefeierte verhältnißmäßig noch den Kirchenlichtern im preußischen resp. deutschen Staatsleben zuzurechnen sei. Man soll jemanden nicht auf ein Wort hin festnageln, leider aber scheint der in Rede stehende Herr viele tolle Worte bei immer neuen Gelegenheiten gesagt zu haben und auf diese Rückfälligkeit hin muß ich das große Wort gelassen aussprechen: den in Sicht stehenden Präsidenten eines Gerichtshofes einem Bataillonskommandeur zu »geneigtem Wohlwollen« zu empfehlen, ist schusterhaft. Ich würde mich über das haarsträubend Dämliche was darin liegt, noch viel mehr ärgern und nichts Gutes für die Zukunft daraus herauslesen, wenn es mir nicht immer klarer und gewisser würde, daß Oxenstjerna mit seinem berühmten Satze vollkommen Recht gehabt hat. Bismarcks Regiment, eine Genialitäts-Episode, hat uns daran gewöhnt an oberster Stelle mit dem Ausnahmefall zu rechnen, diesen als Regel zu nehmen, die Regel ist aber die Mittelmäßigkeit, die geistige und die moralische Dürftigkeit, an andern Orten wahrscheinlich noch mehr als bei uns und das muß unser Trost sein. Unter Blinden ist der Einäugige König. Und so müssen wir uns drein finden, daß wir unsren Bataillonskommandeuren im grünen und blauen Rock zu Gnaden empfohlen werden. Sehen Sie sich die französischen Kriegsministerialgeschichten (Triponé etc.) an, die Vorgänge in Holland und Belgien, den Baccarat-Skandal in England, die Rohheiten in Nordamerika, die stupenden Schweinereien in Rußland, so athmet man, menschlich deprimirt, vom nationalen Standpunkt aus doch wieder auf und tröstet sich damit, noch lange nicht der schlechteste Schüler in der Klasse zu sein. Unsrem Gebahren haftet nur so sehr oft was Ruppiges an und dies Ruppige wird Ursach, daß wir uns über den kleinen Stil unsrer Gebrechen aesthetisch mehr ärgern, als über die größren, aber forscheren Gebrechen der Andern. Empfehlen Sie mich Ihren Damen. Wie immer Ihr   Th. Fontane.

Berlin 18. Juli 91.
                                                   Potsd. Str. 134.c.

Hochgeehrter Herr.

Ihr Brief war mir eine große Freude u. Erheiterung; natürlich Heinrich I. von Arnsdorf bleibt König, alle andren Heinriche versinken neben ihm. Dabei immer Glückskind, gleichviel ob es sich um einen echten Capo di Monte-Humpen oder um einen unechten »Illegitimen« eigner Fabrik handelt. Wunderbar, nicht mal die Illegitimität zuverlässig. Was ich immer gesagt habe, bleibt: er ist die interessanteste vielleicht auch die klügste Figur der ganzen Gegend, der Pferdejude zum Humoristen und Genie entwickelt. Ihre Mittheilungen über ihn sind mir immer ein vollständiger Genuß; die Scene bei Uhl ist übrigens mehr ein Dickenssches Kapitel, als ein Lustspielakt; auf der Bühne lassen sich die Finessen, die hier die Hauptsache sind, nicht 'rausbringen.

Mit meiner Reise ins Gebirge bez. mit einem Aufenthalt auf der Brotbaude kann es nichts werden, so sehr ich diesen Fleck Erde auch liebe, mehr als irgend einen, den ich kenne. Daß es in diesem Jahre nicht geht, hängt so zusammen: meine Tochter ist auf einem Gut bei Stralsund und bleibt dort bis über Mitte Oktober, während meine Frau erklärt, bei aller Würdigung der schönen Natur, doch die Blasiusse, die dort oben beständig zu Hause sind, nicht ertragen zu können. Ich muß dies gelten lassen; im vorigen Jahre haben Frau u. Tochter 4 Wochen lang Nachts keine zwei Stunden geschlafen, die Tochter nicht, wegen ihrer nervösen Angstzustände, die Frau nicht, wegen der ewigen Stürme. So müßte ich denn dort oben allein sitzen oder (noch schrecklicher) in Gesellschaft eines dorthin verschlagenen großmäuligen oder vergrätzten Berliners oder gar einer knausrigen und wichtigthuerischen Berlinerin. Unter diesen Umständen habe ich die Brotbaude, sehr zu meinem Schmerz, aufgeben müssen und werde – weil mir all die andern Plätze: Wernigerode, Thale, Harzburg, Ilmenau, Friedrichsroda nach gerade *zu* langweilig geworden sind – höchst wahrscheinlich Ihren Spuren folgen und auf Föhr oder Sylt oder Helgoland mein Heil versuchen. Ich kriege dann doch ein bischen was Neues zu sehn. Ihrer werd ich leider nur auf ganz kurze Zeit froh werden können, da ich schwerlich früher als in der ersten Augustwoche hier fort kann; ich habe nämlich literarisch noch allerhand zu thun und was noch schwerer ins Gewicht fällt, bin vorläufig mit einer fatalen Ischias behaftet, die erst beseitigt sein muß, wenn überhaupt von reisen die Rede sein soll. Wird noch was daraus, so würde ich die Landtour wählen (ich glaube bis Tondern) und dann, von Föhr aus, Ausflüge nach den berühmten Nachbarinseln machen, oder vielleicht auch nicht, denn man wird immer gleichgültiger. Was meinen Sie zu diesem Plan? Schade, daß man nicht in dem entzükkenden Hamburg ein paar Tage zusammen sein kann. Bergels Mitdabeisein hat mich sehr gefreut, auch Frau v. M[ünchhausen]'s tapfres Einspringen. Empfehlen Sie mich Ihren Damen und haben Sie alle frohe, glückliche Tage. Wie immer Ihr   Th. Fontane.

(*151*)   *Berlin* 23. Juli 91.
                                        Potsd. Str. 134.c.

Hochgeehrter Herr.

Seien Sie schönstens für Ihren liebenswürdigen Brief bedankt, der mir goldene Brücken baut. Ein Schlachtplan wie von Moltke, drei Marschlinien zur Auswahl und doch alles klar und bestimmt; die Ausführung ist Kinderspiel. Und daß Sie nun Ihre Wyker Tage verlängern wollen, wie beschämend gütig gegen mich.

Ich werde wahrscheinlich heut über 14 Tage von hier ab-
dampfen und nach einem 1 tägigen Aufenthalt in Hamburg, am Sonnabend zu noch näher anzugebender Stunde
in Wyk eintreffen. Ich freue mich sehr darauf oder doch so,
wie ich's noch aufbringen kann, denn der Gefühlsapparat
arbeitet immer schlechter. Außer der Freude Sie alle dort zu
finden, giebt mir auch das einen kleinen Belebungspuff,
daß ich nach einer ganzen Reihe von Jahren mal wieder was
andres zu sehn kriege. Schon Föhr selbst ist mir eine Neuig-
keit, aber auch Helgoland und Sylt, die doch wohl ohne *zu*
viel Seekrankheit zu erreichen sein werden, kommen als
gesteigerter Stimulus in Betracht. Von dem Hamburger
Freihafen rede ich gar nicht erst. Man weiß ja nie wie's
abläuft, aber nach einer bestimmten Seite hin ist es *die* Gegend, die mir immer am meisten Freude macht, weil sie
mich patriotisch am meisten erhebt. Es ist eben die Wiege
jenes Angelsachsenthums, dem die moderne Welt entspros-
sen ist und das der regierende Faktor darin ist und ein
bischen davon fühlt man dem ganzen Lande ab, wenn
man's auch blos in der Eisenbahn durchfliegt. Hamburg, in
seiner das aesthetische Gefühl befriedigenden *Erscheinung*
ist vielleicht allen andern modernen Handelsstädten überlegen, selbst London nicht ausgenommen. – Dieser Brief
sollte Ihnen nur meinen Dank aussprechen; in 8 oder 10 Tagen schreibe ich wieder und melde mich für einen bestimmten Tag an; können Sie eine kl. Wohnung für mich
miethen, so bin ich Ihnen auch dafür verpflichtet, wo nicht,
so krieche ich zunächst in einem Hôtel unter. Empfehlen
Sie mich angelegentlichst Ihren Damen, schönste Grüße
Bergel und den Kindern. In vorzügl. Ergebenheit

Th. Fontane.

Die Tour nach Helgoland, wenn Sie nicht schon da waren,
können wir vielleicht zusammen machen; ich will dort

Heinrich Gaetke den »Inselkönig« besuchen, den ich in
circa 60 Jahren nicht gesehn habe.

Th. F.

(152) *Berlin* 29. Juli 91.
Potsd. Str. 134.c.

Hochgeehrter Herr.

Herzlichen Dank, daß Sie so liebenswürdig für mich sorgen.

Ich denke nun also, gestützt auf Ihre gütigen Mittheilungen es so zu machen:

Donnerstag d. 6. Abends hier fort, so daß ich ungefähr
10 ½ in Hamburg bin;

Freitag d. 7. in Hamburg: die Rundfahrt die Sie mir in
Ihrem ersten Briefe gütigst beschrieben; dann am Nachmittag u. Abend Flaniren in der Stadt.

Sonnabend früh um 6 ¾ ab von Hamburg, um 12 in Niebüll, um etwa 2 in Dagebüll, ab um 2.30 und Ankunft in
Wyk um 3.30.

Im Laufe der Wochen möchte ich dann von Föhr aus erst
einen Abstecher nach Helgoland, dann nach Sylt machen.
Der erstre (Helgoland) ist wohl etwas strapaziös, da ich
Seekrankheit nicht liebe, trotzdem sie gesund sein soll, ich
will es aber doch wagen, wenn es nicht zu viele Stunden
dauert.

Ich freue mich sehr auf die Plaudertage mit Ihnen und den
Ihrigen; ohne solche geistige Zuspeise will es mir in Sommerfrischen etc. nicht mehr recht gefallen. Früher, wenn
ich mich deprimirt fühlte, hatte ich das rettende Hochgefühl: »ja, Du siehst und erlebst aber was, nimmst Bilder mit
heim, die Du so oder so verwerthen kannst«. Jetzt hat das
naturgemäß aufgehört, – ich kann kaum noch in die Lage
irgend welcher »Verwerthung« kommen und habe an der

bloßen Erscheinung der Dinge nicht mehr genug. – Ich bin überrascht, daß Föhr so viele Ortschaften hat. Die Grabschrift für Dirk Cramers hat mich sehr interessirt, neben andrem auch dadurch, daß ich aufs Neue sehe, wie jede Zeit ihren bestimmten Ton und Ausdruck hat, so daß es mit dem »Individuellen« immer stark hapert. Tausende von Pastoren haben im Laufe des vorigen Jahrhunderts von Kurland bis Holland im ganzen protestantischen Norden solche Grabschriften angefertigt; in meinen »Wanderungen« kommen etliche vor. Immer ein paar Heroën, – der Rest besteht aus Hämmeln die nachspringen. – Ich schreibe in der nächsten Woche noch mal. Herzlichste Grüße und Empfehlungen von Ihrem ergebensten

Th. Fontane.

(153)   *Berlin* 4. Aug. 91.
Potsd. Str. 134.c.

Hochgeehrter Herr.

Donnerstag Abend will ich nun also wirklich fort und hoffe Sonnabend Nachmittag Sie und die Ihrigen auf Foehrer Inselgrund begrüßen zu können, wenn Sie nicht gar nach Dagebüll herüberkommen. Kommt etwas dazwischen, so schreibe ich noch eine Karte oder telegraphire. Haben Sie eine Wohnung für mich gemiethet, so im Voraus herzlichen Dank; wenn nicht, wird mir Ihre Güte schon dazu verhelfen. Unter Grüßen und Empfehlungen in vorzüglicher Ergebenheit

Th. Fontane.

Hochverehrter Herr,
Liebenswürdigste Damen.

Die Cobra tutet und setzt sich in Bewegung und in mäßigem Abstande folgen ihr diese Zeilen mit meinen nochmaligen herzlichsten Danksagungen. Was wäre Wyk für mich gewesen ohne die Friedländersche Gesammtheit? Eine sturmgepeitschte Stätte mit Erinnerungen an Schiffbruch und Seeräuberthum und selbst die »Ziffer« wäre zur Null geworden.

Neben herzlichem Danke schwellt mir Theilnahme mit unsrem 4 nächtig Nicht-Geschlafenen die Brust. Ich hoffe, daß es auch ohne Chloral geht und während andre anderweitig ihren Tribut zollen, Morpheus seinem Creditor seine Schuld zahlt. Schon in Heinrich IV. kommt eine schöne Stelle vor (die schönste) wo der König von dem Matrosen spricht, der oben auf der Raae mitten im Sturme schläft. Was der auf der Raae konnte, möge Ihnen auf Deck mit einem Plaid unterm Kopf beschieden sein. Gewinnen Sie alle glücklich den Hafen, erst den Hamburger, dann den Schmiedeberger und gedenken Sie freundlich der Föhrer Tage wie Ihres ganz ergebensten

Th. Fontane.

Hochgeehrter Herr.

Seit Sonnabend auf Sonntag bin ich glücklich wieder im Nest. Aber Sie? Ein paar Zeilen, die ich schrieb als die Cobra noch in Sicht lag, sollten Sie in Schmiedeberg begrüßen; ich fürchte aber fast, daß die Zeilen nicht angekommen sind oder Sie wurden krank unterwegs. Oder hat

Berlin Sie schließlich bezwungen und müssen (oder mußten) Sie den ganzen Cursus der Ausstellung durchschma-
rutzen? Mit besten Wünschen für Ihrer aller Wohl in
vorzügl. Ergebenheit

Th. Fontane.

(156) *Berlin* 4. Sept. 91.
Potsd. Str. 134.c.

Hochgeehrter Herr.

Wie das immer ist, heute traf nun Ihr lieber Brief ein und
meine Zeilen von vorgestern schweben ridikül und wich-
tigthuerisch in der Luft. Ich kann mir aber doch keinen
Vorwurf machen, – von 2 Uebeln wähle das kleinere. Ihnen
für die Wyker Tage zu danken, war ganz unerläßlich und
wenn mein Brief verloren gegangen war, so war ich mit
diesem Dank in Ihrer Schuld. Nun ist alles in Ordnung.

Ich bin hoch erfreut, daß das Wagniß mit der Cobra so
gut gelang; nun hat doch die Reise wieder einen guten Abschluß gefunden und die Tage mit Zahnweh und Schlaflosigkeit sind Episode, nicht trauerfarbene Krönung des
Gebäudes.

Ich reiste am Freitag Abend mit dem guten »Stephan« ab,
mit mir eine freundliche Dame aus Saarlouis, die bei Loly's
meine Flurnachbarin gewesen war. Das Erste was ich auf
meine diesbezügliche Anfrage erfuhr, war, daß ich versäumt hatte, meiner guten Leni Loly für Stiefelputzen etc.
ein Trinkgeld einzuhändigen. Dies war mir sehr fatal. Ich
beschloß von Niebüll aus, unter Beilegung eines Papier-
scheins letzter Güte, (glücklicherweise aber ganz neu) einen
kl. Liebesbrief zu schreiben, was ich auch gethan habe. Hoffentlich ist er angekommen und die Scharte ausgewetzt
worden. In Niebüll selbst war es wieder sehr hübsch, trotzdem ich auch hier mit dem bei mir aufwartenden, beiläufig

sehr hübschen Dienstmädchen, einen meinen Charakter verdächtigenden Zwischenfall erleben mußte. Der Wirth erzählte mir gleich, daß seine Frau mittlerweile einen kleinen Jungen gekriegt habe, was ich, aus Artigkeit, freudig aufnahm und in dem bald folgenden Allein-Gespräch mit dem Dienstmädchen, mit der weitren Bemerkung begleitete »die Frau sei, bei meiner ersten Anwesenheit, noch so schlank gewesen.« Das Mädchen kicherte, schloß aber doch auf lose Sitten, vielleicht auf Faunenschaft und Cynismus, und ließ sich erst im Abschiedsmomente, da aber ganz vertraulich, wieder sehn. So kann unter Umständen ein Tugendrenommée zu Grunde gehn. Die Rückfahrt war auch für mich angenehm; ich hatte bis Hamburg vielfach wechselnde, aber immer angenehme Reisegesellschaft, darunter ein feiner Herr (im Aussehn ein verhübschter Storm) der von Föhr kam, wo er einer fachmännischen Sitzung wegen partieller Bewaldung der Insel beigewohnt hatte. Richter weiß immer von sich reden zu machen, – auch *das* ist ein Talent. Meine Frau dankt und empfiehlt sich Ihnen und Ihren Damen. In dankbarer Erinnerung an die gemeinschaftlich verlebten schönen Tage Ihr aufrichtig ergebenster

Th. Fontane.

(157)   *Berlin* 12. Sept. 91.
                                             Potsd. Str. 134. c.

Hochgeehrter Herr.

   Ich hätte Ihnen schon gestern geschrieben und gedankt, wenn wir nicht – meine Frau und ich – den halben Tag in der Ausstellung zugebracht hätten. Meine Frau, sehr elend von all der Krankheit und Ravage, schleppte sich nur mühsam hin, sie hat aber, ohne Fach oder gar Radau davon zu machen, einen so angebornen guten Sinn für Kunstdinge, daß sie sich, aller Anstrengung und Ermüdung zum Trotz, über sich selbst erhob. Mich interessirt immer die Beobachtung davon; es ist ganz südfranzösisch oder romanisch. Bei uns nehmen die Kunstmenschen, zu denen in erster Reihe (oft mehr als die Fachleute) die Dilettanten gehören, eine bestimmte Stellung zu den Künsten ein, – in den romanischen Ländern sind *alle* Menschen mehr oder weniger Kunstmenschen und haben ein natürliches Gefühl für das was schön ist in den Fingerspitzen.

Aber verzeihen Sie diese Apotheose meiner von Großvaters Seite her – er war ausgerissen und wurde in der Schweiz von preußischen Werbern aufgegriffen – aus Toulouse stammenden Frau, von der ich, je nach ihrem Hoch- oder Niedrig-Flug, zu sagen pflege: »heut ist sie aus Toulouse« oder aber »heute ist sie aus Beeskow« (der Toulouser heirathete nämlich eine Beeskowerin.) Es kommt mir nicht zu, mich montmorencyhaft in die Stammbäume meiner Familie – die Fontanes waren durch Generationen hin »Zinngießer«, potiers d'étain, – zu vertiefen, wogegen mir sehr dringend obliegt, Ihnen für Ihre erneute, so überaus liebenswürdige Einladung zu danken. Wäre nicht die Hochzeit am 14. Oktober, von der ich Ihnen schon in Wyk erzählt habe, so käme ich auch wirklich noch, wohl nicht nach Schmiedeberg, aber doch ganz in Ihre Nähe, so daß ich Sie und die lieben Ihrigen alle Tage auf vier, fünf Stunden sehen und in preußisch-berlinischen Bildern und Betrachtungen schwelgen könnte. Diese Hochzeit nimmt mir aber die Ruhe, wie wenn ich Mit- oder Haupt-Akteur sein sollte. Wie's nun mal liegt, käme ich in diesen schönen Tagen doch nicht zu *der* Freude, die ich wohl haben möchte. Denn ich bin ein Genüßler und wenn eine Flasche Champagner aufgemacht wird, dann will ich auch was davon haben; sonst finde ich es nur verdrießlich.

Uebrigens haben wir seit gestern einen Gruß aus dem Gebirge; die Mutter unsres Mädchens hat uns einen ganzen

Korb voll Enzian geschickt, so daß heut alles in Blau steht. »Nichts wie Himmel und Preußen« sagt Scherenberg sehr famos in »Waterloo«, als am Horizont die Bataillonsmassen blau anrücken.

Was das freundliche mich einquartiren-wollen angeht, so liegt es so, daß ich zu diesem Zweck einerseits zu sehr »Papachen« bin und andrerseits noch wieder nicht genug. Es giebt einen Zustand, wo man so zu sagen »jenseits von gut und böse« betrachtet wird und aesthetisch jede Versündigung auf sich laden kann, aber so weit bin ich noch nicht und doch auch wieder schon an der Peripherie, was einen ängstlichen Mittelzustand schafft.

Was Sie über Bergel schreiben und seinen Vater, der noch, ganz in der Wolle gefärbt, die christliche Nächstenliebe für verrückt erklärt, hat mich sehr interessirt, namentlich auch diese Stellung zur christl: Nächstenliebe. Ich stehe nämlich ganz auf des alten Bergel Seite. Das Bedenkliche am Christentum ist, daß es beständig Dinge fordert, die keiner leisten kann und wenn es mal einer leistet, dann wird einem erst recht angst und bange und man kriegt ein Grauen vor einem Sieg, der besser nicht erfochten wäre. Das einzig Große sind die Dome und die Bilder und vielleicht die Klöster, aber Märtyrer und Scheiterhaufen ängstigen mich blos statt mich zu erheben. Ein Glück, daß mir Bergel nach dieser Seite hin keine Sorge macht. Empfehlen Sie mich Ihren Damen und einen Onkelskuß für die Kinder. In herzlicher Ergebenheit Ihr

Th. Fontane.

Berlin 4. Okt. 91.
                                        Potsd. Str. 134.c.

Hochgeehrter Herr.

Es ist schon wieder 14 Tage, daß ich Ihren lieben Brief
vom 20. v. M. empfing, für den ich herzlich danke. Sie
beklagen, daß ich die schönen Tage – und sie sind mit jedem
Tage noch schöner geworden – hier verbringen muß und
vor 10 oder gar vor 20 Jahren hätte ich in diese Klage einge-
stimmt; jetzt ist der Hang nach jener Ruhe, die einem nur
die eignen vier Pfähle gewähren können, so groß, daß der
Hang nach Befriedigung des Schönheitlichen und Poetischen, daneben hinschwindet. Unter den liebsten Menschen sein, ist doch immer eine Anstrengung; handelt es
sich um ein freies sich Sehen und mit einander Plaudern,
das heute stattfindet und dann morgen wieder, aber vielleicht auch erst nach 8 Tagen, so ist ein solcher Verkehr das
Angenehmste, was einem noch in alten Tagen zu Theil werden kann; mit einander leben aber – und wenn es Götter
und Engel sind und alle mit einem Füllhorn von Jostyschen
und moralischen Bonbons in Händen – ist für einen alten
Menschen unacceptabel. Mitunter lese ich in Biographieen:
»er ging dann zu Herrn und Frau v. B. aufs Land, wo man
ihn sehr liebte und wo er vorhatte die letzten Akte seines Dramas zu schreiben etc« – und wenn ich an solche
Stelle komme, blättre ich immer neugierig rasch ein paar
Kapitel weiter und finde dann regelmäßig: »es kam zu Verstimmungen, die seinen Aufenthalt in dem gastlichen
v. B.schen Hause sehr abkürzten; das Drama blieb unvoll-
endet.« Allerdings giebt es ein paar Ausnahmen von dieser
Regel, aber verschwindende. Leidlich glücken kann es nur
dann, wenn der als Gast Auftauchende ganz jung und arm
und sehr verschuldet ist, oder wenn er umgekehrt mit der
ganzen Patriarchenwürde von Abraham, Isaac und Jacob
auftritt und den naiven Glauben hat, sich, als ganz selbst-

verständlich, etwa wie Brigham Young anbeten lassen zu dürfen.

Sie schreiben auch eingehend über L[udwig] P[ietsch] und seine Kritiken über Uhde und Lenbach. Leider habe ich diese Kritiken nicht gelesen; *wenn* ich sie gelesen hätte, würden sie keinen Eindruck auf mich gemacht, am wenigsten mich überrascht haben. Es wird kaum einen Kollegen geben, der von Pietsch' Talent und Wissen eingenommener wäre als ich, er ist in beiden Stücken, Talent und Wissen, den andern Kunstreferenten sehr überlegen, dennoch muß ich das große Wort gelassen aussprechen: Sie nehmen ihn zu ernsthaft. Pietsch ist ein großes Talent aber ein kleiner Charakter, namentlich auch sehr unselbstständig in seinem Urtheil, nicht aus Urtheilsschwäche, sondern eben aus Charakterschwäche. Wenn seine Schreiberei plötzlich solche Abschwenkung zeigt, so hängt das immer mit persönlichen Begegnungen und Einflüsterungen Anderer zusammen. In diesem Falle steckt vielleicht Menzel dahinter; mitunter ist es Anton v. Werner, oder Reinhold Begas oder irgend ein andrer, natürlich immer ein tüchtiger Kerl, gescheidt, in seiner Kunst hervorragend und *einflußreich*. Sagt nun einer aus dieser Autoritätengruppe: »Pietsch haben Sie schon die Schweinerei von dem Lenbach gesehn? Das ist ein Skandal; Sie müßten es ihm 'mal ordentlich sagen«, – so geht er nach Hause und sagt es ihm auch wirklich ordentlich. Er ist ganz ungemein bestimmbar. In all diesen Fällen liegt es allerdings nie so, daß er sich zu einem blindgehorsamen Werkzeug macht, er geht nur zu leicht auf den Gedanken und das Urtheil der Andern ein, auf ein Urtheil, das nie willkürlich und blödsinnig in der Luft schwebt, vielmehr umgekehrt volle Berechtigung hat, und in Pietsch Seele nur den Prozeß hervorruft, daß eben dies Urtheil aus dem Hintergrunde (wo es bei L. P. längst stand) mit Ostentation in den Vordergrund gestellt wird. Auf seine Kappe hin hätte er diese

Dislokation nie vorgenommen, erst das Commandowort des Andern läßt ihn die Schwenkung machen. Er hat sich dadurch viele Feinde geschaffen. Und es ist und bleibt eine große Schwäche.

Wir leben hier still weg. Die berühmte Nichten-Hochzeit – die übrigens hier in Berlin spielt – findet am 14. statt, am 12. Polterabend. Alles ist untereinander verstimmt und verfeindet; der Brautvater steht aber noch auf dem Standpunkt, daß er glaubt, die ganze Sache durch ein Tütchen mit Prallinés und ein Blumensträußchen (damit doch auch das »sinnige Poetische« zu seinem Rechte kommt) zwingen zu können. Ganz Unrecht hat er nicht; finden sich noch 3 Reserveleutnants und wird getanzt, so löst sich schließlich alles in Wohlgefallen auf und noch die spätesten Geschlechter sprechen von dem herrlichen Tag, wo es mock-turtle-Suppe gab, die aber »echt« war. – Das gesellschaftliche Leben ruht hier noch; ein einziges Mal hatten wir eine Reunion bei Stephany's, wo Brugsch-Pascha und Max Nordau zugegen waren. Ich plauderte mit Letztrem viel über Paris; er war voll des Lobes der französischen Armee und sagte: »die große Kraft und Tüchtigkeit der Armee ist unzweifelhaft, und unser Haupttrost muß darin bestehn, daß Frankreich 5 Generale hat: Saussier, Gallifet, Boisdeffre und noch 2 andre, von denen jeder glaubt, *er* allein könne die Sache besorgen;« – diese furchtbare Eifersüchtelei sei unser bester Bundesgenosse. – Das war eine gute Bemerkung; eine andre gute Bemerkung hörte ich von Prof: Dr. Lasson, mit dem ich neulich eine kurze Strecke auf der Potsdamer-Bahn zusammenfuhr. Wir sprachen über moderne Kunst und Literatur in Deutschland und er sagte: »Sonderbar, die Juden bei uns thuen die deutsche Kulturarbeit und die Deutschen leisten als Gegengabe den Antisemitismus.« Kolossal richtig, leider die erste Hälfte noch richtiger als die zweite. – Wenn ich aus dem Hochzeitstrouble heraus bin,

schreibe ich noch mal. Empfehlen Sie mich Ihren hochverehrten Damen; viele Grüße Ihnen und den Kindern. In
vorzügl. Ergebenheit

Th. Fontane.

Was haben Sie zum Prozeß Heintze und zu der Haltung der
Vertheidiger gesagt, mit und ohne Sekt? *Diese* Seite des Prozesses hat die Leute schließlich mehr interessirt, als die
ganze Mord- und Louis-Geschichte.

(159) [Postkarte   Poststempel: Berlin W. 27. 10. 91.]

Es hat mich sehr interessirt; ich schreibe in den nächsten
Tagen und erlaube mir dann etliche Fragen »zur Sache« zu
stellen, namentlich hinsichtlich des heimgegangenen Hel-
den und seiner Vorliebe für Hochzeitsstaat. Dank auch
heute schon für den letzten Brief mit seiner Fülle von Stoff.
Recht bald ein Mehres.

Ihr
Th. F.

(160) *Berlin* 16. Novb. 91.
Potsd. Str. 134.c.

Hochgeehrter Herr.

Ihre Briefe, neben ihren sonstigen Vorzügen, sind auch
immer reich an Stoff, –

    Tischlein sind sie, reich besetzt,
    Keins so wie das allerletzt.

Der Brand in Buchwald und Baron Rothenhan, Kanzlist
Kriegel und sein Tintenfaß, der Earl of Quirl und die beiden
andern Quirler, Heinrich I. und Heinrich IX, die Münchhausens und die Ebertys, der von der Bierreise heimge-

kehrte Orgelspieler, Fliegel und Schottmüller, in welch letztren Beiden wir vielleicht den vollendeten Gegensatz von alter und neuer Zeit haben! Ueber das in Ihrer Gegend immer wieder brüllende »Feuerkalb« – ein Wort, das ich noch nicht gekannt habe – hab ich inzwischen Einiges aus Ihrem kleinen hübschen Artikel in der Vossin erfahren, der die Lust in mir weckte, *den*, der vor dem Gange ins Zuchthaus seine Frau noch mal im Hochzeitsstaat sehn wollte, novellistisch zu verherrlichen. Erlebe ich noch einen Brotbauden-Sommer, so plaudern wir darüber. – Sie sprechen immer mit so vieler Liebe von Rothenhan und ich freue mich jedesmal darüber um Ihret- und um Rothenhans willen, aber ich kann das Gefühl nicht los werden, daß Sie ihn vielleicht überhaupt, aber ganz gewiß nach einer bestimmten Seite hin überschätzen. Ein Mann der aus christlicher Gewissenhaftigkeit eine Prügelscene, wie die bekannte, vor sich gehen lassen konnte, kann ein ausgezeichneter Mann sein und Sie und ich können ihn würdigen, aber es gehört dazu ein Maß von Bildung, eine höhere Anschauung, und ein Glauben an den Edelsinn und die Prinzipientreue eines Andern, – was Sie alles von einem Commißknüppel nicht gewärtigen können. Wenn Rothenhan, gestützt auf das Gefühl eines echten Wohlwollens für die Menschen, aber zugleich unter Aufzählung von 25 Stockschlägen, mit Altar, Pastor und Gesangbuch im Hintergrund, Liebe und Dankbarkeit von den Menschen verlangt, so thut er mir leid, weil er sich, in diesem Stücke wenigstens, einer großen Bornirtheit und Menschen-*Nicht*kenntniß schuldig macht. Blücher, Wrangel, Bismarck, Prinz Friedrich Karl, – *das* sind die Leute, die das Volk will; fromme, brave Prinzipienreiter sind dem Volke allemal odiös und mit Recht. Es sind immer unerquickliche Erscheinungen, selbst da noch, wo sie uns mit Achtung erfüllen, ein Fall der sehr selten vorkommt. – Sie sprechen an einer Stelle auch von den »Alten und Jungen« und geben jenen den Vorzug. Ich auch. Genußsucht, Aeußerlichkeit, Streberei, – das sind nicht schöne Dinge. Dazu der Neid in allen Gestalten, besonders auch von unten herauf. All das ist beängstigend und doch glaube ich, daß die gesammte nationale Kraft kolossal gestiegen ist, nicht blos chauvinistisch-militärisch, sondern geistig und moralisch. So viel einem mißfallen darf, so habe ich nicht den Eindruck eines Niederganges; im Gegentheil. Das 1870 von uns Geleistete steht höher als das von 13, 14 und 15, die Volkskraft arbeitete energischer, vielseitiger und die an der Spitze stehenden Leute waren viel bedeutender. Ich glaube, daß eine neue Kraftprobe hinter der von 70 nicht zurückbleiben wird, wenn wir auch nicht in gleichem Grade vom Glück begünstigt sein sollten. Es ist immer wieder die alte Geschichte: man liest vom Prozeß Heintze, von Wetzel und Jack dem Aufschlitzer, von Pastor Harder und bankruttirenden Banquiers und schließt daraus auf den Gesammtzustand der Gesellschaft; das ist aber falsch. Die bedenklichen Frauen sind draußen, die guten sind ungesehn zu Hause, aber sie sind da. – Und nun die Schottmüllerei. Vielleicht ist der Trebbiner nicht ganz ein solcher Fatzke wie sein Bruder der Geheimerath, aber eben deshalb ist er auch blos in Trebbin und muß sich mit den Brosamen begnügen, die von des Herren Tische fallen. Personen von festem Rückgrat halten sich »oben« nicht, wo regis voluntas mehr und mehr alles bedeutet. Es ist bemerkenswerth, daß selbst die conservative Presse, namentlich auch die orthodoxe (die mehr Courage hat als die liberale) dagegen aufmuckt. Ich sehe das alles mit Trauer, und um so mehr als der Träger dieses modernsten Absolutismus ein ungewöhnlich kluger Herr ist und in vielen Stücken den Nagel auf den Kopf trifft. Er ist seiner Mutter Sohn und seines Großvaters (*mütterlicher*seits) richtiger Enkel, das Koburgsche steckt ihm tief im Geblüt. Alle Koburger sind sehr klug: König Leopold von Belgien, der verstorbene Prince Consort, der regierende Koburger, Kaiserin Friedrich, – sie haben nur den einen Fehler, daß sie glauben das Allheilmittel in der Tasche zu haben und in der Reihe der Doktoren obenan zu stehn. Selbst auf dem schwierigen englischen Boden konnte sichs der Prince Consort nicht versagen, der Klügste sein zu wollen, bis Palmerston in seiner Zeitung drucken ließ: »die Zeiten, in denen man die *wirklichen* Könige Englands in den Tower geschickt hätte, lägen noch nicht *so* weit zurück, daß man sich dessen nicht mehr entsinnen könne.« Das half etwas. – Die kleinstädtische Lithographie auf dem Briefbogen ist ganz gut; sie hat wenigstens den Vorzug, daß man das, was sie darstellen will, wenigstens erkennen kann, etwas, was die modernen Bilder alle mit einer Art Geflissentlichkeit vermeiden. – Ihre hochverehrte Frau sehen zu können, war uns eine große Freude. Mit der Bitte mich ihr und der liebenswürdigen Schwägerin bestens empfehlen zu wollen, in vorzüglicher Ergebenheit

Th. Fontane.

(161)   *Berlin* 14. Dezb. 91.
                                      Potsd. Str. 134.c.
Hochgeehrter Herr.

Eben kommen Ihre zwei Karten vom Sonntag Abend und entschuldigen mich so halb vor mir selbst, daß ich die Sonnabend-Karte nicht umgehend beantwortet habe. Es kam was dazwischen. Was Ihre Frage angeht, so war ich nach Eingang der Sonnabendkarte ganz für Holtei, heute bin ich beinah mehr für Scherenberg. Das Holteische Leben ist reicher und in seinen tollen Verirrungen, die sich bis zu Päderastie und Incest steigern, interessanter als das Scherenbergsche, seine poetische Lebenskraft hat sich glänzender bewährt und zum Ueberfluß ist er auch noch ein

Schlesier. Aber alle diese Vorzüge bedeuten ebenso viele Nachtheile. Ueber Incest – er soll mit seiner eignen, an einen östreichischen Baron verheiratheten Tochter à la Papst Alexander VI. in einem Liebesverhältniß gelebt haben (das *andre* Vorhererwähnte steht bummsfest) – läßt sich in einem Dichterverherrlichungsvortrag nicht gut sprechen und der zu seinem Gunsten in die Wage fallende Umstand, daß er ein Intimus des Fürstbischof Förster von Breslau war und durch diesen in einem Kapuzinerkloster untergebracht, in eben diesem Kloster starb, nachdem er sich vorher, aber auch schon im Kloster, mit der Bedeutung des *protestantischen* Kirchenliedes eingehend beschäftigt hatte, alle diese Gegengewichte können ihn moralisch nicht ganz wieder präsentabel machen. In regelrechten Liebesgeschichten brachte er es bis auf 1003. Genial verbummelt durch und durch. Und selbst sein Schlesierthum benachtheiligt ihn einigermaßen auch wieder, als Vortragsstoff, vor einem Hirschberger Publikum, weil die Schlesier, in ihrem Provinzialpatriotismus, sich verhältnißmäßig viel um ihn gekümmert und namentlich seine schlesischen Gedichte viel gelesen haben. Etwas Neues über ihn zu sagen, ist zwar sehr wohl möglich, aber sehr zeitraubend, weil es ohne Lektüre seiner Werke, die alle einen mehr oder weniger biographischen Charakter haben, gar nicht zu leisten ist. Die »Vierzig Jahre« sind eine Fundgrube, füllen aber 8 Bände, also embarras de richesse. Auch in »Christian Lammfell« soll viel aus seinem Leben stecken. Sein Lebensausgang – das Ruhefinden in dem Klosterhafen – ist sehr interessant (auch wohl nur wenig bekannt) und würde einen guten Abschluß geben. Ich möchte mich dahin resümiren: können und wollen Sie *viel* Zeit dran setzen, so bleibt Holtei als Stoff oben, Sie können dann alles Bekannte ausscheiden und den Schlesiern, über einen von ihnen geliebten und ganz allgemein bekannten Dichter *viel Unbekanntes* sagen, was allemal einen sehr guten Eindruck macht und des Erfolges sicher ist. Denn Neues zu hören von Personen, die man sehr gut kennt, ist immer ein besondres Vergnügen und jedenfalls ein größres, als Mittheilungen aus dem Leben eines Unbekannten, auch wenn diese selbst reichlich ebenso interessant oder vielleicht interessanter sind. Also Holtei, wenn Sie viel Zeit dran setzen wollen (wovon ich aber abrathe, keiner dankt's einem) – sonst Scherenberg. Er ist *auch* ein sehr dankbarer Stoff und daß er ärmer ist, ist eigentlich ein Vorzug. Wer die Wahl hat, hat die Qual. Bei Scherenberg, unter Zugrundelegung meines Buches (und eine andre Quelle giebt es nicht und wird es nie geben) ist von »Auswahl treffen« gar keine Rede; sechs, acht Situationen sind in den Vordergrund gestellt und wenn Sie diese excerpiren, mit wenigen Zeilen die Verbindung herstellen, und vier oder fünf der besten Dichtungen (aber nichts aus den großen Epen, die eigentlich – trotz viel geradezu Genialem – alle schwülstig und langweilig sind) einschalten, so ist die Sache in kürzester Frist gemacht. Ich glaube, daß 2 Tage dazu ausreichen. Von Gedichten würde zu nehmen sein: Waldesnacht (bei Gelegenheit seiner Thiergartenwohnung), Ostermorgen (wo von dem Vogelbauer die Rede ist), Der verlorene Sohn (wo seine Familiennöthe geschildert werden) und Auszüge aus »Der letzte Maurenkönig«, – wahrscheinlich sein schönstes, reifstes, von den ewigen Geistreichigkeiten am meisten freies Gedicht. Zum Schluß – was in meinem Buche fehlt – könnten Sie vielleicht noch erzählen, daß, nachdem er schon fünf, sechs Jahre auf dem Schöneberger Kirchhofe lag, von Valparaiso her eine Riesenkiste eintraf, in ihr ein in Eisen gegossenes, mächtiges Buch, aufgeschlagen, und auf der einen Seite ein kleines Scherenbergsches Gedicht; welches weiß ich in diesem Augenblicke nicht. Der Uebersender war ein wohlhabender Kaufmann Namens Chodowiecki, Enkel oder Urenkel des Berühmten, der als blutarmer Mensch von dem blutarmen Scherenberg unterstützt, gepflegt, gefördert worden war und nun auf diese Art seinen späten Dank bezeugte.

Bitte, treffen Sie nun die Wahl. Wenn Sie sie getroffen haben, erlaube ich mir, sei's in der Holtei-, sei's in der Scherenberg-Sache, noch Einiges hinzuzufügen.

Und nun zu Ihrem famosen Briefe vom 6./7. Dezember. Ich weiß nicht, was ich mehr zu bewundern habe, den Stoff oder die Behandlung. Lassen wir die Behandlung. Aber auch der bloße Stoff! Meine Frau versichert mir dann immer, ich überschätzte das Hirschberger Thal als Stofffundgrube, dergleichen käme überall vor. Ich glaube das nicht und kann es schließlich besser beurtheilen, weil ich fachmäßig gewohnt bin, die Augen aufzumachen und zu beobachten. Ich will nicht behaupten, daß das Hirschberger Thal absolut Nummer eins sei; ich behaupte nur, daß es, nach der poetisch-novellistischen Seite hin, bevorzugte und nichtbevorzugte Gegenden giebt. Natürlich hat jede Gegend ihren Mord, ihren großen Bankrutt, ihren Ehebruch mit im Ofen verbranntem Kind, ihr Duell und ihr verrücktes Original, ganz leer an solchem pikantem Stoff ist keine Gegend, aber im Maß sind sie sehr verschieden. In Seestädten, in Gegenden, deren Reichthum und Schönheit viele Personen anlockt, in Grenz- und Schnapsdistrikten, auch in Gegenden wo großer Reichthum und große Armuth nebeneinander leben, – in solchen Gegenden ist mehr los, als in Mittelgutsgegenden, wo eine solide, fleißige, prosaische Bevölkerung in auskömmlichen Verhältnissen nebeneinander herlebt. Deshalb passirt in den Landkreisen unsrer Mark so verhältnißmäßig wenig. »Nur wenn sie einen begraben, Bekommen wir was zu sehn.« Ich will noch gar nicht vom Prinzen von Hanau sprechen, auch blos 22 mal Feuer anlegen, oder als Zuchthäusler von seiner Frau im

Hochzeitsstaat Abschied nehmen oder eine solche Bank-ruttscene wie die Heringsche, die Sie in Ihrem letzten Briefe schildern, das alles ist in meiner heimathlichen Grafschaft Ruppin oder in der Priegnitz oder im Havelland nahezu unmöglich. Verbrechen und Gesetzesübertretungen sind überhaupt selten und wenn sie vorkommen, sind sie meist aus dem Dutzend, ohne jede frappirende Besonderheit. In Ruppin ist das Verbrechen immer blos in Linien hingestri-chelt, im Hirschberger Thal dagegen wohnen die großen Coloristen. Etwas sorgt Ihre Darstellung für diese Farben-wirkung, aber die Dinge selbst sind auch thatsächlich an-ders. – Dieser Prinz, natürlich auch ein Heinrich, ist ja wieder ein wundervoller Knopp! Allerdings bekenne ich Ihnen offen, daß ich mir, jetzt am Ende meiner Tage, von solchen wunderbaren Heiligen lieber erzählen lasse, als mit ihnen lebe. Schließlich sind es doch, bei allem novellisti-schen Reiz, sehr fragwürdige Gestalten, und diese fragwür-digen Gestalten nicht blos als interessante Romanfiguren, sondern ganz ernsthaft auch als Hoheiten und »Dorch-läuchtings« behandeln zu müssen, wäre mir unbequem. Es ist mein Unglück, daß ich das »Hoheitliche« nie recht ein-sehen kann und mit meiner Devotion selbst da noch unge-schickt hantire, wo sie, nach allgemeiner Annahme, hinge-hört. Also Wirth oder Gast solcher Prinzlichkeit, weil man da direkt ins Gefecht geführt wird, möchte ich nicht sein, aber in einem Saal, von einer Musikantenloge her, Augen- und Ohrenzeuge zu sein, – das wäre mein Geschmack. Seine 7 Millionen wird er nie kriegen; ich kenne keinen Fall, wo Preußen nachträglich auch nur einen Sechser 'rausge-rückt hätte. Dabei verwundert mich seine »Prinzlichkeit« und das Maß der sich darauf stützenden Ehrenbezeugun-gen. Er wird ja wohl »Prinz« sein, obschon ich nicht weiß, worauf hin. Der alte Kurfürst – ein größrer Autokrat als der Kaiser von Rußland – konnte ihm natürlich in *seinem*

Lande jeden Titel geben, wie ich meinen Hund in meinen 4 Pfählen Don Pedro oder Königin Isabella nennen kann, draußen in der Welt aber geht das glaub ich nicht. Die illegitimen Königssöhne in Preußen waren nie mehr als Grafen (Graf von der Mark, Graf Brandenburg) und in England ist es ebenso, wo man ihnen noch, als Bastardstempel, ein »Fitz« (Lord Fitz-William etc.) anhing. Wenn Sie mit Heinrich VII. oder IX., ich bin der Zahl nicht sicher, darüber sprechen, so wird er wohl meiner Meinung sein und sich deshalb auch retiré gehalten haben. Die Mutius, die von einem römischen Adelsgeschlecht herstammen *sollen*, können schon eher ein Auge zudrücken und Graf Roedern *muß*, weil er eine Mutius zur Frau hat. Er würde sonst wohl anders sprechen. Und nun genug des grausamen Spiels. Unter herzlichen Empfehlungen an Ihre Damen, in vorzügl. Ergebenheit

Th. Fontane.

(*162*) *Berlin* 10. Januar 92.
Potsd. Str. 134.c.

Hochgeehrter Herr.

Eigentlich sollte dies nur eine Karte sein, im Lapidarstil mich entschuldigend und mein Bedauern aussprechend, daß ich im neuen Jahre noch nicht schreiben und danken konnte. Die Karten sind mir aber ausgegangen und so muß es denn doch ein weißer Bogen sein. Ich stecke sehr in Unruhe; übermorgen will Gerhart Hauptmann, der ein neues Stück geschrieben hat, mit seinen Paladinen Brahm und Schlenther bei uns essen, wozu natürlich noch ein paar (nur 3 oder 4) andre Menschen gehören. Aber diese drei, vier auszusuchen und wenn man sie gefunden, sie zusammen zu trommeln, ist eine Riesenarbeit. Heute kann der nicht und morgen der andre nicht und so geht es weiter. Dazu kommen Schreibereien, kleine literarische Fehden (aber manier-

lich und beinah ritterlich, Gott sei Dank) Abschluß eines
kleinen Romans, Druckbeginn einer neuen Auflage der
»Wanderungen« in *Heften*, – all das in dieser Woche noch.
Für eine rüstigere Kraft bedeutet es nicht viel, mich benimmt und verwirrt es. Aber von Sonntag d. 17. an, bin ich
wieder frei und dann ist mein Erstes ein Antwortbrief an
Sie. Unter herzlichsten Empfehlungen an Ihre Damen, in
vorzügl. Ergebenheit

                                        Th. Fontane.

(*163*)   *Berlin* 14. Januar 92.
                                    Potsd. Str. 134.c.

Hochgeehrter Herr.

  Spät genug und doch immer noch früher als ich annahm,
komme ich dazu, Ihre lieben Briefe zu beantworten. In meinem vorletzten, etwas längeren Briefe vergaß ich auf die
freundlichen Anfragen Ihrer Damen Bescheid zu geben,
was immer eine Unart ist. Ich suche es nachträglich wieder
gut zu machen und beginne mit Beantwortung jener liebenswürdigen Fragen. Mit meiner Frau geht es »abwech-
selnd«, an einem Tage will sie sterben, am nächsten (wie
beispielsweise heute) polirt sie Bettfüße bei aufstehenden
Fenstern. Neulich lag sie anderthalb Tage ganz elend zu
Bett, so daß der Arzt über den ganz matten Puls erschrack;
um Mittag stand sie dann auf und von 6 bis 12 ½ machte sie
die Gerhart Hauptmann Gesellschaft-Campagne tapfer
mit. Von den Schwiegertöchtern ist die noch als solche be-
glaubigte eine nette blonde junge Frau, hat den chic der
Offiziersdame und macht ihren Mann glücklich; *mir* gefällt
sie; meine Frau findet sie etwas oberflächlich, was richtig
sein mag, aber mir nicht viel bedeutet. Es kann nur darauf
ankommen, daß man an der Stelle, wo man steht, seinen
Platz ausfüllt; in den Geschmack und die Vortrefflichkeits-

schablone, die der eine *so*, der andre *so* mitbringt, immer hineinzupassen, ist nicht nöthig. Ihrem Mann gefällt sie, das ist das Entscheidende, darauf allein kann es ankommen. – Die andre Schwiegertochter, (die ehemalige) jetzige Frau v. Neve, setzt ihr Merkwürdigkeitsleben fort. Sie hat jetzt ein Töchterchen und übt nach wie vor, speziell auch gegen uns, die Tugenden, die sie schon früher hatte: Freundlichkeit, Artigkeit, Aufmerksamkeit. Sie hat auch wohl einen Schimmer davon, daß ihr erster Mann ein andres Kraut war, als der zweite; jener überaus fein angelegt, dieser trotz Adel (neu gebacken glaub ich) und Streberthum, doch nichts als ein plattirter Kommissknüppel. Dies alles könnte einem ja nun tiefe Theilnahme einflößen, aber dazu kommt es nicht, weil die »Lady mit der weißen Pelle« doch eigentlich keinen Menscheneindruck macht; sie hat was Amphibiales, Beauté mit dem Fischschwanz, was richtiger ist als Melusine, weil diese letztre von den Lusignans stammte, während meine frühre Schwiegertochter nur ein Kreuzungsprodukt der Häuser Bechmann und Robert ist. Ihr Großvater Bechmann war bairischer Brauknecht und besaß zuletzt, als vielfacher Millionär, die Spandauer Bock-Brauerei mit Tingeltangel und Charfreitags-Radau; ihr Großvater Robert war ein Lebemann, ihr Vater auch, beide halb verrückt, alles nur auf Geld zugeschnitten, – zwei Häuser ohne jeden Beisatz von Edelmetall (trotzdem sie viel davon im Kasten hatten), alles Tombak, Zinkguß mit Anstrich. Erstaunlich ist es, daß durch einen Regenerationsprozeß, immer wieder Gesundes, Tüchtiges, Erfreuliches mitten hinein in das Elend geboren wird. Der eine Bruder der Schwiegertochter ist ein ganz tüchtiger Offizier geworden, der jüngste Bruder, der alles durchschaut, ein lieber guter Junge mit dem Schwermuthsstempel.

* * *

Ich dachte, der Bericht würde kurz werden, nun ist er lang geworden. Alles was Sie mir über den Prinzen von Hanau, Graf Roedern und die falsche Russin geschrieben haben, hat mich, wie immer, aufs lebhafteste interessirt. Es ist beneidenswerth, das immer zu Händen zu haben und nicht viele Amtsgerichtsräthe – in der durch nüchternen Zuschnitt ausgezeichneten Provinz Brandenburg wohl keiner – werden sich solches Verkehrs rühmen dürfen. Es ist auch nicht blos interessant und schmeichelhaft, es ist auch im höchsten Maße lehrreich, ein nicht leicht zu übertreffendes Bildungs- und Förderungsmittel. Aber einen Eindruck kann ich dabei doch nicht ganz los werden, *den*, daß Sie – den Grafen Roedern und überhaupt den eigentlichen Bestand des Hirschberger Thals: Münchhausens, Reuß' etc. nehm' ich aus – daß Sie diese von ungefähr auftauchenden merkwürdigen Gestalten doch überschätzen und in Ihrem Denken und Fühlen, namentlich auch in Ihrem Beurtheilen, *mehr* aus ihnen machen, als diese höheren Aventuriers verdienen. So z. B. behandeln Sie den Prinzen v. Hanau immer als ob er der letzte Stuart oder der letzte Wasa wäre. Da steckt, Pardon, was Falsches drin. Selbst wenn er wirklich der »letzte Hesse« wäre, kann ich ihm einen berechtigten Weltschmerz nicht zugestehn, er ist aber im günstigsten Fall das Produkt einer Messalliance. Ich bitte Sie, wenn blos alle die preußisch-mecklenburgischen Messalliancekinder (Mecklenburg war eine vollkommene Züchtungsanstalt; »Zucht« und »Zucht« wie verschieden in diesem Falle) wenn alle diese Messalliancekinder mit einem dicken Kopf umherlaufen wollten, so müßte die Prinzlichkeits- oder richtiger die Bastardsschwermuth eine Zeiterscheinung bilden wie die Influenza. Dann, welche Unverschämtheit einen Mann wie Treitschke einen »*historischen* Lumpen« (das Wortspiel ist das Beste dran) zu nennen, ein Mann, dessen »Verbrechen« darin besteht, uns aus der Zeit der verkauften 10,000 Landeskinder *mit*erlöst und eine deutsche Nation hergestellt zu haben. Ueber die schöne, schwärmerische Schulmeisterstochter habe ich kein Urtheil, vielleicht ist sie ein Engel, vielleicht eine sentimentale Lise. Was lange in Rußland war, ist mir immer verdächtig. Mißverstehen Sie mich nicht; interessant, pikant und unter Umständen selbst rührsam bleibt dies alles im höchsten Maße, aber Sie sehen die Personen in einer Verklärung, die doch wohl nicht da ist. Wir können das hoffentlich mal mündlich durchsprechen. Ich gebe von vornherein zu, daß ich auch Unrecht haben kann. Auch die sonderbaren und fragwürdigen Verhältnisse haben oft sehr viel Gefühlsechtes.

Unsre Gesellschaft, vor der ich mich ein wenig gegrault hatte, verlief glänzend. Natürlich kann man es nie genau wissen, denn wie man sich persönlich leicht ein x vor ein u macht und sich »befriedigend« findet, so kann es einem auch mit Gesellschaften gehn. Selbst die Zeitdauer ist kein Beweis; mitunter können die Gäste, lethargisch geworden, vor Langerweile nicht mehr aufstehn. – Von Moltkes Briefen habe ich erst bis dahin gelesen, wo er von Salzbrunn aus die verschiedenen Partieen macht, auch auf die Koppe. Großartig ist die Vornehmheit und Charakterstärke, mit der die Armuth ertragen wird. Arm und zugleich frei und anständig sein, zählt zu den schwersten Aufgaben.

Th. F.

(164)   *Berlin* 12. Febr. 92.
                                          Potsd. Str. 134.c.

Hochgeehrter Herr.

Es ist hohe Zeit, daß ich schreibe, sonst komme ich post festum. Vorauf meinen besten Dank für den Brief und alles Freundliche, das er in so reichem Maße enthält.

Also zunächst zum Geschäft. Das ist nun diesmal Scherenberg. Ich glaube nach wie vor, daß er ein gutes Thema ist, auch schon die Magdeburger Tage, der Donataire-Prozeß, die merkwürdige Ehe, das raschelnde Kopfkissen, wo sich dann unbezahlte Rechnungen der Frau drin vorfinden, dann seine Stellung im Kriegsminister[ium], immer oben auf der Leiter, wo er die Bücher von links nach rechts und dann wieder von rechts nach links stellt und in luftiger Höhe verstohlen seine Gedichte schreibt. 300 Thaler als Diäten und immer Gast und Liebling der Kriegsminister! Dergleichen steckt noch vieles drin, ein ganz apartes Leben, immer Egoist, aber immer mit Manier und Form. Und nun der »letzte Maurenkönig«. Ich weiß nur, daß es auf mich einen großen Eindruck machte, namentlich aber daß Lepel, der es 1851 oder 52 in Wittenberg vorlas, wohin er eingezogen war, einen mächtigen Erfolg damit erzielte. Natürlich dürfen Sie nur ein Viertel, höchstens ein Drittel vorlesen, dies Drittel dann in vielleicht 3 Stellen von jedesmal beträchtlicher Länge, denn eine gewisse bescheidne Länge ist nöthig um den bedeutenden Zug der Sache 'rauszubringen. Ich bin sicher, daß Sie mit dem Vortrag einen starken Erfolg erzielen *müssen*, es ist ein wundervoller Stoff, gerade in seiner Beschränktheit. Dazu der wundervolle Schluß: erst die Franz Duncker-Geschichte, dann Chodowiecki, der von Valparaiso aus ein gußeisernes Riesenbuch schickt.

Sie haben ganz Recht, daß einem irgend was, was in der Luft liegt, die rechte Freudigkeit nimmt und das Vaterlandsgefühl herabdrückt. Alles ist Wind in die Segel der Sozialdemokratie und die besten Kreise sind von einer Stimmung beherrscht, wie sie vor gerade 44 Jahren im Februar 48 da war. »Das geht so nicht weiter, das muß anders werden.« Ich beziehe dies namentlich auf das Bestreben, mit Hülfe des Schutzmanns, bez. des Staatsanwalts (diese furchtbare Nummer im Prozeß Wetzel!) »wieder Religion ins Land zu schaffen«. Kein vernünftiger Mensch wird 'was gegen Religion haben, wenn er persönlich auch nicht mitmacht. Glaubt meinetwegen, daß die Balken brechen; ich habe zwar noch nicht gesehn, daß viel dabei herauskommt, aber wenn es ehrlich ist, geb ich dem Gläubigen seine Ehre. Nur das Anpacken dieser feinen Dinge von außen her, widersteht mir aufs äußerste und der gesunde Sinn unsres Volks lehnt sich dagegen auf.

Und nun noch ein Wort über den Hanauer. Ich war in Sorge, daß ich ihn in meinem vorigen Briefe, wenn auch mit Einschränkungen, einen »Aventurier« genannt hatte. Es war nicht böse gemeint, beinah schmeichelhaft in dem Sinne, daß jemand einfach der »Frau Aventure« nachzieht; ich konnte aber doch nicht wissen, ob Sie der Ausdruck nicht vielleicht verdrießen würde. Daß Sie von dem feinen und forschen Herrn so eingenommen waren, hat mich nur herzlich erfreut, es wäre mir gewiß ebenso ergangen, allem Aristokratischen, auch wenn es schon einen kleinen Stich hat, wohnt ein mich aesthetisch befriedigendes Element inne, das mich momentan ganz gefangen nimmt. Ich erhole mich aber meist rasch davon, namentlich dann, wenn ich einer politischen Prätension begegne, einer angeblichen Gesinnungstüchtigkeit, die nichts als Eitelkeit und einer »Treue« die nichts als Vortheilswahrnehmung ist. So sind mir alle »Welfen« schrecklich, trotzdem ich einige gesellschaftlich sehr liebenswürdige kenne. Ließe sich der Welfenthron wiederherstellen, hätte dies die geringste Chance, so hätte ich nichts gegen den »Welfismus«, die Paladine gestürzter Häuser haben immer meine Sympathieen gehabt, aber sie dürfen *nicht ganz hoffnungslos* auftreten. Bei Hoffnungslosigkeit wird es Unsinn und hat nur Unglück und nichts als das im Gefolge. Tausend Empfehlungen u. Grüße Ihren Damen. Wie immer Ihr   Th. Fontane.

(165)   *Berlin* 28. Febr. 92.
                                           Potsd. Str. 134.c.

Hochgeehrter Herr.

Heute früh las ich in der Zeitung, daß Herr Moszkowski eine große Oper komponirt hat (auch schon angenommen): »Boabdil, der letzte Maurenkönig«. Ich sagte mir gleich: »das ist der Scherenberg-Stoff, vielleicht sogar dem vielbesprochenen Gedicht entnommen«. Dies bestimmte mich, gleich die Scherenbergschen Gedichte vom Brett zu nehmen und den »Boabdil« noch mal wieder ordentlich durchzulesen. Und nun schreibe ich Ihnen, um Ihnen zu vermelden, daß ich doch stark enttäuscht worden bin. Vor allen Dingen, es läßt sich in einer Hirschberger Versammlung nicht gut vorlesen, wenn man nicht zu dem guten alten Satze halten will: »je unverständlicher desto schöner«. Ein Satz, der übrigens für die Masse wohl ewig richtig bleiben wird. Man schämt sich aber danach zu handeln und lebt dem Wahne, die Menschen verstünden etwas davon. Es giebt auch welche, die was davon verstehn, wie die Zigeuner einen natürlichen Sinn für Musik haben oder einzelne Menschen von Natur gut rechnen können. Wenn man aber nach Klassen geht und das Verständniß für Dinge der Kunst mit Bildung oder wohl gar mit Schulbildung in Zusammenhang bringt, so ist man verloren. Garrick deklamirte das englische Alphabet und riß alles zu Thränen hin; als es herauskam, wollte man ihn prügeln. Auf Garricks Kunst hin könnten Sie's also in Hirschberg wagen, es ist aber doch besser sich nicht in Gefahr zu begeben und den »Boabdil« von der Tagesordnung abzusetzen. Scherenberg war immer glücklich im Stoffgreifen, außerdem ist in diesem Gedichte die ziemlich complicirte Situation klar gelegt und so läßt sich von geschickter und geistvoller Composition sprechen, trotzdem kann sich ein Durchschnittspublikum *nicht* darin zurechtfinden. Der Gang des Gedichtes, wie sich die

Scenen auf einander folgen, das alles ist fein und kunstvoll, aber es sind Katakombenbilder, verblaßt und im Halbdunkel; wenn nicht ein Führer mit einer langen Stange, dran oben ein Licht ist, einem beleuchtend und erklärend zu Hülfe kommt, so ist man verloren. Beim Lesen (beim *Vor*lesen wird so was freilich überhört) wird man zum Ueberfluß auch noch durch die gräßliche Formbehandlung und die reich eingestreuten sogenannten »Geistreichigkeiten« genirt, in denen sich Scherenberg nie genug thun konnte. Mit einem Wort, das Gedicht – trotzdem es wirkliche große Schönheiten enthält – erinnert doch sehr an die patriotischen Schlachtgesänge, deren bilderüberladener Radaustil mir schon vor 44 Jahren nicht recht gefallen wollte. Lepel, großer Scherenbergschwärmer, sagte mir, trotz dieser Schwärmerei, schon damals: »Fontane, da habe ich gestern Abend die Beschreibung der Schlacht von Waterloo vom alten Müffling gelesen; alle Wetter, das ist doch noch besser als das von Scherenberg.« Sehr richtig. Prosa ist gut und Verse sind gut. Man darf das aber nicht durcheinanderquirlen, – etwas in pomphaft aufgesteifte 5füßige Jamben bringen, heißt noch nicht einen Bericht in eine Dichtung umwandeln. Ohne einen gewissen Zauber der Form geht es nicht, nur kann dieser Zauber sehr verschieden sein, hie Platen, hie Bummelton, das eine, je nachdem, so schön und so berechtigt wie das andre. Und nun nach dieser langen Abhandlung natürlich den dringenden Rath, den »Boabdil« fallen zu lassen. Vielleicht aber – und damit wäre unter Umständen eine große Wirkung zu erzielen – empföhle es sich, das Gedicht in seinem Inhalt zu erzählen und bei dieser Gelegenheit die Feinheit und die Schönheiten der Composition zu zeigen, überhaupt das im Letzten *Tiefpoetische* der ganzen Geschichte fühlbar zu machen. In Scherenbergs Darstellung scheitert alles an der Form oder richtiger *Nicht*-Form. Er war Schauspieler und operirte immer mit Büh-

neneffekten; ob etwas Blödsinn mit drunter lief, darauf
kam es ihm gar nicht an.

*

Ich habe nun so viel literarisch orakelt, daß mir zu andrem kein Platz mehr bleibt. Nur über die »vornehmen Par-
teigruppen« im Hirschberger Thal noch ein Wort. Alle mit
diesen Elementen verbrachte Zeit ist verlorene Zeit. Man
bereichert wohl seine Menschenkenntniß und für mein
Metier ist es mir von Vortheil gewesen, unsren Landadel
und Aehnliches kennen gelernt zu haben. Aber an persönlicher Förderung, an Wachstum in Einsicht und Wissen
habe ich gar nichts davon gehabt. Ich hätte, was *das* angeht,
ebenso gut mit einem Buchbinder oder Kürschnermeister
in Neu-Ruppin verkehren können, ja vielleicht hätte ich
mehr dabei gelernt. Es kommt all diesen Herrschaften –
und beinah muß ich sagen ohne Ausnahme – auch gar nicht
auf Wahrheit, Erkenntniß und allgemeinen Menschheits-
fortschritt, sondern blos auf ihren Vortheil, ihre begün-
stigte Lebensstellung und befriedigte Eitelkeit an. Alles
andre ist Mumpitz und die Pfafferei erst recht. Der Re-
präsentant der letztren, von dem Sie mir in Ihrem Briefe
erzählen, die Kanzelgröße von Warmbrunn, scheint ein
ganz besonders berufenes Werkzeug, wie geschaffen der
Vortänzer in diesem Hexensabbath von Lüge, Quatsch und
Sechsdreiersehnsucht zu sein. Denn darauf läuft es schließlich immer hinaus. Mein Widerwille dagegen ist in meinen alten Tagen in einem beständigen leidenschaftlichen
Wachsen. Ich weiß wohl, es giebt auch ehrliche und einige
sind ganz ausgezeichnet, aber die meisten grenzen an Harder aus Weißensee. Ob es gerade »Sittlichkeit« ist, ist
gleichgültig; von *den* Geboten, die auf das 6. und 7. folgen,
wird in der Regel nicht viel gemacht, aber *da* gerade fängt
der Jammer erst an. Es sind das *die* Gebote, die sich mit dem
Feineren, mit der Gesinnung des Menschen befassen. Man

muß einsam leben. Es ist so reizend, daß man sprechen kann, aber *was* wird in Gesellschaften alles zusammengesprochen!

Ich erwarte erst Antwort, wenn Sie Ihren Vortrag gehalten haben. 1000 Empfehlungen. In vorzügl. Ergebenheit

Th. Fontane.

(166) Postkarte   Poststempel: Berlin W. 28. 3. 92]

Was macht der Vortrag? Seit 14 Tagen erwartete ich davon zu hören. Ist was dazwischen gekommen? Hier ist seit Mitte des Monats Lazareth; meine Frau und ich erkrankten a tempo an der Influenza und sind beide noch in miserabler Verfassung. Eine schreckliche Krankheit, weil sie, wie kaum eine andre, deprimirt, ihrer sonstigen Tücken ganz zu schweigen. Mit besten Wünschen für Ihr Wohl

Ihr

Th. F.

(167)   *Berlin* 4. April 92.
                           Potsd. Str. 134.c.

Hochgeehrter Herr.

Es geht mir noch immer schlecht, namentlich sehr matt, aber danken will ich Ihnen doch in ein paar Zeilen für Ihren lieben Brief, der in Herr und Frau v. Schöller wieder etwas echt »Schmiedebergsches« gab; Sie sind und bleiben darin bevorzugt; in den meisten Nestern giebt es nur lederne Menschen und jeden vierten Sonntag ein bischen Verbrechen zur Auffrischung.

Ich bin in ziemlich freudloser Stimmung; ⅞ ist Krankheit, aber das letzte Achtel, und vielleicht auch noch mehr, ist doch in Wirklichkeiten begründet; ich sehe so wenig

Erfreuliches um mich her und kann es nicht blos auf eine schwarze Brille schieben.

Es ist uns, egoistisch wie der Mensch ist, sehr lieb, daß Sie keine Reise vorhaben; wir werden wohl wieder ins Gebirge kommen, aber nicht so hoch hinauf. Ich habe an Seydorf gedacht, – die *alten* Stätten möchte ich vermeiden. Tausend Empfehlungen. In herzlicher Ergebenheit Ihr

Th. Fontane.

(168)   *Berlin* 22. April 92.
                                         Potsd. Str. 134.c.

Hochgeehrter Herr.

Es sei gewagt, die Feder in die Hand zu nehmen, trotzdem mir noch recht spack ist. Aber doch vergleichsweise golden. Gerade vor 14 Tagen vergiftete ich mich mit Morphium – der Apotheker hatte statt 0,05 die verordnet waren, 0,5 genommen, also das Zehnfache – und dieser Zwischenfall brachte mich sehr herunter, vielleicht nur dadurch, daß die Vorstellung »nun ist es Matthäi am letzten« meine Nerven so aufregte, daß ich mehrere Tage lang nichts genießen konnte, am wenigsten starken Wein, auf dessen belebenden Zuspruch ich seit Wochen angewiesen war. Endlich, nach sehr qualvollen Tagen, gab man mir Brom, was auf der Stelle half, so daß ich mich seitdem, und sogar mehr als vor dem Zwischenfall, als Reconvalescenten ansehe. Vor 8 Tagen kam auch meine Tochter wieder, deren Plaudertalent dem Brom zu Hülfe kam, trotzdem beide verschieden wirken, Brom nämlich drückt herab und stellt eine süße Dösigkeit her.

Seien Sie herzlich bedankt für Ihren lieben Brief. Ich freue mich, daß der Vortrag so gut abgelaufen ist, eine Freude die mir und Ihnen gilt. Und nun die beiden Heinriche! Wenn ich 45 statt 72 wäre, so ließe ich es mir nicht entgehn, diese beiden Gestalten in einem Roman, etwa unter dem Titel »die beiden Ladislaus« zu schildern; ich würde die Geschichte dann nach Posen oder Westpreußen in das Warthebruch oder die Weichselniederung verlegen und die Schmiedeberger Gestalten als Nebenfiguren weidlich ausnutzen. Grundidee wäre: »Geld besorgt alles«, – ein Glaube, der sich beständig in meiner Seele mehr festigt. Kunst und Wissenschaft, so lange sie nur als solche auftreten, sind lächerlich, etwa wie der Küster mit dem Klingelbeutel, der Pfennige einsammelt; erwirbt ein Professor alljährlich 60,000 Mark (Thaler natürlich noch besser), so beginnt er geachtet zu werden, nicht wegen seiner Wissenschaft, *die* hatte er, als er noch hungerte, auch schon, sondern einfach weil er anfängt einen banquierhaften Anstrich zu kriegen. Es kommt vor, daß hochbegabte, aber erfolglose Dichter und Künstler nach ihrem Tode den Makel der Armuth überwinden und in Tagen, wo sie Niemanden mehr anpumpen können, heilig gesprochen werden, bei Lebzeiten indeß waren sie ein Schreckniß, kaum ein Gegenstand des Mitleids; man wich ihnen aus, immer in Angst. Aber Heinrich von Arnsdorf, der große Feuilletonist, – »wie anders wirkt dies Zeichen auf mich ein!« Und ich habe nicht den Muth, irgend wem, der ähnlich empfindet, einen Vorwurf daraus zu machen; denn wenn *ich*, der ich doch selber aus den böhmischen Wäldern stamme, mich zwischen Heinrich Richter und Jean Paul Richter entscheiden sollte, so würde ich wahrscheinlich den erstren wählen. Der Letztre hatte nie Geld und wenn er Besuch empfing, wurde mitunter humoristisch gesammelt (o, welch Humor!) um ein paar Krüge Bier holen zu können; mit unsrem Richter kutschirte man im Viergespann nach Böhmen hinüber oder aß Hammelschnitten mit Sauce à la Bearnaise (so hieß sie ja wohl?) die der Gastgeber selber angefertigt hatte. Dichter sind gut, wenn sie eingebunden vor einem stehn, so lange sie im Bettlermantel schmuddlig, hungrig und dünkelhaft vor einem her stolziren, können sie mit Heinrich dem Reichen von Arnstorf nicht concurriren. Und wenn *ich* so denke, der ich vor dem goldnen Kalb nie getanzt habe, wie erst die andern! Und nun gar Prinzen, die sich genirt fühlen, weil sie jeden Tag mehr Geld brauchen, als sie haben. Ich bin glücklich in meiner Armuth, weil ich nicht das Bedürfniß habe in Front zu stehn und eine Rolle zu spielen; wer diesen Zug aber hat – und das sind immer 999 unter 1000 – der muß dem Golde nachjagen und sich vor dem verbeugen, der's schon hat.

Seit gestern liegt die Brey'sche Karte des Riesengebirges, die ich, ich glaube, Ihrer Güte verdanke, aufgeschlagen vor uns, weil wir nach einem passenden Platze suchen und zwar für verhältnißmäßig nahe Zeit schon, erste Junitage, will sagen in 5 bis 6 Wochen. In die Brotbauden-Höhe wollen wir nicht, einmal aus Gesundheitsgründen, dann weil es meiner Frau zu windig, zu einsam und zu verbrecherisch angekränkelt ist. Der Erdmannsdorfer Sumpfstrich in der Tiefe brütet Malaria und so haben wir unser Auge auf die Linie gerichtet, die mit Arnsdorf (das wegen Richter ausgeschlossen ist) beginnt und mit Schreiberhau aufhört. Am anheimelndsten erscheint uns *Petersdorf*, das wundervolle Verbindungen hat. Das Einzige, was dagegen spricht, ist die zu große Entfernung von Schmiedeberg i. e. Friedländers. Vielleicht läßt es sich aber doch machen. Erschrack doch Ihre Güte selbst vor der Brotbaude nicht. Ihr nächster Brief macht uns vielleicht Vorschläge; ganz in der Unter- oder Thal-Linie möchten wir nicht gerne hausen. Die Dagmar- und Lothartage sind nun wohl schon angebrochen. Empfehlen Sie mich und die Meinen Ihren liebenswürdigen Damen. Viele Grüße an die Kinder. In vorzügl. Ergebenheit   Th. Fontane.

Berlin 9. Mai 92.
                                        Potsd. Str. 134.c.

Hochgeehrter Herr.

Herzlichen Dank für Ihren lieben Brief und nachträgliche
Glückwünsche zu dem Doppel-Geburtstag. Aehnlichkeit
der Eheleute (wie wenn sie Geschwister wären) und am
selben Tage geboren-sein, soll eine glückliche Ehe bedeuten. Bei Ihnen trifft das Zweite zu.

Wie Sie sich denken können, sind Ihre freundlichen Vorschläge des Weiteren durchgesprochen worden. Wir stimmen auch überein damit, daß Krummhübel-Brückenberg
das Allerschönste ist und ginge es nach mir, so rückten wir
wieder auf die Brotbaude, die für mich nicht blos eine von
Wald umzirkte Wiesen-Insel, sondern, trotz Incest und ähnlichem Beiwerk was da blühen soll, die »Insel der Seligen«
bedeutet. Ich habe doch manch Stück Landschaft gesehn,
große und kleine Scenerie, aber nichts was mir so ans Herz
gewachsen wäre, so ganz dem entspräche, was ich von einer
stillen Sommerfrische verlange. Es geht aber nicht; meine
Tochter darf, nach ärztlicher Verordnung, nicht so hoch
hinauf und was noch wichtiger ist, meine Frau steht dort
unter dem Doppelgestirn von Graul und Langerweile. Sie
sieht nicht genug und dann auch wieder zu viel. An manchen Tagen muß sie sich damit begnügen, Schmidt anspan-
nen, abfahren und wiederkommen zu sehn und wenn wir
dann Abends in die Schenkstube gehn, um noch persönlich
eine »Grätzer« oder einen Ingwer zu bestellen, befinden wir
uns plötzlich in einer Abruzzen-Spelunke. Für mich und
meine Tochter steigert dies den Reiz, denn wir können es
dem Amtsgerichtsrath Friedländer überlassen, sich vor-
kommenden Falls mit diesen Elementen gemüthlich aus-
einanderzusetzen, meine Frau aber, die als alte Berlinerin,
ein beständiges Schutzmannsbedürfniß fühlt, hat diese die
Angst lösende Helmspitze dort oben nicht nah genug und

will deshalb lieber »zu Thale«. Da wäre ja nun Krummhübel das Nächste, dessen Schönheit zudem unbestritten bleibt. Aber wir kennen es zu gut; da steht Exner und drüben steht Loesche und dann kommt die ganze Schreiberei und dann Schuster Lindau und dann Meergans mehr oder weniger unter Spiritus und dann der schwarze Rumler, dessen Frau auf dem Liebhabertheater die alten Gräfinnen spielt und dann Frau Schiller und zuletzt gar Fräulein Bollmann aus Berlin, die so gut kochen soll und einen doch wenig behaglich stimmt. Ich war zu oft da und habe zu viel erfahren. Auf Norderrei ging es mir seinerzeit ebenso. »Nur der Irrthum ist das Leben.« Also lieber ein neuer Platz und ein neuer Wahn. Buchwald, hochgelegen, Wald und Schatten, *das* lockt, und alle Plätze, die, verhältnißmäßig nah von Schmiedeberg, Aehnliches bieten. Ja Schmiedeberg selbst, erschrecken Sie nicht, wäre willkommen, wenn sich auf einer Sandscholle (vor Sumpf und Pilzen unter den Dielen habe ich einen Graul) was Nettes finden ließe. Die Verpflegungsfrage ist nicht ängstlich, weil wir unser Mädchen mitbringen. Alles was wir bitten können, läuft darauf hinaus, daß Sie in Ihrer Güte gegen uns, drei, vier Plätze – sämmtlich nicht über Buchwald hinaus, überhaupt je näher, je besser – zur engeren Wahl bringen. Meine Tochter will dann, gleich nach Pfingsten, als Reisemarschall voraufgehn und etwas Bestimmtes miethen. In der Regel hat sie's gut getroffen. Wir freuen uns sehr auf Schlesien und ein Wiedersehn mit Ihnen, weil wir beide Alten fühlen, daß es hier in der Berliner Luft nichts mit uns wird; die Nachwehen der Influenza wollen nicht weichen und an Arbeit ist gar nicht zu denken. Dem entsprechend ist die ganze Stimmung, nicht geradezu jammervoll, aber resignirt, alles unter der Trauerfahne: »was soll der Unsinn?« Ein sonderbares Gefühl des totalen Überflüssigseins beherrscht mich und wiewohl ich eigentlich nie »eine Zeit«

gehabt habe, fühle ich doch, meine Zeit liegt zurück. Alles weggestorben und der Blick der Jüngeren drückt das aus, was Friedrich der Große auf seiner letzten Fahrt durch das Ruppinsche sagte: »mein Gott, lieber Rathnow, ich dachte Er wäre lange todt«. Manche Blicke sind auch nicht so gemüthlich und erinnern mehr an »Racker's, wollt ihr denn ewig leben«. In Indien wurden früher die Alten auf große Bäume am Ganges gesetzt und dann begann ein Schütteln. Die sich nicht mehr halten konnten, fielen in den Fluß und wurden weggeschwemmt. Wenn man in die Herzen sehen könnte, würde man finden, daß dies Verfahren auch bei uns stille Anhänger zählt. – Ueber Dove-Heyse bald mündlich. Empfehlen Sie mich Ihren Damen und grüßen Sie die Kinder. Wie immer Ihr aufrichtig ergebenster

Th. Fontane.

(170) [Emilie Fontane] Berlin d. 13. Mai 92.

Verehrter Herr und Freund.

Ihren heutigen liebenswürdigen Brief will ich sogleich dankend beantworten und Ihnen unseren Entschluß die »Freudiger'sche Wohnung« zu nehmen, mittheilen. Sie schildern dieselbe so verlockend, daß wir garnicht erst geschwankt haben und obgleich wir Ihre meisterhafte Objektivität den beiden Wohnungen gegenüber bewundert haben, so glauben wir doch heraus zu fühlen, daß auch Sie mehr zu der Buchwaldschen Wohnung neigen. – Nun komme ich noch mit einigen wirthschaftlichen Dingen. Was finden wir vor? können wir die nöthigen Betten bekommen? wir nehmen nicht gern viel Ballast mit u. miethen lieber das Nöthige hinzu. Und vor allem, können wir *bald* kommen? mein Mann ist von der Influenza noch so nervös angegriffen, daß er nur von Luft u. Natur vollständige Genesung erhofft.

Sie sehen aus den beiliegenden Zeilen meines Mannes, wie eilig er es hat; darin ist er noch ganz jugendlich u. ich hoffe, Sie werden ihn nicht so erbärmlich finden, wie er sich schildert. Er ist so ungewohnt sich krank u. angegriffen zu fühlen, findet, jeden Tag, an dem er sich nicht beschäftigen u. arbeiten kann, für vergeudet, daß er seine allerdings sehr langsam fortschreitende Genesung ungeduldig erträgt. Hoffentlich thut sein geliebtes Gebirge wie schon so oft seine wohlthätige Wirkung u. die Nähe so lieber Freunde wird ihm sicherlich Geist u. Herz erfrischen. Möge uns eine schöne Zeit mit Ihnen beschieden sein. Die besten Grüße für Sie, verehrtester Freund u. Ihren Damen.

In Dankbarkeit Ihre
Emilie Fontane.

Berlin
13. Mai 92.

Ich bin wieder so elend, daß mir jede Zeile schwer wird, aber doch auch von mir noch als Hauptbetheiligtem ein kurzes Dankeswort. Freudiger lacht mich mehr an, ich bin nun mal für's Idyll, – vielleicht empfiehlt es sich, wenn ich von Buchwald aus noch ein paar Dankesworte an den Breslauer Herren schreibe. Daß wir so eilen, hat seinen Grund in meiner ganz elenden Verfassung, ich quiene hier nur so hin und setze mein Vertraun auf andre, bessere Luft. Die Woche von Himmelfahrt bis Pfingsten werden wir respektiren, aber am 21. stören wir noch nicht recht und nach Pfingsten hoffentlich noch weniger. Wir freuen uns alle sehr auf ein Wiedersehn. Nochmals besten Dank für die wundervolle

Lokalbeschreibung. Unter ergebensten Empfehlungen an Ihre Damen, wie immer Ihr

Th. Fontane.

(171)

Berlin 17. Mai 92.
Potsd. Str. 134.c.

Hochgeehrter Herr.

Herzlichsten Dank für so viel Liebe und Güte, die uns beschämt. In was uns so viel Wohlwollen einführt, darüber muß ein guter Stern stehn und so hoffen wir denn auf Genesung und Erfrischung angesichts des schönen Gebirges, dem wir schon so viele glückliche Sommer verdanken.

Wir wollen Sonnabend 8.43 oder so ungefähr hier fort und hoffen kurz vor 6 in Schmiedeberg einzutreffen. Die Frachtkiste kommt ein paar Tage *nach* uns, aber mit uns zugleich (4 Personen) treffen zwei Körbe, 1 Koffer und etliche Taschen ein, so daß wir, wenn nicht 2, so jedenfalls einen sehr großen Wagen gebrauchen werden. Ihre Güte trägt wohl auch dafür Sorge.

Sie alle wiederzusehn, auch die Kinder, freuen wir uns herzlich. Einen Abendimbiß bringen wir uns mit und empfehlen uns Ihrer Gastlichkeit erst für Tage die kommen. Schönste Grüße, auch an Bergel. In vorzügl. Ergebenheit

Th. Fontane.

(172)

Berlin 19. Mai 92.
Potsdamerstraße 134.c.

Hochgeehrter Herr.

Eben kommt Ihr lieber Brief mit Zeichnung und Citat aus Fr. W. IV. (letztres hat mich *sehr* amüsirt, weil es alles in die richtige humoristische Beleuchtung stellt, was doch des Lebens Bestes ist.) Das Ehepaar Gottschalk wirkt erfreulich gewissenhaft, aber auch mit den Mängeln davon, ein bißchen zu feierlich. Vielleicht ist es aber doch am besten so. Betten bringen wir also mit, aber nur für mich, die gesammte Weiblichkeit will es mit allerlei Zudecken versuchen und wenn diese bei der wohl noch bevorstehenden Kälte versagen, so wollen sie Bauerbetten oder auch Schmiedeberger Stadtbetten zu miethen suchen. Mir scheint das verständig; Ueberzüge etc. bringen wir mit. Daß wir erst heil an Ort und Stelle sind, wünschen wir uns, aber auch *Ihnen* »denn dieser letzten Tage Qual war groß« (für Sie); sind wir erst untergebracht, so läßt es nach, freilich mit vivat sequens, denn der 24. ist dann dicht vor der Thür und Dagmar ante portas.

Gleichzeitig mit diesen Zeilen wird wohl ein dickes Manuskriptpacket bei Ihnen eintreffen, das ich freundlichst bis Sonnabend aufzubewahren bitte. Verzeihen Sie, daß ich Ihnen damit ohne vorgängige Anfrage ins Haus komme, aber ich wußte mir nicht anders zu helfen. Die Werthangabe ist übrigens unrenommistisch, wenn der Kurs meiner Papiere nicht in rasches Sinken kommt. Möge mir dies erspart bleiben; so seine Decadence in Zahlen ausgedrückt zu sehn, muß was Trauriges haben. Wir freuen uns unendlich auf Natur und Stille, auf das allem Radau Entrücktsein. Früher war mir das Thema »Schmiedeberg oder Berlin« eine offne Frage, jetzt nicht mehr; so lange man noch strebt und hofft, hat die große Stadt mit ihren Strebungen einen Reiz, jeder will das große Loos des Lebens gewinnen, jeder hofft die Brätzeln werden für ihn besonders gebacken, wenn man aber erst merkt, daß keiner über die Salz und Kümmelbrätzel 'rauskommt, und mitunter aus welcher Hand genommen, dann verzehrt man sie lieber an einem Bergquell als an der Unterspree mit Leierkastenbegleitung. Ueber dies Thema mündlich bald mehr. Bitte mich allerseits zu empfehlen. In vorzügl. Ergebenheit   Th. Fontane.

Eben höre ich noch von 2 andern Packeten, die meine
Tochter an Sie adressirt hat. Tragen Sie all die Belästigung
mit Geduld, – das Schlimmste ist wohl vorüber. Ihr.

Th. F.

(173) [Emilie Fontane]   d. 10. Juni 92.

Lieber, verehrter Freund.

Mein Mann ist heute nach einer schlechten Nacht so
schwach u. angegriffen, daß er matt u. apathisch dasitzt u.
Sie bittet, den ihm vielleicht gütigst für heut zugedachten
Besuch, auf günstigere Tage aufzusparen. – Natürlich sind
wir sehr deprimirt. Empfehlen Sie uns Ihren Damen u.
denken Sie theilnehmend

Ihrer recht verängstigten
E. Fontane

Villa Gottschalk
10. Juni 92.

Hochgeehrter Herr und Freund.

Ich bin so sehr elend, daß meine Damen – ich konnte es
nicht – mit Ihnen sprechen mußten.

Keines Menschen Gespräch hat mich je so gefesselt und
angeregt wie das Ihre. Und zwar immer aufs Neu, sagen
wir »unentwegt«. Aber alles fordert Kraft und die habe ich
nicht mehr. Schmiedeberg bedeutet mir einen Platz zum
Rückzug aus dem Leben, bis zum Erlöschen. Bewahren Sie
mir Ihre Freundschaft, stehen Sie mir und den Meinen liebevoll bei wie bisher – ohne diesen Beistand hätten wir
verspielt – aber stellen Sie mich in unsrem mich beglücken-

den und eine Lebensbedingung für mich bildenden Verkehr, auf kleine Dosen. Seien Sie viel um mich, aber nur auf halbe Stunden. Vielleicht genese ich noch mal und kann Ihnen dann sagen und im Plaudern bethätigen, wie sehr ich an Ihnen hänge. Tausend Grüße Ihren Damen. Ihr treu und dankbar ergebener

Th. Fontane.

Villa Gottschalk
12. Juni 92.

(174)

Gnädigste Frau.

Ihre Güte hat mich aufs Neue beschämt und da ich zu sehr herunter bin, um mündlich zu danken, so diese Zeilen. Dabei auch noch die Versicherung, daß ich den grünen Schirm, der mich wie eine Wandeloase von Fenster zu Fenster begleitet, täglich segne.

Sind Sie gestern dem Unwetter noch gut entkommen? Es wird in Marienruh sehr unruhig gewesen sein. Eben erhält unsre Anna Besuch von ihrer Mutter, die die Nacht über auf der Heinrichsbaude war, – natürlich keine Minute da geschlafen.

Herzlichste Grüße und Empfehlungen Ihnen allen von Ihrem, auch für Haus Friedländer, nur noch beschwerlichen

Th. Fontane.

Montag früh [13. Juni 1892].

Herzlichen Morgengruß Ihnen und Ihren Damen. Bitte, sagen Sie Bergel noch nichts von kommen, – ich bin der Sache noch nicht gewachsen. Verzeihen Sie die Kürze; jede Zeile greift mich an.

In aufrichtiger Ergebenheit wie immer Ihr

Th. Fontane.

(176) *Villa Gottschalk.*
24. Juni 92.

Hochgeehrter Herr u. Freund.

Wenn Ihre Zeit es zuläßt, würde ich mich herzlich freun, Sie vielleicht heute noch zu einer Plauder-Halbenstunde zu sehn. Ich liege auch mit einer Mittheilung in Anschlag.

Empfehlen Sie mich Ihren Damen angelegentlichst. Ich bin so matt, daß mich selbst diese paar Zeilen anstrengen.

Ihr treulich ergebenster

Th. Fontane.

(177) *Berlin* 13. Sept. 92.
Potsdamerstraße 134.c.

Hochgeehrter Herr.

Ich soll Ihnen zwar nicht schreiben, thu's aber doch, weil es mich drängt, Ihnen nochmals auszusprechen, wie sehr ich mich Ihnen und Ihren Damen zu herzlichstem Dank verpflichtet fühle.

Die Fahrt war gut, immer allein; das Landschaftsbild deprimirend und das Herankommen an die große Stadt noch schrecklicher. Ich litt ordentlich; das Rennen und Jagen wirkte wie Hölle. Hier zu Hause war alles nett und gut,

viel besser als ich erwartet, aber die matte Luft steigert
meine Mattigkeit und meine Herzbeklemmung. Es ist ein
trauriges Dasein. Dazu das Auspacken und wieder an den
alten Riegel hängen, – alles so langweilig.

Aber wie geht es Ihnen? Ich habe keinen Anspruch mehr,
aber Sie sollen noch leben und sich des Lebens freun. Daß
Ihnen dies möglich werde statt die Nächte bei Hundeblaff
und unliebsamen Betrachtungen schlaflos zu verbringen,
ist mein Herzenswunsch. Glück, Freude! Einige sagen, wir
seien dazu nicht da, Pflicht sei alles, aber mein schwacher
Sinn kann von dem Wunsch nicht lassen.

Meine Frau ist glücklich, wieder hier zu sein, ich auch, –
aber doch drückt und lastet die Stadtluft auf uns. Es athmet
sich schwerer hier. Möge Ihnen Freude und Heiterkeit der
Seele das Athmen leicht und das Schmiedeberger Leben
angenehm machen. Ein bischen sitzt es in der Leber. Können Sie nichts dagegen thun? Von Bergel hatte ich heut früh
einen liebenswürdigen Brief. Tausend Grüße Ihren hochverehrten Damen, deren gelegentliche Strenge doch nur
Liebe ist. Meine Frau empfiehlt sich angelegentlichst allerseits. Wie immer Ihr aufrichtig ergebenster

Th. Fontane.

(177a)   [Emilie Fontane]   *Berlin*. d. 15. Sept. 92.

Sehr verehrter, sehr lieber Freund.

»Seit einem halben Jahr habe ich nicht einen so ausge-
schlafenen Eindruck gehabt, wie nach dieser Nacht« so trat
mein geliebter Alter heut morgen an den Frühstückstisch,
wo ihm außer Kaffe u. den doch auch von ihm jetzt aner-
kannten knusprigen Brötchen, Ihre lieben, gleich zu erken-
nenden Schriftzüge entgegen lachten. Und nun der Brief
selbst! wie verstehen Sie es, des alten Freundes Herz zu rüh-

ren, den rechten Ton zu treffen; er war, als ich fertig gelesen, nicht nur bewegt, sondern auch wie gestärkt durch Ihr Verständniß u. trotz aller Krankheit, Würdigung seines Wesens. Aber ich will chronologisch verfahren. Meine eigne Reise war garnicht anstrengend, da ich bis hierher allein im Wagen war u. sogar die Kaffestation verschlafen hatte. Friedel erwartete mich u. wir fuhren in offner Droschke bei erquickender Morgenluft durch das sauber u. noch einsam wirkende Berlin. Die Wohnung war gut gelüftet, wenig zu ordnen für mich, so daß meine Gedanken bei meinem armen Reisenden waren, die Sorge um ihn so gemildert u. abgeschwächt durch Ihre so gütige Begleitung. Er kam denn auch für seine Verhältnisse leidlich hier an, aß mit Appetit u. verlangte nach seiner »grünen Lampe« ich athmete auf, also wieder Licht. Dinstag kam unser Arzt, sichtlich erschrocken über die Abmagerung, aber beruhigt, als er hörte, mein Mann litte nicht an Schwächezuständen u. wäre stundenlang am Tage fähig spazieren zu gehn. Er verordnete kein Schlafmittel, aber eine täglich viermal zu nehmende Medizin. Erklärte das krankhafte Abwehren des Schlafes am Tage für thöricht u. fand den Appetit brillant. Mir sprach er Muth ein u. – Hoffnung. Jetzt erwarte ich ihn, um zu hören wann die Kur bei Dr. Rosenbaum, den er uns vorgeschlagen u. der Assistent von Dr. Mendel ist, beginnen soll; gewiß wird er sich freuen, welch Wunder seine Medizin bewirkt hat.

Der gestrige Tag war ein ächt berlinischer, angreifend u. erfreulich zugleich. Mittag's ließ sich unser alter Freund Zöllner zu uns herauf bringen! Sie erlassen mir, Ihnen zu schildern, wie mir u. Fr. Z. zu Muthe war, als sich die beiden alten, kranken Freunde gegenüber saßen! Ja, es gelang dem immer noch Humor besitzenden Z. meinen armen Mann so aufzufrischen, daß er ihm schließlich das Versprechen gab, morgen um drei mit mir dort zu essen.

Ist die nächste Nacht wieder gut, glaube ich beinah, er thut's.

Während mein guter Alter pflichttreu, auch seinen zweiten, den Abendspaziergang machte, kamen Heyden's, die durch meinen Sohn von unsrem Hiersein gehört u. später auch Sternheims. Alle sprachen mir Muth ein u. thaten mir in ihrer Freundschaft unendlich wohl. Die Nachrichten von unsrer Martha lauten ganz befriedigend; sie genießt in vollen Zügen die schöne Herbstluft in Warnemünde, möchte aber zurück; ich wünsche aber daß sie bis zum Schluß des Monat's dort bleibt. Mein Mann seufzt nach Ihrer schönen Gebirgsluft, aber bereut nicht einen Moment, seinen Aufenthalt abgekürzt zu haben u. ich hoffe, da ihm die Unsicherheit genommen, die er krankhaft in der Villa empfand, auch zur Beruhigung seiner Nerven dienen wird.

Ich schicke Ihnen »Jenny Treibel« das erste Exemplar vor der Buch-Ausgabe. Die »Firma« wie mein Sohn sich ausdrückt, hält es für vortheilhafter, damit bis Ende Okt. zu warten. Er erlaubt sich für Ihren Hans ein Büchelchen beizulegen.

Wie wird es sein, wenn es wirklich wahr wird u. wir Sie in diesem Herbst noch hier wiedersehen? Kann es möglich sein, daß die letzten Monate wie ein schwerer Traum hinter uns liegen? es wäre über mein Erwarten u. ich würde jeden guten Tag wie ein Geschenk betrachten. Aber, komme was da kommen mag, ich werde es tragen u. auch für die schwere Zeit eine dankbare Erinnerung bewahren, die Erinnerung an Ihre u. Ihrer teuren Frau Freundschaft!

Eben war der Arzt hier. Er wünscht, da seine Medizin solchen Einfluß geübt hat, die galvanische Kur noch aufzuschieben, im günstigen Falle ganz zu unterlassen. Er hofft, die Nerven meines Mannes berappeln sich durch Schlaf, viel Essen, Wein u. Bier trinken u. spazieren gehn.

Er sprach sogar von baldiger, geistiger Arbeit u. er gehört eigentlich nicht zu den Optimisten. Also hoffen wir! u. das rufe ich auch Ihnen zu: hoffen Sie, Sie haben soviel mehr Grund u. Recht dazu. Bekämpfen Sie die Kleinig- u. Kleinlichkeiten, sie sind nicht werth uns das Leben zu erschweren u. etwas hilft's doch, wenn man sich frägt: ist's des Aergers werth. Freilich weiß auch ich aus meinem langen Leben, daß sich das Schwere, direkt von Gott Geschickte, leichter ertragen läßt. Und nun verzeihen Sie mir meine Geschwätzigkeit, grüßen Sie Ihre Frau u. Kinder, empfehlen Sie mich Ihren Fr. u. Frl. Schwägerinnen u. bleiben Sie der treue Freund

> Ihrer Sie mütterlich liebenden Freundin
> Emilie Fontane.

(178)   *Berlin* 19. Sept. 92.
                                           Potsd. Str. 134.c.

Hochgeehrter Herr u. Freund.

Wir schulden Ihnen Dank für verschiedene Zeichen freundlicher Gesinnung: Brief an mich, Karte an meine Frau und heut eine Koppenkarte an uns Beide. Hans hat sein »Friedländer« fortgelassen, vielleicht liebäugelt seine Seele schon mit dem forschen holländischen Namen. Eine Bemerkung, die ich freundlich aufzunehmen bitte. Zu Ihrer Koppenparthie werden Sie das schönste Wetter gehabt haben; ich lief einsam und freudlos im Thiergarten umher. Gestern war ein echt Berliner Tag: von 1 bis 3 drei Besuche bei mir mit viel Gespräch, am Abend wieder 3, darunter der kleine Brahm. Dem bin ich nicht mehr gewachsen, aber die Forderung am Trapez weiter zu arbeiten, wird unerbittlich gestellt. Mein Zustand ist der alte; ich nehme Beruhigungsmittel um zu schlafen, nur leider ist der Erfolg nicht der, den ich wünsche. Meine Frau war sehr erfreut über Ihre

Karte. Möge Ihnen allen der Herbst noch viele schöne Tage bringen. Ich quäle mich so hin. Dank und Empfehlungen an alle, die die Koppenkarte so freundlich unterzeichnet. Wie immer Ihr

Th. Fontane

(179) *Berlin* 21. Sept. 92.
Potsd. Str. 134.c.

Hochgeehrter Herr.

Ich vergaß neulich zu melden, daß das Werthpacket glücklich angekommen ist; es fehlt nun blos noch der, der die 6000 Mark auch wirklich dafür zahlt; da ich unfähig bin die Sache durchzucorrigiren, so wird er sich wohl auch nicht finden, was mir um Frau und Tochter willen leid thut.

Vorgestern Abend traf ich auf meinem öden Spaziergange – wie vergleichsweise herrlich war der Weg nach Buchwald oder selbst nach dem goldnen Schlüssel – Assessor Korn und Frau, er noch gebräunt vom Manöver her, die junge Frau etwas blaß und spitz und ein wenig im Gesichtsschnitt an Frau Richter erinnernd. Beide waren vielleicht auf dem Wege zu Ihrer Mama, oder kamen von ihr. Ueber Mittag hatte ich einen Besuch in Schulte's Salon (jetzt im Redern'schen Palais) gewagt und war auch leidlich interessirt, ja mehr als leidlich, aber ich turkelte zwischen den Bildern hin und her und war froh wieder draußen zu sein. Die Medizin, die ich nehme, steigert die Müdigkeit ohne mir Schlaf zu geben, nur in der Nacht, auch wenn diese schlecht ist, findet sich ein bischen. Dabei werden einem beständig Geschichten erzählt, von Menschen, die gar nicht schlafen. Es ist die alte Trostesweise. Heute ist Regentag; die »Parthieen« werden hinter Ihnen liegen und so schadet es nicht viel. Grüße und Empfehlungen Ihnen allen und gelegentlich lassen Sie mich wissen, wie's Ihnen geht. Hoffentlich gut. Wie immer Ihr aufrichtig ergebenster

Th. Fontane.

(180) Berlin 25. Sept. 92.
Potsd. Str. 134.c.

Hochgeehrter Herr.

Herzlichen Dank für Ihren lieben Brief. Ich schreibe früher als ich wohl eigentlich sollte, denn das rasche Antworten verwickelt Sie in eine immerhin zeitkostende Correspondenz, aber das Plaudern mit Ihnen ist mir während der letzten Monate so zur Gewohnheit geworden, daß es mir schwer wird darauf zu verzichten. Es war ein sonderbares Leben da draußen in Villa Gottschalk, – die Nacht, bang und oft schlaflos, war lang und der Tag oft noch länger, dennoch stellten sich gute Stunden ein, die Luft erquickte, der Vormittag ging so hin und von 5 Uhr an kam ein Stück erquickliche Zeit, ich sah nach Ihnen aus und dann begannen die Plaudereien und die Spaziergänge auf und ab und dabei die Hoffnung auf 2 Nicht-Beller (Reimanns und Friebes) und vielleicht ein Stück ruhigen Schlaf. Das ist nun anders, besser in vielem, aber doch nicht in allem. Ich habe viel mehr Schlaf, selbst guten, ruhigen, aber die Gesammtstimmung ist freudlos; man ist eben das gelbe Blatt am Baum, um die Zeit wo der Spätherbst einsetzt, und die Zusprache der Menschen, die's höflich zu bestreiten suchen, während ihre Mienen es bestätigen, ist mitunter gradezu verstimmend. Zu dem allem kommt noch, daß auch meine Frau an Schlaflosigkeit zu leiden beginnt; ihre Tapferkeit bleibt dieselbe, aber es ist traurig mit an zu sehn.

Alles was Sie mir aus dem Schmiedeberger Leben schreiben, über Bergel und seine Gesinnungs- und Charaktervornehmheit, über den liebenswürdigen Neuhöfer Prinzen,

254

über die fortgesetzte Fehde des Richterschen Paares, über Scheliha und Wedel und die Verpflanzung der Frau v. Dekker von Boberstein nach Schmiedeberg (das nun eine merkwürdige Person mehr beherbergt) hat mich lebhaft interessirt, – es sind eben Nachrichten aus der kleinen Welt innerhalb deren ich 4 Monate gelebt habe. Leider wirkt das Meiste davon niederdrückend und nur was Sie über den geglückten Ausflug auf die Koppe schreiben, hat ein heitres Gesicht. Es kommt doch drauf an, wie einen die Dinge ansehn, resp. wie man sie sieht; alles dreht sich darum, ob man hofft und glaubt oder ob man damit scheitert.

26. Septemb. 92.

Wir erleben hier eigentlich eine Menge, namentlich wenn ich erwäge, daß wir kaum aus dem Bau kommen; 2 mal waren wir zu Tisch, erst bei Zöllners, dann bei Heydens; immer nur mit den liebenswürdigen Wirthen allein. Heyden sagte: »es kann Dir nicht geschadet haben, denn von Aufregendem war keine Rede«; er meinte es sehr gut damit, aber es hieß doch auch: ich habe Dich vordem interessanter gefunden. Er hat damit nur zu sehr Recht. Ihn persönlich beschäftigt der große neue Vorhang für's Opernhaus und wir sahen die verschiedensten Entwürfe; dem Stoff nach, deutsche Göttersage, alles sehr poetisch, aber nicht sehr verständlich und nicht allzu glücklich in der Composition. Heute kommt Otto Roquette, um 8 Tage bei Heydens zu wohnen; Heydens werden sehr nett sein, alle andern Freunde aber werden ihn grausam enttäuschen. Unter denen, die bei mir vorsprachen, war auch Dr. Max Nordau aus Paris; Sie wissen, er ist eigentlich Mediziner und nahm mich denn auch sofort in Behandlung, dabei so ziemlich alles verwerfend, und in ganz starken Ausdrücken, was unser hiesiger Arzt angeordnet. »Wenn Sie nicht thun, was ich

Ihnen vorschlage, so beklage ich Sie, mich gesehn und gesprochen zu haben, es kann Sie dann nur beunruhigen.« Allerdings. So wird man hin und her geworfen, erbarmungslos wie ein Colli. Von Fiducit kann keine Rede sein; *das*, was *er* mir sagte, schien mir auch Unsinn. Heiße Bäder mit Kopfkühlung, immer Kalbfleisch und Hühnerbrust und Hühnerbrühe statt Wein. Bisher hieß es, ich müsse jeden Tag eine Flasche Rothwein trinken. Kurzum eine jammervolle Geschichte. Die galvanische Kur wird auch angezweifelt, was der eine klug findet, findet der andre dumm. Ich habe mich nun drin ergeben, es ist alles das reine Lotto. Ich könnte noch so fortfahren, aber es ist schon zu viel. Ein angenehmer Besuch, den wir empfingen, war der vom jungen Schlentherschen Paare, beide klug und liebenswürdig wie immer; ihre Hochzeitsreise, die bis Venedig ging, war glatt verlaufen.

Meine Tochter, die 14 Tage lang von Pommern aus in Warnemünde war, ist jetzt wieder auf den pommerschen Gütern ihres Freundes Veit, aber nicht lange mehr, am Donnerstag will sie wiederkommen, ich fürchte nicht sehr zu ihrer Freude. Nun aber ist es Zeit zu schließen, es ist der längste Brief, den ich seit lange geleistet. Tausend Grüße Ihren hochverehrten Damen von mir und meiner Frau, Sie aber, bleiben Sie der Sie immer waren Ihrem treu ergebensten

Th. Fontane.

Wie geht es mit Stoeckhardt? mein Vertrauen zu seiner Wiedergenesung ist nicht groß. Der ganze Fall hat etwas eigenthümlich Schmerzliches.

(181) *Berlin* 28. Sept. 92.
Potsd. Str. 134.c.

Hochgeehrter Herr.

Seien Sie herzlichst bedankt für Ihren lieben Brief. Ich
schreibe gleich heut wieder ein paar Zeilen, weil ich vor-
habe von nun an in Etappen vorzugehn, beinah tagebuchartig. Daß ich überhaupt das Bedürfniß fühle, so vielleicht
beschwerlich oft zu Ihnen zu sprechen, woran liegt es?
Daran, daß Sie mir durch viele Wochen hin eine Theilnahme gezeigt haben, die die meisten Menschen, darunter
auch sehr liebe und gute und freundschaftlich bewährte,
schmerzlich vermissen lassen. Ich knüpfe daran keinen Vorwurf, Krankengeschichten sind langweilig und der *alte*
Kranke ist eine so überflüssige Erscheinung, daß die Inder
nicht ganz Unrecht hatten, die die Kranken auf Baumäste
setzten und nun zu schütteln begannen, – was sich nicht
mehr halten konnte, fiel in den Ganges und wurde weggeschwemmt. Ein ähnlich summarisches Verfahren findet
sich auch bei andern Völkern und nach dem wahren Satze,
daß das Leben den Lebenden gehört, ist nicht viel dagegen
zu sagen. Es ist in gewissem Sinne das Richtige, aber die
Liebe, die Vergangenes nicht vergißt, ist doch das Höhere,
das Schönere und stimmt den, der sich ihrer erfreut, zu
ganz besonderer Dankbarkeit. Man hängt am Leben (ich
auch) trotzdem einen jede Stunde von der Mißlichkeit der
Sache überzeugt. Sie schildern wundervoll die Richtersche
Gesellschaft und setzen hinzu: »das heißt eine Welt, das ist
eine Welt.« Sehr wahr. Und zieht man dann in Erwägung,
daß eigentlich alles »Richtersche Gesellschaft« ist, so ist die
Sache, die man Leben nennt, keinen Schuß Pulver werth
und die Materialisten haben Recht die wieder stiller Staub
sein wollen, und die Frommen haben Recht, die eingehen
wollen zu himmlischen Freuden, zu Schauen und Verklärung. Unbegreiflich, daß wir das Werthlose für so werth-

voll halten und uns sträuben gegen das Abschiednehmen von Tand und Flitter. Ein Räthsel, das ungelöst bleiben wird wie alle andern. Man ächzt so weiter und freut sich daß man athmet.

29. September. Ich muß mich oft einen Hypochonder schelten lassen, aber es ist nicht so schlimm damit, und was wirklich hübsch ist, erfreut mich immer noch. Neulich kam ich Abends die Potsdamer Straße entlang, alles heiß, schwül, bedrücklich, aber die Menschheit, die sich um mich her tummelte, war sauber und adrett und ich empfing einen guten Eindruck. Zu Hause traf ich dann Schlenthers und freute mich ihrer. Beide, er wie sie, haben ein Recht zu sein, sie sind etwas und bieten etwas. Aber dem Meisten was man sieht, muß man dies absprechen, weil man wahrnimmt, daß es etwas Falschem dient. Wie die alten Juden den Bal-Dienst nicht sehen mochten, so geht es mir mit dem modernen Unwesen, das mich mit einem gewissen Schauder erfüllt. Es von der heitren Seite nehmen, bedeutet den Sieg darüber, aber dazu gehört eine Kraft, die ich nicht mehr habe.

Am Mittwoch Mittag war Otto Roquette eine Stunde bei uns, nicht sehr verändert, nur verwittert und von grauem Teint. Nicht zu verwundern, er hatte im Frühjahr drei Tage und drei Nächte unausgesetzt Nasenbluten; daß es zu stopfen glückte, war ein Wunder. Er sprach davon ohne alles Aufheben, war überhaupt wie immer voller Muth und Vertrauen, was alles einen sehr guten Eindruck machte, nur wirkte das Ganze doch petrefakt, überlebt. Und so ist man nun auch und will doch noch weiter existiren.

Freitag, d. 30. Heut ist ein wundervoller Herbsttag und erquickt mich wie seit lange nichts; ich glaube, 20 solche Tage könnten mich gesund machen. Uebrigens hat mir Nordau noch durch Pietsch sagen lassen: ihm folgen bedeute für mich Genesung. Möglich. Aber zunächst starker Taback! Heute kam ein Brief von Frau Stoeckhardt. Sie haben ganz recht gesehn; als nichts helfen wollte, verordnete Wille Spazierfahrten und die haben vorläufig wundervoll gewirkt; Stoeckhardt selbst ist guten Muthes. Die Verhandlung vor Gericht muß recht unangenehm sein. Wer Recht hat, weiß ich nicht, höchst wahrscheinlich Frau Stoeckhardt, denn ich finde die Summe kolossal hoch, aber trotz dieses muthmaßlichen Rechtes, hätte ich den Prozeß-Lärm vermieden und zu mir gesagt: 13 Mark 50 oder 15 Mark ist schließlich gleich; um so geringer Differenz willen mag ich keinen Prozeß haben. Und mit der Wahrung des »Rechts« ist es so so; tritt man erst auf *das* Brett, so hat man jeden Tag 24 Stunden Streit.

1. Oktober Heute, nach einer schlaflosen Nacht, geht es mir ganz schlecht. Das Elektrisiren regt mich mehr auf, als es mich beruhigt. Der Kraft-Reservefonds wird immer kleiner. Mein Leben ist sehr qualvoll.

5. Oktober Die Nachricht von dem Tode des jungen Prinzen Reuß hat uns alle aufrichtig betrübt. Der Alte muß viel durchmachen. Hier sieht es schlecht aus, alles krank, dazu heftige Gemüthsbewegungen. Wie soll da die Kur anschlagen! Berühren Sie, wenn Sie antworten, diesen Punkt nicht, sagen Sie, bitte, nur, daß Sie mit Theilnahme von dem Kranksein meiner Frau gehört hätten. Ein Glück ist, daß man wenigstens eine Zeitung hat und sich auf Viertelstunden auffrischen kann. So jetzt durch die Berichte über die Distance-Reiter. Ergeh es Ihnen allen gut. Wie immer Ihr herzlich ergebenster

Th. Fontane.

Berlin 12. Okt. 92.
                                          Potsd. Str. 134.c.

Hochgeehrter Herr.

Für eine kurze Karte und einen langen lieben Brief habe
ich Ihnen zu danken. Es freut mich aus letztrem zu ersehn,
daß Sie an Ihrem jüngsten Hausbesuch so viel Freude haben;
ist einem ein solcher Besuch sympathisch, so zählt er zu dem
Besten, das einem werden kann, neu, frisch, lachend, entweder amüsant oder amüsabel oder wohl gar Beides, – wer
sehnte sich nicht zu solcher Zugabe beim Frühstück und den
Tag über der folgt. Die kleine Vorliebe für die Saurmas und
Usedoms nimmt man da gern mit in den Kauf. Vor ein paar
Jahren hätte ich dies noch überzeugter ausgesprochen, weil
meine Stellung zum Adel damals noch eine andre war, jetzt
sehe ich doch zu sehr, was unsrem »ersten Stande« fehlt, der
Prozentsatz der Ungebildeten unter ihnen ist zu groß. Und
kaum ist der gute Wille da, dies zu ändern, weil vor der Sache
selbst, will sagen vor der Bildung, kein Respekt existirt.
Auch *das* wäre hinzunehmen, aber die Bekanntschaft mit der
Sache müßte vorausgegangen sein. Was Sie hinsichtlich der
Novelle »Der Herr Baumeister« schreiben, kann ich gelten
lassen, aber gerade diese Breiten, die schließlich auch fehlen
könnten, geben der Geschichte, neben ihrem eigentlichen
rührenden Inhalt, auch ein Lokalkolorit, einen Hintergrund, der, durch seine vortreffliche Tönung, die Wirkung
der Geschichte steigert.

Sie haben Recht, es ist alles in allem doch ein rechtes
Glück, daß ich wieder in Berlin W. leben kann. Wenn ich es
nicht vergesse, will ich ein paar Zeilen Frenzels beilegen,
die, so einfach sie sind, doch deutlich zeigen, was man an
den Leuten von Berlin W. hat; alles ist geschmackvoll.
Wichtiger als solche Briefe aber, sind die Begegnungen im
Thiergarten, der mitunter wie der Parkgarten eines Sanato-
riums wirkt; alles was alt und leidend ist, sucht auf mittäg-

lichen Spaziergängen Zuflucht in ihm. Neulich traf ich meinen alten Freund und Gönner den General v. Zychlinski, einen der Tapfren aus dem Swip-Wald bei Sadowa, wo die 7. Division den Tag rettete. Wir kennen uns seit 50 Jahren und die Freude war groß. Wovon man da alles sprach? Von Blasenleiden, Kathetrisirung und Strahlschen Pillen und so plaudernd zogen eine Generals-Excellenz und ein deutscher Balladendichter ihres Weges. Ich darf aber sagen, es hatte all das nichts Niederdrückendes, es war menschlich und der Ton dafür richtig gestimmt, resignirt mit einem Anfluge von Humor. Auch resignirt, aber freilich ohne Anflug von Humor, wird der arme Neuhöfer Prinz seinem Schicksale nachsinnen. Zu allem gehört Kraft, zu Lust wie Leid, und das Gefühl der eignen Gebrochenheit wird ihn jetzt doppelt quälen. Ueberall Tod; auch Lothar Bucher ist nun hinüber, in der Schweiz, fast wie ein Verbannter. Eigentlich war er ein Verbannter sein Lebelang, er ist einsam durch die große Welt gegangen, immer in Berührung mit den Klügsten und Besten, aber nur in Berührung, Intimität hat er nicht gekannt. Sein Leben läßt sich nicht ohne Wehmuth betrachten.

Es freut mich, daß sich die Correspondenz mit Capitain White fortsetzt; es war doch eine reizende Begegnung, beneidenswerth, vielleicht die Blüthe des ganzen Sommers. Ein bischen kurz dieser Königgrätzer Abend, aber vielleicht gerade dadurch so werthvoll, so ungetrübt; dauert es länger, so stellen sich leicht Störungen ein. Erfreut hat es mich auch, daß Sie wieder 2 Vorträge zu halten haben; es ist schmeichelhaft, regt an und erfüllt Sie mit angenehmen Gedanken. Von der Fahrt nach Landeshut müssen Sie mir einmal ausführlicher schreiben. Die Stöckhardt-Sache bleibt fatal, aber wir sind hier alle der Meinung, daß die Veranlassung zu dieser Handelweise nicht in Geiz zu suchen ist; viel eher Verbocktheit. Es ist ein merkwürdiges

Haus, eng und doch auch wieder frei. Daß die »schöne Constanze« zu der kleinen Welt ihrer Jugend hält, kann man ihr auch als Tugend anrechnen; sie wird außerdem wissen, wie mau es bei uns in Preußen in den oberen Stellen aussieht, nicht immer, aber oft. Was Sie von den modernen Strebern sagen, die das Fernrohr, durch das sie die Dinge betrachten, je nach Bedarf umkehren, ist vorzüglich. Uebrigens sind wir vielleicht alle so.

Freitag 14. Oktob. Von mir ist nicht viel zu sagen, alles die alte Geschichte. Gestern setzten mir Frau und Tochter auseinander, daß ich diese meine alten Tage auch als sehr erträgliche, ja als relativ bevorzugte ansehen könnte. »Du leidest keine Noth, bist von Nahrungssorgen nicht bedrückt, hast keine Schmerzen, wirst gepflegt, kannst an allem theilnehmen, – das alles ist schon sehr viel.« Ich gebe das zu, aber das Gefühl von Schwäche und Freudlosigkeit bleibt, das ist eben die Krankheit dran ich laborire. Des »Wollens«, das Sie mir aus dem väterlichen Erbschatz als Heilwort mit auf den Weg gegeben, befleißige ich mich, aber es bleibt Zwangsarbeit. In voriger Woche war auch meine Frau sehr elend und meine Tochter nicht viel besser im Stande, dabei will denn die couleur de rose nicht recht gedeihn. In eben dieser Zeit hatten wir Besuch – natürlich nicht *Logir*besuch – von einer jungen Gräfin Wachtmeister, einer Tochter des alten Geheimrath Veit; sie bewohnt ein Gut ganz in Nähe von Stralsund und aus ihrem Munde vernahmen wir, daß das junge Tillgnersche Paar sehr beliebt sei. Vielleicht freut diese Mittheilung Ihre Damen. Roquette ist seit fast 8 Tagen wieder fort. Berlin hat ihm *sehr* gefallen; er kneipte, ganz studentisch, mit jungen Schauspielern bis tief in die Nacht hinein. Man könnte sagen: beneidenswerth, aber mir scheint es zu 68 und dem Lebensgesammtzuschnitt nicht recht zu passen. Dabei jeden Abend ins Theater. Auch das ist nicht nach meinem Geschmack. Die Theater, so wie man beginnt das Leben hinter den Coulissen mitzumachen, sind nicht hohe Schulen des Idealen, sondern wahre Brutstätten von Neid, Klatsch, Intrigue und in dieser Welt zu leben, ist für einen alten Knaben einfach degoutant. Oder sollte es wenigstens sein. Roquette findet es nett und träumt davon, den »Feind im Hause« noch einmal aufgeführt zu sehn. Es wird nicht geschehn, aber wenn auch, ich begreife nicht, wie man an einer *einzigen* Aufführung (denn zu mehr kommt es nicht) eine Freude haben kann. Ein Stück Kirschkuchen wäre mir lieber. Echte, große Erfolge haben einen Zauber, die kleinen sind ridikül.

15. Oktober. Die Distance-Ritte haben mich *sehr* interessirt, trotzdem ich ganz auf dem Standpunkte des östreichischen Kriegsministers stehe, den diese Dinge an die Stiergefechte erinnerten. Ich mußte des Streits gedenken, der vor etlichen Jahren über die Vivisektion geführt wurde, wo es abschließend hieß: »es bleibt prekär. Jeder Einzelne hat sich die Frage vorzulegen, ob er der Wissenschaft wirklich einen großen Dienst leistet. Kann er vor seinem Gewissen darauf mit ›ja‹ antworten, so mag es geschehn, sonst nicht.« Es ist nicht abzusehn, daß die Distanceritte die Kriegstüchtigkeit fördern.

Das Kaiser-Telegramm an Zelle war sehr hübsch, mußte aber nach den Vorgängen mit Achenbach überraschen, wenn dieser *wirklich* im Auftrage des Kaisers verhandelt hat. Dies wird jetzt allerdings bestritten und Eingeweihte behaupten, Achenbach habe aus eignem Antriebe gehandelt, weil er den Wunsch gehabt, selber Oberbürgermeister zu werden. Ob dies zutrifft, wer will es sagen? Ich würde die Oberpräsidentenschaft immer vorziehn; ein Oberbürgermeister von Berlin ist ohne Fortschrittlichkeit und

Kampfesstellung, wenn auch loyalster Natur, nicht denkbar. Und solche Stellung einzunehmen, ist Achenbach wohl kaum in der Lage. Dazu hat er zu lange in Potsdam gelebt.

Den 17. Oktober. Ich nehme seit vier Tagen blos Brom, schlafe auskömmlich und würde zufrieden sein, wenn ich nicht, namentlich auf meinen Spaziergängen immer schwindlig wäre. Das ist, das Mindeste zu sagen, sehr unbehaglich, eine beständige Mahnung. Im Geplauder vergesse ich es und das sind die besten Stunden. Zu Zeiten kommt Besuch, was mir zunächst angenehm ist; nur wie das so zu sein pflegt, *wenn* Besuch kommt, kommt er meist in Bataillonen und was auf 3 Tage vertheilt eine reine Freude wäre, ist auf 3 Stunden concentrirt eine große Anstrengung und mitunter eine Qual. Vorgestern Abend waren hintereinanderweg da: Frau Dr. Frenzel, Friedrich Stephany, Dr. Witte. Das war viel, so sehr mich jeder einzelne interessirte. Frenzel leidet sehr, trotzdem er seinen Dienst thut oder vielleicht gerade deshalb. Von dem unablässigen Pflegedienst ist auch die Frau krank geworden und war vor etwa 2 Monaten stocktaub. Jeden Tag zum Ohren-Arzt; nun hört sie wieder, die Kur dauert aber fort und ist schmerzhaft und nervenangreifend. Den tiefsten Eindruck aber machte auf mich, was sie über »das Reisen« sagte. »Früher kannte ich nichts Schöneres als Reisen, jetzt kenne ich nichts Schrecklicheres. Es ist eine lange Kette von Verdrießlichkeiten, Prellereien und äußerstem Nicht-Comfort. Weder Artigkeit, noch Heftigkeit, weder Empfehlungen noch Splendidität im Geldpunkt, weder Anmelde-Telegramme noch Lederkoffer mit Bronzebeschlag können einen retten; mit der Droschke fängt es an, dann kommt die Coupéfrage, dann die Hôtels, die Kellner, die Wohnungsvermietherinnen – alles gleich bedrücklich, man ist nur dazu da, um ausgepreßt zu werden.« Mir ganz aus der Seele gesprochen. Wer nicht auf sein Landgut gehen kann, bleibe, wenn er alt ist, lieber zu Hause. – Stephany tritt heute sein Amt wieder an; ich seh' es mit Sorge; er ist, krank wie er ist, kaum der Arbeit und sicherlich nicht dem Aerger gewachsen. Neulich war Pietsch bei mir. Eine merkwürdige Mischung von Genie und Fanfaron. Das Genie ist aber so groß, daß man alles mit in den Kauf nehmen muß. Er erzählte mir in seiner leider halb unverständlichen Vortragsweise von der Londoner National-Galerie, von englischem Leben und einem Ausfluge nach Cambridge. Es war stupend. Cambridge baute er in 3 Minuten sichtbarlich vor mir auf. Und nun will ich schließen. Empfehlen Sie mich Ihren Damen und freuen Sie sich der milden Herbstestage. Die Stürme kommen noch früh genug. In herzlicher Ergebenheit Ihr

Th. Fontane.

[Karl Frenzel an Fontane]

Verehrter Herr und Freund!
Wie geht es Ihnen? Darf ich Roquette's Angabe trauen – und wie gerne thue ich es! – hoffentlich gut und besser als mir, der ich mich noch immer nicht von dem Stoß der Influenza im Januar dieses Jahres erholen kann. Ein unbeschreiblicher quälender Katarrh sitzt mir in den Bronchien. Man muß sich schließlich darein ergeben und sich auf das Altentheil zurückziehen. Wenn man so lange mitgespielt hat, wie ich, thut man es schließlich – nicht gerne, aber doch mit der nothwendigen Resignation. Meine Frau grüßt Sie und die Ihrigen schönstens. Sonst Alles Gute von Haus zu Haus

treulichst
Ihr Karl Frenzel.
Berlin. 10. Okt. 92.

Anbei eine Schiller-Petition, die Sie freundlichst weiter geben wollen.

(183) Berlin 1. Noveb. 92.
Potsd. Str. 134.c.

Hochgeehrter Herr u. Freund.

Gestern war es schon eine Woche, daß ich Ihren zweiten lieben Brief empfing und noch immer habe ich nicht geantwortet. Angesichts dieser Thatsache will ich mich wenigstens entschuldigen oder die Säumniß erklären. Es liegt daran, daß ich seit 8 oder 10 Tagen ins Schreiben gekommen bin, etwas das ich von mir total gebrochenem Mann nicht mehr erwartet hätte. Und zwar habe ich schon 4 Kapitel meiner *Biographie* (Abschnitt: Kinderjahre) geschrieben. Da mich dies Unterfangen sehr glücklich macht, so ist alle Correspondenz ins Stocken gerathen; ich trete aber recht bald *doch* an. Bis dahin unter 1 000 Grüßen Ihr treu ergebenster

Th. Fontane.

(184) Berlin 7. Novb. 92.
Potsd. Str. 134.c.

Hochgeehrter Herr u. Freund.

Nun endlich! Ich habe die großen Conceptpapierbogen zurückgeschoben und nehme die kleinen Briefbogen zur Hand. Zunächst greife ich auf Ihren lieben Brief vom 17. Oktober zurück, der nun schon volle drei Wochen in meinen Händen ist. Es heißt darin, es würde Personen wie Ihnen, und wohl auch mir, so vieles als »Laune« angerechnet. Gewiß ist es so und es kann auch sein, daß in dem was man uns vorwirft, »Laune« mit drunter läuft, wenn ich aber speziell auf meine diesjährigen Erlebnisse zurückblicke, auf die, die seit Monaten und dann auf die, die seit Kurzem zurückliegen, so liegt, ich will nicht sagen die Laune, aber doch das Anfechtbare überhaupt, ganz wo anders, nämlich auf der Seite der Ankläger. Ich werde jetzt seit drei, vier Wochen mit derselben Liebe und Zärtlichkeit behandelt wie in alten Tagen, was mir natürlich sehr lieb ist, aber mitten in meinem Glück mich doch auch schmerzlich berührt. Was *mich* angeht, so besteht die ganze Differenz darin, daß ich im Sommer viele viele Male nicht *eine* Stunde geschlafen hatte und daß ich jetzt in der angenehmen Lage bin wieder 8 Stunden oder in besonderen glücklichen Nächten auch noch eine mehr schlafen zu können. So habe ich denn auch wieder die Kraft heiter zu sein und mich der Heiterkeit andrer freuen zu können. Nichts hat sich geändert, mit Ausnahme des Kraftmaßes mit dem ich so zu sagen früh-morgens ins Feld rücke. Mein Charakter ist unverändert geblieben, ich bin, wenn Egoist, noch gerade so egoistisch wie früher, ich bin auch nicht heldenmäßiger geworden, ich kann nur wieder schlafen und konnte es im Sommer nicht. Meine Widerstandskraft war hin, das war mein ganzes Verbrechen, *da*rum Räuber und Mörder. Ich habe mich wohl gehütet, mich in diesem Sinne hier zu Hause zu äußern, aber es ist genau so wie ich's hier schildre und als Resultat steht für mich fest, daß auch die liebsten und besten Menschen Fatalitäten nicht gut ertragen können und den, der ihnen diese Fatalitäten unschuldig auferlegt, für eben dieselben verantwortlich machen. Wenn Sie diese Stelle Ihren Damen, die ich so sehr liebe und verehre, vorlesen, so bitte ich zunächst um nachsichtige Beurtheilung und dann um nochmalige gewissenhafte Prüfung der Rechts- und Sachlage hüben und drüben. Es giebt Menschen, die eine große Kraft über sich haben und es giebt andre, die diese Kraft *nicht* haben. Sie haben dafür was andres. Jeder muß aus sich heraus beurtheilt werden; überschreitet die Eigenart ein gewisses Maß, so haben die darunter Leidenden ein gutes Recht sich dagegen zu wehren, aber wo fängt die Ueberschreitung des noch zulässigen Maßes an? Alle Frauen machen sich die Beantwortung dieser Frage etwas zu leicht. Sie nehmen die Norm aus sich und es ist zuzugestehn, daß die guten Frauen normaler, will sagen gesünder, natürlicher und pflichtmäßiger fühlen, als die dem Bequemen und Egoistischen zuneigenden Männer. Darauf beruht auch der große Einfluß der Frauen, die Männer, im Gefühl ihrer Mängel, ordnen sich freiwillig unter. Aber mehr können sie auch nicht thun, sie können sich nicht »umkrempeln« und – und dies ist die Hauptsache – brauchen es auch nicht. Bin ich von etwas Fehlerhaftem in mir *absolut* durchdrungen, so habe ich die Pflicht diesen Fehler abzulegen oder wenigstens beständig dagegen anzukämpfen. Aber solcher Art sind die Fehler nicht immer, die man hat; wie's bei den Katholiken »läßliche Sünden« giebt, so giebt es »läßliche Fehler«; wer sie nicht hat, wird der korrektere sein, er wird öfter als Musterknabe dastehn, aber viele von den Gaben, Vorzügen und selbst Tugenden des Andern wird er *nicht* haben. Dies fordert dazu auf, mit dem Ausmerzen und Correktmachen nicht zu energisch vorzugehn. Temperament und Geschmack spielen in diesen Dingen eine große Rolle und wenn ich nach Temperament und Geschmack so geartet bin, daß ich mir unsympathische Personen, darunter auch Schwiegermütter, Schwäger, Vettern und Muhmen, lieber gehen als kommen sehe, so bin ich damit im Recht, ja *mehr* im Recht als diejenigen, die, voll feinen und vornehmen Sinnes, dem Familiencultus und schöner Gastlichkeit huldigen und jedem Gaste der kommt nicht blos ein Lamm schlachten, sondern auch gleich noch den Mann dazu. Oder ihn bei lebendigem Leibe 3 Tage am Feuer rösten. Es giebt einen Egoismus, der die vollkommenste Berechtigung hat, weil er nur Abwehr, Selbstvertheidigung ist. Das »Ich« zu opfern ist etwas Großes, aber es ist eine Spezialbeschäftigung, Vorstufe zur Heiligkeit oder schon die Heiligkeit selbst, ein Etwas, das man bewundert, danach man aber unter gewöhnlichen Verhältnissen nicht leben kann. Dazu giebt es besondre Anstalten: Klöster, Wüstenhöhlen, Lazarethe, Hospize.

Mittwoch 9. November.
Das Vorstehende habe ich gestern und vorgestern geschrieben, ich war angegriffen und so ist es etwas lang und breit gerathen; wenn man frisch ist, läßt sich alles kürzer sagen. Ich finde in Ihren Briefen vom 17. v. M. noch 2 andere Punkte: die Judenfeindschaft in Hirschberg und Frl. Lemke als bezähmte Widerspänstige oder als Nachgiebige. Die Judenfeindschaft ist, von allem Moralischen abgesehn, ein Unsinn, sie ist einfach undurchführbar; alle Menschen die ich hier kenne, ganz besonders auch Militär und Adel, sind in eminentem Grade von den Juden abhängig und werden es mit jedem Tage mehr. Ich halte es für ganz unmöglich, diesen Zustand zu ändern. 61 Prozent aller Berliner Häuser sind in Judenhänden und in zehn oder zwanzig Jahren werden es wohl 80 Prozent sein; wie will man da heraus? Es giebt kein andres Mittel als Stillhalten und sich mit der allmäligen Christianisirung zufrieden zu geben. Es ist uns gleichgültig ob der Ahnherr des alten Blücher ein Wendenfürst war und so kann es uns auch gleichgültig sein, ob die zukünftigen Schlachten an der Katzbach von einem Abkömmling Mosse's oder seines Chefredakteurs Loewisohn geschlagen werden. – Die Wandlung des Frl. Lemke gefällt mir nicht, ich finde es alles so herausgeklügelt, so kolossal berechnet oder wenn dies nicht der Fall sein sollte, kleinstilig und albern. Es ginge alles, wenn nur nicht Beide für solche Spielerei zu alt wären.

In Ihrem Briefe vom 22. hat mich natürlich alles, was

Sie über das Zychlinskische Paar schrieben, aufs Höchste interessirt. *Nicht* überrascht, trotzdem ich nichts von diesen Sachen wußte. Der alte Zychlinski hat mit seinen Kindern kein rechtes Glück gehabt, was einem immer wieder zu denken giebt. Viele wollen von der Rückschlagstheorie nichts wissen, aber es giebt kaum eine andre Erklärung. Er, Zychlinski, Ehrenmann durch und durch, bescheiden, klug, sehr gebildet, *sie*, die Zychlinska (geb. Scherz, Schwester meines ältesten Freundes) etwas gewöhnlich, etwas knausrig, etwas schmuddlig, aber voll Humor und natürlichem Verstand, von guten Sitten und vernünftiger Lebensführung. Da hätte man Normalmenschen als Produkt erwarten müssen und doch sind die Kinder aus dieser Ehe, der Mehrzahl nach, verunglückt oder geistig zurückgeblieben. Der nicht mehr jungen »jungen Frau« (geb. Rose) die Sie so wundervoll geschildert haben, kann ich mich allerdings nicht mehr erinnern, wohl aber ihrer Eltern, Prof. Gustav Rose und Frau (geb. Frick) die mitunter täglich in der Roseschen Apotheke waren. Diese Mutter war sehr hübsch, verführerisch, die dem immer in Mineralogie arbeitenden Ehemanne seine langweiligen Steine nur verzieh, wenn er ihr eine Diamant-Broche schenkte. Von den Söhnen haben sich übrigens zwei, glaub' ich, zu was sehr Tüchtigem entwickelt, der eine als Bibliothekar, der andre als Arzt. Ihre Schilderung der Bromberger Zychlinskis hat mir übrigens wieder recht anschaulich gemacht nach welcher Seite hin Ihr Darstellungstalent liegt; wenn Sie noch dazu kommen, das »Buch« zu schreiben, so müßten Sie vorzugsweise diese das Genre streifenden Portraitmalerei cultiviren. Ihr Talent hat darin eine gewisse Aehnlichkeit mit dem unsres L[udwig] P[ietsch], dessen vor etlichen Wochen erschienenes Buch »Wie ich Schriftsteller wurde«, nach der Seite der Charakterskizzirung hin, etwas geradezu Glänzendes leistet. Ich kann mich kaum entsinnen, ein

Buch gelesen zu haben, das solche Fülle brillant entworfener beziehungsweise durchgeführter Portraits enthält. Leider giebt es in Deutschland so wenig Menschen, die das zu würdigen verstehn; 99 von 100 quatschen nach, was in ihrer Zeitung steht und damit basta. – Ich freue mich, daß sich Ihre Correspondenz mit Captain White fortsetzt.

Stoeckhardts sind seit vorgestern Abend hier und haben uns gleich gestern durch die Verlobungsanzeige des jüngsten Grosser überrascht; er kann sich nun die Venus von der Sternwarte seines Schwiegervaters aus ansehn, wenn er nicht die Braut vorzieht.

Herzliche Grüße von mir, Frau u. Tochter an Ihre Damen. Mit besten Wünschen für Ihrer aller Wohl,

Ihr

Th. Fontane.

(185) *Berlin* 13. Novb. 92.
Potsd. Str. 134.c.

Hochgeehrter Herr u. Freund.

Da habe ich nun neulich einen langen Brief geschrieben und doch die Hauptsache vergessen, nämlich die Beantwortung einer direkten Frage. Es kam so, daß ich mir, nach nochmaliger Durchsicht Ihres Briefes, einen Antworte-Zettel gemacht hatte und als ich mich zum Schreiben niedersetzte, war der Zettel nicht da.

Von den 5 Thematas würde ich die beiden letzten: »Todtentänze« und »Monte Rosa-Besteigung« streichen. »Todtentänze« sind ein sehr feines und etwas grusliges Thema; auch das »sehr fein« erscheint mir kaum als ein Vorzug. Vielleicht aber haben Sie ein reiches *anekdotisches* Material zur Hand, – das würde meine Stellung zu der Frage ändern. Monte Rosa-Besteigung! Ich weiß nicht, wie sie verlaufen ist. Erlebt man etwas ganz Apartes oder gestattet das Erlebniß umgekehrt eine humoristische Darstellung, so kann Reisebeschreibliches ganz vorzüglich sein, – sonst meistens nicht.

Storm ist ein vorzügliches Thema, aber man muß ihn persönlich gekannt haben; was über ihn gedruckt worden ist, ist alles schwach, selbst das von Pietsch nicht ausgenommen. Storm wird nämlich erst interessant, wenn man über seine Schwächen und Schrullen *nicht* hinweg geht, man muß den Muth haben, auch seine Ridikülismen zu schildern, dann wächst er und wird eine volle Figur. Er war ein großer Lyriker, ganz Nummer eins, aber doch zugleich, wie's jetzt in dem neusten Wildenbruchschen Stück heißt, eine »komische Kruke«. – Die »Quitzows« sind ein *sehr* guter Stoff, aber in mehr als einer Beziehung etwas heikel; tritt man für sie ein, so verletzt man die Hohenzollern zunächst in ihrer Familiengesammtheit und durch Parallele Dietrich v. Quitzows mit Bismarck den gegenwärtigen Kaiser im Speziellen. – Tennyson auch sehr gut, aber ohne englische Bücher gar nicht zu leisten. Und zwar muß man die *richtigen* dazu haben, die sehr schwer zu beschaffen sind; die bloßen Verherrlichungsbücher sind gar nicht zu brauchen. Tennyson ist eminent eine »englisch zurechtgemachte Größe«. Nicht als ob er seinen Ruhm nicht verdiente, aber er ist in allem was ich gelesen, immer auf den »Dichter« und gar nicht auf den »Menschen« hin abgezapft, und dadurch kommt was Steifes und Langweiliges in die ganze Geschichte. Durch bloßes Vorlesen eines seiner Werke, kann man die Sache nicht retten.

Herzlichste Grüße. In vorzügl. Ergebenheit

Th. Fontane.

Berlin 20. Novb. 92.
Potsd. Str. 134.c.

Hochgeehrter Herr u. Freund.

Schönsten Dank für den langen, liebenswürdigen und inhaltreichen Brief vom 14. Ich beantworte ihn, so wie ich in meiner Arbeit ein Stückchen weiter bin und ich das nie ausbleibende Pause-Bedürfniß habe. Heute nur wenige Zeilen als Begleitzeilen zu der Quitzow-Kritik, die meine Frau glücklich aufgefunden hat. Ich erhalte sie wohl bei Gelegenheit zurück. – Ich bin so frei mir folgende Disposition für den Vortrag zu erlauben:

In den letzten Jahrhunderten kümmerte man sich wenig um die Quitzows.

Klöden (in »Die Quitzows und ihre Zeit«) belebte die Sache wieder, andere Historiker (diese zunächst *nicht* nennen) folgten,

von da ab blieb es ein viel besprochner Stoff bis Wildenbruch die ganze Geschichte auf eine volle Höhe des Interesses hob.

Nun eine ganz kurze Inhaltsangabe der Wildenbruchschen »Quitzows«;

Dann Hervorhebung dessen was den großen Erfolg schuf: das beständige Erinnertwerden an den lebenden großen Typus altmärkischen Adels, an Bismarck,

Dann Uebergang zur Kritik, nicht des Stücks als dramatisches Kunstwerk, sondern als historische Darstellung unsres wichtigsten Landes-Ereignisses.

Als Stück ist es um seiner dramatischen Wucht willen unbedingt zu loben, als histor: Darstellung ist es anfechtbar.

Nun (aus »Fünf Schlösser«) die Stelle, wo ich Riedel und Raumer gegenüberstelle und mich für Raumer entscheide.

Dann (auch aus »Fünf Schlösser«) als Schlußpassus:

»Dennoch haben wir uns zu beglückwünschen, daß es kam, wie's kam.« Durch diesen Schlußpassus wird die Loyalität gerettet.

Ich rathe Ihnen weiter nichts zu lesen, als das Stück und meinen Aufsatz in dem mehrgenannten Buch. Mehr verwirrt blos.

Ergebenste Empfehlung an Frau Gemahlin, die wir uns freun mit Nächstem zu sehn. In vorzügl. Ergebenheit

Th. Fontane.

(187) Berlin 2. Dezemb. 92.
Potsd. Str. 134.c.

Hochgeehrter Herr u. Freund.

Dieser Brief kommt etwas spät und doch noch früher, als ich annahm; ich wollte nämlich den 1. Band meiner Biographie, der wohl auch der letzte sein wird, zunächst gerne beendigen, meine Gesundheit verschlechterte sich aber wieder so erheblich, daß ich abbrach und das letzte Kapitel vorläufig ungeschrieben ließ. Die dadurch gewonnene Zeit, benutze ich zur Abtragung von Briefschulden; mit diesen Zeilen beginne ich. – Ihr letzter Brief war von einer ganz besondren Gutgelauntheit und Frische; die mir persönlich geltenden freundlichen Worte haben mir sehr wohl gethan, doch geben Sie mir in Ihrer Güte mehr, als mir zukommt. Schlenther z. B. ist mir doch in den meisten Stücken sehr überlegen, an Wissen und Gewandtheit im Ausdruck gewiß, auch wohl an Witz und Schärfe. Nur Eines habe ich freilich voraus, ich bin die originellere Natur und stehe mehr auf eignen Füßen; man kann sagen »das ist die Hauptsache«, ja, ganz im Letzten mag es richtig sein, aber Alltags gelten die andern Dinge mehr, weil sie zuverlässiger und immer zur Hand sind.

Das Niederschreiben meiner biographischen Kapitel:

»Meine Kinderjahre« (bis zu meinem 12. Jahre) hat mir Freude gemacht, ich bin aber wohl zu emsig dabei vorgegangen und empfinde nun die Nackenschläge. Fertig machen möchte ich es wohl noch, aber ich trau dem Frieden nicht recht; ich habe wieder ein Gefühl von Kälte und Leere im Kopf und der gute Schlaf ist auch wieder weg, wenn ich auch immer noch 5 Stunden herausrechne. Dazu kommt, daß ich aus alter Erfahrung weiß, das erste Niederschreiben ist immer ein Vergnügen, aber das Corrigiren!

Daß Baron Rotenhan von dem »Ding von Wildenbruch« gesprochen hat, hat mich sehr amüsirt. Steht er in dieser Frage gar noch unter vielleicht Jagow'schem Einfluß, so kann er kaum anders sprechen; in den Augen des alten märkischen Adels hat Dietrich v. Quitzow Recht gehabt, die Mark wurde von Hand zu Hand verschachert, und als solch Kauflustiger mit etwas Geld, erschien auch der erste Hohenzoller. Dagegen war Auflehnung, namentlich von lokalpatriotischem Standpunkt aus, durchaus statthaft.

Richter, oder Heinrich der Kleine, bleibt der interessanteste und mir sympathischste. Wie wahr, wie liebenswürdig und wie generös ist alles, was er sagt und thut, und ich freue mich, daß Sie ihm den Rath gegeben haben »Landgraf werde hart«. Eine merkwürdige Familie die Ebertys, begabt, aber nicht mein Geschmack. Richter, in seinem gesunden und klugen Naturburschenthum, steht mir viel höher.

Ihre Frau Mama war vor einigen Tagen bei uns; leider traf sie nur meine Tochter, die sich des Besuches der klugen und liebenswürdigen Frau freuen durfte. Wann kommen Sie oder wenn Sie verhindert sind, wann kommt Frau Gemahlin? Wir werden uns sehr freun, sie wiederzusehn, und habe ich meinerseits nur den Wunsch, meinen Gesundheitszustand während dieses Besuches nicht auf zu niedrigem Niveau zu sehn. Meine Frau ist seit Beginn der Woche in

Blasewitz bei ihrer alten Freundin Treutler und kommt erst nächsten Montag zurück; aus einem heute erhaltenen Briefe erfuhr ich von der in Buchwald stattgehabten oder bevorstehenden Trauung Albert Treutlers mit der musikalischen Braut. Möge es eine volle Harmonie geben. Meine Tochter sagte gestern: »nach meinen Beobachtungen nenne ich jede Ehe, die sich nicht in Furchtbarkeiten ergeht, eine ›glückliche Ehe‹.« Danach kann man immerhin noch von »glücklichen Ehen« sprechen. – Mit Pietsch hatte ich neulich eine komische Scene. Schlenther hatte ihm in guter Absicht einen Brief von mir gezeigt, darin ich geschrieben hatte: »Pietsch ist eine Mischung von einem Ur-Pietsch mit einem Genie«. Nun kam er zu mir, um sich zu erkundigen: »was ein Ur-Pietsch sei?« Ich blieb leidlich unbefangen, was ich hinterher anstaune. In dem Grenzbaudentermin ist das das Hübscheste, daß der Vater des Geschossenen zu nährer Feststellung an die betreffende Stelle gestellt wurde. Es kommt aber Schlimmeres vor; Körners Braut mußte, als in Wien die Nachricht vom Tode Körners eintraf, am andern Tage die Thekla spielen, um einen gesteigerten Eindruck auf die Wiener zu machen. Sie fiel denn auch in Ohnmacht. 1000 Grüße. In herzlichster Ergebenheit Ihr

Th. Fontane.

(188)   Berlin 14. Dezb. 92.

(188)   Berlin 14. Dezb. 92.

Potsd. Str. 134.c.

Hochgeehrter Herr und Freund.

Nur ein paar Worte. Wie steht es mit dem Vortrag, wie steht es überhaupt? Ich schrieb vor etwa 14 Tagen und Ihre Güte, deshalb schreibe ich heute wieder, hat mich durch rasches Antworten verwöhnt. Diese Zeilen sollen nun aber keinen Brief aus Ihnen extrahiren, sie sollen nur vermelden, daß ich geschrieben habe. Da das mit dem unbedingten

Postvertrauen doch auch nur so so ist, so halte ich es in Fällen wie dem vorliegenden immer für angezeigt, den Zustand richtig zu stellen. Zugleich aber beschwöre ich Sie nochmals, dies nicht als eine Mahnung zu nehmen. Mit meiner Gesundheit geht es erträglich, hoffentlich können Sie Gleiches von sich und den Ihrigen sagen. Wie immer Ihr treu ergebenster

Th. Fontane.

Alles ist sehr wuschlig gerathen, verzeihen Sie gütigst.

(189)   Freitag Abend
                                           23. 12. 92.
Ich habe heute die Post durch 3 Sendungen nach Schmiedeberg hin

       an Reimann,
        " Friebe und
        " Kuring

bereichert und käme mir wie ein Ahlwardt vor, wenn ich versäumte nach dem Hause zwischen der Steinbrücke und der kleinen Holzbrücke nicht wenigstens einen herzlichen Weihnachtsgruß gelangen zu lassen. Helle Lichter, grüne Zweige und Glück und Hoffnung in den Herzen, besonders auch in denen über 20; unter 20 macht es sich von selbst.

In den Feiertagen beantworte ich Ihren Brief, für den ich heute nur herzlich danke.

In vorzügl. Ergebenheit

Th. Fontane.

Berlin 25. Dezb. 92.
                                    Potsd. Str. 134.c.

Hochgeehrter Herr u. Freund.

Es ist ein ganz stiller erster Feiertag, nur *ein* Besucher war
da, mein Mitleidender aus diesem Sommer her, Friedrich
Stephany, und auch *der* wäre nicht gekommen, wenn ihn
nicht der Weg bei mir vorübergeführt hätte; er kam nämlich
von der Gratulationscour bei Pietsch, dessen Geburtstag
heute ist. Er wird 68. »Du hast's erreicht, Oktavio«, heißt
es auch bei ihm. Die ganze Wohnung, wie mir Stephany
erzählte, war mit Gratulanten gefüllt, heute Abend große
Soirée, morgen vielleicht eine Besprechung in den Zeitungen. Vor 8 oder 10 Tagen wohnte er dem großen parlamen-
tarischen Diner bei Caprivi bei, nicht als Berichterstatter,
sondern als Ehrengast, als Vertreter der Berliner Journali-
stik. Vor 40 Jahren brach er noch die Planken aus dem
Tivolizaun und heizte damit das kleine verschneite Garten-
haus, das er bewohnte. Den Wechsel zwischen damals und
heut herbeizuführen, war keine leichte Aufgabe; in Paris
stünde er wohl seit 25 Jahren da, wo er jetzt steht, in Berlin
ging das nicht so rasch, eh die Leute hier nicht sehen, daß
der Kaiser vorgefahren kommt oder ein Ministerpräsident
sagt: »Pietsch Dir leb' ich Dir sterb' ich«, – eh glauben sie
hier nicht dran. Das eigne Urtheil steht auf erbärmlich
schwachen Füßen, Berühmtheit ist ein Zeitungsresultat.
Wer zufällig eine Zeitung liest, die sich in Spötteleien über
Pietsch ergeht, hält ihn nach wie vor für eine lächerliche
Figur. Das Hohle von Ruhm und Ehre drückt mich mitunter tief nieder und ich höre nur noch gern von guten Dienst-
boten, die für ihre Herrschaft durchs Feuer gehn, und von
guten Herrschaften, die ihrem Dienstmädchen einen Pfef-
ferkuchen schenken mit 5 Zehnmarkstücken statt mit 5
Mandeln bepflastert. Uebrigens bemerke ich gleich, daß *ich*
solch Pfefferkuchenbäcker *nicht* gewesen bin.

26. Dezemb. 92.

Und nun zu Ihrem letzten Briefe. Das Glanzstück war die Treutlersche Hochzeit und die Hauptfigur Bergel. Daß er beharrlich an »Hasenrücken« festhielt, hat mich amüsirt, und wenn Keulen und Läufe wirklich gefehlt haben, so läßt sich gegen solche konsequente Hervorhebung nicht viel sagen, denn zwischen Rücken und Keule liegt eine Welt von Unterschied. Was die 31 Jahre angeht, so beschäftigte mich die Frage, ob solche Angaben vorm Standesamt an Eidesstatt abgegeben werden. Hoffentlich nicht. Die ganze Hochzeits-Inscenirung hat übrigens meinen aufrichtigen Beifall; ich bin zwar im Allgemeinen gegen Gesuchtheiten, hier hatte das Abweichen vom Ueblichen aber guten Grund und die Art, in der es geschah, kann einen aesthetisch befriedigen. Nur die verloren gegangene schwarze Tasche trägt in das Idyll die Anfänge eines Gruselromans hinein.

Das kecke Wort der Frau v. Schöller über die Weiber, ist, glaub ich, ein Citat aus dem Französischen, was übrigens das Verdienst der liebenswürdigen jungen Frau nicht schmälern soll, Bildung ist in manchen Lebenslagen noch besser als Esprit.

Mit unsrem Befinden geht es allerseits leidlich; daß ich wieder schlafen und mich geistig beschäftigen kann, empfinde ich jeden Tag dankbar, aber ein Gefühl der Wackligkeit, des auf den Abbruch Dastehens, werde ich doch nicht los. Es hindert einen in allem, weil einen beständig die Frage begleitet: »verlohnt es sich, das und das noch überhaupt anzufangen?« Im Uebrigen stimme ich Ihnen zu, daß mir der von so vielen Qualen begleitete Sommeraufenthalt, doch auch genutzt haben mag; die schöne Luft, die geregelte Verpflegung und die tausend Spaziergänge bis zum goldnen Schlüssel und wieder zurück, haben den Blutumlauf doch leidlich in Ordnung gehalten. Höchst wahrscheinlich wär es mir an andern Plätzen noch schlechter gegangen und ich hätte keine Friedländers zu Trost und Beistand gehabt.

Daß ich an Kuring, Reimann und Friebe geschrieben und jedem ein Buch geschickt (an Reimann, wohlausgedacht, einen Gartenlauben-Jahrgang) schrieb ich Ihnen schon. Kuring, als feiner Mann, hat mir bereits in einem sehr netten Briefe gedankt. Die ganze Geschichte war meinerseits etwas gewagt, aber darauf hin, daß ich mit 73 noch auf Schriftsteller-Eitelkeit verklagt werden könne, wollte ich keine Rücksicht nehmen. Ist man in solchem Punkte *zu* ängstlich, so geschieht gar nichts.

Mit meinem neuen Buche: »Meine Kinderjahre« bin ich kurz vor Weihnachten fertig geworden; gleich nach Neujahr will ich mit der Korrektur beginnen, was noch ein hart Stück Arbeit ist, wahrscheinlich mühevoller als das Niederschreiben. Zugleich regen sich auch allerlei Bedenken; ich weiche ganz von dem Ueblichen ab und erzähle nur Kleinkram. Meine Ueberzeugung, daß das das Richtige sei, ist unerschüttert, aber daneben bleibt doch die Frage, ob ich's im Maß richtig getroffen habe und *wenn* richtig getroffen, ob das Publikum Lust hat, meinen Standpunkt gelten zu lassen. Dies alles wird mir die Korrektur erschweren.

Haben Sie in der Vossin das kleine Gedicht Wildenbruchs an seinen Freund, den Uhrmacher Adolf Balzer gelesen? Es ist sehr hübsch und mir aufs Neue ein Beweis von einem vorhandenen, *sehr* respektablen Talent, das nur nicht richtig geschult worden ist. Daher so viele Geschmacklosigkeiten und hohle Redensarten, an denen schließlich der ganze Mann scheitern muß, fast schon gescheitert *ist*; aber etliche Male hat er's doch getroffen und diese vereinzelten Stücke zeigen einem, daß, bei mehr Selbstzucht, etwas *sehr* Gutes aus ihm hätte werden können. Empfehlen Sie mich Ihren Damen und treten Sie frisch und gesund in's neue Jahr. Wie immer Ihr   Th. Fontane.

Berlin 10. Januar 93.
Potsd. Str. 134.c.

Hochgeehrter Herr u. Freund.

Herzlichen Dank für Ihren lieben Brief und seine Glückwünsche zu meinem 73. Geburtstage. Möchten sie sich
erfüllen. Zu meinem Bedauern ersah ich aus den Schlußzei-
len, daß Sie mit Ihrem Befinden nicht recht zufrieden waren; hoffentlich hat sich das inzwischen wieder gebessert;
der erste Schritt dazu, Fahrt nach Steinseiffen, um einer
Todten post festum zu ihrem Recht zu verhelfen, wollte mir
freilich als Auffrischungsmittel nicht recht scheinen. Den 3
alten vornehmen Berufen: Medizin, Theologie, Juristerei,
haftet überhaupt so viel von Krankenstube, Kirchhof und
Gefängnißzelle, bez. Schaffot an, immer wird ein Todten-
schein ausgestellt, begraben und wieder ausgebuddelt und
in diese Gesammtthätigkeit theilen sich die Drei. Das ver-
weichlichte Leben, das ich geführt habe, hat mich immer
außerhalb dieses circulus belassen; soll ich es beklagen?

Sie fragen, ob Pietsch nicht schon 1870 als eine Größe
galt? Man kann sagen ja. Aber auch nein. Im Wesentlichen
hat sich die Situation nicht mal sehr geändert; die Zahl derer, die vor seinem eminenten Talent Respekt haben, hat
sich vermehrt, im Großen und Ganzen aber können sich die
Menschen – immer *die* abgerechnet, die direkt etwas von
ihm wollen – nicht entschließen, ihn als etwas Hervorra-
gendes anzusehn. In Charakter und unbedingter Zuverlässigkeit ist er es auch nicht, aber an Begabung und virtuoser
Geltendmachung derselben, ist er allen überlegen. Lindau,
Brahm, Schlenther, sind witzigere Köpfe, bessere Stilisten
und Dialektiker, aber an Reichthum der Anschauungen, an
Zuhausesein auf fast allen Gebieten des Lebens, reichen sie
ihm nicht das Wasser. Der Kronprinz (Kaiser Friedrich)
wenn er ihn sah, umarmte ihn immer und – lachte. Da
haben Sie die ganze Lebensgeschichte unsres L. P., zärtlich

umarmt und – belacht. Immer hat der Respekt gefehlt. Menzel wußte das anders einzurichten: »Königliche Hoheit, solche Späße lieb' ich nicht.«

»Man legt so viel Gewicht auf die Zeitungen und mißachtet die Zeitungschreiber«, – so etwa schreiben Sie. Und es ist so. Aber es ist weniger zu verwundern, als auf den ersten Blick scheint. Wenn die Leute Personen wie Frenzel, Kayßler, Stephany, Schlenther, Alex. Meyer, Dr. Oldenberg und ähnliche vor Augen hätten, so würden sie anders darüber denken, man sieht aber beinah nie die »Bolze« (aus den Freytagschen »Journalisten«) sondern immer nur die Schmoocks. *Die* drängen sich vor, sind bedientenhaft und bestechlich und verderben dem Stande das Renommée. Kein Geld, das größte der Verbrechen, kommt dann noch hinzu.

Sie sind in den letzten Tagen an Villa Gottschalk vorübergekommen und haben sie ganz leidlich gefunden. *Ich* werde sie nicht wiedersehn, trotzdem ich gern einräume, ein Aufenthalt an einer andern Stelle, wäre muthmaßlich viel schrecklicher gewesen. Ich hatte die schöne Luft und die Möglichkeit der Bewegung fast zu jeder Tagesstunde, dazu gute Verpflegung weil die Stadt so nahe war. Trotzdem war es wochenlang so schrecklich, daß mir die Stätte verleidet ist. Ich schiebe die Hauptschuld auf den ärztlichen Satz*: »ich sei *nur* nervenkrank, alle solche Kranke ließen sich gehn und quälten in egoistischer Weise ihre Umgebung, weshalb solche Kranke scharf angefaßt werden müßten; bei gutem Willen heilten sie sich (auf moralischem Wege) selber.« Es ist möglich, daß solche Sätze auf viele derartige Kranke passen, auf *mich* paßten sie nicht. Ich mußte ganz anders behandelt werden und hatte den vollsten Anspruch

---

* Der vorcitirte Satz rührt nicht von Wille her, sondern ist die ganz allgemeine Auffassung. Ich bestreite diese auch nur in ihrer Anwendung auf jeden Einzelfall.

darauf. Auf Mohrenwäsche lasse ich mich übrigens nicht ein, es mag also bei der alten Anschauung verbleiben; nur *dazu* gebe ich mich nicht her, diese Anschauung auch meinerseits zu theilen.

Da habe ich nun schon so viel geschrieben und der Hauptsache noch nicht gedacht: des Todes von Alice Grosser. Es hat einen großen Eindruck auf uns alle gemacht. Eine Million, Park und Villa und Lampions und ein Hofprediger aus Berlin, Kuring in pontificalibus, und dann Constantinopel und 1001 Nacht. Aber ehe noch viel mehr als der zehnte Theil davon verlaufen ist, ist der Tod schon da. In meinen Augen, gerade wegen der glänzenden Inscenirung, ein besonders trauervoller Ausgang. Hinzusetzen muß ich, daß mich dieser Ausgang mehr erschüttert als überrascht hat. Ich hatte von Anfang an kein Fiducit zu der Sache, nicht aus gespenstischer Vorahnung, sondern aus ganz prosaischer Berechnung. Hochzeit bei Gluthhitze, Reise nach Salzburg und Ischl, dann Rückreise nach Hohenwiese, dann in drei, vier Tagen nach Constantinopel. Und das alles als *Hochzeits*reise, mit kranken Nerven an entscheidender Stelle. Was war davon zu erwarten! Sie soll übrigens in einem ihrer letzten Briefe geschrieben haben: »sie habe nicht geglaubt, daß die Ehe sie so glücklich machen würde.« Trifft dies zu, was ich von Herzen wünsche, so stellt sich das Gefühl anders zu dem ganzen schmerzlichen Hergang. Er hört dann vielleicht auf, schmerzlich zu sein und wird zu einem schönsten Traum, der, wie alles Schönste, kurz sein mußte. – Und nun Schluß.

Ihnen und Ihren Damen herzlichste Grüße von mir und meiner Frau. Die Tochter ist seit 8 Tagen in Rostock. Wie immer Ihr

Th. Fontane.

Ein paar Zeilen für Fr. v. Scheliha, der ich mich zu empfehlen bitte, lege ich bei.

Th. F.

(192) *Berlin* 30. Januar 93.
Potsd. Str. 134.c.

Hochgeehrter Herr u. Freund.

Etwas spät komme ich zur Beantwortung Ihres lieben
Briefes, – Grund: Arbeit, was wie 'was Gutes aussieht und
auch ist, aber doch sehr in Grenzen. Das Gefühl der gezähl-
ten Tage werde ich nicht los und weil ich es habe, nutze ich
jeden Tag und jede Stunde aus, um noch Manches, woran
mir liegt, fertig zu schaffen, zum Theil aus literarischem
Interesse, noch mehr aus finanziellen Gründen. Ich hinter-
lasse meiner Frau so wenig, daß ein paar tausend Thaler
schon in's Gewicht fallen.

Daß diese vermaledeite Influenza an keiner Thür vor-
übergeht! Früher oder später tritt sie ein. Ich freue mich,
daß Sie mit einem bloßen »Lichten« oder einer Stippvisite
davon gekommen sind. Auch Schwägerin und Tochter haben hoffentlich alles überwunden.

Das Gedicht von Gries, wenn ich nicht irre auch gegen
Verleger, Bücherabsatz etc. gerichtet, glaube ich vor etlichen Jahren in der Vossin gelesen zu haben, würde mich
aber sehr freun, es abschriftlich zu besitzen und danke
schon im Voraus Ihrer Frau Mama, daß sie sich dieser Mühe
unterziehen will.

Seien Sie schönstens bedankt für alles Freundliche über
die Quitzow-Kapitel. Ich halte den ganzen Band für reifer
und besser als die Bände der »Wanderungen« und daß das
Publikum anders zu urtheilen scheint, kann mich nicht umstimmen. »Wer vieles bringt, wird jedem etwas bringen«, –
darin liegt es wohl, daß der buntere Inhalt der Wanderun-

gen bevorzugt wird. Vielleicht auch darin, daß der Stoff mehr wechselt und daß Landschaftliches und rein Deskriptives neben dem Historischen eine Rolle spielt.

Mit aufrichtiger Freude habe ich von Ihrer bevorstehenden, nun wohl schon längst erledigten Fahrt nach Wüsteröhrsdorf gelesen. Bergel ist beneidenswerth, daß er solche Exkursionen mitmachen kann, die mir, um ihres menschlichen Kerns willen, poetischer und interessanter erscheinen, als irgend welche Alpenerkletterung. Ich kann auch immer nur wieder hervorheben, daß da geradezu Schätze zu heben sind, Culturnovellistisches ersten Ranges: die Scenerie, die Weltabgeschiedenheit, der Mensch in seiner Enge, und doch auch wieder und zwar gerade in dieser seiner Enge, ganz Mensch. Daß dieser Stoff, ich meine die *Gesammtheit* der Stoffe, noch mal zur Behandlung durch Sie kommt, glaube ich jetzt nicht mehr; Sie werden immer den Wunsch, beinah die Sehnsucht danach haben, aber es wird nichts werden. Ich spreche dies aus nach den Erfahrungen bez. Beobachtungen dieses Sommers, die mir einen Einblick in Ihren Tag gegönnt haben. Wenn ich richtig urtheile, so haben Sie *gelegentlich* eine freie Stunde, einen freien Vormittag, das reicht aber nicht aus, weil eine blos gelegentliche freie Stunde nothwendig von dem Gefühl begleitet ist: »das ist des Anfangens gar nicht werth.« Walter Scott, der fast alle seine Zeit, und sein Geld dazu, verbrauchte »to do the honors for all Scotland«, entbehrte sein Lebelang auch der eigentlichen Muße, er hatte aber doch 2erlei: 1. jeden Tag, den Gott werden ließ, bei Hitze, bei Kälte, bei Krankheit, bei Wohlbefinden, mit 50 Gästen unter seinem Dach oder in Einsamkeit, jeden Morgen von 7 bis 9 saß er an seinem Schreibtisch und 2. er arbeitete mit einer kaum dagewesenen Leichtigkeit und Sicherheit. Ich habe im Britischen Museum das M. S. zu »Kenilworth« gesehn, mitunter ist auf zehn, zwölf Seiten auch nicht ein Wort ausgestrichen, er beherrschte den Stoff, die Charaktere, den Gang der Handlung, die Sprache. Das unter 1. Erwähnte, also das Nie-Aussetzen, ist aber das Wichtigere. »Woodstock« oder die »Braut von Lammermoor« . . nein, nein, es war ein Drittes: »Redgauntlet« hat er unter den wahnsinnigsten Unterleibsschmerzen geschrieben, er stand von der Arbeit auf, machte den Anfall durch, schrie daß es ein Jammer war, und setzte sich wieder an den Tisch, um weiter zu schreiben. Mit »Woodstock« war es anders. Als er an diesem Romane arbeitete, starb Lady Scott; er ging eine Stunde im Garten auf und ab und schrieb dann ein Kapitel. Nur mit eisernster Consequenz, mit dem Willen und der Kraft *jede* Störung zu besiegen, ist dergleichen durchzuführen. Ich habe davon keinen Schimmer und ich glaube, daß auch Sie den störenden Mächten, gleichviel ob sie von außen oder aus dem eignen Ich kommen, zu sehr unterworfen sind.

Was haben Sie gesagt zu der lateinischen Unterschrift unter meines guten Friedberg Bildniß? Es heißt, die Worte seien eigentlich an Bismarck gerichtet, aber wozu sie einem Dritten zum 80. Geburtstag, präsentiren? – Vor etwa 8 Tagen erfreute mich Pastor Wallis durch seinen Besuch und ich erfuhr von ihm, daß er Buchwald verlassen und die Pfarre in Dodendorf bei Magdeburg übernehmen wird. Ein großes Glück für ihn und den Hausstand und eine Entlastung von mancher Sorge, trotzdem wird ihm das Idyll Buchwald oft fehlen; die reichen Zuckerrübengegenden sind immer unerquicklich, weil in allem das Geld den Ausschlag giebt. – Ergeh es Ihnen allen gut und empfangen Sie und Ihre Damen die herzlichsten Grüße u. Empfehlungen von mir, Frau u. Tochter.

In vorzüglicher Ergebenheit Ihr

Th. Fontane.

Berlin 27. Febr. 93.
Potsd. Str. 134.c.

Hochgeehrter Herr u. Freund.

Für zwei Karten habe ich Ihnen zu danken, eine vom 8.
aus Wüsteröhrsdorf, eine vom 25. aus Schmiedeberg. So
weit ich noch was beneiden kann, so weit beneide ich Ihnen
solche Parthieen wie die Wüsteröhrsdorfer. Große Natur,
Menschen da oben, die keine Schablonenmenschen sind,
Ungarwein und jugendlich heitre Reisegefährte, da kommt
man in Stimmung und findet, daß das Leben schön ist.
Meine Passion dafür ist so groß, daß ich auch jetzt noch
dergleichen machen würde, wenn ich nicht das Gefühl des
Umkippens dabei haben müßte. Dies Gefühl habe ich zwar
unausgesetzt, auch zu Haus, es bedrückt einen aber im
Pferch der eignen 4 Pfähle weniger. – Daß Rotenhansche
und Matuschkasche Angelegenheiten Sie sehr beschäftigen, freut mich aufrichtig; es bringt Sie, glaub ich, mit
interessanten Menschen in Berührung und wenn es Erb-
schaftssachen sind, ist es einträglich. Wenigstens hoffe ich
das. Wenn ich nach mir urtheilen darf, so macht es bei sonst
gleichwerthigen Beschäftigungen, doch einen großen Unterschied, ob sie lohnend sind oder nicht. Eine Sache muß
in sich schon kolossal interessant sein, wenn man ihr für
2.50. ein Herz entgegenbringen soll. Geld ist lange nicht
alles, aber viel ist es doch. Wie kam denn Rotenhan zu Ma-
tuschkas? Diese sind doch wohl ebenso stramm katholisch,
wie Rotenhan orthodox lutherisch war. Daß Jenny Treibel
zwei so verschiedne Verehrer gefunden hat, freut mich; die
Zustimmung von Graf R. ist mir schmeichelhaft, die von
Richter erheitert mich, wie alles was von ihm kommt. Und
daß er sich in dem Commerzienrath wieder erkannt haben
will! Meine Tochter sagt sehr richtig, Treibel ist gebildeter
und geistvoller, aber Richter ist viel origineller. Und so
schließt er schließlich doch noch siegreich ab.

1. März 93. Heute früh kam Ihr lieber Brief. Seien Sie schönstens dafür bedankt. Er ist ganz besonders inhaltreich, alles ebenso concentrirt wie interessant. Die Rotenhan'sche Sterbestunde ergreifend. Da ist man nun Baron und reich und wenn man in seiner schwersten Stunde Hülfe braucht, hat man nichts als eine Frau auf Krücken und eine alte Ausgedingerin. Und bei noch etwas mehr Pech, wäre auch diese unerreichbar gewesen. Was hat denn der Doktor alles mit dem Sterbenden vorgenommen? Es klingt fast, als ob er sich Extra-Ungehörigkeiten eigens ausgesucht und als Unerläßlichkeiten inscenirt hätte. Was Sie nicht alles erleben! Zwei solche Begräbnisse wie die von Münchhausen und Rotenhan, nur durch ein paar Monate von einander getrennt! Wenn mich mein Gefühl nicht täuscht, so war das Münchhausensche Begräbniß erhebender, frischer, lichtere Farben, das Rotenhansche lugubrer und grusliger. Wo steht denn die kleine Abtei? Ich kann mich nicht recht drauf besinnen. Die Schilderung der beiden Brüder Rotenhan ist Ihnen wieder ganz vorzüglich geglückt und die des 21jährigen Sohnes nicht minder. Prinz Reuß muß jetzt sans phrase reizend sein. Er war es eigentlich immer, aber die jetzt abgetönte Schroffheit in seinen Anschauungen und Prinzipien, muß ihm noch etwas zugelegt haben. Ich knüpfe hieran gleich meine Glückwünsche, daß Ihr gesellschaftliches Leben wieder auf einer heitren Höhe steht. Ihr Leben erschien mir früher immer so, während des vorigen Sommers aber wurde ich doch oft zweifelvoll und schwankte ob Ihnen zu dem Haus mit dem hübschen Garten und den Apostelkrügen so unbedingt zu gratuliren sei; Ihr heutiger Brief aber beruhigt mich wieder vollständig. Wochen, wie diese letzten, würden Sie hier nicht erleben können oder Sie müßten in jenseits alles Herkömmlichen liegende Verhältnisse eintreten. So was kommt vor, aber ist doch sehr rar. Wenn ich das Leben meines intendanturräthlichen Sohnes damit vergleiche, so sehe ich recht den Unterschied. Die Personen mit denen er verkehrt, sind im günstigsten Falle durchschnittsmäßitg und tritt er zum Minister oder zu einem forschen General in Beziehung, so ist es immer in der Stellung des Kleinen zum Großen. Von Ebenbürtigkeit nie die Rede. – Daß die Vossin Ihre Schilderung von Wüsteröhrsdorf bringen wird, freut mich sehr; es war ein Pech für Sie, daß vorigen Sommer Stephany in der Schweiz statt in der Breiten Straße war. Andrerseits schadet es auch wieder nichts, weil ich annehmen möchte, daß Ihnen der Königgrätz-Artikel nicht ganz geglückt war. Der Stoff an und für sich brillant, ersten Ranges, aber ich glaube, Sie hatten die Accente nicht auf die rechte Stelle gelegt. Daß Sie mit Captain White immer noch correspondiren, freut mich *sehr*; ich halte sehr viel von solchen durch einen glücklichen Zufall angeknüpften Beziehungen. Ich unterhalte eine Correspondenz mit meinem alten Freunde Dr. med Morris in London, die darin besteht, daß er mir illustrirte Londoner Zeitungen der mannigfachsten Art schickt, auf welche Zusendungen ich alle 6 Wochen in einem kleinen Dankesbriefe antworte. Wir haben aber Beide doch was davon; ich amüsire mich über die Blätter und Bilder und bleibe in Zusammenhang mit dem englischen Leben, er amüsirt sich über die mal lobende mal tadelnde Kritik, die ich übe. – Schoeller, die Schöllerin und das Schöllerchen! Stimmt es denn auch alles? Ich trau dem Frieden nicht recht. Am Ende, warum nicht? Aber es ist schon so lange her . . Und nun mit einem Male . . . Mein Freund Zöllner sagt: »das Dollste ist immer wahr.« Und hier würde man noch kaum von einem »Dollsten« sprechen können. – Zu dem forschen Diner mit Graf Roeder beglückwünsche ich Sie. Hier auch kaum möglich. – Einen großen Eindruck hat die Treutler-Geschichte auf mich gemacht, trotzdem sie mich keinen Augenblick überrascht hat. Es mußte so kommen, bei ihm und bei ihr. Man wandelt nicht ungestraft unter Palmen und man verheirathet sich nicht ungestraft mit 50 Jahren mit einer kleinstädtischen Klavierlehrerin aus einer sehr mäßigen Kinderstube. Es ist ein Unsinn zu glauben, man könne glücklich werden, wenn man vierhändig eine Sonate spielen kann. Die Ehe ist auf andern Sachen aufgebaut. Der kleine Vers »neuste Huldigung« ist allerliebst. – Auf den Besuch Ihrer Frau Gemahlin freuen wir uns sehr; es wäre *sehr* liebenswürdig, wenn sie sich an einem beliebigen Tage, denn wir sind eigentlich immer zu Hause, bei uns anmeldete, zu 3 oder 4 Uhr, und bei uns äße. Dabei könnten wir am besten plaudern. Allerdings würde sie sich muthmaßlich mit mir und meiner Tochter begnügen müssen, denn meine Frau fängt erst eben an, sich von einer Blinddarm-Entzündung, an der sie recht krank war, zu erholen. Mir geht es, trotz meines Wackelzustands, erträglich. Das unsichre Gefühl ist zwar etwas sehr Fatales, da ich aber den entsetzlichen Schwächezustand des vorigen Sommers los bin, so ist das alles ganz gut auszuhalten. Ach, der vorige Sommer! Meine oft ausgesprochnen Ansichten darüber, stehen mir fester denn je. Aber was will man machen? Wir sind schließlich doch das, wofür uns Andre halten. Unsre eigne Meinung kommt nicht in Betracht. Ein Glück, daß schließlich alles gleichgültig ist. Empfehlen Sie mich angelegentlichst. Wie immer Ihr

Th. Fontane.

(194)   *Berlin* 10. April 93.
                                    Potsd. Str. 134.c.

Hochgeehrter Herr.

Gestern habe ich das letzte Kapitel meiner mit dem 12. Jahre bereits abschließenden Biographie durchcorrigirt und zur Abschrift gegeben und heute beginne ich, leichteren Herzens, an die Abtragung meiner Briefschulden zu gehn. Seien Sie schönstens bedankt für Ihren lieben und interessanten Brief vom 3., dessen Mittheilungen inzwischen durch Ihre hochverehrte Frau, die uns vor drei vier Tagen durch ihren Besuch erfreute, vervollständigt wurden. Wir freuten uns alle dieses Wiedersehns, ich in deutlicher Erinnerung an den Abschied in Schmiedeberg, der mich ein solches glückliches Wiedersehn nicht erwarten ließ. Wir durchplauderten wieder die lieben alten und immer wieder dankbaren Themata: Prinz Reuß, Graf Roeder, Richter, Bergel und vor allem Treutler und Frau. Diese letztre scheint mir beinah weniger beneidenswerth als ihr Gatte, denn in einer beständigen Angst vor gesellschaftlichen Verstößen und vor einer Wolke auf des Gebieters Stirn sein, ist eine Tortur und zehrt am Leben wie am Glück. Richter immer gleich groß; aber sein schließlicher Sieg über *alle*, so sehr ich ihm diesen Sieg gönne, hat doch auch was Niederdrückendes. Wie sehen die Menschen und Kräfte aus, die die Dinge machen! Da wird einem immer gesagt, die Welt sei *doch* gut, Pessimismus sei dumm und ungerechtfertigt und Schwarzseherei, zu der kein Grund vorhanden, stamme lediglich aus einer kranken Leber. Aber ich kann nicht finden, daß dies richtig ist. Es giebt ehrliche Pflichterfüllungen in Amt, Leben, Familie; diese Pflichterfüllungen, die aber immer was Maschinenmäßiges haben, will ich gelten lassen, so wie aber der Gefühlsapparat zu spielen anfängt, die Wünsche, die Strebungen, die Passionen, oder wohl gar Ehrgeiz und Liebe, so haben wir den Kladderadatsch und von Erfreulichem kann kaum noch die Rede sein. Was sich inscenirt ist vielleicht interessant, aber was groß, schön, edel ist, bleibt, auf die wahren und letzten Motive hin angesehn, ausgeschlossen. Dabei darf ich sagen, ich bin das Gegentheil von einem Schwarzseher, ich *sehe* nur.

Zweierlei hat mich in Ihrem letzten Briefe ganz besonders interessirt: Silberstein und die Frau v. Jagow geb. von Dobeneck. Silberstein war ein guter und vortrefflicher Herr, mit und ohne Festguirlande, und Sie haben viel in ihm verloren, auch darin viel, daß er zu den Wenigen gehörte, mit denen man ein leidlich vernünftiges Wort sprechen, soll heißen aus seinem Munde hören konnte. Solche Silbersteine, selbst wenn sie fortschrittlich verrannt sind, sind doch einer entgegengesetzten Anschauung immer noch zugänglich; sie begreifen den gegnerischen Standpunkt und können ihn respektiren, auch wenn sie ihn bekämpfen. Davon steckt in den mit Orthodoxie verquickten Hochtories keine Spur, sie verstehen ihren Gegner nicht, wollen ihn nicht verstehn und hören nicht einmal was er sagt; sie sind vorweg mit ihm fertig. Mit einem Silberstein kann man Fragen durchsprechen, mit Prinz Reuß, ein so famoser Mann er ist, nicht. Auch ist er eigentlich nur famos, weil er Prinz ist, sonst ging' es gar nicht. Also hoch Silberstein! Aber trotzdem macht es doch einen halb grausigen Eindruck auf mich, wenn ich höre, daß seine 87jährige Schwiegermutter, aus der Besinnungslosigkeit aufwachend, ihn mit der Frage begrüßt: »was macht die Militär-Vorlage?« Hat sie's schelmisch und mit Humor gefragt, so nehme ich alles zurück, sollte sich aber wirklich ein Interesse darin aussprechen, so finde ich es entsetzlich, weil ich dann einen Triumph öder Phrasenmacht darin sehen muß. Schon Silberstein ist in meinen Augen absolut unfähig gewesen, über Werth oder Unwerth der Militär-Vorlage zu urtheilen und nun gar eine 87jährige Schwiegermutter! Sie konnte fragen »blühen schon die Veilchen?« oder dergleichen. Aber Militärvorlage!

Und nun v. Dobeneck, Fränkel, van Halle. Ja, das ist wieder ein Musterbeispiel. Ich glaube, daß sich solche Beispiele zu Hunderten in unsrer Aristokratie finden, ganz besonders in unsrer Militär-Aristokratie, womit es auch zusammenhängt, daß diese letztre besser aussieht und klüger ist. Prillwitz, Etzel, Gansauge, Baeyer, Vogel v. Falckenstein, Hülsen, Schwerin, Graf Pfeil, Zedlitz, Dobeneck, Heyden, das sind so etliche, die mir gerade einfallen; ich möchte aber behaupten, es giebt überhaupt nur noch sehr wenige Adelsfamilien, in denen jüdisches Blut *nicht* mitfließt. Denn existiren erst 100 adlige Familien mit diesem Zusatz, so ist die Sache in der dritten Generation schon ganz unberechenbar; ich heirathe eine Reichsgräfin und meiner Frau Großvater war ein Cohn. Die Unmöglichkeit eines Sieges der antisemitischen Bewegung liegt in all diesem vorgezeichnet.

Sie fragen freundlich an, wegen etwaiger Sommerpläne. Nach Schlesien möchten wir nicht wieder, wiewohl meine Vorliebe für diese Provinz, trotz der traurigen Wochen die ich da verleben mußte, nach wie vor dieselbe ist. Es geht aber nicht; ich bin dagegen und meine Damen noch viel mehr. Haus Friedländer entdeckt aber vielleicht anderswo einen Punkt, wo man sich treffen und freundnachbarlich ein paar Wochen zusammen leben könnte. Vorläufig halten wir noch an Umgegend von Dresden fest. Es ist schade, daß unsre Mark so wenig Acceptables bietet; die Natur würde mir schon gefallen, aber die miserable Verpflegung und das wenig Liebenswürdige der Bevölkerung schrecken ab.

Mit meiner Gesundheit geht es ganz leidlich und meinen Schlaf hab ich wieder. Ich kann auch arbeiten, aber ein Unsicherheitsgefühl werde ich nicht los, was wohl mehr mit meinen Nerven als mit meinen Jahren zusammenhängt; denn viele Menschen, die erheblich älter und erheblich kränker und leidender sind, haben dies Unsicherheitsgefühl *nicht*. Nur in Gesellschaft fällt dies Gefühl ganz von mir ab, weshalb ich Gesellschaftlichkeit wieder mehr kultivire; in letzter Zeit bin ich allwöchentlich zwei, dreimal unter Menschen gewesen und noch dazu sehr gründlich, von 5 bis 12. Es ist mir auch immer gut bekommen. Gestern, Sonntag, machte ich ein Frühstück in der Raehmel'schen Weinkneipe mit und hielt aus von 2 bis 6; diese Frühstücke finden immer am ersten Sonntage jedes Monats statt und bestehen, ihrem Personalbestande nach, aus den Mitgliedern der Voss. Ztungs-Redaktion unter Präsidium von Stephany. Nur Schlenther hält sich zurück, weil er mit dem andern Theater-Referenten (Richard Fellner) der Anti-Ibsenianer ist, nicht gut steht. Gestern war dafür Brugsch da. Ich amüsirte mich sehr und empfand wieder, daß es nicht wohlgethan ist, sich in seinem Verkehr auf 3 Menschen zu beschränken. Man lernt sich bald gegenseitig auswendig, was das Interesse mindert und den Einzelnen rasch entwerthet – Mein Freund Lübke ist gestorben. Auch ein Kapitel, aber blos für mündliche Behandlung geeignet.

In dieser Woche, nach ihrer Rückkehr aus Stralsund, hoffen wir Ihre liebe Frau noch mal wiederzusehn, sie hat es uns versprochen. Bitte, grüßen Sie Bergel. In herzlicher Ergebenheit Ihr

Th. Fontane.

(195)   *Berlin* 22. Mai 93.
Potsd. Str. 134.c.

Hochgeehrter Herr.

Ich kann diesen 2. Pfingstfeiertag nicht besser anlegen, als durch Beantwortung Ihres lieben Briefes vom 9. d., der vorausgehenden liebenswürdigen Karte ganz zu geschweigen. Es war uns eine große Freude, Ihre liebe, hochverehrte Frau sehn und sprechen zu können, wobei sich's so glücklich traf, daß wir ihr wenigstens in leidlicher Gesundheitsverfassung entgegentreten konnten; jetzt liegt es wieder schlimmer, Martha ist in einer erbärmlichen Verfassung und wirklich eine Kreuzträgerin. Nicht blos das alte Nervenelend; vor 4 Wochen kriegte sie die Influenza und seit drei Tagen ist sie von Mandelentzündungen gequält, es reißt nicht ab, worüber namentlich meine Frau sehr unglücklich ist. Wir sind alt und möchten uns an einem bischen Freude um uns her aufrichten, aber das bleibt uns versagt. Ein mäßiger Trost ist es, daß Andre noch Schwereres tragen müssen, so in unsrer nächsten Freundschaft die Häuser Zöllner und Heyden.

Sie tragen auch Ihren Packen, ein immer wachsendes Aktenbündel. Daß Sie sich da mitunter aus dem Amt heraussehnen und auf eine freie literarische Thätigkeit, wie z.B. die Schlenthersche, mit einem momentanen Neid blicken, ist nur zu begreiflich. Aber es läßt sich auch anders ansehn; in Ihrem Amte thun Sie beständig etwas Nützliches und Nöthiges; es ist nöthig, daß Streitigkeiten entschieden, Testamente aufgesetzt, Erbschaften geregelt werden, – all das fällt bei der literarischen oder gar dichterischen Tätigkeit fort; wie Paul Heyses Mutter zu sagen pflegte: »der Dichter ist ein nutzloser Brotesser.« Solche Erwägungen sind doch auch von Bedeutung. Eine Ballade schreiben, namentlich wenn sie glückt, ist interessanter, als Regulirung einer öden Nachbarzänkerei in Quirl, aber andrerseits hat es doch auch etwas tief Deprimirendes, sich am Ende seiner Tage sagen zu müssen: »an dem allem hast nur *Du selbst* eine kurze Freude gehabt; für die Welt war es ganz gleichgültig; nur noch 3 oder 30 haben es gelesen und es als langweilig bei Seite geschoben.« Von einem Stück, das Prof. Otto Gruppe geschrieben hatte, verschickte der Buchhändler 497 Exemplare und erhielt 499 zurück; zwei Oberlehrer, die Frei-Exemplare erhalten hatten, hatten, von Angst gefoltert, ihre 2 Exemplare *auch* noch remittirt. Aehnliches kommt sehr oft vor und das giebt doch zu denken. Soll man sein

Leben in Dingen anlegen, die der Welt gar nichts bedeuten?

Erschütternd ist Ihr kurzer Bericht über Ihren Prinzen Reuß. Und das wiederholt sich nun in einem fort; man klammert sich zuletzt an einen Commißknüppel, kuckt ihm, fragend, nach den Augen und wartet auf Trost und Hülfe. Und in Gnaden wird einem ein Trostestropfen von ihm gereicht. Oder auch nicht. Mir imponiren immer die, die Force genug haben, die Sache mit sich selber abzumachen; die, die einem den Himmel aufschließen sollen, haben meistens mehr von einem Berliner Portier als von Petrus. – Daß Sie von der Baronin v. Rotenhan immer so günstige Eindrücke empfangen, wundert mich nicht; es ging mir ebenso, als ich sie vor sechs oder acht Jahren beim Prinzen kennen lernte. Von ihrem Vater hat sie's nicht, der war blos häßlich und ein brillanter Financier.

Daß Bergel einen neuen Hirschberger Freund gefunden hat, freut mich aufrichtig; der Musikdirektor kann Bergel brauchen und Bergel den Musikdirektor, besonders jetzt wo Rotenhan todt und Pastor Wallis im Abzug ist. Es giebt so wenige Menschen, mit denen man auch nur ein erträgliches Gespräch führen kann. Ich leide jetzt ordentlich darunter. Neulich sprach ich mit meinen zwei Söhnen, Intendanturrath und Buchhändler, über die Wahlen, nach 5 Minuten brach ich ab und sagte: »nein, Kinder, das geht so nicht weiter; wir quasseln alle Drei und wenn ich bedenke, daß wir eine Art Elite repräsentiren, so kommt mir der Jammer an.« Gestern war ich in Gesellschaft; ein anerkannter Maler, ein Kunstgelehrter von berühmtem Namen und ich sprachen über einige Bilder der Kunstausstellung. Es war alles Blech, gewagte Behauptungen, unklar und verworren. Wie muß es da erst in andern Häusern aussehn!

Die Reisezeit rückt heran. Wenn ich einen Menschen hätte, mit dem ich jeden Tag nach Charlottenburg gehn und die Karpfen im Schloßteich füttern könnte, so reiste ich gar nicht. So lange man noch lernen, neue Eindrücke empfangen und Bekanntschaften machen will, nimmt man die Reiseschrecklichkeiten gern mit in den Kauf, ist man aber ruhebedürftig und menschenscheu geworden, so verdrießen einen alle diese Etablissements, die nichts wollen, als die Citrone auspressen. Athen, Jerusalem, die Pyramiden sehn, das könnte mich noch reizen, aber Parks, Brunnenpromenaden, Bildergalerien und Kirchen interessiren mich nicht mehr. Kommt es noch zu einer Reise, des berühmten »Luftwechsels« halber, an dessen wohlthätige Wirkung ich übrigens glaube, so gehen wir wahrscheinlich nach dem »Weißen Hirsch« bei Dresden; aber nur auf kurze Zeit.

Zu meinem Bedauern entnahm ich Ihrem lieben Briefe, daß Sie auch an den Nachwehen der Influenza leiden; eine perfide Krankheit. Ich glaube aber ganz bestimmt, daß sich Geruch und Geschmack wieder einfinden, es dauert nur eben lange, bis man wieder bei seinem Normalzustand anlangt. Mir persönlich würd es sehr unangenehm sein, wenn ich auf Geschmack verzichten müßte; das ewige sich Vertrösten auf geistige Genüsse geht auch nicht. Ich habe mich, – wenn ich davon absehe, daß mir meine Nervenschwäche alles arbeiten, namentlich alles lesen, sehr erschwert – über Erwarten wieder erholt und bin sehr dankbar dafür. Auf meinen Spaziergängen im Thiergarten steigt dann auch der vorige Sommer als Gesammtbild wieder vor mir auf. Wie viel schulde ich Ihnen, wie sehr haben Sie und Ihre hochverehrten Damen mir das Leben erleichtert! Die Stunden waren mitunter recht trübe. Was ich damals in vielen Gesprächen mit Ihnen nur vermuthungsweise ausgesprochen habe, das steht mir jetzt ganz fest: die ganze Behandlung war falsch, schablonenhaft, grausam. Es ist gewiß ganz richtig, daß es bei Nervenkranken einen hochgradigen Kranken-Egoismus giebt, ich habe diesen Kranken-Egoismus aber sicherlich *nicht* gehabt, sondern habe mich umgekehrt in dieser schweren Zeit besser benommen, als zu irgend einer andern Zeit meines Lebens. Ich bin von dem allem so sehr durchdrungen, daß ich darüber, am liebsten in einer Medizinischen Zeitschrift, mich auslassen möchte, um vor groben Fehlern zu warnen; ich habe aber nicht mehr die Kraft dazu und muß hoffen, daß sich über kurz oder lang statt meiner ein Andrer findet.

Mit meinem neuen Buche »Meine Kinderjahre« bin ich fertig und sollte nun zu Correktur des Romans übergehn, der mit der Aufschrift: »Werthangabe 6000 Mark« monatelang in Ihrem Schranke lagerte; ich vertage es aber, weil ich doch außer Stande bin die Sache bis zum 1. September, wo Rodenberg sie haben will, fertig zu machen. So will ich mich denn lieber zunächst der Edirung eines kleinen Sammelbandes zuwenden, der den Titel führen soll:

Von, vor und nach der Reise.
Plaudereien u. kleine Geschichten
von
Th. F.

Es sind etwa 10 Geschichten, von denen die meisten in der »Vossischen« und in »Zur guten Stunde« gestanden haben, einige aber liegen noch unfertig in meinem Kasten und eine existirt blos in der Ueberschrift: »Pohl's Begräbniß«. Hinsichtlich dieser rufe ich nun Ihre Hülfe an. Ich weiß nur so viel: Pohl lag oben im Sterben, so zu sagen »heimlich«, und heimlich wurde er auch, als er todt war, zu Thale geschafft. Ich entsinne mich, daß das alles sehr phantastisch war, habe aber alle Details vergessen. Könnten Sie mir da aus der Noth helfen? Es genügt für mich, wenn ich für die Hauptsituationen die bloßen Ueberschriften habe; das Ausmalen leiste ich dann schon aus eignen Kräften, trotzdem diese sich sperren und auch nicht mehr recht wollen. Zum Theil liegt es wohl daran, daß man im ersten Moment, wo einem eine Geschichte entgegentritt, am meisten von ihr getroffen wird und am fortbildungslustigsten ist; sucht man die Geschichte später wieder hervor, so ist nur noch eine halbe Wirkung da und auch nur noch eine halbe Lust, etwas daraus zu machen.

Vielleicht können Sie mir aus Ihrem großen Vorrath noch eine zweite Geschichte ablassen; je neuer sie mich berührt, je leichter wird es mir, sie zu gestalten.

Ich habe diese Zeilen unter großer Unruhe geschrieben; der Doktor kam, fand daß es ein Karbunkel sei (immer etwas sehr Fatales) und machte sich gleich an die Arbeit. Martha bewährte den Ruf ihrer Tapferkeit und nahm es leicht, trotzdem ein ganz gehöriger Schnitt nöthig war. Ich wünschte dem armen Geschöpf endlich freundlichere Tage, ein bischen mehr Freude am Leben.

Ihre Mama ist nun schon wieder eingelebt bei Ihnen; empfehlen Sie mich ihr und Frau Gemahlin angelegentlichst; auch, wenn Sie schreiben, herzlichste Grüße an die regierende Tante.

Wie immer Ihr aufrichtig und herzlich ergebenster

Th. Fontane.

(196)   Berlin 30. Mai 93.
                                             Potsd. Str. 134.c.
Hochgeehrter Herr.

Herzlichen Dank.

Eine ausführlichere Beantwortung behalte ich mir vor, heute nur ein paar nöthige Worte hinsichtlich der Pohl-Frage. Der Anfang ist gut und der Schluß ist gut (der Blick per Teleskop von der Koppe aus auf das weiße Denkmal [es ist doch weiß?] in Hirschberg), nur das Mittelstück, von dem ich mir anfänglich am meisten versprach, läßt noch viel zu wünschen übrig. Das ist das Herabschaffen des todten Pohl von der Koppe zu Thal. Ich denke mir, daß es in derselben Nacht stattfand, möglichst still und verschwiegen, um die nach dem Spiel der Harfenistinnen tanzenden Paare nicht zu stören. Aber wie war nun, etappenweise, dieser Transport bergab? Es giebt ein berühmtes Gedicht von Platen »Klagelied Kaiser Otto des Dritten«, wo sie den jugendlichen todten Kaiser, von Rom her, nordwärts über die Alpen tragen. So was muß sich auch von Pohl I. erzählen lassen. Wo machten sie Rast? Wie war die Begleitung? Stockduster oder mit Stocklaternen? Wie ging es weiter als sie unten waren? etc. etc. *Ohne* diese Dinge bringe ich die Forsche nicht recht 'raus. Der Zauber steckt immer im Detail. Also bitte, richten Sie *hier*auf Ihr Auge. Von dem allem aber weiß man muthmaßlich in Schmiedeberg und bei zu Thal wohnenden Personen ebenso viel, wie oben auf der Koppe, die zum 100. Mal zu besteigen ich Ihnen, der Sie in Ihrer Güte so was vorhaben, gern ersparen möchte.

Alle diese Geschichten könnten in ihrer Darstellung wundervoll werden, wenn ich noch was von der Frische hätte, die mir bis März 92 zu eigen war. Aber seitdem ist es abgeschnitten. Was bildlich an mich herantritt, das kann ich immer noch beschreiben und auch Einfälle fliegen mir an, so wie es aber arbeiten, nachdenken und componiren gilt, so lassen mich meine Kräfte im Stich. Ich bedaure es, aber klage nicht darüber; alles hat seine Zeit und bis 72 leidlich im Stande gewesen zu sein, ist immer schon ein großer Vorzug. Empfehlen Sie mich Ihren Damen, besonders auch Ihrer Frau Mama, die mir in ihrer Frische und ihrer Herzenstheilnahme am Leben beneidenswerth erscheint, aufs angelegentlichste. In herzlicher Ergebenheit

Th. Fontane.

Die Treutler-Geschichte ist erschütternd. Aber wie die bei dem Gregy-Mord betheiligte Madam auf dem Schaffott sagte: »ja, meine Herrn, *das kommt davon.*« Pardon, es war nicht die Gregy-Madam, sondern ein andres altes dickes Weib, die, *aus Liebe zu ihrem Lehrling*, den sie heirathen wollte, ihren Ehemann (in der Biersuppe) mit Arsenik vergiftet hatte.

(197)   *Berlin* 9. Juni 93.
                                               Potsd. Str. 134.c.
Hochgeehrter Herr.

Nur ein paar Worte, die den Zweck verfolgen, Sie vor Bemühungen in meinem Interesse zu bewahren. Ich habe heute Vormittag die Pohl-Geschichte niedergeschrieben, nur ganz kurz, blos 8 Seiten, im Druck höchstens 5. Diese Kürze ist mir ganz recht; je kürzer, je besser. Es fallen damit meine Fragen zu Boden; für die Geschichte mit dem Fernrohr bin ich Ihnen sehr dankbar, diese gab mir einen guten *Schluß* und das ist immer die Hauptsache.

Wir werden zunächst in Berlin bleiben und nur, wenn es sehr [viel] heißer werden sollte, auf 8 oder 14 Tage nach Hankels Ablage gehn. Später, Mitte August, wollen wir dann auf ärztliche Verordnung nach Karlsbad, blos Frau und ich. Da sehen wir Sie vielleicht, was sehr hübsch wäre.

Empfehlen Sie mich Ihren Damen. In vorzüglicher Ergebenheit,

                                               Th. Fontane.

Daß Sie den Quitzow-Vortrag wiederholen, freut mich sehr.

Herzlichen Dank, hochgeehrter Herr und Freund, für Ihren wundervollen Brief.

Die Geschichte mit Pohl verwirrt mich nicht sehr. Ich lasse es stehn, wie es da steht und jeder Mensch wird meine Geschichte (Nachttransport mit Fackeln) der ledernen Wirklichkeit vorziehn. Der junge Pohl, aber auch nur er, wird ausrufen: »ja, das war ja aber alles anders«, wenn Sie ihm dann aber sagen: »Pohl, seien Sie kein Schaf; es macht Reklame und Sie kommen vielleicht täglich auf 100 Tassen Kaffe mehr« so wird er sich beruhigen.

Groß ist wieder der Prinz. Natürlich ist es, vom Standpunkt des modernen gebildeten Menschen aus, alles Unsinn was er sagt und doch bin ich glücklich, daß es solche Leute noch in der Welt giebt. *Herrschen* sie, so ist es schlimm, machen sie aber blos Conversation in ihrem Stil, so ist es wundervoll. Der Burggraf ein »Schlappschwanz«. Er war es gewiß *nicht* und doch ist was Richtiges drin. Neben Dietrich v. Quitzow war er so was. Und daß die Präparanden alle für Quitzow sind, darin hat er auch Recht. Und auch in der Geschichte von der Maulschelle, bin ich geneigt auf seine Seite zu treten. Alle Kraftmenschen und Originale, sind immer gegen das »Gesetz«. Gott sei Dank, daß wir das Gesetz haben, aber in seiner oft sylbenstecherischen, auf Formen zugeschnittenen Handhabung ist etwas, was den natürlichen Menschen verdrießt. Den Patriarchen erschien Gott, das laß ich mir gefallen, aber sie gingen paragraphenfrei durchs Leben.

Die Geschichte mit Frank Russell höchst interessant. Unter anderm auch darin, daß mal eine Deutsche einen Engländer gekapert hat; in der Regel ist es umgekehrt. Sie haben übrigens Glück mit Engländern. Meine Vorliebe für dieselben werden Sie nach Ihren Erfahrungen begreiflich finden. Empfehlen Sie mich Ihren Damen. In vorzügl. Ergebenheit

Th. Fontane.

(199)   *Berlin* 4. Juli 93.
                                           Potsd. Str. 134.c.
Hochgeehrter Herr.

Allerschönsten Dank für Ihre lieben Zeilen und die beigeschlossenen Grieß'schen Strophen; sie sind sehr nett, man merkt einen Rückertschen Einfluß; jetzt haben die Witzblätter diese Reimform aufgenommen und popularisirt. Ergebensten Dank an Ihre Frau Mama. –

Ackermann in Herischdorf scheint eine merkwürdige Biele; er scheint zu denken, daß ich Lust haben könnte »Ellernklipp« zum 2. Mal zu schreiben.

An der Kuring-Geschichte bin ich selber schuld. Gleich als das Buch fort war, schoß es mir durch den Kopf »wenn das nur nicht das Exemplar gewesen ist, aus dem du mal ein paar Seiten herausgeschnitten hast« und ich wollte in diesem Sinn an Sie oder an Kuring selbst schreiben. Unterließ es dann aber. Unverzeihliche Bummelei. Besten Dank Ihnen, daß Sie mir Gelegenheit geben, die Scharte einigermaßen auszuwetzen. Ich habe an Kuring geschrieben und zugleich mit dem Brief ein richtiges Exemplar zur Post geben.

Was Richter angeht, so scheint er schließlich von Ebertys überholt werden zu sollen. Man kann am Hause Eberty studiren, daß bei Schläue, Berechnung und dem berühmten »was gemacht werden kann, wird gemacht« schließlich auch nicht viel heraus kommt. Ueberhaupt Geld! Daß Macht dabei heraus kommt und daß alles vor jedem Stockjobber winselnd auf dem Bauche liegt, gebe ich zu, weil es so wenig Menschen giebt, die unabhängig von irgend einem großen Portemonnaie dastehn; außer dieser Macht über Sklaven kommt aber gar nichts dabei heraus; die miserabelsten Zustände, die widerwärtigsten Tragödien spielen sich immer in Geldhäusern ab. Sehr bald ein Mehreres. Wie immer

Ihr

Th. Fontane.

Die Stelle mit dem »ewigen Juden« und daß die Ebertys nur gerade *da* festsitzen, wo sie sich lösen sollten, – sehr hübsch.

Schulscene.

Lehrer. Nenne mir 4 Thiere in Afrika.

Schüler. 3 Löwen und 1 Rhinoceros.

Martha schickt uns diesen Ulk aus Warnemünde; ich finde ihn ersten Ranges, stelle solche undefinirbaren Witze überhaupt am höchsten.

(200)   *Berlin* 16. Juli 93.

Potsd. Str. 134.c.

Hochgeehrter Herr.

Schönsten Dank Ihnen und dem Herrn Mitunterzeichner für die liebenswürdige Karte aus Nieder-Rochlitz. In meinem Ritter (Ritters geographisches Lexikon) steht *Unter*-Rochlitz, Dorf im Kreise Gitschin mit 8000 Einwohnern. Also nicht mal der Name ganz richtig. Es ist das schlechteste Buch, das unter einem berühmten Namen segelt. Nur in Deutschland war solch Unsinn möglich. Ritter – immer knapp bei Kasse – schrieb ein langes, wissenschaftliches, wahrscheinlich in seiner Art ausgezeichnetes »Vorwort« während Stümper (junge Studenten etc.) das Lexikon machten. Es ist ganz schlecht, beinah unbrauchbar, wird aber immer noch gekauft, weil Ritter auf dem Titelblatt steht. Solche aus unsren ruppigen Verhältnissen gebornen Dinge, die sich dann noch für »höhere Wissenschaftlichkeit« ausgeben, reizen mich furchtbar. Und unser ganzes Leben ist bis zu dieser Stunde von diesen anspruchsvollen Ruppigkeiten erfüllt. Was ist der ganze Ordens-Unsinn anders? Ein armer Superintendent empfinge gern 100 Thaler jährliche Zulage zu seinem Jubiläum, – er kriegt sie nicht, wohl aber den rothen Adler 4. Klasse. In vielem haben wir uns verschlechtert, aber daß wir aus diesen prätensiösen Hohlheiten herauswachsen, ist doch ein Fortschritt.

Ich freue mich, daß Sie unentwegt so viel Genuß von Ihren Ausflügen in und über's Gebirge haben und erkenne daran, daß mir die Reisefreude so ganz verloren gegangen ist, den Einzug und die Festsetzung des Alters. Es war gelegentlich recht heiß hier, aber immer war ich froh, statt irgend wo in einem Schmorbad, in meiner Stube sitzen zu können. Ein mir befreundeter alter Baron Buddenbrock sagte neulich: »so wie man Berlin verläßt, rechnet man mit *unbekannten Größen*.« Das hat mich sehr amüsirt; es ist ganz richtig.

Trotzdem steht uns noch eine Sommerreise bevor, aber es ist eine wirkliche *Kur*-Reise für meine Frau und das ändert die Sache. Sie soll nach Karlsbad und etwa am 15. August, ein paar Tage früher oder später, wollen wir hier fort. Es wäre sehr reizend und sehr liebenswürdig von Ihnen, wenn Sie sich so einrichten könnten, daß Sie auf mindestens 1 Woche nach Karlsbad herüberkämen, allein oder noch besser mit Ihren Damen. Wir zwei Beide, Sie und ich, könnten dann noch Ausflüge nach Pilsen, Eger, Dux, überhaupt in die Schiller-Wallenstein Gegenden machen. *Dergleichen* interessirt mich auch noch, während mir Durchschnittsschlösser etc. langweilig sind. – Mit meiner Gesundheit geht es leidlich, besonders glücklich macht es mich, daß ich wieder lesen kann, an manchem Tage doch wohl zwei, drei Stunden. Empfehlen Sie mich Ihren Damen. Tochter Martha ist in Warnemünde. Wie immer Ihr herzlich ergebener

Th. Fontane.

(201)   *Berlin* 19. Juli 93.

Hochgeehrter Herr.

Der Montag war ein Glückstag; um 9 empfingen wir Ihren lieben Brief, um 12 sahen wir Ihre liebe Mama, an deren Frische und guter Laune wir uns erfreuen durften. Ihre Schilderung der neusten Schmiedeberger Romanvorgänge hat einen großen Eindruck auf uns gemacht, aller Spott schweigt, von Anklage keine Rede, man fühlt sich nur wie von etwas Tragischem berührt. Dies bleibt auch noch, wenn das gnädige Fräulein nichts weiter sein sollte als das herkömmliche verliebte Landbalg, das mit jedem anbändelt, weil nichts Besseres da ist. Aber vielleicht liegt es auch anders. Vielleicht ist hier wirklich etwas von einer echten Leidenschaft gegeben, vor der Sitte und Standesvorurtheile jämmerlich zusammenschrumpfen. Sie persönlich werden wissen ob das Kleinere oder Höhere vorliegt. Wie's aber auch sein mag, so oder so, der eigentliche Held der Geschichte ist doch Le Tanneux St. Paul-Illaire in höchsteigener Person. Ich weiß alles, was gegen ihn gesagt wird und es wird wohl leider seine Richtigkeit damit haben (»das Dollste ist immer wahr« war ein Lieblingssatz meines alten Zöllner) aber als Brutus hat er sich in seiner Lucretia-Geschichte, bei der freilich von Vergewaltigung wohl keine Rede gewesen ist, ganz wundervoll benommen. Er sitzt zu Gericht, spricht sein Urtheil, handelt, – und ohne die geringste Radaubruderschaft, thut er alles was geschehen

306

kann, er thut was Sittlichkeit und was Sitte fordert, der einen zu genügen ist er für Eheschließung, der andern zu genügen für Verbannung und ohne Spektakel, vielleicht selbst ohne Vorwürfe trennt er sich von einem geliebten und wahrscheinlich sehr reizenden Kind. Bis hierher ist alles Tragödie, die (dies fürchte ich leider) zuletzt wohl in ein Kommiß-Trauerspiel übergehen wird. Oder vielleicht auch, das wäre noch das Beste, in ein spießbürgerliches Schauspiel. Der Kutscher wird in eine kleine Kaffe-Plantage gesetzt und heirathet eine Häuptlingstochter (billiger thut er's nicht) von der Somaliküste, während einer der vielen unbeschäftigten Grafen, die sich jetzt dort umhertreiben, sich mit der schönen jungen Frau zusammenthut und Generalgouverneur von Tanga oder Pemba wird. Die schöne Dönniges lebt jetzt, nach all ihren Abenteuern, als forsche, gefeierte Amerikanerin in einer Villenvorstadt New-Yorks.

Empfehlen Sie mich. Wie immer Ihr

Th. Fontane.

(202)   *Berlin* 1. August 93.
                                           Potsd. Str. 134.c.
Hochgeehrter Herr.

Das war der Ober-Kohinur, der jüngst in Südafrika (beiläufig in der künftigen Meereis-Gegend) gefunden wurde, reicher, höherkaratig als irgend ein Vorgänger. Welches als der Glanzpassus anzusehen ist, ist schwer zu sagen, ob der prinzliche Diener, der alles weiß, was niemand wissen soll, ob Graf R[oedern] und Ihr von ihm angezweifeltes Recht auf Hochwohlgeboren, ob Frau v. Rosenberg oder Karl und Benno Hilse, – wer will es bestimmen! Fast möchte ich der Frau Pastor primarius Demelius (schon ein wundervoller Name, die Latinisirung von Daemel) den Preis zuerkennen.

Solche Geschichten, die einen einen Blick in Abgründe der Dummheit, Kleinheit, Enge thun lassen, machen auf mich immer einen ungeheuren Eindruck. Das Frau-Oberförsterliche »alle Werke« gehört auch dahin, ist aber viel harmloser, weil einfach dumm; bei der Frau Pastor primarius mischt sich schon 'was von beängstigender Kleinheit, die leicht Schlechtigkeit wird, mit ein. Dabei hab' ich sehr stark das Gefühl: »das ist *sie* nicht allein, da steckt *er* mit dahinter, das ist genius loci.« Und nun frage ich, wenn eine bedrückte Seele Trost sucht, sich niederwirft, Erbarmen anruft, wo soll sie, solcher Miserabelschaft gegenüber, diesen Trost finden? Alles Blech, alles ödeste Phrase, keine Spur von Natur, von Herz. Haben Sie neulich vielleicht gelesen, wie ostpreußische Pastoren ihrem neu-ernannten Superintendenten als »Bischof« gehuldigt haben? Schafsköpfe, Heuchler, Narren. Diese Stümper, Stümper noch mehr an Herz als an Geist, diese dürftigen Gesellen, die blos an Klingelbeutel, an das Wohlwollen hoher Vorgesetzten und an das zuerst oder zuletzt gereichte Riechfläschchen des Fräulein Klein in Schmiedeberg denken, solche Löffelgarde will sich dem Riesen der neuzeitlichen Entwickelung entgegenstellen und erhofft das Heil von einer Verdoppelung der Kirchen, in denen man *jetzt* schon nur solche sieht, die nicht da sind. Ich kenne keinen Menschen, zu dessen Glaubensbekenntniß, wenn es sich mit dem lutherschen deckt, ich das geringste Vertrauen hätte; nur offener Unglaube, Redensartlichkeit und Heuchelei treten mir entgegen und dieser Zustand der Dinge soll durch »Demeliusse« gebessert werden. Es ist vielleicht Unrecht, daß ich's den unglücklichen Haus- und Eheherrn mitbüßen lasse, aber in China wenn eine Frau zankt und sich ungebührlich auf der Straße benimmt, wird nicht die Frau, sondern der Mann bestraft. Warum hat er sie nicht besser gezogen! Ich halte es für ganz richtig und *ist* es richtig, so muß Demelius die Verantwortung mittragen.

Der kleine Stöckhardtsche Kindersarg auf dem Butterwagen, gab hier zu Meinungsverschiedenheiten Veranlassung; meine Damen (Martha ist seit 8 Tagen aus Warnemünde zurück) meinten, »der Sarg sei nach dem Bahnhofe geschafft worden, um hier in Berlin beigesetzt zu werden.« Das ist möglich, aber keineswegs sicher; – das Elternpaar ist krank hier angekommen, niemand ist da die Dinge in die Hand zu nehmen, weder hier noch in Schmiedeberg, nicht einmal bewährte Dienstleute sind vorhanden, da würd' ich es nicht wunderbar finden, wenn das Kind ohne Sang und Klang begraben worden wäre. Solche Dinge kommen oft vor; wenn alle Hülfen und Kräfte versagen, wird blos einfach »unter die Erde gebracht«; auch Könige sind so begraben worden. – Wir stehen auch vor einem großen Begräbniß, – unser lieber alter, durch fast 50 Jahre in Freundschaft bewährter Freund Witte, ist gestern früh in Warnemünde gestorben und einer von uns muß hin, um ihm das letzte Geleit zu geben. Die Eigentlichen, voran Frau und Tochter, sind aber sehr elend, ich auch Wrack, und so wird unser Jüngster hinreisen und die Familie vertreten.

Etwa am 15. wollen wir nach Karlsbad und freuen uns sehr, daß wir Aussicht haben, Sie, früher oder später, dort zu sehn; hoffentlich erlauben Wetter und Befinden auch die geplanten Fahrten bis Eger und Pilsen. Zunächst würden wir Ihnen für Rathschläge hinsichtlich Karlsbads selbst, sehr dankbar sein. Wir haben uns seitens einer uns bekannten Dame, die häufiger in Karlsbad war, einen Zettel schreiben lassen, aber der Werth desselben ist Null. Daß bei Pupp auf der Wiese gut gegessen und getrunken wird, wußte ich auch vorher schon und eine Hôtel-Empfehlung ist ebenfalls gleichgültig; ein Hôtel ist wie das andre. Worauf es ankommt, das ist eine *Wohnung*, nicht zu theuer, nicht zu sonnig, nicht zu kalt und feucht und nicht zu weit von dem Hauptbrunnenplatz. Auf unsrem Zettel werden 2 Häuser

genannt, eins heißt die »Amsel«, was wenigstens einem
Poeten gut klingt. Wer gern tanzt, dem ist leicht gepfiffen.
Aber trotzdem darf mich der Name nicht bestechen. Können Sie uns nun, nach eigener Erfahrung, 'was empfehlen?
Nähe des Brunnens ist wichtig, der Preis, wenn nicht zu
exorbitant, verhältnißmäßig gleichgültig, denn »kommst
Du über'n Hund, kommst Du über'n Schwanz«. Wir werden etwa 5 Uhr in Karlsbad eintreffen; ist es räthlich, da
gleich was zu suchen (2 Stunden ist es noch hell) oder geht
man besser auf eine Nacht in ein Hôtel? Das mir Angenehmste wäre, wenn wir, von hier aus, brieflich eine Wohnung miethen könnten. Sind es gute Leute, so ist jeder
große Reinfall dabei ausgeschlossen, außerdem kann man ja
in demselben Hause wechseln, wenn andre Kurgäste ab-
ziehn. Ihre Güte wird zu rathen und zu helfen wissen.
Empfehlen Sie mich Ihren Damen angelegentlichst. In
herzlicher Ergebenheit

Th. Fontane.

(203)   *Berlin* 8. August 93.
                                                Potsd. Str. 134.c.

Hochgeehrter Herr.

Vor etwa 8 Tagen habe ich Ihren lieben langen Brief
vom 30. Juli beantwortet und an den Schluß allerhand mehr
oder weniger pressante Carlsbad-Fragen gestellt. Verwöhnt
durch Ihre Güte, dachte ich schnell Antwort zu erhalten
und das Ausbleiben legt mir mal wieder die Frage nahe, ob
mein Brief überhaupt in Ihre Hände gekommen ist. Zu
hören, daß Sie ihn überhaupt erhalten haben, ist mir wichtiger, als die Carlsbader Fragen, mit denen es schließlich
nicht allzu ängstlich ist, – wichtiger deshalb, weil Ihr
Brief derart war, daß er, aus allen möglichen Gründen,
eine rasche Antwort erheischte. Nur, wenn nöthig, meine

Schuldlosigkeit zu proklamiren, ist Zweck dieser Zeilen.

Meine Frau war heute bei Ihrer Frau Mutter und fand sie wohl, frisch, angeregt wie immer. Brugsch' Kapitel in der Vossischen hatten den Hauptgesprächsstoff gebildet und beide Damen waren einig in ihrem Urtheil gewesen: interessant (namentlich für alte Berliner), aber wenig schmeichelhaft für Brugsch selbst, dessen Charakter beständig in einem sehr zweifelhaften Lichte erscheint. Nicht blos in der Lepsius-Frage. Viel schlimmer ist, daß man überall den Schlauberger merkt, der auch mit diesen Memoiren wieder allerhand andres verfolgt, als blos ein gutes Buch zu schreiben. Herzlich grüßend, in vorzügl. Ergebenheit

Th. Fontane.

(204)   *Berlin* 11. Aug. 93.
                                                   Potsd. Str. 134.c.
Hochgeehrter Herr.

Erschrecken Sie nicht; diese Zeilen erwarten keine Antwort und bringen Ihnen nichts als meinen Dank für Ihren vorgestrigen Brief mit seinen freundlichen Notizen und zu diesem Dank eine nochmalige Bitte um Entschuldigung, wegen meiner alle halbe Jahr 'mal wiederkehrenden Anfrage »ob vielleicht ein Brief verloren gegangen sei?« Das kann den Eindruck machen, als hielte ich solch Skriptum für 'was Wichtiges, dem sofort nachzuspüren sei. In Wahrheit ist es nichts als die Sorge eines alten Herrn, der, wenn weiter nichts, wenigstens artig sein möchte.

Ihr ganz besonders inhaltsreicher Brief vom 30. Juli, schien mir einen raschen Dank zu erheischen und weil diesen Dank eine Frage begleitete, ängstigte mich als keine Antwort kam der Gedanke, die Danksagung könne Ihnen nicht zu Händen gekommen sein; die angehängte Anfrage stand weit dahinter zurück. Dies mußte ich doch noch aussprechen, damit meine Angstmeierschaft ihre richtige Begründung erhält.

Wir reisen wahrscheinlich Mittwoch den 16. Sind wir heil da, so lasse ich in ein paar Zeilen von mir hören. Vorläufig wünsche ich Ihnen ein Nachlassen der Arbeitsunruhe. Wie immer Ihr   Th. Fontane.

(205)   *Berlin* 13. Aug. 93.
                                               Potsd. Str. 134.c.
Hochgeehrter Herr.

Ihr heute früh eingetroffener Brief, war uns eine große Freude. Vielleicht sind wir so glücklich, die schönen Tage von Wyck noch einmal durchleben zu können. Statt Amrum und dem »Seehund«, Eger und sein Rathhaus. Der schönen merkwürdigen Frau mit dem merkwürdigen Ehemanne (beide, wenn ich nicht irre, aus Wien) werden wir um 50 Meilen näher gerückt sein und treffen sie vielleicht wieder, denn Beide – trotzdem sie dem Stadium des Aergers bereits entrückt schienen – hatten ein karlsbadisches Gepräge.

Wir wollen, wenn nichts dazwischen fährt, am 16. fort und können also unsrerseits die Quartiermacher machen. Wir werden, nach einem heute gleichzeitig mit dem Ihrigen eingetroffenen Briefe aus Karlsbad, wahrscheinlich in der »Amsel« oder in der »Silbernen Kanne« (eine Art Dependance der Amsel) wohnen und am 19., wenn es bei diesem Tage bleibt, am Bahnhofe sein, um Sie und Frau Gemahlin zu empfangen. Daß diese den Mühlbrunnen an der Quelle trinken will, ist einer der glücklichsten Gedanken dieses Sommers. Empfehlen Sie mich beiden Damen. Auf ein frohes Wiedersehn. In vorzüglicher Ergebenheit

                                               Th. Fontane.

Karlsbad.
Sonnabend
19. Aug. 93.

Hochgeehrter Herr und Freund.

Eben, 7 Uhr Abends, erhalte ich Ihren lieben Brief, der mich (uns) natürlich betrübt, aber – so sehr wir das verehrte Friedl: Paar vermissen werden – doch mehr noch um der Schmiedeberger Generalverstimmung, als um unsretwillen. Es kommt hinzu, daß wir uns ein wenig wie Mitschuldige fühlen, zum Mindesten als Veranlassung der beklagenswerthen häuslichen Scene. Vielleicht (Pardon) haben Sie nicht ganz diplomatisch operirt und das Tilgnersche Familiengefühl verletzt, die armen F.'s in Ihren freundlichen Gesinnungen für dieselben mehr betonend als recht war.

Es muß also nun alles bleiben, denn *so* rasch klingt so was nicht wieder ein. Es thut mir auch noch aus einem andren Grunde leid, deshalb, weil ich nach den in diesen 3 Tagen gemachten Erfahrungen, annehmen möchte: Sie hätten sich beiderseits hier vortrefflich amüsirt und erfrischt. Alle meine Mäkellust hat bisher keine Nahrung hier gefunden und Karlsbad verdient wirklich – auch rein als Vergnügungsort – den ausgezeichneten Ruf, dessen es sich erfreut.

Und nun zum Schluß: schließen Sie Frieden, empfehlen Sie mich Ihren Damen und lassen Sie bald wieder von sich hören. Hoffentlich Gutes. In größter Eil

Ihr

Th. Fontane

Hochgeehrter Herr. In der Furcht heute Mittag wieder die Begleichung zu vergessen, erlaube ich mir von Thür zu Thür den einliegenden 10 Guldenschein zu schicken. Ungefähr wird es wohl stimmen; Ihre Güte wird mir sagen, ob es reicht.

In vorzügl. Ergebenheit

Th. Fontane.

(207a) [Telegramm, aufgegeben in Berlin
am 14. September 1893]

herzlichste gruesze mit dank und besten wuenschen fuer dresden, niesky und daheim – th. f.

(208) [Postkarte 		Poststempel: Berlin W. 20. 9. 93]

Herzlichen Dank für Ihren lieben Brief, der mir eine große Freude war. Der verschwundene Krug, als Entrée, hätte mich auch geärgert; wünschen Sie dem ehrlichen Finder, daß es ihm draus schmeckt; durch solchen frommen Wunsch befreit man am Besten die eigene Seele. Meine Frau ist noch in Blasewitz, die Tochter noch krank; doch geht es seit gestern besser, nur sehr matt und schwach. Ich habe heute die Correctur meines Buches erledigt, was mich doch sehr angestrengt hat. Deshalb nur diese Karte. Morgen Vormittag schreibe ich ausführlich. Wie immer

Ihr

Th. F.

Berlin 21. Sept. 93.
Potsd. Str. 134.c.

Hochgeehrter Herr.

In Ihrer Güte danken Sie uns. Aber was sollen *wir* da erst sagen! Gewiß ist es, daß wir uns gegenseitig helfen und fördern und die Tage angenehmer machen konnten, aber die Prozentsätze hüben und drüben liegen doch sehr verschieden; Friedländers ohne Fontanes, das wäre gegangen, aber Fontanes ohne Friedländers, da hätte es stark gehapert; denn wir sind alt und scheu und ohne Routine. Noch auf dem Dresdner Bahnhofe lieferte meine arme Frau, die mir davon schrieb, den Schlußbeweis. Nachdem Sie Philemon heil untergebracht hatten, kam auch Baucis an die Reihe.

Wenn Sie wieder schreiben, lassen Sie mich doch ja hören, ob die Kur Ihrer Frau Gemahlin gut bekommen ist. Ich hoffe es stark und würde froh sein, aus der Reise, die doch mal in Verdacht kam eine »Fontane-Reise« zu sein, noch so viel Segen erblühen zu sehn. Unter allen Umständen war es etwas Gelungenes und Erfreuliches, auch blos vom Reisestandpunkt aus angesehn.

Ihre Verstimmung über die Kolossal-Heiligkeit bei Inscenirung einer doch nur durchnittsmäßigen Hochzeit, begreife ich; ich glaube aber bemerkt zu haben, daß Sie über solchem Ei, das eigentlich gar kein Ei ist, sondern nur ein eiförmiges Stück Kreide, länger brüten, als Sie eigentlich sollten. Sie werden mit solchen Quisquilien nicht schnell genug fertig; Sie zehren zu lange daran und geben dadurch den Dingen eine Ehre und Auszeichnung, die sie nicht verdienen. Ich entsinne mich zahlloser Gespräche mit Ihnen über derartige Vorkommnisse, – immer war ich dabei Ihrer Meinung, immer fand ich, daß Ihre Fingerspitzennerven die sonderbaren Stellen richtig herausgefühlt hatten; aber Sie haben einen verhängnißvollen Zug, den feinfühlenden Finger immer wieder auf die sonderbare, von Ihnen mit

Recht beanstandete Stelle zu legen. Die Folge davon ist, daß sich Ihr Gemüth, Ihr ganzes innres Leben zu sehr in kleinen, Sie beständig quälenden Empfindungen ausgiebt. Sie sind ein scharfer, witziger und auch humoristischer Beobachter, aber Sie treten nur so zu sagen literarisch humoristisch auf; Sie bringen es zu einer Sie selber amüsirenden humoristischen Form, aber Ihre Seele bringt es zu keiner humoristischen Stellung den Albernheiten und Kleinlichkeiten des Lebens gegenüber. In dieser Stellung liegt das vom Aerger Befreiende. Lassen Sie mich gelegentlich wissen, ob ich's damit getroffen habe.

Mein Scherenberg-Buch habe ich an Victor Meyer geschickt, der mir heute in einem liebenswürdigen kleinen Briefe dankt. Hans Hertz schrieb mir über ihn: »ich war mit ihm in derselben Klasse; er war schon damals unheimlich gescheidt und von erstaunlicher Fassungsgabe.« Höre ich dergleichen, so wundre ich mich immer, daß dabei schließlich doch nicht mehr herauskommt; es ist eben dafür gesorgt, daß die Bäume nicht in den Himmel wachsen oder wie Mephisto sagt: »daß Du ein Mensch mit Menschen bist.« – Dove's Brief hat mich nur in einer Beziehung voll befriedigt, in Bezug auf seine *Handschrift*, alles klar und sauber. Aber sonst! Das mit der Erinnerung ist falsch gedacht und die Stelle die folgt, ist geschraubt. Nach Ihren *Citaten* aus Dove, die alle was Frappantes, den Nagel auf den Kopf Treffendes haben, hat mich dieser Brief doch ein wenig enttäuscht. Aber man darf nicht viel davon machen. Auch Homer schlief. Empfehlen Sie mich Ihrer lieben, von mir überaus verehrten Frau Gemahlin.

In herzlicher Ergebenheit Ihr

Th. Fontane.

(210)   *Berlin* 3. Okt. 93.
                                  Potsd. Str. 134.c.

Hochgeehrter Herr.

Ihre Güte hängt Gewicht an Gewicht; erst eine Karte vom »goldnen Frieden« aus, dann ein Brief aus dem Heim mit dem Adoranten und der um eine Nummer verringerten Apostelkrugsammlung und zuletzt ein Doppelschuß aus dem Gebirge, der letzte, dreifach zersplitterte, schon mehr Granatschuß. Nehmen Sie's mit diesem Briefanfang nicht zu genau; ich, der ich immer auf falsche Bilder fahnde, hätte mich besser ausdrücken müssen; es klappt und paßt nicht recht und doch wollte ich mir den 3gesplitterten Granatschuß nicht entgehen lassen. Die falsche Bildersprache ist mir gerade heute um so fataler, als ich weiterhin, ad vocem V[ictor] M[eyer] über dünnen Stil und unausreichendes Darstellungsvermögen noch Einiges zu sagen haben werde.

Ich freue mich außerordentlich, daß Sie diese Partieen ins Gebirge machen und in so sympathischer Gesellschaft, was immer die Hauptsache bleibt. Wenn man sich mit seiner Frau gezankt hat, berührt einen die »blaue Grotte« wie ein Gefängnißloch, drin man sie einsperren möchte. Der Mensch bleibt die Hauptsache, aber hat man *den,* so ist das, was Ihnen die Nähe des Gebirges bietet, eine nicht zu überschätzende Zugabe. Solche Partie wie die jetzt von Ihnen und Ihrem liebenswürdigen »Protokollführer« (dem ich mich zu empfehlen bitte) nach dem Korokonosch etc. gemachte, können Sie hier nicht machen, auch wenn Sie dieselbe Reisebegleiterschaft haben. Die Natur ist das Zweite; aber ist das Erste da, so folgt sie diesem Ersten sehr dicht auf dem Fuß. Bei sonst gleichen Verhältnissen, kann ich in Grünau oder Schmöckwitz nicht in derselben gehobenen Verfassung sein, wie wenn ich von der Rennerbaude aus nach Sankt Peter oder Spindelmühl hinuntersteige. In

Schmöckwitz ist auch der schönste Apfel vom Berliner Wurm angestochen.

In Ihrem Briefe hat mich die Schilderung einer bestimmten Situation, in der Sie sich mitunter (und in längren oder kürzeren Pausen wiederkehrend) befinden, sehr beschäftigt. Ich kann nicht sagen »sehr erheitert«, – dazu ist die Sache zu ernst. Ich empfinde genau so wie Sie, kann also sehr gut folgen, aber ich bin sanguinischer und dadurch in meinem Gemüthe glücklicher beanlagt und mit Hülfe dieser glücklichen Beanlagung bin ich verhältnißmäßig leicht über unausgesetzte Kränkungen fortgekommen. Ohne Vermögen, ohne Familienanhang, ohne Schulung und Wissen, ohne robuste Gesundheit, bin ich ins Leben getreten, mit nichts ausgerüstet als einem poetischen Talent und einer schlecht sitzenden Hose. (Auf dem Knie immer Beutel.) Und nun malen Sie sich aus, wie mir's dabei mit einer gewissen Naturnothwendigkeit ergangen sein muß. Ich könnte hinzusetzen mit einer gewissen preußischen Nothwendigkeit, die viel schlimmer ist als die Naturnothwendigkeit. Es gab natürlich auch gute Momente, Momente des Trostes, der Hoffnung und eines sich immer stärker regenden Selbstbewußtseins, aber im Ganzen genommen darf ich sagen, daß ich nur Zurücksetzungen, Zweifeln, Achselzucken und Lächeln ausgesetzt gewesen bin. Immer, auch als ich schon etwas war, ja, auf einem ganz bestimmten Gebiete (Ballade) an der Tête marschierte, sah ich mich beargwohnt und andre, oft wahre Jammerlappen, bevorzugt. Daß ich das alles gleichgültig hingenommen hätte, kann ich nicht sagen, ich habe darunter gelitten; aber andrerseits darf ich doch auch hinzusetzen: ich habe nicht *sehr* darunter gelitten. Und das hing, und hängt noch, damit zusammen, daß ich immer einen ganz ausgebildeten Sinn für *Thatsächlichkeiten* gehabt habe. Ich habe das Leben immer genommen, wie ich's fand und mich ihm unterworfen.

Das heißt, nach außen hin; in meinem Gemüthe nicht. Sie wissen so gut wie ich oder besser als ich, daß es in unsrem guten Lande Preußen (wie übrigens in jedem andren Lande auch) etablirte Mächte giebt, denen man sich unterwirft. Diese Mächte sind verschieden: Geld, Adel, Offizier, Assessor, Professor. Selbst Lyrik (allerdings als eine Art Vaduz und Liechtenstein) kann als Macht auftreten. Von dem Kugler'schen Hause wurde vor 40 Jahren gesagt: »dort gilt nur, wer einen Band lyrischer Gedichte herausgegeben hat.« Es kommt nun darauf an, daß einen das Leben, in Gemäßheit der von einem vertretenen Spezialität, richtig einrangirt. So kam es, daß ich, trotz meiner jämmerlichen Lebensgesammtstellung, doch jeden Sonntag Nachmittag von 4 bis 6 richtig untergebracht war, nämlich im Tunnel. Dort machte man einen kleinen Gott aus mir. Und das hielt mich. Ist man aber aus seiner richtigen Rubrik 'raus, so ist das Elend da. Banquiersöhne (z. B. der junge Bleichröder) sind in Offiziers- und Professorenkreisen der größten Nichtachtung ausgesetzt, Offiziere werden in Banquier-kreisen wie Hungerleider behandelt, Professor Oppert, linguistische Größe ersten Ranges, der aber, wie Ahlwardt, immer vergißt, daß Beinkleider auch Knöpfe haben, würde in Adels- und Offizierkreisen wie Gundling oder Morgenstern behandelt werden, Humboldt, als er zu ausschließlich vom Popokatepetl sprach, mußte erleben, daß Louis Schneider ihm vorgezogen wurde. Jede Gesellschaftsklasse, jeder Hausstand, hat ein bestimmtes Idol. Im Ganzen aber darf man sagen, es giebt in Preußen nur 6 Idole und das Haupt-Idol, der Vitzliputzli des preußischen Cultus, ist der Leutnant, der Reserve-Offizier. Da haben Sie den Salat. Hätten Sie – seien Sie übrigens froh, daß es nicht der Fall war – in eine bocksteife Professoren- oder vor Hochmuth platzende Künstlerfamilie hineinge[hei]rathet, so würden Sie der Leutnants- und Reserve-Offizier-Bewunderung glücklich entgangen sein, aber es hätten sich Uebelstände herausgestellt, die gleich bedrücklich wären. Man muß sich darin finden, daß immer wer da ist, der einem vorgezogen wird. Vielfach – namentlich in der Jugend und ehe man sich etablirt hat – ist dies kränkend; in spätren Lebensjahren aber hört es auf kränkend zu sein, weil man sich überzeugt, daß niemand, auch der Größte nicht, von dieser Kränkung ausgeschlossen bleibt. Es läuft darauf hinaus, daß immer »das Andre« besser ist. Eine Frau, die einen Schöngeist hat, sehnt sich nach einem Kürassieroffizier, und eine Frau, die einen Kürassieroffizier hat, sehnt sich nach einem Schöngeist. Ist man klug, so kommt es auf Stattlichkeit und ist man stattlich, so kommt es auf Klugheit an. Dem Loyalitätsfatzke steht der Freiheitsapostel und dem Freiheitsfatzke der Loyalitätsapostel gegenüber. Wie man's auch einrichten mag, zur *Hälfte* kommt man immer schlecht weg. Hat man sich damit durchdrungen, daß es nicht anders sein kann, so fällt zwar nicht der momentane Aerger fort, aber man verheirathet sich nicht mit ihm. Eins der schönsten Lutherworte ist das folgende: »ja, die bösen Gedanken! Wir können nicht hindern, daß die Vögel über uns hin fliegen, aber wir können hindern, daß sie auf unsren Köpfen Nester baun.« Dies ist ein *gutes* Bild. Dafür ist es aber auch von Luther.

In den letzten Tagen habe ich mich über unsres Freundes und Gönners Victor Meyer »Wanderblätter und Skizzen« hergemacht, die den Haupttitel führen: »Aus Natur und Wissenschaft«. Ich war ganz baff. Unerlaubt unbedeutend! In jeder Beziehung gar nichts, inhaltlich null und stilistisch wieder null. Was wird der kluge Ihering (dem es gewidmet ist) dazu gesagt haben. Ich finde, daß sich ein ausgezeichneter Fachmann durch solche Publikationen doch schadet. Er darf nicht *so* unbedeutend vor sein Publikum treten. Und nun Schluß. Herzlichste Grüße Ihren Damen. Wie immer
Ihr   Th. Fontane.

(211) [Postkarte   Poststempel: Berlin W. 30. 10. 93]

Ende dieser oder Anfang nächster Woche schreibe ich ausführlich, um Ihnen und Frau Gemahlin für Ihre liebenswürdigen Briefe zu danken. Denn auch bei den Briefen an
meine Frau bin ich Mitempfänger. – Die beiden Nummern
der Breslauer Zeitung schicke ich heute schon, weil ich immer in Sorge bin, daß sich solche Zeitungsblätter auf meinem Arbeitstische verkrümeln. Und das ist dann sehr fatal.
Ueber die Aufsätze selbst spreche ich in meinem nächsten
Briefe. Ein Machwerk von Sudermann schließe ich bei.
Herzlichste Grüße von mir und meiner Frau.

Ihr

Th. F.

(212)   *Berlin* 7. Novb. 93.
Potsd. Str. 134.c.

Hochgeehrter Herr.

Heute ist großer Briefschreibetag; mit einem Scriptum
an Frau Prof. Richter (Jena) habe ich begonnen, nun einige
Zeilen an Sie, die mir leichter werden. Denn der Frau Richter gegenüber mußte ich von Anfang bis Ende über Luther
orakeln, sowohl über den Otto Devrientschen wie über den
historischen und das eine wie das andre war kein Spaß. Wie
man jetzt oft hört »Bismarck hat abgewirthschaftet«, so hat
sich auch der modernen norddeutschen Menschheit das Gefühl bemächtigt »Luther hat abgewirthschaftet«. Da haben
neulich in unsrer Synode die Kämpfe über das Apostolicum
getobt und Stöcker hat den Sieg behalten, aber ich möchte
wohl wissen, wie viel ehrliche Leute er hinter sich hat. Außer einigen Landräthen etc. kenne ich keinen. Das ist der
Stöckersche Luther oder meinetwegen auch der historische. Und nun der Devrient-Richtersche, der Jenensische,

der protestantische par excellence, der, weil er immer weiter protestirt, gar nicht zu stabiliren ist, denn morgen hat er sich schon wieder weiter entwickelt, – ja, wie viel Anhänger hat *der*? Wo möglich noch weniger als der Stöckersche. Der Stöckersche ist doch wenigstens eine Figur, der Jenensische ist blos eine Negation, ein Protest, etwas Besserwißliches. Der moderne Geist ist dem alten Luther dankbar, daß er an die Stelle der Autorität das Forschen gesetzt hat, wie man Bismarck für den Aufbau Deutschlands dankbar ist. Aber nun schnappt es ab und von einem allgemeinen sich Einschwörenlassen oder von einer *General*bewunderung ist keine Rede. Diese verlangen aber die Lutherleute, die nicht-strengen gerade so gut wie die strengen, und das widerspricht dem Geist unsrer Zeit. Man nimmt sich das, was einem paßt und auch Luther wird mit Auswahl behandelt. Und solch auswählen, solche beständig geübte Kritik, schließt nun mal die Begeisterung aus und so kommt es denn, daß auf »Lutherfestspiele« keiner mehr recht anbeißen will. Das Publikum entbehrt durchaus der enthusiastischen Gefühle, die solch jenensischer Professor, seinerseits sehr weltabgeschieden, (immer im Rollstuhl) als vorhanden annimmt. Erwäge ich, daß Sie vor wenig Wochen eine Einsegnung gehabt und Fräulein Lütty in die lutherische Kirche eingeführt haben, so hätte ich meinen Brief wohl auch mit andern Betrachtungen beginnen können, aber es ist nun mal geschehn und meine Weisheit kann ja dem jungen Kirchenmitgliede verborgen bleiben.

Von Frau Richter bis zu Grünhagen ist nur ein Schritt und von Grünhagen bis zu Victor Meyer wieder einer. Solche Wunder schafft Karlsbad. Ja, Grünhagen! Der Brief ist sehr liebenswürdig, aber er schmeckt doch nach Provinzialhauptstadt, es ist was Enges und Kleines drin. Manche Menschen gedeihen in der Einschränkung besser – ich kann mir z. B. nicht denken, daß Gottfried Keller oder Wilhelm

Raabe in Berlin gut gediehen wären – aber die Meisten kriegen doch was vom Knieholz. Könnte ich meinem Herzenszuge folgen, so schriebe ich an den feinen und vornehm reservirten Mann, der er (Grünhagen) ist, aber ich gerathe zu sehr in Badecorrespondenz hinein; bedenken Sie Frau Prof. Richter, Victor Meyer und dann vielleicht auch noch Grünhagen! Dem bin ich nicht gewachsen. Auch habe ich zu wenig davon; Grünhagen, mit all seinen Vorzügen, ist doch blos ein matter Pilger und Victor Meyer, aufs Höhere hin angesehn, ist nun vollends total unbedeutend. Viel besser steht es mit dem jenensischen Professor Richter, *der* scheint wirklich ein feiner Geist und aesthetisch brillant geschult – eine kleine Arbeit über das »Lutherfestspiel« die er mir geschickt hat, ist *sehr* gut – aber ich fühle mit einem Instinkt, der mich selten täuscht, heraus, daß er ein sehr abgeschlossener, bewußter, eigensinniger Herr ist, der sich nicht fördern und entwickeln, sondern weil er das Richtige bereits zu haben glaubt, dies sein »Richtiges« à tout prix durchdrücken will. Solche Personen kann ich bis zu einem gewissen Grade anerkennen, aber ich kann nicht mit ihnen leben. Personen, denen irgend etwas absolut feststeht, sind keine Genossen für mich; nichts steht fest, auch nicht einmal in Moral- und Gesinnungsfragen und am wenigsten in sogenannten Thatsachen. Taufregister sind sprichwörtlich falsch. Ich greife noch mal auf Victor Meyer zurück. Das ist nun ein Wunderknabe! Sein Wesen ist liebenswürdig und sein chemisches Wissen wird wohl sehr groß sein. Er ist aber ein ganz kleines Geisteslicht, sonst könnte er nicht fortgesetzt so kolossal unbedeutendes und phrasenhaftes Zeug schreiben. Ihr Vergleich seiner Vorrede mit einem Tamtam-Herold, der nichts hinter sich hat, ist sehr gut. Uebrigens bitte ich bemerken zu dürfen, daß ich nicht etwa in einer hyperkritischen und zum Absprechen geneigten Stimmung bin. Da war ich am vorigen Mittwoch mit einem kleinen Herrn Robert-Tornow und am Freitag mit zwei jüdischen Herrn (natürlich ist Robert-Tornow ursprünglich auch Jude) zusammen, einem Dr. Lachmann und einem Herrn Paul Hertz, Söhne der gleichnamigen Geh. Commerzienräthe Lachmann u. Hertz, und war hingerissen von der Art, wie diese Herrn Conversation machten und zwar über eine der denkbar schwierigsten Fragen: »wie steht es mit unsren gepriesenen ›höheren Beamten‹? sind sie, speziell *die*, die Fragen des praktischen Lebens reguliren sollen, sind sie ihrer Aufgabe gewachsen«, auf welche Fragen beide Herrn mit einem sich durchaus bescheiden-gebenden, aber doch zugleich auch entschiedenen »nein« antworteten. Ich sprach gestern mit Zöllner darüber und er sagte mir »ich bezweifle keinen Augenblick, daß die Herren Recht haben«. Details gebe ich Ihnen mal mündlich. An meinem Entzücken darüber aber können Sie erkennen, daß ich immer dankbar hoch aufhorche, wenn ich mal was Gutes höre, aber unsre Karlsbader Bekanntschaften kann ich nicht dahin rechnen, – es war alles Mittelgut, Porzellan aus Pirkhammer. Da kenne ich einen Amtsgerichtsrath Dr. Friedländer in Schmiedeberg, der macht das alles 10 mal besser, von dessen Geschichten, auch wenn es mal die alten sind, hat man was. Ich kann mir nicht denken, daß ich jemals eine Geschichte von Grünhagen wieder erzählen könnte. Der vorgenannte Robert-Tornow (ganz kleiner Pucklinski) ist Bibliothekar des Kaisers und wohnt im Schloß; er hat eine kolossale Kenntniß der ganzen Hofgesellschaft und ihres Klatsches, denn er ist seit Jahren persona gratissima bei der Kaiserin Friedrich, zum Theil aus *Dankbarkeit* dieser, denn sie hat ihm eine berühmte Sammlung – ich möchte sagen eine großartig erweiterte »Friedländersche« – abgeluchst. Diese Sammlung von Glas-, Porzellan-, Majolikararitäten befand sich in Tornow bei Potsdam, wo der *alte* Robert (Tornow ist blos Zuname) wohnte und diesem ging die Kaiserin so lange um den Bart, bis er ihr die höchst werthvolle Sammlung vermachte. Das war ein vollkommener Vermögensverlust. Zum Ausgleich dafür hat man den Sohn oder Erb-Neffen, den jetzigen kleinen puckligen Robert-Tornow, zum Bibliothekar gemacht. Er ist einer der feinsten kleinen Kerle, auch seine Röcke und Stiefel würden Ihnen imponiren, die mir je vorgekommen sind; jeder Satz den er sprach wirkte wie ein Pfeil mit Goldspitze, womit er indeß nicht schoß, sondern nur kitzelte; man fühlte aber daß er auch schießen könne. Dabei nichts von Ueberheblichkeit oder vordringlichem sich ausspielen wollen.

»Fipper« hat mich sehr amüsirt; eigentlich müßte er Schneiderssohn sein, aber Conditorsohn ist auch gut. In meiner Jugend sprach man von »fipprig«; giebt es das Wort noch? Ihren Allgemeinbetrachtungen bei Gelegenheit des neuen Herrn Referendars stimme ich vollkommen zu. Der Fluch bei uns ist, daß wir die »Forsche nicht rauskriegen«. Wenn in England ein Conditorsohn Leutnant oder Advokat wird, so ist er nicht der Sohn einer Sandtorte sondern einer Hunderttausendpfundnote, gleichviel ob es solche giebt oder nicht; alles trägt bei uns den Stempel der Sechsdreier-Parvenuschaft, bei allem empfindet man »es ginge wohl, aber es geht nicht«.

Daß Sie Theodor Storm als Thema gewählt, ist sehr gut.

Die beiden Aufsätze wirkten ganz unterhaltlich. Der Stoff zu dem Königgrätz-Artikel war eigentlich glänzend, aber Sie haben ihn nicht ausgenutzt. Nach meiner Meinung mußte es mit dem *Sachsen* beginnen, dann kommen die *Engländer* (wundervoller Gegensatz) und dann die Betrachtungen darüber, wie man im Auslande jetzt studirt und längst aufgehört hat, sich blos mit dem Eignen und Nächstliegenden zu beschäftigen. Alles Andre weg.

Und nun unter Empfehlungen an Ihre Damen – meine
Frau dankt aufs herzlichste für den so liebenswürdigen
Brief – in vorzüglicher Ergebenheit Ihr

Th. Fontane.

(213) [Postkarte   Poststempel: Berlin W. 18. 11. 93]

Herzlichen Dank für den inhaltreichen, interessanten Brief,
den ich in 8 oder 14 Tagen ausführlich beantworte. Heute
nur Bescheid über das Prof. Schottmüller-Buch. (»Preu-
ßens Ehrenspiegel« ziemlich lederner Titel.) Zwei Gedichte
von *S. H.* Fr[iedlaender] sind darin mitgetheilt und zwar
entnommen den »Volks- und Jägerliedern im Frühling
1813«. Das eine heißt »Lied der Waffenschmiede«, das andre
»Gebet«. Die von Victor Meyer citirte Stelle konnte ich
weder in dem einen oder andren finden.

Tausend Grüße. Wie immer Ihr

Th. F.

(214)   *Berlin* 29. Novb. 93
                                            Potsd. Str. 134.c.
Hochgeehrter Herr.

   Dies ist der dritte Wochentag und auch der dritte Brief-
schreibetag; ich erhole mich dabei, nachdem ich mich an
meinem Roman (das mächtige alte Packet, das auch mal bei
Ihnen lagerte) ganz dumm corrigirt habe. Hoffentlich zeigt
sich in den Briefen die Nachwirkung davon nicht allzu sehr.
Ich komme zunächst noch einmal auf Schottmüller und Ge-
org Friedländer zurück. Ich habe nun auch noch mal unter
»Großbeeren« nachgesucht, das ich – wie jede 1813er
Schlacht – auch fand. Aber der Großbeeren-Dichter in der
Schottmüllerschen Sammlung ist Christian Niemeyer, ein

326

Pastor aus der Halberstädter Gegend. Bleibt nur noch die Möglichkeit, daß Schottmüller ein *zweites* Buch oder aber das erste in einer neuen erweiterten Auflage herausgegeben hat. Letztres ist mir aber unwahrscheinlich.

Die Jenenser Richter-Familie hat mir nun auch noch einen »Rechenschaftsbericht« über die Lutherfestspiele geschickt, von der Hand des kranken Hofraths und Schuldirektors herrührend. Ich habe dies Heft, etwa 40 starke Seiten (großes Format) mit sehr getheilten Empfindungen gelesen. Es ist sehr liebevoll geschrieben, in einem nicht blos korrekten, sondern auch sehr guten Stil, und man merkt von Anfang bis Ende, daß man es mit einem ernsten, gewissenhaften und geistig feingeschulten Manne zu thun hat. Neben diesem Respekt aber begleitete mich ein Aerger bei der Lektüre. Von mir selber – jeder hat so seine Eitelkeiten – pflege ich gern zu versichern, daß ich einen natürlichen Sinn für *Thatsächlichkeiten* hätte und ich darf sagen, ich verdanke diesem Sinne sehr viel. Als ich in Besançon gefangen saß und *sehr* unliebsame Sachen durchzumachen hatte, sagte ich mir lächelnd »ja, so is es, wenn man gefangen is« und es kam keine Klage, sicherlich keine Anklage über meine Lippen. Es erwächst einem aus diesem Sinn ein Trost, jedenfalls eine Resignation. »Es ist nun mal so.« Von diesem Sinn haben alle Prinzipienreiter keine Spur, sie nehmen nicht die Welt wie sie ist, sondern wie sie nach ihrer Meinung sein sollte und so schneidert sich Hofrath Richter eine Lutherwelt zurecht. Allerdings wird ihm etwas bange dabei, nichts stimmt und klappt, aber er tröstet sich sofort: »was nicht ist, kann werden.« Und als ein Hauptmittel dazu, betrachtet er die Lutherfestspiele. Aber es liegt umgekehrt; ein lebendiges Lutherthum kann wohl Lutherfestspiele schaffen, aber mit Ach und Krach zusammengebrachte Lutherfestspiele können kein lebendiges Lutherthum wiederherstellen. Ich wüßte nichts zu nennen, was *so* in der Decadence steckte, wie das Lutherthum. An die Stelle bestimmter Dogmen, die Produkt der Kirche waren, hat Luther Dogmen gesetzt, die seiner persönlichen Bibelauslegung entsprachen und diese neueren Dogmen, die übrigens mit den alten vielfach eine verzweifelte Aehnlichkeit haben, sollen nun, trotzdem die Forschung *frommer* Männer ihre Fraglichkeit dargethan hat, mit demselben Feuer und Schwert-Rigorismus aufrecht erhalten werden, wie die alten. Die Offiziere die ihre Kommandoworte schreien, sind da, aber wo ist die Truppe? Ich sehe viele, die nicht da sind. Eigentlich kenne ich keinen, der »da ist«, natürlich die paar tausend orthodoxe Pastoren abgerechnet. Lasse ich diese außer Spiel, so giebt es nur Rationalisten, Deisten und Atheisten; Personen die *stramm* zum lutherschen Glaubensbekenntniß stünden kenne ich nicht. Und nun kommt Richter und will mit Lutherfestspielen und seinem Freunde Otto Devrient – von dem man sagt, er habe ein Talent, sich in allen hoch-pensionsberechtigten Stellungen unmöglich zu machen, um dann als Groß-Pensionär, ein Strom aus hundert Quellen, luther-freudig leben zu können – die norddeutsche Menschheit wieder auf das Luther-Dogma stellen. Die norddeutsche Menschheit will aber nicht. Wenn man nicht jeden Tag sähe, wie langlebig Eingebürgertes ist, auch wenn es sich längst überlebt hat, so müßte sich nothwendig die ganze Geschichte auflösen. Einige Tausende würden wieder katholisch werden und der Rest würde gar nichts glauben oder sich zu Gesellschaften à la Oberst v. Egidy zusammenthun. Ich würde dies für einen großen Fortschritt halten. Sehr wahrscheinlich würde über kurz oder lang etwas Neues daraus geboren werden. »Geboren von der Jungfrau Maria... niedergefahren zur Hölle, sitzet zur Rechten Gottes« daraus ist nicht mehr zu machen. Nicht 'mal mehr die Maler wagen sich dran heran. Nur unsren alten Fournier habe ich noch mal predigen hören, wo er, in der weißgetünchtesten aller Kirchen (Koloniekirche, Klosterstraße) den Himmel Gottes ganz nach dem Rezept der Quattro Cento-Maler beschrieb. Er mußte den ganzen Tag vorher solch Bild gesehn haben oder kam von einer italienischen Reise zurück.

Ueber Grünhagen incl: Weste, des Weiteren über Victor Meyer, Robert Tornow (der von dem Ziegelstraßenmann abstammt) und Dohme geh' ich hinweg. Aber bei Alfred Dove mache ich eine kleine Rast. Er fängt mir an, bedenklich zu werden. Die Familie hatte ganz Recht: er mußte sich mal wieder *wissenschaftlich* legitimiren. Das kann ein kluger Mann immer. Aber sich *literarisch* zu legitimiren, und nun gar auf dramatischem Gebiet, das ist *zu* unsicher und zeugt von wenig Erfahrung und viel Ueberheblichkeit. Immer die alte Professoren- und Geheimraths-Anschauung: »nun, mein Gott, *das* werd' ich am Ende auch noch können.« Und es scheitert, so weit meine Kenntniß reicht, *immer*. Schiffskapitäne, Lebemänner, Geistliche die viel auf dem Kerbholz haben, Abenteurer, alte Kriegsgurgeln, – *die* können sich am Ende ihrer Tage hinsetzen und völlig naiv wundervolle Bücher schreiben, Professoren aber, die alles sind nur nicht naiv, die können es nie.

Was Sie mir vom guten Prinzen Reuß schreiben, betrübt mich, am meisten die geistige und moralische Abhängigkeit von einem Schafskopf. Aber so ist es immer. Gerade die vornehme Welt ist wie prädestinirt, von Kurpfuschern (auf *jedem* Gebiet) ausgebeutet zu werden. Und solch Schafskopf schwillt dann an und legt sich mit dem Bewußtsein zu Bett: »ich hab' einen Prinzen in meiner Faust.« Natürlich wird er dadurch noch unausstehlicher. Und der soll nachher die verschmachtende Seele eines Unglücklichen aufrichten. »Haben Sie mir *gar* nichts zu sagen?« sagte mal mein Freund Pastor Schultz in Bethanien zu einem demokratischen 48er. Der Sterbende sah ihn groß an, lächelte leise, drehte sich der Wand zu und starb. Schultz, nicht ohne eine gewisse Anerkennung der »infernalen« Größe darin, hat es mir selbst erzählt. Was dieser 48er that, das ist das einzig Richtige. Nur ganz Wenigen ist es gegeben – ich habe nur *einen* kennen gelernt: Müllensiefen – einem den Himmel aufzuschließen. Ob man dann wirklich hineinkommt, bleibt immer noch die Frage.

Die Geschichte von Linsingen ist vorzüglich. Er ist auch ein Mann von besondrer Kriegsberedtsamkeit. 1870 kommandirte er das 3. Garde-Regiment, damals in Hannover. Beim Auszug hielt er eine Ansprache an das Regiment: »Grenadiere! 1815 hat mein Großvater die hannoversche Garde nach Waterloo geführt; zwei Drittel blieben auf dem Felde der Ehre. So gedenke ich euch auch zu führen.« Er hat übrigens auch Wort gehalten, aber sehr trostreich kann beim Ausmarsch diese Ansprache nicht gewesen sein. Empfehlen Sie mich Ihren Damen. Wie immer Ihr herzlich ergebenster

Th. Fontane.

(215) [Postkarte   Poststempel: Berlin W. 12. 12. 93]

Herzlichsten Dank für Ihren lieben Brief, den ich, wenn nicht noch vor dem Fest, so doch jedenfalls noch im alten Jahre beantworte. Mit Ihrem beiderseitigen Befinden geht es hoffentlich besser; die Influenza, wenn sie leicht auftritt (wie's der Fall scheint) macht mir keine Sorgen, aber Gicht ist immer fatal, sie thut weh, behindert, macht unfrei. – Mein Neustes gebe ich gleichzeitig zur Post; schreiben Sie mir, in Ihrer Güte, nicht gleich darüber, sondern erst wenn Sie meinen Brief haben. Wie immer Ihr

Th. F.

Hochgeehrter Herr.

Ich wollte schon gestern schreiben, aber Besuche kamen dazwischen. Für 2 Briefe habe ich Ihnen zu danken. Ich gehe sie Punkt für Punkt durch. Das von Victor Meyer citirte Friedländersche Gedicht findet sich natürlich in irgend einer patriotischen Anthologie, deren es so viele giebt; vielleicht daß Schottmüller selbst 2 mal ins Feld gerückt ist; er war der Mann dazu. Sein Sohn war freilich noch schlimmer; ich hörte gestern wieder tolle Geschichten und das sind dann die Leute, die in der obersten Sphäre »wohlgelitten« sind. Mir fällt dabei immer mein Vater ein, der mir öfter versicherte: »einen anständigen Gehülfen kann ich in meinem Hause nicht brauchen; er muß irgendwo einen Knax haben, sonst hält er bei mir nicht aus.« Die Offenheit des Geständnisses söhnte mit allem aus. – Daß Sie die Freude gehabt haben, Ihren Hörnerschlittenartikel bei Thekla v. Gumpert wiederzufinden, freut mich mit; ebenso freue ich mich, daß Sie nun bald mit Ihrem Storm-Vortrag heraustreten werden: Ich bin überzeugt, daß er sehr gefallen wird; der Stoff ist vorzüglich. Ich habe mich in den letzten Tagen auch mit Storm beschäftigt; komme ich noch dazu, es zu schreiben, so wird man mir's vielleicht verdenken, im Ganzen aber läßt sich sagen: die Welt fängt an der bloßen Vorzüglichkeiten satt zu werden und sehnt sich nach Menschlichkeiten, wohin auch Schwächen und Ridikülismen gehören. – Müllensiefen kenne ich vorzugsweise von Lucä's Begräbniß her. Er hielt eine kurze einfache Ansprache; dann trat Lazarus an den Sarg und hielt eine lange Rede, sehr gut, aber doch ganz ausschließlich kunstverherrlichend, worauf Müllensiefen nun wundervoll antwortete. Es war, wiewohl Beide sich als sehr feine Leute legitimirten, doch etwas peinlich, alles in allem aber sehr interessant und ein Etwas, das man nicht wieder vergißt. – Daß der gute Prinz Reuß nun zwei Kurpfuschern, einem physischen und einem moralischen, verfallen ist, thut mir aufrichtig leid. Aber es verwundert mich nicht sehr; er war darauf hin angelegt. Und warum? weil er doch eigentlich sehr unbedeutend ist; er weiß von Gott und der Welt nichts, will auch nicht, und stippt so blos zu seinem Vergnügen in alle Schüsseln herum. Daß er trotzdem immer eine so gute Wirkung machte, liegt in seinem Sicherheitsgefühl als Prinz Reuß und in einem guten Stück Bonhommie. Sonst aber sind alle seine Aussprüche doch mehr als fragwürdig. Solche Personen haben eigentlich nur noch ein Recht als privateste Privatleute zu existiren, da kann jeder denken was er will, werden aber andrer Leute Interessen in solche Hände gelegt, so ist es schlimm. Daß wir jetzt – für mein Gefühl – einen so schrecklich zurückgebliebenen Eindruck machen, hat darin seinen Grund, daß Tausende solcher aus der Steinzeit stammenden Persönlichkeiten herumlaufen, mit deren Anschauungen und in Egoismus wurzelnden Einbildungen die Regierung rechnen muß oder wenigstens nicht brechen will. – Alfred Dove's Roman! Ich habe ihn jetzt angezeigt gefunden. Schon der Titel ist gefährlich und leiht dem Ganzen, gleich nach der Geburt, einen hippokratischen Zug. Daß er sehr klug und speziell auch literarisch sehr begabt ist, ist mir nach allem was ich von ihm weiß (auch von Bonnensern) unzweifelhaft, aber es wirkt alles wie von vornherein zur Unfruchtbarkeit verurtheilt. Irgend was ganz Essentielles fehlt ihm. Und nun kann es auch nicht mehr kommen; nichts lähmt so wie Nicht-Erfolg.

Was Sie mir über den in seinem Glück gescheiterten Balan geschrieben haben, hat mich sehr interessirt. Vier Schiffe in einer Woche verlieren, ist etwas viel; wenn einem dann aber am Sonnabend auch noch die Frau durchgeht, so ist das keine Steigerung des Pechs sondern eine Balancirung. Gute Frauen haben immer einen edlen Zug und eine Art generöses Bedürfniß, unverschuldetes Unglück des Mannes mitzutragen; entziehen sie sich dem und noch dazu in dieser Form, so taugen sie nichts und je eher sie von der Bildfläche verschwinden, desto besser. Uebrigens wird es wohl so liegen, daß sie wußte was sie that und wußte, daß sie's thun *dürfe*. Die Balans sind nämlich etwas sonderbar; begabt, aber anfechtbar. Am meisten galt das von dem Unterstaatssekretär im Auswärtigen Amt. Er endete dann auch, glaub ich, in einem Irrenhause. Der Gerichtsaktuar mit dessen Charakterskizze Sie den Balan-Fall abschließen, scheint ja eine brillante Nummer. Und nur ein großer Schmerz: *nicht* Reserve-Offizier! Ja, was alles vorkommt. Neulich fragte ich meinen Kriegsministerialsohn, ob er nicht auch bald in einem modernen hellgrauen Militärpaletot antreten würde? »Nein, Papa. Der Intendantur ist der moderne hellgraue Paletot versagt worden, wie ihr auch vor zwei, drei Jahren der moderne Schleppsäbel versagt worden ist. Bei dem Schleppsäbel hatten wir unsre Militärärzte wenigstens als Leidensgenossen, jetzt bei den hellgrauen Paletots fällt auch dieser Trost fort. Wir stehen allein in unsrer Zurückgesetztheit. Uebrigens ist eine große Sturm-Petition geplant, worin gebeten wird, diese Zurücksetzung von uns zu nehmen.« Die Geschichte hat einen großen Eindruck auf mich gemacht, weil man daran, als an einem Musterbeispiele, studiren kann, daß ganz vernünftige, das Lächerliche dieser Dinge völlig einsehende Personen, doch gezwungen werden können, Lächerlichkeiten als Ernsthaftigkeiten zu behandeln. Der neue graue Paletot ist häßlich und jeder verwünscht ihn; trotzdem spricht sich eine gewollte Verkleinerung und Ausschließung darin aus, wenn diesen Herren mit Major- und Obersten-Rang der neue Paletot abgesprochen wird. »Da läuft noch einer mit 'nem alten grauen Mantel, – das muß ein Intendantur-

333

Rath sein« und die ganze Gesellschaft bricht in Gelächter aus.

Ueber die Graf Waldersee-Geschichte höre ich wohl mal Weitres von Ihnen. Daß Richters Joseph ... hier kam eine Unterbrechung; welche, sollen Sie gleich erfahren ... nun auch hinüber ist und Sie in letzter Stunde bei ihm waren, hat einen Eindruck auf mich gemacht und mir die alte, doch sehr interessante Zeit, wo ich als »Excellenz« reiste und die schöne Frau viermal hintereinander – zuletzt in einem Butterkügelchen – einen Floh fand, wieder heraufbeschworen. Die Dinge da mußten einen andern Weg gehn und ich weiß eigentlich noch nicht recht, wie das alles so kam. Denn über das Liebesverhältniß wäre Richter schließlich ganz gut hinweg gekommen und so zu sagen mit allem Recht. Da hab ich schon ganz andre Pardon üben sehn und in viel schwierigeren Fällen.

Aber wer unterbrach mich auf voriger Seite bei dem Satze: »Daß Richters Joseph ...« Niemand anders als Frau Richter. Sie machte uns einen Weihnachtsbesuch und war nett und liebenswürdig und unterhaltlich wie immer. Das heißt, dies weiß ich alles nur aus dem Referat meiner Frau, die nebenan das Gespräch führte; ich blieb in meinem Bau. Sie soll sehr herzlich und zärtlich von Ihrer Frau Gemahlin gesprochen haben, von Ihnen weniger, was Sie als galanter Ehemann nur in der Ordnung finden werden.

Unsre Anna, die gewissenhaft die »Norddeutsche Allgemeine« liest brachte mir vorgestern das Blatt mit einer aus dem Riesengebirgs-Boten entlehnten Notiz. Danach ist ja in Amerika mal wieder der richtige Mörder von Förster Frey (alias Opitz) entdeckt worden. Ich glaube, es war Knobloch und der ist ja wohl todt.

Seit gestern sind wir alten Leute allein; Martha ist nach Pommern gereist zu Geh[eim] R[at] Veit, jetzt *von* Veit. Sie hatte sich in den letzten 3 Wochen sehr erholt, sah aber doch immer noch sehr elend aus. Hoffentlich thut ihr die Reise gut. Sie hat übrigens, was ich Ihnen noch nicht schrieb, eine Erbschaft angetreten: Onkel Witte hat ihr 12,000 Mark hinterlassen, so daß sie 600 Mark Zinsen hat. Sehr respektabel. Ich glaube, daß sie noch mehr erbt, von zwei, vielleicht drei Seiten her. Es ist doch merkwürdig, welche bestimmten Wege Glück und Unglück gehn; wenn sie (Martha) ins Theater geht, fällt ihr regelmäßig ein Opernkucker auf den Kopf oder ähnliches, und wenn sie früher zu Ball ging oder lebende Bilder stellte, verknixte sie sich das Bein oder hatte eine dicke Backe. Und nun naht sich ihr andrerseits auch das Glück in einer ganz bestimmten Form. Uebrigens bitte ich, daß Sie hierauf nicht antworten; vielleicht ist es ihr nicht angenehm, daß ich überhaupt davon geschrieben. Unter herzlichen Empfehlungen an Ihre Damen, wie immer Ihr treu ergebenster

Th. Fontane.

Haben Sie in der Vossin (Sonntagsbeilage zum 17. oder 16.) die reizende Kritik Schlenthers über mein Buch gelesen? Ich finde sie unendlich liebenswürdig und gradezu herzlich. Uebrigens hat seine Frau vorgestern ihre alte Mutter verloren, eine alte Wiener Dame oder eigentlich Nicht-Dame von 78. – Der Hannele-Kampf tobt hier noch immer weiter. Th. F.

Besten Dank auch an Referendar Trentin für die wundervolle Abschrift aus Dahns »Erinnerungen«. Ich hatte es schon vor 2 Jahren gelesen, auch an Dahn darüber geschrieben (muthmaßlich nicht zu seiner Zufriedenheit) die ganze Geschichte aber so total vergessen, daß ich erst als das Wort »armsdicke Poesie« kam, mich wieder erinnerte.

Der Eindruck war nun genau derselbe, wie das erste Mal, – kein sehr angenehmer. Es ist alles sehr schmeichelhaft, aber übertrieben, im Maß durchaus verfehlt, so daß ich keine rechte Freude daran haben kann, am wenigsten an meinem eignen Ausspruch »armsdicke Poesie«. Eigentlich ist es gräßlich. Daß ich es gesagt habe, ist mir ganz sicher; ich sprach damals so und auch jetzt passirt mir Aehnliches. So hingesprochen mag es auch gehn, aber gedruckt wirkt es kommissig, der reine Radaubruder-Stil.

Heute um 5 trete ich bei den Fräulein Vollmer's an, die mir im Karlsbader Stadtpark das schöne Bouquet überreichten; sie haben mich zu einer Art Weihnachtsbescherung eingeladen. Ein bischen graule ich mich davor; die Damen – beiläufig sehr reich, das Haus Leipziger Platz (ein Doppelhaus; andre Front nach der Königgrätzerstraße hinaus) gehört ihnen – sind wahrscheinlich harzische Conventikler, denn ich habe so was von Saal oder gar Kapelle gehört. Ich entsinne mich auch eines Geistlichen Vollmer, schöner Mann, der in Wernigerode lebte. Vielleicht hängt alles mit den Zillerthalern zusammen, denn schließlich mündet alles zwischen Hirschberg und Schmiedeberg.

(217)   *Berlin* 1. Febr. 94.
                                         Potsd. Str. 134.c.
Hochgeehrter Herr.

Gestern die Frau Mama und Fräul. Lütti, heute Ihr lieber Brief und der Geburtstagsbrief zum 30. Dezember noch immer nicht beantwortet, – das giebt eine große Schuldenlast. Ich wollte den Geburtstagsbrief erst Nummer für Nummer beantworten und hatte mir die Nummern auch schon in ziemlich langer Reihe extrahirt, aber ich sehe nun, es geht nicht, es wird zu viel und so müssen wir die meisten Themata zurücklegen bis auf Zeiten, wo wir darüber plaudern können.

Die Mama und Fräulein Tochter machten einen sehr zufriedenstellenden Eindruck, beide lebhaft, angeregt, heiter. Lohengrin und Wilhelm Tell – ja, das reißt einen alten Menschen weg und nun gar einen jungen. *So* beglücken zu können, enthusiastische Gefühle zu wecken, das ist doch das Schönste an der Kunst. Und nach *der* Seite hin, steht das Theater oben an.

Ich freue mich, daß Sie an Ihrem Storm-Vortrage so viel Freude gehabt haben und daß die Vorträge selbst zu einer »Institution« werden, zu einem etwas, darauf Hirschberg von Schmiedeberg her alljährlich rechnet.

Daß Prinz Reuß als Landesfürst nun abdicirt hat, ist ein Glück; mit Schaudern muß ich am Ende meiner Tage, all meinen Adels- und Prinzensympathieen zum Trotz, einräumen, daß bei diesen ganzen Prinzlichkeiten wenig rauskommt und mitunter weniger als wenig. Bei einem seiner letzten Manöver donnerte Friedrich der Große einen Prinzen von Anhalt an: »Ins Dreiteufelsnamen, Herr, Euer Liebden werden wohltun nach Hause zu reiten; ich habe nicht Lust um prinzlicher Dummheiten willen meine Schlachten zu verlieren.« Goldne Worte. Wenn Prinzen *gut* sind, à la bonne heure, dann steigert ihre Prinzenschaft ihren Werth, weil das Vorbildliche dann doppelt mächtig wirkt. Aber wie selten tritt das ein. Sehen Sie sich die französischen Marschälle der ersten Kaiserzeit an; einige Gastwirthssöhne wurden Könige, aber Königssöhne, die was geleistet hätten, oder auch nur vornehme Leute, sucht man unter ihnen vergeblich. Zu einer gewissen natürlichen Unfähigkeit (Degenerirung) kommt die Unfähigkeit, die aus Dünkel und Vorurtheil geboren wird. Wir haben oft über diesen Punkt gesprochen; es ist mir jetzt ganz klar, daß man in seinem Kreise bleiben und auf den Verkehr mit Hochgebornen verzichten muß. Kleinadel – besonders die Söhne des *Militär*adels, der der weitaus beste, weil frischeste ist – Kleinadel geht. So wie aber ernsthaft die Vorstellung »wir gehören einer andern Menschensorte an« anfängt, ist es mit aller Umgangsmöglichkeit vorbei. Man hofft und hofft, bildet sich ein, einen Sonderfall zu erleben, so zu sagen eine Seele für die freiere Lebensauffassung zu retten, – aber man täuscht sich jedesmal. Selbst die Klugen (und wie selten sind diese) sind grenzenlos bornirt. Die Welt hat vom alten Adel gar nichts, es giebt Weniges, was so aussterbereif wäre wie die Geburtsaristokratie; *wirkliche* Kräfte sind zum Herrschen berufen, Charakter, Wissen, Besitz, – Geburtsüberlegenheit ist eine Fiktion und wenn man sich die Pappenheimer ansieht, sogar eine komische Fiktion.

Ueber Bismarck und den Bismarck-Tag nur das: dieser Tag bedeutet den Sieg eines Prinzips über das Genie. Beständig hat Bismarck *redensartlich* die Hohenzollern-Fahne hoch gehalten, im Stillen hat er drüber gelacht und das Loyalitätsprinzip, wie jedes andre, als einen Mumpitz angesehn. Und doch hat er lediglich der Macht dieses Prinzips weichen müssen; der Adel hat gar keine Wurzel mehr im Volk, das preußische Königthum aber hat, im Gegensatz dazu, in geradezu überraschender Weise seine Festgewurzeltheit bewiesen.

Ihre Mittheilungen aus Süd-Afrika (Else St. Paul) sind *sehr* interessant. Aus dem Hirschberger Thal kommen immer die romantischsten Geschichten; dies alles wieder ein neuer Beweis. – Aus den Mittheilungen Ihres ersten Briefes war mir die Geschichte vom »alten Gärtner in Ruhberg« die liebste und wichtigste. Mir übrigens nicht überraschlich. Die Menschen quälen sich ein Lebelang, um im letzten Augenblick oder wenn der Tod sie auch nur streift, die Nichtigkeit all des von ihnen Erstrebten zu empfinden. Hier liegt eine ergaunerte Million neben mir und ein Schluck kaltes Wasser ist mir vielleicht unendlich viel mehr. Nichts hat Bedeutung und auch wieder alles; Großes, Kleines, sehr vage Begriffe.

Roquettes Buch habe ich noch nicht gelesen; ich werde es wahrscheinlich etwas milder beurtheilen, *hoffe* es wenigstens, aber in Ihrer Gesammtbetrachtung haben Sie freilich recht. Ich kann an meinem alten Freunde studiren, was bei der Kritiklosigkeit herauskommt. Goethe ließ sich seine Sachen *neun*mal in immer erneuter Reinschrift vorlegen und wenn's dann noch nicht gut war, auch noch öfter. Und das war Goethe! Wer seine Verse hinschreibt und sie ohne Weitres gut zum Eintritt in die Welt findet, aus dem kann nicht viel werden. Nur wer jeden Augenblick tief seine Unvollkommenheit empfindet, kann sich fortentwickeln.

Martha ist immer noch auf dem Gute des alten Veit. Die Geschichte von »Veit accompli« ist reizend. Inzwischen hat der alte Veit auch seinerseits eine kleine Niedlichkeit geliefert. Das Heroldsamt fragte an, welches Wappenthier er wohl für passend halte? worauf er antwortete: den Storch; nur diesem verdanke er, was er sei.

Meine Frau war am letzten Sonnabend in der Gala-Oper und zwar mit meinem Johanniterwirth Geh[heim] R[at] Herrlich, der sie als »Frau Geheimräthin Herrlich« auf ihren Platz im 3. Rang führte; er, als Staatsbediensteter, saß im Parquet. Nach der Vorstellung hatte meine Frau ihn an einer vorher bestimmten Straßen-Stelle zu suchen; bei dieser Suche um das ganze Haus herum, verwickelte sich meine Frau in einen für die hohen Herrschaften gelegten Teppichfetzen und fiel auf Stirn, Kinn, Brust; alles aufgeschlagen. Sie sieht toll aus und doch ist es sehr glücklich abgelaufen, alles nur äußerlich. Und nun empfehlen Sie mich Ihren Damen und haben Sie gute Tage. Lüttichen sehen wir hoffentlich einmal. Wie immer Ihr treu ergebenster

Th. Fontane.

(218) [Postkarte Poststempel: Berlin W. 3. 3. 94]

Ich muß Ihnen gleich in ein paar Zeilen antworten und für die wundervolle Charakteristik des Alten wie für die Ge-sammtschilderung jener Tage danken. Ich weiß nicht ob ich der Frau Ds.-Scene oder den à tout prix auf Kleinmachung hinarbeitenden Himmlischen den Preis zuerkennen soll. Schreckliche Sorte. – Daß Sie an dem kl. Buch, nach so viel Aerger, noch so viel Freude haben, freut mich aufrichtig. Die Angriffe, bornirt wie sie waren und bleiben werden, erklären sich nur aus dem Moment heraus, wo alles noch *frisch* war und v. W[ulffen] die Welt noch beglückte. Je mehr das Alte wegstirbt, je mehr wird die Zahl der Unbefange-nen wachsen, die sich an dem Buche freuen können. Am meisten vielleicht – Generäle a. D. Ihr

Th. F.

Gestern vergessen zur Post zu geben!

(219) *Berlin* 12. April 94.
Potsd. Str. 134.c.

Hochgeehrter Herr.

   Der Umstand, daß ich Sie wiedersah und die Freude hatte über Ihren letzten Brief mit Ihnen plaudern zu können, – das soll mich der angenehmen Pflicht nicht entheben, nun doch zu schreiben, wenn auch nicht eigentlich mehr zu ant-worten. Meine Frau hat Ihre Frau Mama gesprochen und wir wissen, daß Hans nun gut untergebracht ist, hoffentlich zu seiner und Ihrer aller Freude. Bis zu den großen Ferien ist ja kaum noch ein Vierteljahr. Da's mal sein mußte, ist es gut, daß das Unerläßliche nun geschehen, en vue ist immer schlimmer als fait accompli. – Für Raumer's Histor. Ta-schenbuch bin ich Ihnen aufrichtig dankbar, aus verschie-denen Gründen. Der Varnhagensche Bericht hat mich außerordentlich interessirt, ich habe auch, so kurz er ist, viel daraus gelernt, denn er giebt auch – abgesehen von dem eigentlichen Hergang – ein vorzügliches Zeitbild und charakterisirt den Kaiser in seiner Ueberlegenheit, Klugheit und – Gerechtigkeit. Außerdem hat der Aufsatz auch noch stilistisch mich lebhaft beschäftigt. Varnhagen galt so sehr als »erster Stilist«, daß Humboldt ihm seinen Kosmos gab, um den Stil in Ordnung zu bringen. Ich bin nicht Humboldt, würde mich aber hüten, meinen Stil bei Varnhagen in die Feile zu geben. Es wirkt alles gedrechselt, schönrednerisch, altjungfernhaft. Damit sollten aber Varnhagens stilistische Verdienste nicht geleugnet sein; es ist doch alles in hohem Maße gebildet, fleißig, sorglich, die Ausdrucksweise eines Mannes, der sein Metier nicht als Hausknecht sondern als Künstler betreibt. Alles bereitwilligst zugegeben. Aber doch, welch ungeheurer Fortschritt, der sich in diesen 60 Jahren vollzogen hat. Vergleichen wir unsre Schreibweise mit der Göthe-Schillerschen vor 100 Jahren, so bleiben vielleicht unsre Besten dahinter zurück, aber was nach Schillers Tode kam, war – es wird wohl auch ein paar glänzende Ausnahmen geben – Rückschritt, ein gewisser Zier-Stil fing an und daß wir *den*, unter dem Einfluß der naturalistischen Schule, wieder los geworden sind, ist ein großes Glück. In dem Raumerschen Taschenbuch habe ich auch noch die von Prof. Johannes Voigt (Königsberg) herrührende pièce de resistance, 150 Seiten, gelesen, die sich mit dem Zustande des päpstlichen Roms in der ersten Hälfte des 15. Jahrhunderts beschäftigen. Voigt hat die Gesandtschaftsberichte, die verschiedne Gesandte des Deutschen Ordens von Rom aus an den Ordensmeister richteten, als Fundament genommen, und darauf seinen Aufsatz aufgebaut. An englischen Essays gemessen eine Quartaneroder vielleicht richtiger eine Registratorarbeit, ohne jede Spur von Kunst, ohne jedes literarische Talent. Wenn alle berühmten Geschichtsprofessoren damals so kümmerlich geschrieben haben, so thut mir der ganze Stand der Wissenschaft jener Tage leid. Das Material war vorzüglich – die Ordensgesandten aus dem Jahre 1430 stehen himmelhoch über dem Geschichtsprofessor von 1830 – und es hätte sich daraus ein wahres Prachtstück von historischem Essay machen lassen, was er aber thatsächlich gegeben hat, sind blau angestrichne Stellen die seine Frau oder seine Tochter aus den Akten abgeschrieben und die er ohne jede Spur von künstlerischer Anordnung aneinander gereiht hat. Wenn ich einen modernen Leitartikel einer leidlich gutredigirten Zeitung, also – wenn es eine sozialdemokratische Zeitung ist – das Machwerk eines mit gutem Grips ausgerüsteten Schlosser- oder Tischlergesellen daneben halte, so steht solch Leitartikel auf einer schwindelnden Kunsthöhe neben dieser Leistung eines berühmten Professors, dabei so unlogisch, so widerspruchsvoll, so schiefgewickelt, daß man einen geradezu traurigen Eindruck empfängt. Wie wenig bedeutet doch diese Wissensstofffresserei, wenn der, der es massenhaft 'runterschluckt, unfähig ist, den Stoff zu verdauen und sich zu lichten Höhen zu erheben. Es heißt immer, es sei Schade daß diese alten Knaben ausstürben, aber sie können nicht schnell genug von der Bildfläche verschwinden. Vergleichen Sie unsre 2 vorjährigen Karlsbader Bekanntschaften: Grünhagen und Victor Meyer, so haben Sie den Unterschied greifbar vor sich. Was verliert die Welt an Grünhagen, dem ich wahrhaftig nicht zu nahe treten will. Ich habe nichts gegen das Alte, wenn man es innerhalb seiner Zeit läßt und aus dieser heraus beurtheilt; der sogenannte altpreußische Beamte, der Perrückengelehrte des vorigen Jahrhunderts, Friedrich Wilhelm I., der Kürassieroffizier der mehrere Stunden Zeit brauchte eh er sich durch sein eignes Körpergewicht in seine nassen ledernen Hosen hineinzwängte, die Ober-Rechenkammer in Potsdam, der

an seine Gottesgnadenschaft glaubende Junker, der Orthodoxe, der mit dem Lutherschen Glaubensbekenntniß steht
und fällt, – all diese Personen und Institutionen finde ich
novellistisch und in einem »Zeitbilde« wundervoll, räume
auch ein, daß sie sämmtlich ihr Gutes und zum Theil ihr
Großes gewirkt haben, aber diese todten Seifensieder immer noch als tonangebende Kräfte bewundern zu sollen,
während ihre Hinfälligkeit seit nun grade hundert Jahren,
und mit jedem Jahre wachsend, bewiesen worden ist, das ist
eine furchtbare Zumuthung. Von meinem vielgeliebten
Adel falle ich mehr und mehr ganz ab, traurige Figuren,
beleidigend unangenehme Selbstsüchtler von einer mir
ganz unverständlichen Bornirtheit, an Schlechtigkeit nur
noch von den schweifwedelnden Pfaffen (die immer an der
Spitze sind) übertroffen, von diesen Teufelskandidaten, die
uns diese Mischung von Unverstand und brutalem Egoismus als »Ordnungen Gottes« aufreden wollen. Sie müssen
alle geschmort werden. Alles antiquirt! Die Bülows und
Arnims sind 2 ausgezeichnete Familien, aber wenn sie morgen von der Bildfläche verschwinden, ist es nicht blos für
die Welt (da nun schon ganz gewiß) sondern auch für Preußen und die preußische Armee ganz gleichgültig und die
Müllers und Schultzes rücken in die leergewordenen Stellen
ein. Mensch ist Mensch. Goethe würde sich gehütet haben,
es zu bestreiten; aber jeder agrarische Schafzüchter präten-
dirt eine Sonderstellung. Indessen der Krug geht so lange
zu Wasser bis er bricht; in den eignen Reihen dieser Leute
wird es zur Revolte kommen und alle die, die das Herz auf
dem rechten Flecke haben, werden sich von den selbstsüch-
tigen Radaubrüdern scheiden. –

Über Caracosa habe ich in den »Blättern für liter: Unterhaltung« eine lange Kritik gelesen; sehr wohlwollend und
wahrscheinlich auch alles richtig, aber doch gezwungen im
Vortrag, so daß man merkt, das Herz hat nicht mitgespro-

chen. Es *kann* nicht gut sein. Um es zu sein, müßte Dove nicht blos ein sehr kluger Mann und guter Historiker sein (was er Beides ist) sondern auch ein großer Dichter, was er mit der höchsten Wahrscheinlichkeit *nicht* ist. Die Welt von 1250 oder 60 schildern, das kann nur ein dichterisches Genie. Vor 70 Jahren ließ man sich dergleichen gefallen; jetzt *weiß* man, daß das nicht so geht.

Unter herzlichen Empfehlungen an Ihre Damen, wie immer Ihr

Th. Fontane.

Nachschrift.

Noch ein Wort über Caracosa. Wenn ich gesagt habe, »es könne nicht gut sein«, so ist das falsch. Natürlich ist es gut; solch feiner, kluger Herr kann nichts Schlechtes schreiben. Aber was heißt gut? »Gut« ist in diesem Falle gar nichts, es muß *sehr* gut sein, wenn es gut sein soll. Und zu »*sehr* gut« fehlt ihm glaub ich das Maaß. Das kommt nicht vor, daß sich einer mit 50 hinsetzt und mit einem Male, wie aus der Pistole geschossen, etwas »*sehr* gutes« schreibt; einem Leinenweber oder Schiffsbootsmann kann das passiren, einem Berliner Professor nicht.

Th. F.

(220)   *Berlin* 14. Mai 94.
                                               Potsd. Str. 134. c.

Hochgeehrter Herr.

Der heutige Vormittag war für Sie bestimmt; da kommt Ihr Brief mit seinen Beilagen und nun hab ich in eins zweimal zu danken.

Die Adelsfrage! Wir sind in allem einig; es giebt entzükkende Einzelexemplare, die sich aus Naturanlage oder unter dem Einfluß besondrer Verhältnisse zu was schön Menschlichem durchgearbeitet haben, aber der »Junker«, unser eigentlichster Adelstypus, ist ungenießbar geworden. Als Kunstfigur bleibt er interessant und Historiker und Dichter können sich freun, daß es solche Leute gab und giebt; sie haben einen Reiz wie alles Scharfausgeprägte. Aber was ist damit bewiesen! Alte Geizhälse, alte Weiber die im Kehricht wühlen und wenn sie sterben, einen nicht mit der Kneifzange anzufassenden Unterrock hinterlassen, drin 30,000 Franken eingenäht sind, – alle solche Wesen sind auch interessant und was nach Abruzzen und Mord und Todtschlag schmeckt erst recht; jeder Hochstapler ist novellistisch angesehn ein Gott. Im Uebrigen ist er ein Greul. Und zu solchem Greul entwickeln sich auch die Junker. Je mehr sie überflügelt werden, je mehr sie sich überzeugen müssen, daß die Welt andren Potenzen gehört, desto unerträglicher werden sie in ihren Forderungen; ihre Vaterlandsliebe ist eine schändliche Phrase, sie haben davon weniger als andre, sie kennen nur sich und ihren Vortheil und je eher mit ihnen aufgeräumt wird, desto besser. Der x beinige Cohn, der sich ein Rittergut kauft, fängt an, mir lieber zu werden als irgend ein Lüderitz oder Itzenplitz, weil Cohn die Zeit begreift und alles thut, was die Zeit verlangt, während Lüderitz an der Lokomotive zoppt und »brr« sagt und sich einbildet, sie werde still stehn wie sein Ackergaul. Es heißt unser Kaiser spiele sich auf Friedrich den Großen hin aus; ist es so, so sollte er lieber um eine Nummer weiter zurückgreifen und sich auf Fr. W. I. hin ausspielen; *diesen* großen König könnten wir jetzt gebrauchen, selbst auf die Gefahr hin, daß ein Stück bürgerlicher Freiheit mit in die Quist ginge, – denn Zerbrechen dieser aufgesteiften, falschen Adelsmacht, muß nächste Aufgabe eines preußischen Königs sein, seines Nebenherpostens als deutscher Kaiser ganz zu geschweigen.

Einen zweiten Haupttheil Ihres Briefes bildet Dove und Carracosa. Schrecklich ist es, daß jetzt die Dove's durch

Dowe ganz zurückgedrängt sind. Immer dieselbe Geschichte. Was sind alle berühmten Hildebrandts gegen den Pfefferküchler, dessen Pfeffernüsse noch dazu schlecht sind. Dove's beide Briefe haben mich außerordentlich interessirt auch abgesehn von der Carracosa-Frage. Alles, im Guten und Nicht-Guten, ist spezifisch berlinisch. Wie denn das Berlinische, das *feinere* Berlinische (denn von dem andern, das einen Kommißknüppelzustand repräsentirt, ist gar nicht zu sprechen) überhaupt am glänzendsten durch die Halbblutfamilien: Dove, Etzel, Baeyer, Bendemann, Ewald und vielleicht kann ich hier auch die Friedländers nennen, zur Erscheinung gebracht wird. Ich habe nun den herzlichen Wunsch, daß mir Ihre Frau Mama, der wir uns angelegentlichst empfehlen, das Carracosa-Buch mitbringt und daß ich es lesen kann. Ich bin doch *sehr* neugierig. Die Citate aus Freytags und Heyse's Briefen machen keinen großen Eindruck auf mich, alles sehr gewunden und zugleich Cliquen- oder Verschworenen-Urtheil. Freytag, was ihm hoch anzurechnen ist, ist leidlich unbefangen geblieben, Heyse aber ist ganz Partei und rasender Roland. Ich denke, Sie werden mir Ehrlichkeit und Unbefangenheit genug zutraun, um sich überzeugt zu halten, daß ich, wenn besiegt, sofort mit fliegenden Fahnen ins feindliche Lager übergehn und dort, huldigend, die Knie beugen werde; es ist mir aber vorläufig unwahrscheinlich, daß es zu dieser Besiegung kommen wird. Dove, Scheffel. Dove ist wahrscheinlich klüger, als Scheffel war und ist, wie glänzend begabt überhaupt, so auch literarisch reich talentirt; Scheffel dagegen war gar nichts, er war nur Süffel und – Dichter. Aber dabei kommt schließlich doch mehr heraus.

»Spezifisch berlinisch« sagte ich. In zweierlei tritt einem das in dem Doveschen Briefe frappant entgegen: in der von kleinen Malicen begleiteten Empfindlichkeit und dann – *trotz* eigner Berlinerschaft oder *weil* – in einer höchst kritischen Stellung gegen alles Berlinische. Unsre »Eigentlich-sten« sind immer zugleich unsre eigentlichsten Gegner. Ich selbst gehöre auch mit dazu. Je berlinischer man ist, je mehr schimpft man oder spöttelt man auf Berlin. Daß dem so ist, liegt nun aber nicht blos an dem Schimpfer und Spötter, es liegt leider wirklich auch an dem Gegenstande, also an uns-rem guten Berlin selbst. Wie unsre Junker unausrottbar dieselben bleiben, kleine, ganz kleine Leute die sich für hi-storische Figuren halten, so bleibt der Berliner ein egoisti-scher, enger Kleinstädter. Die Stadt wächst und wächst, die Millionäre verzehnfachen sich, aber eine gewisse Schuster-haftigkeit bleibt, die sich vor allem in dem Glauben aus-spricht: »Mutter's Klos sei der beste.« Dabei giebt es hier – denn man kann doch nicht immer auf Bismarck und Moltke recurriren, die nicht mal Berliner waren – über-haupt nichts Bestes; es giebt in Berlin nur Nachahmung, guten Durchschnitt, respektable Mittelmäßigkeit und das empfinden alle klugen Berliner, so wie sie aus Berlin heraus sind. Das *menschliche* Leben draußen (nicht das politische, bei dem's aber auch zutrifft) ist freier, natürlicher, unbefan-gener und deshalb wirkt die nicht-berlinische Welt *reizvol-ler*. Die Menschen draußen sind nicht klüger, nicht besser, auch wohl nicht einmal begabter und talentvoller, sie sind blos *menschlicher* und weil sie menschlicher sind, wirkt alles besser, *ist* auch besser. Das lyrische Gedicht eines Men-schen, der menschlich empfindet, wird immer besser sein als das eines »Gebildeten«. Bildung ist etwas Herrliches; aber was bei uns als Bildung gilt, ist etwas ungemein Nied-riges und sogar Dämliches.

Und nun habe ich noch kein Wort von der »Frau Theater-direktorin« gesagt. Ihre Schilderung davon ist eine Perle, auch in dem Sinne: »Perlen bedeuten Thränen.« Es hat mich alles tief bewegt. Welche Tragödien spielen sich so ganz gemüthlich um einen her ab. Und was Sie da schildern, ist erst 1. Akt oder höchstens 2. Wenn nun zu der Armuth auch noch Krankheit kommt, ein trauriges Kindbett mit allen Elendigkeiten, und dann ein destruirter Körper und das reizende Gesicht verblüht, verfällt, – dann geht es erst los, dann fällt auch das Rührei weg und der Champagner nun schon gewiß. O diese Schauspielkunst, was hat sie schon alles verschlungen!

Meine Frau dankt für Ihre Grüße; die Tochter ist seit Donnerstag ausgeflogen und zwar nach Elsenau hin, einem bei Nakel gelegenen Gut, auf dem ihre Freundin Lise Witte (jetzt Lise Mengel, furchtbarer Name) residirt. Mein Sohn Friedel hat die Schwester begleitet; sie wollen noch 14 Tage dort sein, dann geht es auf etwa ebenso lange zum alten Veit nach Pommern. Wir sind derweilen hier allein und basteln meinen Roman fertig. Rodenberg hat ihn angenommen und mir sehr Verbindliches darüber gesagt. Es ist das bekannte alte Postpacket, das mit der Bezeichnung »6000 Mark« auch bei Ihnen so lange lagerte. Ich dachte damals nicht, daß es (und ich mit) zum Leben wiedererstehen würde. – Daß Sie an den Kindern – speziell auch an Hans – so viel Freude haben, freut uns aufrichtig mit. Empfehlen Sie uns den Damen aus 3 Generationen und seien Sie herzlich gegrüßt von

Ihrem

Th. Fontane.

(221) [An Hans Friedlaender] *Berlin* 30. Mai 94.
Potsd. Str. 134.c.

Lieber Hans.

Ich habe mich herzlich über Deinen Brief gefreut und bin nur traurig die Frage schlecht beantworten zu können. Es ist *alles* richtig, *alles* kommt vor, der Eine sagt so, der Andre anders. Deine Aussprache, also etwa wie *Vónnthan*, ist aber

wohl die gebräuchlichste. Manche sprechen es ganz franzö-
sisch (mit Nasallaut) und Einige sagen sogar Fontané. Die
Schüler zu Niesky haben also die Auswahl und können zu
Ehren eines Friedfertigen kriegerische Parteien bilden.

Daß es Dir gut geht habe ich erfahren und was das Beste
ist, ist daß in guten 6 Wochen schon wieder Ferien sind.
Oder vielleicht noch früher.

Wenn Du nach Hause schreibst, grüße die Eltern, die
Großmutter, die Tante und die Schwester.

Wie immer Dein großonkliger Freund

Th. Fontane.

(222) [Postkarte   Poststempel: Berlin W. 29. 6. 94]

Vorgestern ist Caracosa bei mir abgegeben worden, wahrscheinlich durch Ihren Herrn Neffen, den wieder nicht
gesehn zu haben, ich aufrichtig bedaure. Gelesen habe ich
erst einige Seiten; in 8-10 Tagen komme ich zum Briefschreiben und sage dann auch ein Wort über das Buch. Hier
geht alles leidlich, aber Karlsbad ist wieder sehr angezeigt.
Haben Sie die Anzeige vom Tode Otto Devrients aus Jena
gelesen? Jede Zeile Hofrath Richter. Ihr

Th. F.

Auch Hans Arnold hat wieder was verbrochen; diesmal in
der Gartenlaube.

Hochgeehrter Herr.

»Von Stille, Einsamkeit und Mangel an Anregung keine Rede« – da haben Sie Recht und Ihr lieber Brief übernimmt zugleich die Beweisführung. Der Braumeister in Erdmannsdorf wird zerquetscht, die alte Hoffmann in der »Grunze« hängt sich zum Privatvergnügen auf, die Heinrichsbauden-Amme demonstrirt den Satz »wenn der Berg nicht zum Propheten kommt, kommt der Prophet zum Berge«, Dr. Granier beschwört Berlin C. vor Ihren Blicken herauf, Hans Droysen, gelehrtenmüde, baut ein Logirhaus, ein 19jähriger Kellner schreibt Liebesbriefe nach Paris und handelt mit falschem Edelweiß und Gerhard Hauptmann, in Sammtrock und Ballonmütze, trinkt Sekt und läßt sich ein »Arbeitsgefängniß« bauen, um neue »Hanneles« oder neue »Weber« zu schreiben (hoffentlich mehr letztres, als erstres; denn Hannele ist total verfehlt und durch die Berliner »Mustervorstellung« vollends zu Grunde gerichtet). Ja, von Mangel an Anregung keine Rede; für Sie ein Glück, daß es so ist; für mich wäre es zu viel, weil es mich in der inneren Ruhe, die zum Produciren ganz unerläßlich ist, zu sehr stören würde. Neulich war ich in »Italien in Berlin« und bin in heitrer und angenehmer Gesellschaft auf dem Canal grande umhergegondelt (eigentlich ist es das alte Moritzhof-Vergnügen, mit ein paar schmuddligen Theaterdekorationen umstellt) und von dieser Gondelfahrt lebe ich wenigstens 8 Tage; Concentration von Erlebnissen und fast noch mehr von Vergnügungen, verdirbt mir Magen und Stimmung.

Vor 8 Tagen habe ich mich nun auch an Caracosa gemacht; ich bin kein Raschleser, was ein Roman wie dieser auch verbietet, und so bin ich erst bis an den Schluß des 1. Bandes gekommen. Aber auch dies ist nicht ganz richtig, denn ich habe von Band I. nur erst die zweite Hälfte (2. Buch) gelesen, trotzdem ich, ehrlich und verständig, mit dem 1. Buch und dem 1. Kapitel anfing. Aber ich kam blos bis auf die dritte Seite und dachte schon, ich würd' es überhaupt nicht leisten können, so total verfehlt fand ich alles. Am andern Tage aber hatte ich mich von diesem Eindruck einigermaßen erholt und sagte mir: »ja, es ist schlimm, wenn ein Buch so verfehlt anfängt, aber es kommt öfters vor; die ›Vorreden‹ sind meistentheils Monstra und die ersten Buchseiten, wenn sie nicht Monstra sind, sind doch oft schief gewickelt.« (Man kann nicht Fleiß und Kritik genug auf das erste Kapitel verwenden, um der Leser willen, aber vor allem auch um der Sache willen; an den ersten 3 Seiten hängt immer die ganze Geschichte.) Ich gab mir also einen Ruck, sagte mir: »schneide die Wurst von einer andern Stelle her an« und wählte das zweite Buch. Vom 10. Kapitel an habe ich gelesen bis an den Schluß des 1. Bandes; ich kenne also ein Viertel des Ganzen. Aus längeren Kritiken, die ich gelesen, bin ich über den Gesammtinhalt orientirt und so kann ich vielleicht ein Urtheil abgeben. Natürlich ist es besser, man kennt das Ganze und es wäre mir lieber, ich hätte statt eines Viertels bereits das Ganze intus. Aber ich mag doch bis dahin nicht warten, weil, was an Informirtheit und Gründlichkeit dadurch gewonnen wird, an »erstem Eindruck«, an Erregung, an Lust und Frische verloren geht. Ich bin, obschon erst viertel unterrichtet, doch in der besten Verfassung, um, ich will nicht sagen über das Buch, aber über Doves Schreibweise und seine Art der Anpackung der Sache, mich auslassen zu können.

Ich fürchtete, als ich zuerst von Caracosa hörte, es sei ein Professoren-Roman. Das ist er nun, Gott sei Dank, gar nicht; der Professor hält sich im Hintergrund, ich möchte fast sagen er fällt ganz aus; es ist dafür ganz ausgespro-

chen ein Dovescher Roman d. h. der Roman eines Halb-
blut-Berliners, der auf den kühnen und ich muß sagen sehr
glücklichen, weil berechtigten Gedanken gekommen ist,
die Vorgänge zwischen 1230 u. 40 wie Vorgänge zwischen
1870 und 80, das Parma jener Epoche wie Berlin W. von
heute und Kaiser Friedrich II. wie einen richtigen Berliner
anzusehn, der sich etwa aus Kronprinz Friedrich, Bismarck
und Paul Heyse zusammensetzt, am meisten aber an einen
Gereralstäbler- oder Kriegsministerial-Obersten erinnert,
etwa an den Obersten Vogel v. Falckenstein (Sohn des 66er
Generals) oder an Oberst v. d. Goltz (jetzt Goltz-Pascha in
Konstantinopel), Personen von genialer Beanlagung, die
politische und militärische Kenntniß mit allgemeinem Ta-
lentirtsein, mit Liebenswürdigkeit, Leichtfertigkeit, Esprit
und Berliner Schnodder glücklich vereinigten. Caracosa ihrerseits ist eine verwöhnte Kröte aus Frankfurt a. M., die
ein Voßstraßen-Banquier ins Haus genommen hat und die
nun – weil sie das beste Profil (also ein nicht *zu* ausgespro-
chenes) und die schärfste Dialektik hat, – dazu da ist, allen
Söhnen des Hauses (nur die illegitimen würden heutzutage
in der Versenkung bleiben,) so wie sämmtlichen Grafen
und Fürsten, die bei dem alten Banquier verkehren, die
Köpfe zu verdrehn. – Von den andern Figuren des Romans
ist es nicht nöthig zu sprechen; sie sind sämmtlich aus dem
alten Schau- und Lustspielkasten genommen und mit Berliner Spritpolitur aufgemöbelt.

Was in diesem Gesammtverfahren *Plan* war, ist ausgezeichnet. Es ist ganz richtig, daß unser Kronprinz Friedrich – er war nur nicht genial, espritvoll und Libertin
genug – ein gut Stück Aehnlichkeit mit Kaiser Friedrich II.
hat und daß er in seiner Haltung dem Papstthum gegenüber, dabei von einer deutsch-hohenzollernschen Welt-
macht träumend und *vor allem immer Berliner bleibend*, – eine
Persönlichkeit darstellte, die sammt ihrer ganzen Umge-

bung, hoch und niedrig, als Anlehnung und Studie für den großen Hohenstaufenkaiser und seine Zeit benutzt werden konnte; aber es ist bei diesem glücklichen ersten Gedanken geblieben. In der *Ausführung* hapert es überall, weil Dove keine schöpferische Kraft, keine Phantasie hat. Er ist kein Dichter. Er ist klug, gescheidt, witzig, ja, vielfach (was etwas sehr Hochstehendes ist) auch graziös; dann und wann glücken ihm auch Naturlaute, namentlich in der Schilderung der Caracosa, was dann immer einen echt künstlerischen und tiefen Eindruck macht; im Ganzen aber ist es doch nur ein geschickt zusammengetragenes Material, daraus ein geschulter, in allen Sätteln gerechter Mann eine Geschichte gemacht hat, eine Geschichte, die alles mögliche Gute haben mag, nur kein eigentliches Leben. Es ist auch eine Art »Italien in Berlin« oder noch richtiger ein »Berlin in Italien«. Wildenbruch hat in seinen »Quitzows« dem Berlin von 1411 auch das Berlin von 1870 bis 80 und dem Dietrich v. Quitzow den Otto v. Bismarck untergeschoben; aber er hat dabei doch ein paar große Trümpfe ausgespielt, die sein Drama (trotz seiner Mängel und Langweiligkeiten) über den blos geistreichen Einfall erheben. Dove, fürchte ich, ist darin stecken geblieben; erobert mich der 2. Band noch – was möglich aber sehr unwahrscheinlich – so werde ich mich beeilen, meine Bekehrung gegen Sie auszusprechen.

Empfehlungen allerseits.

Wie immer Ihr
Th. Fontane

Berlin 26. Juli 94.
Potsd. Str. 134.c.

Hochgeehrter Herr.

Die ganzen letzten Wochen über hat mich – in den Lesestunden – Caracosa beschäftigt. Jetzt bin ich mit durch.

Als ich Ihnen das letzte Mal schrieb, war ich, nach Bekanntschaft mit einem Viertel der Arbeit, noch ganz unter dem Eindruck dessen, was einem auf jeder Seite des Buchs frappant entgegentritt, unter dem Eindruck des spezifisch Berlinischen. Und so schrieb ich Ihnen nur *da*rüber. Hinterher erst habe ich empfunden, daß doch noch allerhand andres dahintersteckt. Diesem gerecht zu werden, schon einfach durch Wahrnehmung und Hinweis, bin ich auf den beiliegenden Blättern bemüht gewesen. Tieck sagte mal: »einen 3 bändigen Roman schreiben, ist immer 'was«. Das gilt auch von einem 2 bändigen dieser Art und dieses Umfangs. Daß man der Sache nicht recht froh wird, das liegt – und diesen Punkt habe ich auf meinen »kritischen Blättern« hervorzuheben vergessen – nicht an Dove's Talent, Geschick, Stil, oder doch an letztrem nur insoweit, als es heißt: le style c'est l'homme. Wenn dies je zutraf, so hier. Der Stil ist die Persönlichkeit und die Persönlichkeit, die aus dem Buche spricht, gewinnt nicht. Deshalb berührt alles frostig und das Lachen, mit dem man Pinkilino (!) Cortopasso, Asdente begleitet, ist auch frostig. Daß es kein »Roman« ist, worauf ich auf den beiliegenden Blättern Gewicht zu legen scheine, ist höchst gleichgültig; Name ist Schall und Rauch. Aber was es auch sein möge (meinetwegen auch ein Roman) es erhebt nicht, es erquickt nicht, es erheitert auch nicht. Selbst ob es belehrt, wirklich und richtig belehrt, ist mir zweifelhaft, trotzdem ich der Tendenz zustimme. Aber was sechshundert Jahre zurückliegt, will nicht mit dem Auge von heute gesehn und beurtheilt sein. Weit Zurückliegendes muß neu vor uns erstehn, im Lichte seiner Zeit, aber das ist hier nicht der Fall*.

Wenn Sie meinen letzten Brief noch haben, dürfte ich Sie bitten, ihn mir auf einen Tag zurückzuschicken. Meine Tochter will die Stelle, wo ich den Kaiser Friedrich mit Kronprinz Friedrich etc. etc. vergleiche, abschreiben und die Stelle an Frau Veit schicken, weil sie (meine Tochter) davon ausgeht, daß die alte Freundin Dove's an solchen Untersuchungen ein Interesse nimmt. Wollen Sie aus dieser Bitte aber nicht schließen, daß ich die betr: Stelle für besonders gelungen halte, im Gegentheil, ich halte sie für *nicht* gelungen, lange nicht klar genug, ebenso wie Blatt 5, 6, 7 meiner heutigen kl: Kritik Klarheit vermissen läßt oder doch jene Knappheit, ohne die auch das Klare zum Gesäure wird. Trotz dieser Mängel des neulich Geschriebenen ist aber doch was Gutes und Richtiges drin und vielleicht gerade das, was einer Dame zusagt. – Unter Empfehlungen und Grüßen allerseits wie immer Ihr

Th. Fontane

Ich bin nun mit Caracosa durch. Nachdem ich durch alle möglichen Schreckensstadien gegangen, bin ich schließlich – und ich freue mich dies aussprechen zu können – doch noch wieder zu einem bestimmten, wenn auch leider nur bescheidnen Maß von Anerkennung gekommen. Auch nach der künstlerischen Seite hin. Es ist vorzüglich gegriffen und komponirt. Der Aufbau kann als mustergültig gelten. Es ist die Zeit des Mittelalters, wo – vielleicht unter dem Einfluß von Konstantinopel und Sarazenenthum – in höher potenzirten Menschen der Unglaube mächtig wird, zu-

---

* Ich muß *echt*-historisch erzählen, ein *treues* Bild geben, nichts beschönigen, nichts vertuschen, nichts lächerlich machen und den Leser *empfinden* lassen, ohne es ihm zu sagen: »diese Zeit gefällt mir nicht; ich bin froh, daß sie zurückliegt.«

gleich die Zeit wo sich gegen diesen Unglauben, wie gegen die mehr und mehr zu Tage tretenden Menschlichkeiten des Papstthums, die christliche und moralische Gegnerschaft strenger, die verlodderte Welt im Fluge erobernder Orden zu richten beginnt. Zwei Gestalten und mit ihnen zwei Prinzipien sind da, um die sich alles dreht: links Kaiser Friedrich und die weltlichste Welt, rechts Franz von Assisi und die strengste Strenge. Gerade das Menschenalter, in dem diese Gegensätze aufeinander platzen, greift Dove heraus, seine Geschichte liegt zwischen dem »Hallelujah«, ungefähr 1230, und den ersten großen »Geißelfahrten«, ungefähr 1260. Das »Hallelujah« predigt Weltfrieden und verbrennt *die* als Ketzer, die nicht ohne Weiteres an dies neue Evangelium glauben wollen und die »Geißelbrüder«, sich kasteiend, verkünden das neue Reich des heiligen Geistes und morden was sich ihnen und ihrem Glauben in den Weg stellt. 1230 ein Unsinn und 1260 wieder ein Unsinn. 1230 nimmt Ulrico da Sale, Brescianer und Vater Caracosas, nicht gerade für diesen Unsinn Partei, widersetzt sich aber der zu harten Verfolgung der »Hallelujah-Leute« und bezahlt dies Gerechtigkeitsgefühl mit seinem Leben. Seine Tochter hat die Hinneigung zum Ketzerischen oder doch mindestens die Antipathie gegen die kirchliche Gewalt und die Sympathie für alles Freiheitliche von ihm geerbt und geht, wie der Vater in der Hallelujah-Zeit, so sie selbst in der Zeit der Geißelfahrer zu Grunde. Beide im Dienst der *Freiheit*, aber doch mit dem Unterschied, daß der Vater ein Opfer seiner *Auflehnung* gegen einen zu hart verfolgten Unsinn, die Tochter ein unmittelbares Opfer des Unsinns selber wird. Beide sind Opfer der freien Eigenart ihres Denkens – das ist das ihnen Gemeinschaftliche; aber darin zeigt sich doch auch wieder ein Gegensatz, daß die Tochter durch den Unsinn selbst, der Vater durch eine aus Gerechtigkeit geborne, aber trotzdem anfechtbare Vertheidigung des Unsinns zu Grunde geht. Es wäre hübscher, wenn dies ebenmäßiger verliefe, wenn Vater und Tochter nicht blos mittelbar, sondern unmittelbar im Dienst desselben Prinzips, in der Auflehnung gegen die Sektierergeister-Krankheit stürben. Aber auch so wie es da ist, stellt sich, wenn man auf den letzten Kern: Verstand und Gerechtigkeit geht, eine Gleichheit und dadurch eine künstlerische Abrundung her.

Es ist eine gut abgerundete, gut komponirte und namentlich auch gut *geführte* Geschichte, nirgends, um eine Wendung meines Freundes Lucae zu gebrauchen: verheddderter Zwirn. Die hundertfach verschlungenen Fäden wikkeln sich glatt ab. Es sind sehr lange Leinen, mit denen Dove fährt und er hat wenigstens 6 Pferde vor seinem Wagen; aber sie gehorchen ihm, weil er die Leinen in fester Hand hält und weiß wohin er will.

So viel über die Disponirkunst, die sich in dem Ganzen ausspricht.

Ich kann auch noch loben, daß es ein wenn auch stark im Parteispiegel gesehnes Zeitbild giebt, daß der Versuch die Parmesen von 1230 wie die Berliner von 1890 sprechen zu lassen, nicht so ohne Weitres von der Hand zu weisen ist und kann dem Verf. für die offenbar hervortretende Tendenz: all diesen katholischen Legendenkram als etwas Heraufgepufftes, ja mehr oder weniger als Mumpitz darzustellen, nur dankbar meine [!] Hand drücken, wenn die historische Treue durch diese Tendenz auch stark gelitten hat. Was wir bewundern sollen, war oft Krankheitserscheinung. Und so ist denn auch die sonst ziemlich unsympathische und wenig interessante Figur des Ognibene, die dies alles veranschaulicht, eigentlich die beste. Viel viel interessanter, im Einzelnen oft famos gelungen, aber doch auch wieder fraglich und an manchen Stellen unmöglich, ist die Figur Kaiser Friedrichs. Dove hat hier offenbar sein Bestes gethan und nicht erfolglos; über die Mängel muß man hinsehn können. Es gilt ein bischen von dieser seiner Figur, was von Bismarck gilt: so wie er den Mund aufthut, fängt's an interessant zu werden. Der ganze Dovismus und Berolinismus konnte sich hier austoben. Ich kann auch die in manchen Kritiken angefochtenen komischen Figuren des Barbiers Cortopasso und des Schusters und Apokalyptikers Asdente gelten lassen. Es ist da doch vieles drin. Und am Ende, diese Berolinismen, warum nicht? Aber auch diese besten Figuren, den Kaiser miteingerechnet, sind keine Menschen; es sind Puppen, die merkwürdige Sachen sagen, an denen einer, wie ich, immerhin was hat. Nur nicht greifbares Leben. Alles ist Destillat, Bildungsprodukt, berlinisch gewürzt. Von einem Dichter – trotz einiger ganz hübscher eingestreuter Verse – von einem Erzähler, der auf sein Geheiß Menschen, mit denen wir fühlen, um uns her entstehen läßt, keine Spur. Trotz aller Aktion alles leblos, was sich am meisten da zeigt, wo die historische Ueberlieferung den wundervoll lebendigsten Stoff ihm in die Hand gab. In seiner Hand starb dies Leben hin. Man kann grundgescheidt sein und so viel Esprit haben, daß es quietscht und ist doch unfähig einen auch nur mittelmäßigen Roman zu schreiben. Es mag Leute geben, die da sagen: »hören Sie, alles in allem, ich lese das lieber als einen Roman.« Dagegen hab ich nichts einzuwenden, ich finde mich darin sogar zurecht. Aber es bleibt dabei: nichts von einem Roman, eh nicht die darüber geltenden Anschauungen umgestoßen werden.

Um Eines bitte ich noch aufs Dringendste: tragen Sie Sorge, daß Dove nicht auf Umwegen von dieser meiner Schreiberei hört. So lange ich Kritiker von Fach war, hat es mich nie genirt, meine Meinung offen auszusprechen; ich *mußte* es und sagte wie der Pariser Polizeibeamte, der im Kugelregen stehen blieb, während er das Publikum zum Zurückgehn ermahnte: »c'est mon metier.« Seit meine Metiertage aber hinter mir liegen, liegt die Sache anders; ich brauche nicht zu spechen, ich kann mich ruhig verhalten und wenn ich doch mit meiner Weisheit vorspringe, so liegt was Gewolltes und unter Umständen Zudringliches darin. Es wäre mir sehr fatal, in Doves Augen im Lichte eines Gegners oder auch nur eitlen Besserwissers zu erscheinen. Also wenn ich bitten darf: »Oben! Glas! Vorsicht!«

Caracosa selbst, von der ich in allem Geschreibsel kein Wort gesagt, ist eine langweilige und unangenehme Person.

(225)   *Berlin* 1. Aug. 94.
                                            Potsd. Str. 134.c.

Hochgeehrter Herr.

Herzlichen Dank für Brief und Beilage, welche letztre ich diesen Zeilen wieder beischließe. Sie kennen Dove so viel besser und werden in den Punkten, wo Sie von mir abweichen, wohl Recht haben. Brieflich oder mündlich (dies wäre das Wünschenswerthere) erörtern wir das alles weiter. Man soll in nichts eigensinnig sein, am wenigsten vielleicht in Kritik; denn wie Recht Montaigne hatte, als er seinen berühmten Aufsatz, »über die Unsicherheit des menschlichen Urtheils« schrieb, das ist mir in diesen Tagen wieder recht klar geworden. Zunächst in der Caracosa-Sache. Da setzen sich nun Gustav Freytag und Paul Heyse hin und loben das Buch. Ist es in *Briefen* an Dove geschehn, so hat es zunächst keine große Bedeutung; ich würde, wenn ich in eine gleiche Zwangslage gekommen wäre, dasselbe gethan haben. Als ich noch die Romane meines Freundes Hesekiel in der Kreuz-Zeitung besprechen mußte, habe ich diese Kunst gelernt; man lobt das, was zu loben ist – irgend was derart läßt sich immer finden – und geht über das Andre hin. Namentlich geht man über die Hauptfrage hin: ist das

Ganze gut oder schlecht, sympathisch oder antipathisch. Muß man aber diese Frage, wohl oder übel, beantworten, so findet die Niedertracht menschlicher Natur auch da noch ihren Ausweg. »Ich habe sehr wohl erkannt, worauf Sie lossteuern; ich mache Ihnen mein Compliment; ja, so liegt es; Sie legen muthig die Axt an die Wurzel; wollte Gott, daß wir das Ziel erreichen; nur in diesem Zeichen können wir siegen.« In solchen Phrasen geht es weiter; immer ganz allgemeine Sätze, die von »Intentionen« faseln; – davon, wie's eigentlich ist, ist keine Rede. Und doch kann ein Buch, dessen Absichten ich mit Recht feire, nebenher noch miserabel sein. Urtheile, die dem Verfasser brieflich ausgesprochen werden, sind also werthlos; trotzdem halte ich es in diesem speziellen Falle für möglich, daß sowohl Freytag wie Heyse relativ ganz ehrlich vorgegangen sind. Ehrlich und doch ohne das Richtige zu treffen. Beide haben ihren »Dollpunkt«; Freytag kann nicht vergessen, daß Scheffel sein Concurrent, in den Augen vieler sogar sein *siegreicher* Concurrent war und Heyse ist gegen alles, was sich modern und naturalistisch nennt, *derart* gereizt, daß er alles begrüßt, was sich von Ibsen oder G. Hauptmann oder Hartleben abwendet. So folgen Beide, wenn sie Caracosa loben, einem aufrichtigen Gefühl und doch ist dies aufrichtige Gefühl ganz werthlos. Die Unsicherheit des menschlichen Urtheils ist eben sehr groß, weil wir – Menschen sind. Am schlimmsten steht es damit in Deutschland, weil das Urtheil des Deutschen am meisten abhängig ist von Dingen, die mit der *Kunst* gar nichts zu schaffen haben. Ein Buch wird danach beurtheilt, ob es luthersch oder calvinistisch oder jesuitisch, ob es loyal oder oppositionell, ob es preußisch oder östreichisch, ob es kaiserwilhelmlich oder bismarckisch ist. Im Deutschen, ein paar Ausnahmen zugegeben, lebt keine Spur von Kunstgefühl. Dies Kunstgefühl haben nun freilich Heyse wie Freytag, beide sind solche

Ausnahmen; aber da mischt sich nun wieder anderes hinein, was das Urtheil in gleicher Weise trübt.

Einen Beleg für die Mißlichkeit menschlichen Urtheils hat mir in diesen Tagen auch wieder ein persönliches Erlebniß gegeben. In den Velhagen & Klasingschen »Monatsheften« ist ein ziemlich langer Artikel über mich erschienen, sogar mit Bild von meinem jungen Freunde Ismail Gentz. Verf. des Artikels mein Freund und Gönner Theodor Hermann Pantenius. Dieser meint es sehr gut mit mir und das Maß von Anerkennung, das mir zu Theil wird, befriedigt mich vollkommen, geht über mein Erwarten hinaus. Aber nun im Detail! Meine Gedichte vom alten Derfflinger und alten Zieten erklärt er für prosaisch (»so prosaisch wie die Leute selbst«, – auch starker Toback), meine »Wanderungen« erscheinen ihm zu bunt, zu wechselnd, einfach historisch wäre besser gewesen und meine Berliner Romane, so wahr und zeitbildlich sie seien, seien mehr oder weniger unerquicklich, weil die darin geschilderten Personen und Zustände mehr oder weniger *häßlich* seien. Ich halte dies alles für grundfalsch; der alten Zieten ist so poetisch wie solche Gestalt nur sein kann, die »Wanderungen« wären gräßlich, wenn sie blos historisch wären, und Rienäcker und Lene mögen dem einen oder andern nicht gefallen, aber sie sind nicht »häßlich«, ganz im Gegentheil, ich glaube sie sind anmuthend, herzgewinnend. Und das alles schreibt ein Mann, der sehr klug ist, selber sehr ausgezeichnete Romane geschrieben hat und es sehr gut mit mir meint. Wenn man dergleichen beständig erlebt, so wird man ängstlich und gelangt, als Letztes, zu dem Berolinismus: »was soll der Unsinn!« A. hat Recht, B. auch und C. noch mehr. »Aergre Dich nicht, wundre Dich nur« sagt ein holländisches Sprichwort; aber man darf sich auch nicht mal wundern. Man muß alles ruhig hinnehmen.

Wir wollen am 15. nach Karlsbad, wenn es sein kann in

unsre alte Wohnung oder in die nebenan gelegene »Amsel«.
Ihre Ferien werden dann auch begonnen haben und wenn
Sie – was doch möglich – Ausflüge in's Böhmische machen, bis Prag oder Teplitz oder wohl gar, über Böhmen
hinaus, bis in ein Bad im Fichtelgebirge, so haben wir vielleicht Chance, Sie Beide einen oder ein paar Tage lang in
Karlsbad zu sehn. Das wäre sehr reizend. Ohne Sie bleibt
uns nur Grünhagen und Frau Hofräthin Richter, – sehr respektabel; aber besser ist besser. Ich kann mich für Lutherfestspiele nicht interessiren. Ihnen allen, wo immer es auch
sei, schöne, erquickliche Tage wünschend, wie immer
Ihr treu ergebenster   Th. Fontane.

(226)   *Karlsbad* 23. Aug. 94.
                                         Silberne Kanne.
Hochgeehrter Herr.

    Wir sind nun schon 8 Tage hier (seit dem 15.), gedenken
der schönen vorjährigen Tage täglich und fühlen uns gedrungen, Ihnen und Ihrer lieben und verehrten Frau von hier
aus die herzlichsten Grüße zu senden. Wo werden diese Zeilen Sie finden? in Berlin, in Dresden oder noch weiter in die
Welt hinein! Wir wohnen an alter Stelle, in denselben Räu-
men; im Ganzen ist alles zufriedenstellend, ganz scharf zu-
sehen, darf man freilich nicht. Es war bis jetzt kalt, doch
heuer scheint ein »Umsturz« einzutreten. Unser Befinden ist gut, auch unsre Stimmung, da die Einsamkeit, die
wir fürchteten, nicht eingetreten ist. Wir fanden hier einen
Herrn aus der Gesellschaft der »Zwanglosen«, einen Dr.
Sternfeld, Landsmann und Freund von Schlenther und Sudermann, zwischen welchen liter: Gegnern glücklich durch-
zusegeln, nicht immer leicht sein mag. Sternfeld ist Historiker (Privatdocent) und Kaiser Friedrich II. seine Spezialität,
wie das ganze 13. Jahrhundert; Sie können sich denken, daß

wir da gleich wieder in Caracosa saßen. Er hatte den Roman schon von Fach wegen gelesen. Sein Urtheil stimmt im Wesentlichen mit dem unsrigen überein; die Gestalt Friedrichs scheint ihm gelungen; das andre – namentlich auch die historische Behandlung – wünscht er anders. Er ist kein scharfer Kritiker und weiß nicht recht, worauf es ankommt.

Außer Sternfeld haben wir noch eine Frau Gerber mit ihrer Gesellschaftsdame Fräulein Wilbrandt (Cousine des Schriftstellers) getroffen, so daß literarisch für uns gesorgt ist; auch menschlich, denn Beide sind sehr liebenswürdige Damen und kolossal plauderhaft.

Zu diesen Genannten gesellt sich noch ein Direktor Goldschmidt, bis ganz vor Kurzem Reichstagsabgeordneter für Liegnitz (die Secession in der Partei verschuldete bei der letzten Wahl seine Niederlage) Freund von Witte und Paul Lindau, in dessen Hause ich ihn vor zehn, zwölf Jahren kennen lernte. Goldschmidt will mich sogar in einen Berliner Klub hier einführen, der allabendlich im »Hopfenstock« seine Sitzungen hält; Hauptgröße soll ein Geheimrath Balcke sein, ich glaube aus dem Justizministerium.

Was sonst noch von bekannten Gesichtern da ist, taucht nur am Horizont auf; darunter befinden sich Herr v. Lauer und was mehr sagen will Frau Anna Lindau, jetzige Saint Cére, eigentlich Rosenthal. Er (Rosenthal) soll ein ekliger Kerl sein, sonst würde ich die alte Bekanntschaft zu erneuern suchen.

Bei Anger, wo wir seit ein paar Tagen wieder essen, wurden wir gleich gefragt, »wo denn die Herrschaften vom vorigen Jahre seien? ob sie noch kämen?« Ich konnte Letztres leider nur als unwahrscheinlich hinstellen. Wo Sie auch sein mögen, ergeh es Ihnen und der verehrten Frau gut. Meine Frau grüßt. Wie immer Ihr aufrichtig ergebenster

Th. Fontane.

Hochgeehrter Herr.

Ihre Zeilen aus Saßnitz waren eine rechte Freude; man kann nicht leicht wo besser sein und wenn einem Karlsbad nicht »vorgeschrieben« ist, so weiß ich nicht, ob Saßnitz nicht über Karlsbad geht. Allerdings ist hier mannigfacher für einen gesorgt, aber die Scenerie, die Kreideklippe, Wald und See geben, ist schöner. Das Saßnitzer Hôtel hieß in meiner Erinnerung »Fahrenheit« und darauf anspielend, kommt in meinem neusten Roman – dessen eines Kapitel auf Rügen spielt – ein kleiner Wortwitz vor, der nun traurig in der Luft schwebt, da das Hôtel Fahrenberg heißt. Ja, man wird mich in Verdacht haben, daß ich die Umtaufe, um mein Witzelchen anzubringen, absichtlich vollführt habe. Und das ist das Unangenehmste von der Sache. Wenn Sie nach Lohme kommen sollten, lassen Sie sich doch quer über die weite Bucht nach Arcona hinüberrudern; diese Bootfahrt ist sehr schön, außerdem Arcona selbst interessant genug.

Die Begegnung mit dem kleinen und groß gewordenen Kayser muß Ihnen eine große Freude gemacht, auch Ihre Zufriedenheit mit dem »Schmiedeberger Idyll«, mit Koppe, Kuring und dem Rotherberg wieder gesteigert haben. Es ist auch wirklich gleichgültig, *wo* man ist und *was* man ist; es kommt nur darauf an, *wer* man ist, nicht auf der Dienststaffel, nicht vor den Menschen, sondern vor sich selbst. Es kommt auf die Kunst an, aus dem Leben möglichst viel herauszuschlagen; dabei spielt Geld einigermaßen eine Rolle, Ort und Stellung aber gar keine.

Seit vorgestern ist nun Caprivi hier und stürmt durch die Berge; er wird froh sein, des Regierens auf vier, fünf Wochen überhoben zu sein. Direktor Goldschmidt – von dem ich Ihnen neulich schon schrieb, vielleicht ist Ihnen der

Brief nachgeschickt worden – hat ihn schon gesprochen und war in der angenehmen Lage, ihm einen »Pariser Stimmungsbericht« geben zu können, gestützt auf niemand Geringeres, als den deutschfresserischen Monsieur Saint Cére, mit dem er (Goldschmidt) jetzt täglich seine Kaffespaziergänge macht: Goldschmidt, Saint Cére, Anna Lindau und ein own Correspondent des New-York-Herald. Ich soll mich diesen vieren als Fünfter zugesellen und werde es vielleicht thun, trotzdem ich mich ein wenig davor graule, schon blos der Sprache halber, da dem gewesenen Rosenthal das Deutschsprechen wirklich schwer werden soll. Wahrscheinlich wurde er in früher Jugend schon von Lemberg oder Brody nach Paris verschlagen.

Gestern waren wir mit Frau Hofräthin Richter beim Nachmittagskaffe zusammen. Sie war sehr nett. Ich hatte sie für luthersch-orthodox und überhaupt etwas verrannt gehalten, das ist sie aber nicht; sie hat beinah einen heitren Zug, den das Leben nur abgedämpft hat. Ergeh es Ihnen gut, empfehlen Sie mich Ihren Damen und kommen Sie frisch und froh nach Schmiedeberg zurück. Ihr

Th. Fontane.

Eben, im Durchlesen, finde ich, daß ich eine kurze Charakterisirung des »Pariser Stimmungsberichts« schuldig geblieben bin. Dieser läuft darauf hinaus, daß sich – so versichert Saint Cére, der es wissen kann, – ein totaler Stimmungsumschlag vollzogen hat. Man beginnt Rußland zu mißtrauen, sieht wenigstens daß man von all den Huldigungen nichts hat, und erkennt in dem so viel angefochtenen Dreibund, *wirklich* einen Friedenshort, was er sicherlich auch ist. Zu dieser Hauptsache kommen viele Kleinigkeiten: die unbestreitbaren Liebenswürdigkeiten des Kaisers.

Karlsbad 4. Sept. 94.
Silberne Kanne.

Hochgeehrte Frau und Freundin.

Die Saßnitzer Tage liegen nun wohl schon zurück und so schreibe ich unter alter Adresse nach »Schmiedeberg im Riesengebirge«, um Ihnen meinen herzlichsten Dank für Ihre so liebenswürdigen Zeilen und die zwei Kornblumen aus Arcona zu sagen, die 20 Bouquets aufwiegen. Es vergeht kein Tag, wo wir Ihrer nicht gedächten, sei's wenn wir an der ehemals (sehr ehemals) schönen Rebenstockwirthin vorübergehn, sei's wenn wir uns bei Anger zu Tische setzen, sei's bei Begegnungen mit Frau Hofräthin Richter, die freilich nur selten stattfinden, da wir auf 2 Berliner Damen, die wir gleich Anfangs hier kennen lernten, eingeschworen sind. Es sind sehr nette Damen, freilich ein bischen obenhin, was man von Frau Richter (ein Name, bei dem ich zunächst immer an unsre Arnsdorfer Freundin denke) nicht sagen kann.

Hoffentlich hat Ihnen Rügen gefallen, trotz eines gewissen, immer gemüthlichthuenden pommerschen Schlaubergerthums, hinter dem sich nur Gewinnsucht und mitunter reine Rapscherei verbirgt.

Morgen sind wir 3 Wochen hier; mit Eintritt in die vierte wird dann Tag und Stunde schon wieder von dem Abreisegedanken beherrscht, der übrigens meist mehr als lachendes als ein schreckliches Gesicht zeigt. – Am Tage vor Eintreffen Ihrer freundlichen Zeilen, traf auch ein Briefchen aus Luzern ein, unterzeichnet von 3 Grävenitzens, – Mutter Julie an der Spitze. Die Tage des eingewickelten Coteletteknochens traten mir wieder vor die Seele.

Mit dem herzlichen Wunsche, daß Sie zu Hause alles in bestem Wohlsein angetroffen haben mögen, unter vielen Grüßen von meiner Frau und mir an Sie und den verehrten Gatten, wie immer Ihr treu ergebenster   Th. Fontane.

Karlsbad 5. September.

Gestern Mittag, als ich nicht blos die beiliegenden Zeilen, sondern auch schon das Couvert mit »Schmiedeberg im Riesengebirge« geschrieben hatte, kam Ihres verehrten Gatten Brief, aus dem ich ersah, daß Sie noch bis Sonntag vielleicht Montag in Saßnitz zu bleiben gedenken. So geht denn mein Brief noch einmal nach Rügen. Ihn gestern um-zucouvertiren, ging nicht, weil ich fort mußte, zu Tisch, woran sich unmittelbar ein Kaffe-Rendez-vous mit Familie Saint Cére und dem kleinen Goldschmidt – der übrigens ein andrer als der von Ihrem Herrn Gemahl Gemuthmaßte ist – anschloß. Es dauerte 3 Stunden; vielleicht etwas zu lange. Saint Cére ist ganz anders, als er mir geschildert wurde, sehr artig und von einer gewissen Herzlichkeit, die unmöglich Komödie sein kann. Denn ich frage: wozu Komödie? Nochmals Ihr

Th. F.

Ihres lieben Mannes Brief, für den ich schönstens danke, beantworte ich von Berlin aus.

(229)   [Berlin] *Donnerstag*
                                                      13. Sept. 94.
Hochgeehrter Herr.

Gestern Abend spät sind wir hier einpassirt und fragen an, ob Sie und Frau Gemahlin – natürlich auch Fräulein Tochter wenn sie mit Ihnen hier ist – uns morgen (Freitag) oder übermorgen noch eine Plauderstunde schenken und bei der Gelegenheit mit uns essen können, zu Mittag oder zu Abend, ganz wie es Ihnen paßt. Mittag ist wahrschein-lich besser, weil ich annehme, daß Sie ins Theater gehn. Für uns das Eine so angenehm wie das Andre.

Unter ergebensten Empfehlungen an die Frau Mama,
wie immer Ihr

Th. Fontane.

(230)   *Berlin* 10. Novb. 94.
                                                Potsd. Str. 134.c.

Hochgeehrter Herr.

Herzlichen Dank für Ihren lieben Brief, inhaltreich und
unterhaltlich wie immer. Ueber das Leben des inzwischen
heimgegangenen Czaren denke ich anders; er hat, glaub
ich, viel mehr vom Leben gehabt als unser Kaiser Friedrich.
Sein ganzes Unglück, aber auch sein einziges, bestand
darin, daß er in seinen Nerven immer eine Dynamitpatrone
unterm Stuhl fühlte; das ist nun sehr unangenehm, zugegeben; er hat dies Angstgefühl aber nicht immer gehabt und
besaß jedenfalls 2 große Hochgefühle nebenher: das Czar-
gefühl, das ihn an sich selbst wie an einen Gott glauben und
ihn auf einen Mann wie unsren Kaiser (aber nicht Ihre Excellenz) wie auf einen Haselanten herabblicken ließ und
hatte daneben, als Zweites, das höchste Hochgefühl: eine
schöne Frau zu besitzen und sie, ganz unfürstenmäßig, unendlich zu lieben. Ich halte dies allein schon, namentlich für
einen Czaren, für ein Kolossalglück, wobei ich mich von
allen kleinstietzigen Gedanken und Gefühlen über »Ehe-
glück« (meistens eine Sache für Flickschuster) vollkommen
frei weiß. Und nun halten Sie daneben die Ehe mit Vicky;
»lerne leiden ohne zu klagen«, hat sich wohl auch *dar*auf
bezogen; daß er sie ursprünglich sehr liebte, machte die
Sache nur noch schlimmer. Beiläufig: die Liebe spielt auf
Thronen glaub ich eine größere, wichtigere, tiefergehende
Rolle als bei Alltagsmenschen. Alltagsmenschen haben ihre
Kegelpartie, ihre tausend kleinen Gemüthlichkeiten bis zu
Skat und Kalauern herunter; der Fürst aber, und nun gar ein

Czar, ist einsam; von dem, was den Menschen am meisten erfreut, von den Menschen hat er nichts (höchstens mal eine Schärpe, die ihn würgt) und wenn unter sothanen Verhältnisse[n] sich das Ungeheure ereignet, daß solch auf elendeste Menschenration gesetzter Hochmensch eine weibliche Idealgestalt findet, die er liebt und die ihn wieder liebt, so bedeutet das mehr, als sich der landläufig für »Muttern« Lebende und Sterbende vorstellen kann. Als ich noch mit meinem alten Hesekiel, wenn wir von der Redaktion kamen, am Kanal spazieren ging, erzählte er mir mal von dem »letzten Wasa« den er in Karlsbad gesehn und gesprochen hatte, ich glaube Anfangs der 50er Jahre. Bernadottes Ernennung zum Könige hatte ihn den Thron gekostet und seine schöne Frau, oder vielleicht auch blos Geliebte, war ihm entführt worden. »Wenn ich ihn so sah« sagte der ganz unsentimentale Hesekiel »hatte ich immer den Eindruck, als verzehre den Mann eine Sehnsucht; einige dachten die Sehnsucht nach der Krone, es war aber die Sehnsucht nach der verlorenen Frau.« Das hat damals einen großen Eindruck auf mich gemacht und ich finde es sehr schön, weil echt menschlich. Gott, was ist eine Krone! Eine Last. Wohl dem, der sie nicht zu tragen braucht.

Ihre Mittheilungen über Graf Roedern haben mich aufs lebhafteste interessirt. Wie hoch steht er als Figur über Ihrem armen Prinzen! Der Prinz steckt nur in den abgestorbensten Anschauungen und ist, wenn man von der *ehedem* kaschen Inscenirung des Unsinns absieht, ganz unoriginell, ein ins Fürstliche übersetzter Müller und Schultze. An Ihrem Grafen auf dem Rotherberg aber ist jeder Zoll ein Original; er interessirt, während der Prinz eigentlich langweilig ist. Solche Personen, die nicht mehr in unsre Zeit gehören, sind nur erträglich, wenn sie »Persönlichkeiten« sind und ihre Rolle als nachgeborner Richard III. geschickt durchspielen.

Und nun Kayser, Treutler, W. Hertz! Diese Wiederauf-
nahme der Beziehungen zu K. ist etwas Hocherfreuliches. Es
ist auch richtig, was er schreibt. Das Menschliche steht nicht
blos höher, es ist das Einzige was gilt. Entgegengesetzte Anschauungen sind für die Jugend. – Treutler ist ein Fatzke. Seit
Ihren mündlichen Mittheilungen über ihn, bin ich mit ihm
fertig. Daß er ein Schlappier ist, schadet nicht viel, daß er sich
so ruppig benehmen konnte, hat jede Theilnahme in mir
ertödtet. Er hätte mit Freudigkeit sein halbes Vermögen opfern müssen, um Ruh und Frieden zu haben. Ein richtiger
Bourgeois, noch dazu ein sentimentaler und von Musik an-
gekränkelter. – W. Hertz, nun ja! Besser wäre besser. Er
treibt Göthe-Cultus (weil es was Feines ist) und verirrt sich
nun schließlich bis ins Sonettistische. *Da*zu gehören andre
Kräfte. Außer Heyse kann überhaupt kein Mensch in
Deutschland ein lesbares Sonett schreiben. Es macht mir
ordentlich eine Freude, *dies* meinem alten Freunde Heyse
lassen zu müssen. In solchen Sachen reicht keiner an ihn 'ran.
Uebrigens hat diese ehrbare Sonett-Pusselei zugleich was
Rührendes. Empfehlen Sie mich Ihren liebenswürdigen und
von mir hochverehrten Damen. Wie immer

Ihr

Th. Fontane.

(231) *Berlin* 9. Dezb. 94.

Potsd. Str. 134.c.

Hochgeehrter Herr.

Ihr lieber Brief war mir eine große Freude, wennschon
mich seine freundlichen Worte keinen Augenblick über-
raschten; denn daß Sie und die lieben Ihrigen (und die
verehrte Frau wollte sogar selber schreiben, was mich wirklich gerührt hat) zu Denen gehören, die mir's nicht blos
gönnen, sondern sich mit mir aufrichtig darüber freuen, *das*

wußte ich im Voraus, dessen war ich sicher. Im Ganzen genommen stehe ich mau und flau zu Auszeichnungen derart; diese aber hat doch einen Einduck auf mich gemacht, trotzdem ich recht gut weiß, wie dergleichen gemacht wird und auch diesmal gemacht worden ist. Erich Schmidt ist mein besonderer Gönner; *der* nahm es in die Hand und versicherte sich zunächst Mommsens, der – wegen »Vor dem Sturm« – auch ein kleines liking für mich hat. Da sagte dann keiner mehr »nein« und alle 51 »ja« kamen glücklich zu Stande; – sie sprangen nach. Aber trotzdem ist es eine Freude; vor strenger Kritik kann überhaupt nichts bestehn. Allerhand kleine Feste schlossen sich an. Auf einem war auch Professor Lehfeldt. Ich sagte zu meinem Nachbar: »er sieht so sehr jüdisch aus«, worauf der Nachbar antwortete: »ja; und doch ist er schon in der 6. Generation Christ; freilich, wenn *so* wenig dabei herauskommt, sollte man's eigentlich lassen.« Der »Ulk« hat in seiner letzten Nummer auch einen Vers über mich gebracht, halb Huldigung, halb Spott, von letztrem wohl eine Spur mehr. Er lautete (ohngefähr):

> Fontane ist nun schön heraus,
> Doktor wurde das alte Haus,
> Und will er nicht bürgerlich mehr bleiben,
> So kann er sich auch *von Tane* schreiben.

Nichts Besonderes, aber doch ganz nett. Noch ein kleines Bonmot, das ich neulich, beim Kramen, unter alten Papieren fand. Es hat gar keine Beziehung auf mich oder eine gegenwärtige Situation, ist aber doch recht gut. Die alte Heyse (Paul Heyse's Mutter) empfing kurz vor ihrem Tode, zu ihrem 73. Geburtstag, ungewöhnlich viel Besuch, woran sie, als alle weg waren, die Bemerkung knüpfte: »es war wirklich, als wolle man mir die ›vorletzte Ehre‹ erweisen.« – Vor zwei, drei Tagen sprach auch Magistratsassessor

Korn bei mir vor und weil er mich nicht traf, gratulirte er mir brieflich, was ich als eine große Courtoisie empfunden habe. – Korn ist ein wundervoller Uebergang zu Frau Richter, neben der diesmal *er* (Richter) verblaßt, denn Wiederverheirathung eines alten Lebemannes ist etwas ganz Triviales. Das Interessante kommt erst nach. Frau Richter ist aber wieder auf der Höhe der Situation, wenn sie persönlich auch hinter der Scene bleibt; das Auftauchen eines Liebhabers am Sterbebett eines erschossenen andern, ist grotesk und wirkt fast wie ein grausiger Witz. Daß es mich mit Theilnahme für die eine oder andre der Personen, die schöne Frau hinter der Scene miteingerechnet, erfüllte, kann ich nicht sagen. Es zieht sich durch alles doch so viel Ruppiges mit hindurch und das Ausschlaggebende ist nirgends forsche Leidenschaft, sondern Rapscherei und in manchen Momenten halbe Gaunerei. Ich schreibe das nicht gern, denn ich bewahre der immerhin aparten und äußerlich sehr für sich einnehmenden Frau ein gut Stück wirklicher Anhänglichkeit, aber alles Ebertysche hat irgendwo einen Knax weg; ganz kauscher ist keine. Und nun gar der Alte! Die richtige Sorte, worauf die Antisemiten (die freilich noch toller sind) einsetzen. Was nur aus Ursel wird! Sie schlägt wohl mehr nach dem Vater. Aber das ist auch ein schwacher Trost.

Was sagen Sie zu dem Wallot-Fest? Der Kaiser hat sich in dieser, wie in mancher andern Frage, vergallopirt; ich weiß aber doch nicht, ob diese Anzapfungen in Toasten und Tischkartenerklärungen richtig sind. Ich finde es nicht recht würdig, *ich*, der ich doch sonst nicht groß für Würdigkeiten bin. Es wirkt wie Jungens, die sich über den Lehrer moquiren, der doch am andern Tage wieder mit seinem Stock dazwischenfährt oder sie mit umgehängtem Esel in die Ecke stellt. Es ist altmodisch, ganz Fr: W. des Dritten Zeit, sich mit einem Witz über unfreie Zustände zu trösten. Aufmuckung ist anständiger. Ich kann, nach dem vorcitirten Ulkverse, singen:

> Deutschland ist *nicht* schöne 'raus,
> Es wackelt das ganze alte Haus.

Das nächste Mal erzähle ich Ihnen vom »Pan«, einer Genossenschaft, der ich zugetreten bin.

Nächsten Freitag bin ich zu einem großen Diner bei meinem neuen Freunde Friedrich Goldschmidt (Patzenhofer Brauerei-Direktor und Reichstagsmitglied) geladen; wahrscheinlich alles parlamentarisch; ich freue mich darauf, graule mich aber auch. Herzlichste Empfehlungen Ihren Damen; in vorzügl. Ergebenheit

Th. Fontane.

(232)   *Berlin* 8. Januar 95.
                               Potsdamerstraße 134.c.

Hochgeehrter Herr.

Herzlichen Dank für Ihren lieben und interessanten Geburtstagsbrief, wie für die Karte mit der Devise (wenn auch unsichtbar wie die Inschrift am Reichstagsgebäude): »ich komme vom Gebirge her«. Dies Gebirge, so lange man noch steigekräftig und »fest auf der Bost« ist, hat doch immer wieder seine Reize. Das Thal hat dann vorher und nachher seinen Weihnachtsball, auf dem ich Sie und die verehrte Frau als Elternpaar in aller Würdigkeit erscheinen sehe. – Und im Februar Vorlesung in Hirschberg! Ich finde den 2. Titel: »Fritz Reuter und Heinrich Seidel etc« viel besser. Das Publikum macht sich nichts aus Abstraktionen. Namen, da sieht man doch wo und wie. Seidel ist ein *sehr* guter Schriftsteller und ich möchte Ihnen fast zustimmen – *fast*, nicht ganz – wenn Sie Lebrecht Hühnchen über Onkel Bräsig stellen. Dieser ist schließlich doch gesunder und dauerhafter. Indessen wie immer dem sei, Seidel ist ein trefflicher Dichter in Vers und Prosa, nur leider eine ziemlich lederne Figur. Ich kenne ihn seit etwa 30 Jahren und kann nicht über ihn klagen, aber noch weniger kann ich mich menschlich für ihn erwärmen. Alle 3 Monate treffe ich ihn im Thiergarten, dann bleiben wir 2 Minuten stehn und führen eine Zwangsunterhaltung, deren Resultat ist, daß ich nachher immer noch etwas weiter von ihm abstehe, als vorher. Ein merkwürdiges Geschlecht diese Mecklenburger. Alle begabt, aber schließlich doch meist nur Mittelsorte, und trotzdem alle von dem Glauben durchdrungen, daß es mit ihnen was Besondres sei. Mich hat das immer schon geärgert, ich nahm's früher aber hin; jetzt, in meinen ganz alten Tagen, zeige ich ziemlich deutlich, daß ich's lächerlich finde. Dabei sind sie alle langweilig. Das nennen sie dann Humor, wenn sie plötzlich, mit einem ziemlich unverschämten Gesicht, aus ihrem Mustopf herauskucken. Die Berliner, die so verschrien sind, sind harmlose, liebenswürdige Menschen, gute Kameraden, im Verhältniß zu so vielen Provinzialen. Die Nettesten, unter allen Stämmen, sind die Schlesier und die Baiern. – An Baer Dank und schönste Grüße. – Daß Graf Roedern alles verkloppt, nimmt mich auf's Neue für ihn ein; von allen Gestalten in Ihrer Gegend, ist er die fertigste und abgerundetste Figur. Diese Gefühlspinseleien sind ja doch alle lächerlich; was soll er mit den alten Mutiustassen? Und daß er bloß den Küraß behält, ist auch famos. – Korn hat einen kolossalen Treffer gehabt, er wird's aber wohl verdienen; »von nischt kommt nischt.« – Am Neujahrstage kam ich von meinem Freunde Heyden; als ich eben von der Friedrich-Wilhelmsstraße her, in den Thiergarten einbiegen wollte, »da sperrten auf gedrungnem Steg, Drei Räuber plötzlich meinen Weg...« »Er muß zum Kampfe sich bereiten, Doch bald ermattet sinkt die Hand etc.«; wer war es?? Frau Richter mit Ursel und Ursels jüngerer Schwester. Ursel ganz Richter, aber rassevoller, angehende Romanfigur. Die jüngere Schwester ganz ins Stobbesche schlagend. Frau Richter selbst war sans phrase rührend; sie freute sich sichtlich, was einen *großen* Eindruck auf mich machte, nicht aus Eitelkeit, sondern aus aufrichtigster Theilnahme und mir (trotz alledem und alledem) verbliebener, aufrichtiger Anhänglichkeit. Ihre Freude war nichts als der Ausdruck davon: »ach, früher war es besser; wie dumm war ich!« Wir gingen eine halbe Stunde zusammen und sprachen Welten durch. Wenn ich das Hirschberg-Schmiedeberger Thal von Anno 85 mit 95 vergleiche, was hat sich in den 10 Jahren alles zugetragen! Zwanzig Trauungen, Scheidungen, Begräbnisse und vor allem Romane, die bis Afrika reichen. – Vorgestern war das große Pietschfest. Es war sehr hübsch, auch apart durch die Persönlichkeit des Jubilars, der ja eine verdrehte Schraube ist, aber Genie pur sang. Und nun Ade. Tausend Grüße und Empfehlungen.

Wie immer Ihr treu ergebenster

Th. Fontane.

(233) [Postkarte   Poststempel: Berlin W. 12. 2. 95]

Seien Sie, Frau Gemahlin und Fräulein Tochter, wie der Zuzug aus Breslau und Hirschberg, schönstens bedankt für den liebenswürdigen Gruß von der Heinrichsbaude. Diese Steigefreudigkeit imponirt mir immer wieder und führt mir mein Alter so recht zu Bewußtsein; *ich* bliebe unten. Man muß wie L[udwig] P[ietsch] construirt sein, um noch als 70er von irgendwoher »niederzusausen«. Uebrigens (unter uns) schnappt er vor Kraftmeierei nach gerade über. Alles hat seine Zeit. Vielleicht verheirathet er sich noch mal. Aber *dann* kippt er um. Wie immer Ihr   Th. F.

Schönsten Dank für den Brief, den ich in einigen Wochen beantworte.

(234) *Berlin* 19. März 95.
Potsdamerstraße 134.c.

Hochgeehrter Herr.

Heute vor 47 Jahren feierte ich den Sieg der »Revolution« mit einem Karabiner in der Hand, den ich, am Tage vorher, aus dem Königstädtschen Theater geräubert hatte, um damit für die Freiheit zu kämpfen; ich stellte ihn aber bei Seit' als ich ihn hatte, weil ich seiner Schußkraft fast noch mehr mißtraute, als meiner Heldenschaft. Wer sich in Preußen auf Revolutionen einlassen will, muß sehr optimistisch leichtsinnig oder *sehr* tapfer sein. Das paßt auch heute noch, trotz Sozialdemokratie. Dennoch hängen die Ausgänge, auch für den Starken, immer an einem seidenen Faden.

Ihren H. Seidel bez. Fr. Reuter-Vortrag werden Sie nun wohl schon gehalten haben und wie ich nicht bezweifle, mit bestem Erfolg. Beide sind bekannt und beliebt und so bringen die Hörer eine gute Stimmung gleich mit. Seidel eignet sich außerdem vorzüglich zum Vorlesen und Citiren. Ich habe in den letzten Wochen ein paar Briefe mit ihm gewechselt und zwar in Veranlassung seines letzterschienenen Buches: »Von Perlin bis Berlin«. Perlin ist sein Geburtsdorf. Das Buch ist wieder sehr gut und hat mich unterhalten und erheitert. Trotzdem kann ich es all diesen Menschen und all diesen Büchern gegenüber, zu keiner vollen freudigen Hingebung bringen. Die Personen sind mir zu unsympathisch und ein bischen von dem mich unsympathisch Berührenden, steckt auch in ihren Büchern. Ich gebe zu, daß dies total in Fortfall käme, wenn ich die Herrn Verfasser nicht kennte; da ich sie nun aber mal kenne, so starren mich auch aus dem, was blos von ihnen herrührt, dieselben gräßlichen mecklenburgischen Glotzaugen an, die mir im Leben so ärgerlich sind. Es ist ein außerordentlich begabter Menschenschlag und ich kann den Dünkel, daran sie kranken, nicht ganz unberechtigt finden; aber es ist mit ihnen wie mit den Juden, – sie haben unbestreitbar eine wundervolle Durchschnittsbegabung, werden aber ungenießbar dadurch, daß sie einem dies Durchschnittsmäßige, dies schließlich doch immer furchtbar Enge und Kleinstädtische, als etwas »Höheres«, als das eigentlich Wahre aufdringen möchten. Ein Mecklenburger – wenn er nicht blos durch einen baren *Zufall* (wie Moltke) in Parchim oder Teterow geboren wurde – kann nie die »Jungfrau von Orleans« oder die »natürliche Tochter« schreiben; er bringt die Vornehmheit, den großen Stil nicht heraus, er bleibt bei Lining und Mining oder bei Bräsig oder bei Lebrecht Hühnchen. Das sind nun alles allerliebste Figuren; aber sie rechtfertigen durchaus nicht die Dickschnäuzigkeit, womit sie einem präsentirt werden. Es ist wahr, es giebt überhaupt wenige nette Dichter, aber sie kommen doch am Ende vor und beweisen einem, daß Talent, Hochflug und Reichthum an Herz und Seele mit Bescheidenheit gepaart sein können. Ein glänzendes Beispiel ist Gerhart Hauptmann. Der Einladung zu Hausmann hin, die von Ihrem Freunde Behrend an Sie ergangen ist, würde ich an Ihrer Stelle nicht folgen; unzweifelhaft haben alle diese Herren ihre schönen Gaben, aber sie machen gesellschaftlich sehr wenig Gebrauch davon; sie können sich als Redner oder Tischkartenerklärer auf eine bestimmte Rolle hin einfuchsen, zu leichter, freier, gefälliger Conversation sind sie beinah nie zu brauchen. Der Deutsche, wenn er nicht besoffen ist, ist ein ungeselliges, langweiliges und furchtbar eingebildetes Biest. Ich wenigstens habe es nie mit solchen Pappenheimern aushalten können.

Was Sie mir über Graf Roedern schreiben, hat mich nicht

überrascht; er kann seinen Küraß noch so blank halten, die ganze Figur ist doch »altes Eisen« und wird bei Seite geworfen. Man muß bei Seite treten und einem neu heranwachsenden Geschlechte den Vortritt lassen können; thut man das nicht, so wird man lästig und lächerlich.

Und nun unser guter Richter in Arnsdorf! Ich hätte ihn umarmt, wenn ich ihn hier gehabt hätte. Erstaunlich ist blos, daß er mit diesem Schritt so lange gewartet hat. Unsre alte Freundin aus dem Hause Montmorency-Eberty wird freilich anders darüber denken und zornig sein, daß er ihr nicht noch immer eine Thräne nachweint und je vergessen konnte, durch sie vom »Pferdejuden« in einen kunst- und literaturbeflissenen Gentleman umgewandelt zu sein; aber außer unsrer »schönen Frau« wird jeder mit dem neuen Ehebunde einverstanden sein und dem guten Kerl gute Tage wünschen. Die schöne Marie hatte den Bogen überspannt; wer das will, der muß doch noch von »andern Eltern« sein.

Erst beim Wiederdurchlesen Ihres Briefes ist mir zum Bewußtsein gekommen, daß Fräulein Schwägerin und Fräulein Lütty jetzt hier sein müssen; vielleicht erfreut uns die eine oder andre (oder noch besser beide) durch ihren Besuch. Unsre Tochter ist freilich mal wieder ausgeflogen und befindet sich mit »Tante Witte« seit 3 Tagen in Bozen, von wo sie, gegen Ende der Woche, nach Meran wollen. Sie haben – die Welt ist klein – die Fahrt von München bis Bozen mit Paul Heyse und Frau gemacht, die sie von ungefähr auf dem Münchner Bahnhof trafen.

Sie fragen freundlich an, wie's für den Sommer mit einem Ausflug ins Gebirge stehe. Aber offen gestanden, so sehr wir an dem theuren Hause Friedländer hängen, die Lust nach der Brotbaude hin (diese würden wir doch wählen) ist nur gering. Einmal wirkt doch der furchtbare Sommer 92 noch nach und wenn's auch anders wäre, Einsamkeit, Naturschwärmerei und schlechte Betten haben allen Zauber für mich verloren. Ich will bei Pupp in dem kleinen Concertwäldchen sitzen und wenns sein kann mit Frau Anna Lindau im Hôtel Bristol essen. Noch vor 10 Jahren war ich glücklich, in dem vermufften Zimmer von Frau Schiller meine Tage zubringen, bei Exner entsetzliche Polk-kartoffeln essen und die furchtbaren Kauwerkzeuge der jungen Frau Exner wie eine Art Naturmerkwürdigkeit bewundern zu können; selbst die Passage durch den (leider nicht petrefakt gewordenen) Enten- und Gänse-Guano, der sich neben einer kleinen Wasser-Rinne hinzog, konnte mir meine Communallehrerreiselust und selbst den Appetit kaum verderben; – eine naive Naturfreudigkeit, dazu Luft-begeisterung und vor allem Lust an meiner Arbeit halfen mir über alles weg. Aber davon ist mir auch keine Spur geblieben und nur noch Gesammtzustände, die hinter dem, was ich bescheidentlich zu Hause gewohnt bin, nicht zurückbleiben, können mir eine Sommerfrische genießbar machen. Eigentlich verschlechtert man sich *immer*, auch in dem vornehmsten Hôtel, aber man kann sich wenigstens durch allerhand Mumpitz und durch die Erwägung »es sei doch 'mal was andres« über die Sache hinwegtäuschen lassen. So ist es in Karlsbad. Und deshalb liebe ich es beinah. Vielleicht kommen Sie Beide hin. Das wäre reizend. Tausend Grüße. Wie immer Ihr

Th. Fontane.

(235)   *Berlin* 6. Mai 95.
                                    Potsdamerstraße 134.c.
Hochgeehrter Herr.

  Das war ein echter Friedländer, der vom 22. April 95. Ihren Gichtanfall sind Sie hoffentlich los und können sich der schönen Tage, die ja nun endlich da sind, erfreuen. Was

Sie mir über Ihren Hans schreiben, freut mich herzlich mit; solche Abschiede beim Schluß der Ferien sind freilich für beide Theile schwer, aber eigentlich bin ich doch für solche frühe Losreißung von Hause, vorausgesetzt, daß es eine gute Stelle ist, wo solch junges Gemüth hinverpflanzt wird. Und das ist ja bei Ihrem Hans der Fall.

Den großen und imponirenden Inhalt Ihres Briefes bildet die Treutlersche Tragikomödie. Aber Tragikomödie ist ein viel zu hohes Wort; eigentlich ist es ein grotesques Satyrspiel mit sehr viel Bocksbeinen und Zottelschwänzen. Ich finde es schrecklich und bin doch beinah ohne alles Mitleid. Natürlich kann solch Pech schließlich über jeden hereinbrechen, aber die Wirkung, die Theilnahme, modificirt sich doch sehr nach der Beschaffenheit und dem Schuldmaß derer, die davon betroffen werden. Ich weiß wohl, wie richtig das Sprichwort ist: »ginge es nach Verdienst, so würde *Jeder* gehenkt« und weil ich dies weiß, so habe ich eine natürliche Scheu, flott drauf los zu verurtheilen. Ueber Nacht kann es über einen selber hereinbrechen. Aber schließlich ist doch auch wieder ein Unterschied; es giebt große und kleine Sünder und es giebt auch kleine und große alte Esel. Treutler gehört unter die großen. Sein ganzes Leben berührt mich wie eine große Eselei oder wie eine Ungehörigkeit oder eine Unnatur. Dies 60jährige am Schürzenbändel hängen, dies öde Junggesellenleben, dies Hin und Herpendeln zwischen »Stern« und »Preußischem Hof« oder gar zwischen Frau Kuring und 30 Pfennig-Cotelett (allerdings sehr billig und deshalb wegen Familienknauserei verzeihlich) – all das ist etwas so Elendes und Inferiores, daß ich einen Menschen nicht sehr bedauern kann, wenn er schließlich an einer lumpigen Klaviertaste, drauf sich seine und »ihre« Hand fanden, scheitert. Er hätte *ordentlich bezahlen* sollen, dann wäre er die ganze Geschichte längst los; aber dazu kann sich solch Bourgeoiswurm nicht erheben. Schlimm

genug, denn er müßte von Herzen froh sein, eine Riesen-
dummheit durch Geld begleichen zu können. Nun ist er
eine lächerliche Figur auf Lebenszeit. Freilich »Geld beruhigt«, und am Ende auch *darüber*.

Dem guten Richter gönne ich seine junge Frau; Lea est
morte, vive Rahel. Nach aller Wahrscheinlichkeit wird das
Glück auch ein dauerndes sein; *er* wird es sich schwerlich
verscherzen (die Hörner sind abgelaufen) und *sie* auch
nicht, wenn das richtig ist, was ich über die ganze Familie
gehört habe. Es sind eben keine Ebertys, keine von ihrer
Weltbedeutung Durchdrungenen, die sich für einen Papier-
fritzen für zu gut hielten, aber doch sein Geld haben wollten
und vielleicht *noch* haben wollen. Und nun der Liebes-
punkt! Wenn mir Richter nicht gut genug ist, darf ich mir
Heidenhayn nicht aussuchen. Dieser – den ich nicht verklei-
nern will – war durch die Wahl seiner Knödelfrau aus Baiern
gerichtet.

Der arme Prinz auf Neuhof thut mir leid. Daß er Friedländers haben will und nun auch Richters, oder wenigstens
ihn, Richter, ist noch das Beste. Der Prinz hat verschiedne
kleine Tugenden und manches was sympathisch berührt,
aber ich komme in meinem, der vornehmen Welt einst so
zugeneigten Herzen, immer weiter von meiner alten Liebe
ab. Was wollen diese Menschen auf der Welt? Sie sind nur
eine Störung, ein Hemmniß, ein auf Böswilligkeit oder
Dummheit auf die Schienen gelegter Stein, der sich rühmen
darf ein Eisenbahnunglück herbeizuführen, aber schon
nach 2 Stunden ist die Strecke wieder frei und neue Züge
machen ihren Weg. Die Welt wird noch lange einen Adel
haben und jedenfalls *wünsche* ich der Welt einen Adel, aber
er muß danach sein, er muß eine Bedeutung haben für das
Ganze, muß Vorbilder stellen, große Beispiele geben und
entweder durch geistig moralische Qualitäten direkt wirken oder diese Qualitäten aus reichen Mitteln unterstützen.

Was thut davon Ihr Neuhofer Prinz? Er stimmt jeder reaktionären Maßregel zu, glaubt an den beschränkten Unterthanenverstand und hat keine Ahnung davon, daß Frohme, Grillenbecher oder gar Bebel ihn 10 mal in die Tasche stekken. Es ist ganz vorbei mit dem Alten, auf jedem Gebiet, und Ihr Schmiedeberger Pastor, dessen Großthaten mir nur noch so dunkel vorschweben, wird mit seinem Gesäure weder das Apostolicum noch irgend einen unverständlichen Satz der Apokalypse bei Leben erhalten können. Mein Haß gegen alles, was die neue Zeit aufhält, ist in einem beständigen Wachsen und die Möglichkeit, ja die Wahrscheinlichkeit, daß dem Sieg des Neuen eine furchtbare Schlacht voraufgehen muß, kann mich nicht abhalten, diesen Sieg des Neuen zu wünschen. Unsinn und Lüge drücken zu schwer, viel schwerer als die leibliche Noth.

Heute Nachmittag will ich in die Kunstausstellung, um meine schon begonnenen Bilderstudien fortzusetzen; es sind *sehr* interessante belgische, französische und italienische Sachen da. Was *wir* ausgestellt haben, ist, wie gewöhnlich, vorwiegend langweilig. Eh wir nicht volle Freiheit haben, haben wir nicht volle Kunst; ob einige Zoten und Frechheiten mit drunterlaufen, ist ganz gleichgültig, *die* leben keine 3 Tage. Die Regierenden glauben hier, auf jedem Gebiet, das todte Zeug einpökeln zu können. Eine mir bei der Gescheidtheit unsrer Gesellschafts-Oberschicht ganz unverständliche Dummheit. Unter herzlichen Empfehlungen an Ihre Damen, in vorzügl. Ergebenheit

Th. Fontane.

Berlin 8. Juli 95.
						Potsdamerstraße 134.c.
Hochgeehrter Herr.

Herzlichen Dank für den wie immer liebenswürdigen Brief und all das Schmeichelhafte, was er enthält. Auf einzelne Punkte eingehend, fange ich von hinten an, also mit Lisco und seinem Besuche bei Ihnen. Zunächst freue ich mich immer, wenn ich Namen lese wie Lisco, Lucä, Gropius, Persius, Hensel, Thaer, Körte, Diterici, Virchow, Siemens, weil ich mir dabei bewußt werde, daß in diesen, nun in zweiter und dritter Generation blühenden Familien, ein neuer Adel, wenn auch ohne »von«, heranwächst, von dem die Welt wirklich was hat, neuzeitliche *Vorbilder* (denn dies ist die eigentliche Adelsaufgabe), die, moralisch und intellektuell, die Welt fördern und ihre Lebensaufgabe nicht in egoistischer Einpöklung abgestorbener Dinge suchen. Da hat Ernst v. Wolzogen neulich ein Büchelchen über den jetzigen Zustand unsres Adels geschrieben, ganz vorzüglich, soll ich Ihnen die Brochüre schicken? sie ist sehr lesenswerth, auch sehr interessant, und kann nur auf *einen* Punkt hin angegriffen werden. Wolzogen selbst nämlich, so liebenswürdig, klug und talentvoll er ist, ist ein bischen fragwürdig, so daß er zu den Pastoren gehört, die gut predigen, aber nicht sehr mustergültig leben. Aber nun zurück zu Freund Lisco, mit dessen Vater ich, bei Lessing, öfters zu Tische gesessen und mich sehr gut unterhalten habe, namentlich über Renan. Der Sohn soll ein sehr ausgezeichneter Herr sein, dem Vater wohl noch überlegen. Und nun seine Anträge! Es ist gewiß gut, daß Sie abgelehnt haben, aber ich bedaure es, daß Ihr Gemüth, immer wieder und wieder, durch solchen Unruhe-Zustand gehen muß. Ich habe mich so oft, mündlich und brieflich, über diesen Punkt zu Ihnen ausgesprochen und bin, glaub ich, consequent dabei geblieben: Schmiedeberg und Melzergrund

und Heinrichsbaude sind besser für Sie als Berlin und Jung-fernheide und Saatwinkel; trotzdem bleibt es immer wieder eine kitzliche Frage. Man kann die Forst- und die Grenzbau-den und Sankt Peter und Spindelmühl auch überschätzen. Wenn man die Gicht hat, ist Berlin besser als Krummhübel und mit solchen Dingen wie Gicht und hundert Aehn-lichem, hat man zu rechnen. Ich kann mir doch auch einen Zustand denken, den ich mit »koppemüde« bezeichnen möchte, während man berlinmüde nicht recht werden kann. Man kann von vornherein berlinantipathisch sein, aber wenn man, seiner Natur nach, überhaupt hier leben kann, so kann sich der Zustand nicht recht verschlechtern, wenigstens nicht durch Langeweile, weil sich das Leben einer großen Stadt beständig erneuert. Wenn mich das Schauspielhaus zu langweilen anfängt, kommen die Hol-länder auf Gastspiel. Und so auf jedem Gebiet. Doch genug davon. Vor etwa 3 Wochen war Frau Richter an unsrer Thür, aber niemand war zu Haus. Es that mir leid, weil die arme Frau, die sie doch schließlich ist, muthmaßlich mal ihr Herz ausschütten wollte; aber am Ende war es so besser. Was soll man ihr sagen? Diese elende Ebertyerei, diese bor-nirte Vorstellung von einer breslauer Familienwichtigkeit, ist an allem Schuld; lauter Dinge, die man ihr doch nicht sagen kann. Denn ich vermuthe, sämmtliche Ebertys glau-ben noch immer an sich. Alle Klüngel sind schlimm, aber die Judenklüngelei ist die schlimmste. Wie mein Gefühl ge-gen den Agrariergeist beständig wächst, so auch mein Ge-fühl gegen den Juden*geist*, der was ganz andres ist als wie die Juden. Der Judengeist, der uns 50 Jahre lang beherrscht hat, von Anno 20 bis Anno 70, ist kolossal überschätzt worden; er repräsentirt eine niedrige Form geistigen Lebens, so niedrig, daß wenn ich jetzt einen klugen Mann, er sei Jude oder Christ, Judenwitze machen höre, ich in seine Seele hinein verlegen werde. Das müssen wir mal *gründlich* durchsprechen, am liebsten auf einem Spaziergange zwischen Pupp und Kaiserpavillon. Denn ich lebe immer noch der Hoffnung, daß Sie und Ihre verehrte Frau, doch wenigstens 14 Tage für Karlsbad abstoßen. Vor Mitte August können wir nicht fort, es ist auch die beste Zeit. Unter herzlichen Empfehlungen an Ihre Damen, diesmal vor allem auch die Frau Mama eingeschlossen, in vorzüglicher Ergebenheit Ihr

Th. Fontane.

(237)   *Berlin* 3. Aug. 95.
                                   Potsdamerstraße 134.c.
Hochgeehrter Herr.

Besten Dank für Ihren lieben Brief. Ich schreibe gleich.

Wir wollen am 13. oder 14. hier fort und ist es auch wahrscheinlich, daß es dabei bleibt, da in Amsel-Silberne-Kanne um *so* späte Zeit wohl mit Sicherheit 'was zu haben sein wird. Wir haben aber von der dicken Frau mit dem noch dickeren Kropf noch immer keine Nachricht, so daß es möglich ist, daß aus dem 13. oder 14. ein 15. oder 16. wird. Aber so oder so, – immer etwa um die Mitte des Monats herum.

Natürlich freuen wir uns herzlich, wenn Sie Beide kommen, je früher, je besser, aber es ist selbstverständlich, daß die verehrte Frau den Jungen nicht im Stich lassen und ihrerseits nicht vor dem 28. in Karlsbad sein kann. Die Festsetzungen darüber legen wir hoffnungsvoll in Ihre und ganz speziell in Frau Gemahlin Hand. Unter herzlichen Grüßen und Empfehlungen an Sie allerseits, wie immer Ihr

Th. Fontane.

Ergebenste Mittheilung, daß wir heute 2 ½ nach Hôtel Bristol befohlen sind, – voriges Jahr Rosenthal, dieses Jahr Friedberg oder Friedeberg. Ich glaube, es sind sehr nette Damen, aber ich graule mich doch ein bischen.

Kunowski, nach dessen Excellenzschaft ich mich vor 2 Tagen bei Ihnen erkundigte, ist Excellenz geworden. »Du hast's erreicht, Oktavio.« Gute Gesinnung und alt werden, – da muß es kommen. Unter besten Grüßen an Vater und Tochter Ihr

Th. F.

(239)   *Berlin* 15. Sept. 95.
                                          Potsdamerstraße 134.c.
Hochgeehrter Herr.

Heute werden Sie wieder in Ihrem Heim eintreffen und morgen früh sollen diese Zeilen Sie, sammt Frau und Tochter, herzlich begrüßen. Hoffentlich hat Salzburg seine Schuldigkeit gethan und wenn nicht Salzburg so doch München; denn das Wetter, das sich 4 Wochen glänzend gehalten hatte, schlug am Mittwoch um und alle Tage haben seitdem Wind und Regen gebracht. In der Pinakothek bedeutet das nicht viel, auf dem Gaisberg kann es verhängnißvoll werden. – Mir persönlich, trotz Erkältung, geht es gut, meiner Frau nicht; sie war schon während der letzten 8 Tage in Karlsbad elend und hat sich hier vollends nicht erholen können. Es wird sich das aber ändern; »die Früchte der Karlsbader Kur (alter Witz) hängen am Weihnachtsbaum«. – Allerhand Fragen brennen hier jetzt: Hammerstein, Stöcker und rein literarisch, aber auch mit Geldgeschichten verquickt, der »Pan«. Also für Aufregung ist gesorgt. Empfehlen Sie mich Ihren Damen. Unter allseitig

herzlichen Grüßen von meiner Frau, in dankbarer Rücker-
innerung an die durchlebten Wochen, in vorzügl. Ergebenheit   Th. Fontane.

(240)   *Berlin* 21. Sept. 95.
                                 Potsdammerstraße 134.c.
Hochgeehrter Herr.

   Vorgestern kam der Brief, gestern die Bücher; seien Sie
für Beides herzlichst bedankt. Die Briefstelle, daß Sie sich
zuletzt vorgekommen wären wie ein Ergriffener, der nun
wieder ins Gefängniß zurück muß, hat mich sehr amüsirt,
wie immer Aussprüche, die zutreffend sind und – weil's
schließlich nicht so schlimm ist – doch noch Raum für die
Heiterkeit übrig lassen. Halb amüsirt hat mich Treutler;
wer so ist, wie er, der ist für solche Dinge prädestinirt. Aber
gar nicht gefallen hat mir das, was Sie über Ihren Hans
schreiben; da darf man sich nicht wundern, wenn die Mutter in einem ewigen Bangen ist. Ich habe da gerade gestern
in einem Journal über Ohrenkrankheiten gelesen; in der
Regel ist es nicht schlimm, aber es erheischt Aufmerksamkeit, Controle. Wahrscheinlich ist der Görlitzer Doktor
vorzüglich (die Aerzte in den Mittelstädten sind besser als in
Großstädten, weil sie menschlicher und weniger geld-
schneiderig sind) – aber nachdem ich dies Lob vorausge-
schickt, muß ich doch andrerseits hinzusetzen, daß die
großstädtischen Berühmtheiten auch wieder ihre Vorzüge
haben und es früge sich, ob dies nicht Ihrerseits zu erwägen
wäre, wenn auch nur zu dem Zweck, Ihre liebe, verehrte
Frau nach dieser Seite hin zu beruhigen.

   In Wiese habe ich schon hineingekuckt und gelesen was er
über die Unterschiede der Provinzen und ihrer Bevölkerung
sagt; es ist alles sehr gut und nach meinen eignen Erfahrungen sehr zutreffend, aber so gut es ist, es haftet dieser

Schreibweise doch was Ledernes an. Büchsel behandelte auch solche Fragen, aber er belegte gleich alles durch *Geschichten* und daran erkennt man den eigentlichen Schriftsteller.

Meine Frau ist ganz krank und geht zunächst keiner sehr guten Zeit entgegen; Galle überfüllt und stark angeschwollen. Es wird wieder verschwinden, ist aber eine langwierige Geschichte.

Wir sind nun heute schon anderthalb Wochen zurück, aber eigentlich habe ich noch keinen Menschen gesehn; ich arbeite und lese und gehe Abends um 9 eine Stunde spazieren, – da sind denn alle Katzen grau. Mit herzlichen Grüßen allerseits, in vorzügl. Ergebenheit

Th. Fontane.

(241)   *Berlin* 18. Okt. 95.
                                    Potsdamerstraße 134.c.
Hochgeehrter Herr.

Herzlichen Dank für Ihren lieben Brief, den ich gestern erhielt; ich beantworte ihn, wenn nicht ein Wiedersehn, auf das ich hoffe, alles Schreiben überflüssig macht, noch im Laufe des Monats.

Heute nur Effi Briest zu freundlicher Entgegennahme.

Wir sind hier in großer Aufregung durch den Hans Hertz-Fall, ein wirklich erschütterndes Ereigniß. Daneben sind die Treutlereien und nun gar die Haus Eberty-Geschichten bloße Lustspielstoffe. Ich sage absichtlich »*Haus* Eberty-Geschichten«, – denn je mehr ich mir die Sache überlege, je klarer wird es mir, daß weniger die »schöne Marie«, als die ganze Sippe, der Haus- und Familiengeist und der Träger desselben: das alte Ungethüm Eberty-Vater mit seiner Sechsdreier-Weisheit an allem Schuld ist.

In vorzüglicher Ergebenheit   Th. Fontane.

Berlin 19. Novb. 95.
Potsdamerstraße 134.c.

Hochgeehrter Herr.

Endlich komme ich dazu, Ihnen zu schreiben und für
Ihren lieben Brief vom 4. meinen schönsten Dank zu sagen.
Ihren Grafen Stolberg (ich glaube »Udo«) kenne ich aus
seiner Jugendzeit her; er war damals, glaube ich, Gardekü-
rassier oder Garde du Corps und stehender Gast im Zirkel
seiner Tante Schwerin (geb. Dönhoff) der feinsten, gütig-
sten und fast möchte ich hinzufügen auch liebenswürdigsten Dame, die ich in meinem Leben kennen gelernt habe.
Wenn ich dies »liebenswürdigste« doch an Bedingungen zu
knüpfen oder einzuschränken scheine, so kommt dies nur
daher, daß die Gräfin um einen kleinen Grad *zu* fein war,
was zwar die höchste, beinah schon himmlische Form der
Liebenswürdigkeit nicht behindert, aber doch *das*, was man
in *Gesellschaft* liebenswürdig nennt. Zu dieser gesellschaftlichen Liebenswürdigkeit gehört noch mehr *Freiheit* als
Feinheit, es gehört der Muth dazu, vor Uebermüthigkei-
ten, Gewagtheiten, selbst Frivolitäten nicht zu erschrecken
und *das* vermochte die Gräfin nicht, wiewohl sie an der
Grenze davon war; – sie konnte nämlich schelmisch sein.

Gar nicht schelmisch ist unsre arme Frau Richter auf
Ebertys-Ruh, eine Ortsbezeichnung, die ich in so weit wieder zurücknehmen muß, als ich den alten superklugen
Eberty, der nach Walter Scott und den Sternen und vor
allem nach dem Golde sah (womit er ziemlich 'reingefallen
ist) immer noch in Ebertys-Ruh spukhaft herumschlurren
sehe. Solche Neunmalweisen sind mir gräßlich, besonders
wenn sie auch noch in Kunst und Literatur machen. Da sind
mir die Schauspielerinnen lieber, die, unter dem Vorwande
der »Jungfrau«-Begeisterung, das Gegentheilige cultiviren.
Die Richter kann ganz Schlesien abpatrouilliren, nur nach
Arnsdorf darf sie nicht gehn. Wenn sie nicht den hübschen

Kopf hätte, hätte ich sie in meinem Herzen längst aufgegeben.

Ich bin nun schon weit über 2 Monate aus Karlsbad zurück, aber in diesen 9 oder 10 Wochen noch immer nicht zum Arbeiten gekommen. Nur ein halbes Dutzend Gedichte, die schon vorher entworfen waren, habe ich fertig gemacht; 3 davon werden im Januar im »Pan« erscheinen, der seine Redaktion gewechselt hat und von nun an, wenn auch nicht besser, so doch etwas weniger verrückt auftreten wird. Seit vier, fünf Wochen gehe ich ganz in Effi Briest-Angelegenheiten auf, denn wenn mir ein Mann von Namen und Ansehn, eine lange, liebevolle Kritik schickt, so muß ich ihm dafür danken. Ich habe auf die Weise schon wenigstens ein Dutzend ziemlich lange Briefe geschrieben; das ist auch Ursach, daß ich in den zurückliegenden Monaten so wenig habe von mir hören lassen. – Bei Stöckhardts ist in den letzten Tagen getauft worden, Wachholz will sich nicht lumpen lassen und folgt in zwei, drei Tagen mit einer Taufe nach. Pro futuro wird er dem alten Geheimrath wohl den Rang ablaufen. Uebrigens soll Wachholz, wie ich erst neuerdings erfahren habe, bei Gelegenheit seiner Hochzeit eine wundervolle Rede gehalten haben, in der es hieß: »Ich höre von den verschiedensten Seiten, daß im Kreise der Angehörigen meiner Frau, die Ansicht herrsche: ich hätte eine sehr glänzende Partie gemacht. Demgegenüber muß ich hervorheben, daß in *meiner* Familie die Ansicht verbreitet ist: meine Frau und deren Angehörige könnten sich gratuliren.« Ich habe mich diebisch darüber gefreut, trotzdem ich sehr grosserisch-stöckhardtisch gesonnen bin. Denn Wachholz hat vollkommen Recht. Er ist ganz solche Nummer wie Excellenz Fischer und da kann das Grossersche Kupfer-Gold nicht gegen an. 1000 Grüße. Ihr   Th. F.

Ganz
vorzüglich
geglückt!
Ich schreibe in der Weihnachtswoche.
Wie immer
Ihr

                                                  Th. Fontane.

Sonnabend
21. Dezb. 95.

Berlin
                                                  2. Januar 96.

Hochgeehrter Herr.

  Eben suche ich nach dem Couvert:

Herr A[mts] G[erichts] R[at] Dr. Friedländer

                              Schmiedeberg

                              (Im Riesengebirge)

und kann es nicht finden. Es wird also wohl ohne Brief an
Sie abgegangen sein. Das kommt von dem Fabrikmäßigen,
wodurch man sich in strammen Briefschreibetagen die Au-
ßenarbeit erleichtern möchte. Ich schreibe jetzt nämlich *erst*
die Couverts und klebe auch Marken auf, damit man die
Briefe nur noch hineinzuschieben braucht. Entschuldigen
Sie dies Versehn. Ich schreibe nun morgen. In herzlicher
Ergebenheit Ihr

                                                  Th. Fontane.

Das Couvert an Dr. Max Bernstein, München, fehlt auch;
ich scheine also eine kolossale Confusion angerichtet zu haben.

(245)   *Berlin* 2. Januar 96.
                                        Potsdamerstraße 134.c.

Hochgeehrter Herr.

Einliegender Brief, der die Nöthe schildert, in denen ich
mich vor drei Stunden befand, ist nun blos noch Erheite-
rungsstück, weshalb ich ihn beischließe. Das gesuchte
Couvert (auch das an Bernstein) hat sich schließlich doch
noch gefunden und ich kann aufathmen.

Seien Sie und all die lieben Ihrigen herzlich bedankt für
Ihre Glückwünsche zu Geburtstag und Neujahr; wir erwiedern sie und wünschen vor allem Ihrem Hans volle Genesung; Wildungen, wie ich von vielen gehört (namentlich
von dem verstorbenen Schulrath Bormann) soll bei Nie-
ren- und Blasenleiden Wunder thun.

Daß Stephany das Menzelgedicht *nicht* gebracht, ist ein
wahres Glück; Sie hätten Ihren allerliebsten kleinen Aufsatz
damit ruinirt und die Berliner hätten ausgerufen: »Gott, da
ist der alte Kerl schon wieder; wo man hinsieht, begegnet
man ihm.« Es bereitet sich eine kleine Umschlagsstim-
mung vor und viele sind da, die sich schon darauf freun;
aber wozu diesen Prozeß beschleunigen? Ich werde auch
noch lernen müssen, große Fragezeichen ruhig hinzunehmen und hoffe, daß es mir nicht allzu schwer fallen wird.

Ihr alter Graf Roedern thut mir leid. Alles was ich sich auf
diesem Gebiete vollziehen sehe, ist schrecklich. Dabei bin
ich weit ab davon, den Unglücklichen, die solche Schritte
thun, Vorwürfe zu machen, ja, ich gehe so weit, zu behaupten, daß solche armen Krepel von beinah 80 des »Weib-
lichen« noch bedürftiger sind, als die von 18. Der 18jährige
kann, wenn er will, *alles* überwinden, der 80jährige braucht
Stab und Stütze. Diese Stütze lieber in einer Ehefrau als in
einer furchtbaren alten Philöse zu suchen, ist begreiflich. –
Meine Frau hat neulich auch einen Besuch, natürlich Ge-
genbesuch, bei unsrem guten alten Richter gemacht und die

Situation ganz leidlich gefunden; aber doch auch nicht mehr. Ganz falsch gewählt, hat er sicherlich nicht, denn es scheint eine junge Dame von gutem Charakter und guter Sitte, trotzdem wird sich behaupten lassen, daß eine Frau wie die verflossene »schöne Marie« doch eigentlich besser für ihn paßte; sie war nur *zu* selbstisch, *zu* rücksichtslos, *zu* ebertysch-eingebildet. Hätte sie sich, ihm gegenüber, zu einer nur mäßigen Bescheidenheit und nur mäßigen Splendidität verstehen können, so wäre sie doch eigentlich die ganz richtige Frau für ihn gewesen. So blos Anstand und Tugend ist ihm zu wenig und auf die Dauer langweilig.

Heute habe ich auch an meinen Freund Wichmann nach Rom geschrieben. In W.'s Brief war viel von Geh[eim] R[at] Wiese, mit dem er correspondirt, die Rede gewesen, weshalb ich Veranlassung nahm, meinen ganzen Brief mit einer Art (übrigens ganz aufrichtiger) Wiese-Begeisterung zu füllen, die aus dem Buche herstammt, das ich Ihrer Güte verdanke und leider immer noch nicht – wie auch das Storm-Buch – zurückgeschickt habe. Natürlich wird Wichmann meinen Brief an Wiese schicken und so wird dem 90jährigen strammen Lutheraner *via Rom* eine kleine Freude kommen, via Rom und von einem Ungläubigen, der über alles ganz anders denkt und das Buch und den Mann doch famos gefunden hat. – Von Rosegger weiß ich nichts. Vielleicht empföhle es sich aber, Sie schrieben an seinen *Verleger* und fragten bei diesem an, ob er Ihnen nicht was Biographisch-Anekdotisches nennen könne. *Der* muß es wissen.

Fräulein Lütty freuen wir uns im März begrüßen zu können. – Uebermorgen erscheint Florian Geyer auf dem Deutschen Theater; alles ist sehr aufgeregt. – Empfehlen Sie mich Ihren Damen. Wie immer Ihr

Th. Fontane.

Berlin 13. März 96.
                                  Potsdamerstraße 134.c.

Hochgeehrter Herr.

Mit einiger Beruhigung lese ich zu Häupten Ihres letzten
lieben Briefes: »Schm. 13. Februar«, also gerade vier Wochen; das geht noch, ich dachte, es wäre länger. Der nächste
Tag war dann der Vortragstag in Zillerthal mit Frl. v. Koe-
nen links und Frau v. Münchhausen rechts und Amtsgerichtsrath Dr. Friedländer in der Mitte. Hoffentlich, oder
sagen wir ganz gewiß, ist alles gut verlaufen. Wenn Sie den
»Engel der Barmherzigkeit« wiedersehn (ich finde den
richtigen Beinamen, der doch entschieden was Forsches
hat, eigentlich schmeichelhafter) also wenn Sie Frau v. M.
wiedersehn, so bitte ich Sie, mich ihr empfehlen zu wollen.
Allen Ernstes und ganz aufrichtig. Denn ich verdanke ihr
relativ viel, ganz abgesehn davon, daß sie auch persönlich
eine ganz eigenartige Figur ist. Es steckt nämlich dieser
frommen Frau ein gut Stück Deibel im Leibe und das macht
sie interessanter als sie sonst wäre.

Und nun der gute Prinz Reuß! Oder ist er jetzt richtiger
Fürst? Natürlich erfüllt mich das Bild, das Sie von ihm
geben, mit Theilnahme, aber sonderbar, bis auf einen gewissen Grad verhärtet sich mein Herz all solchen Erscheinungen gegenüber. Vor etwa 20 Jahren starb ein Graf Kanitz
oder Egloffstein oder v. d. Recke (kurzum aus einer der
frommen Familien) der aber als junger Offizier, eh die
Frömmigkeit so recht zum Ausbruch kam, sehr sehr forsch
gelebt hatte. Nun war er General und ein Sterbender. Er
ließ ein Crucifix aufstellen und dies Crucifix mußte, je
nachdem er seine Bettlage nahm, beständig wandern, damit er den Gekreuzigten beständig vor Augen haben und zu
ihm beten könne. Manche Menschen finden dies großartig.
Auf mich macht es einen elenden Eindruck und Geschichten
in denen Muth und Trotz oder lächelnde Resignation zum

Ausdruck kommen, imponiren mir viel viel mehr. Es ist was Kleines in diesem Verhalten, auch Gott gegenüber. Und nun liegt da der gute alte Reuß und schimpft. Macht auch einen traurigen Eindruck. Wenn einer im *Leben* steht und spielt den Berserker, weil's mit seinem Fürstenthum und ähnlichem Unsinn auf die Neige geht, so finde ich mich darin zurecht, wenn aber einer im Sterben liegt und immer noch an diesen Krimskrams glaubt und sich einbildet, nun gehe die Welt unter, so habe ich blos ein Achselzucken. Da lobe ich mir als herzerquickendes, vernünftiges Gegenstück die Leute in Niesky. Persönlich bin ich ganz unchristlich, aber doch ist dies herrnhutische Christenthum, das in neuer Form jetzt auch wieder bei den jüngeren Christlichsocialen zum Ausdruck kommt, das Einzige was mich noch interessirt, das Einzige dem ich eine Berechtigung und eine Zukunft zuspreche. Das Andre ist alles Blödsinn, ganz besonders aber der Mammonismus, der die niedrigste Form menschlichen Daseins repräsentirt. Meine Armuth macht mich jeden Tag glücklich. Hammerstein, Friedmann, St. Cére – da sieht man, was bei der Schmiere herauskommt. – Meine Tochter (jetzt in Meran) war sehr erfreut mit Ihrer Frau Mama und Frl. Lütty plaudern zu können. Hoffentlich geht es Ihren Damen gut und Ihnen selbst dazu.

Wie immer in herzlicher Ergebenheit

Th. Fontane.

(247)   *Berlin* 22. März 96.
                                Potsdamerstraße 134.c.
Hochgeehrter Herr.

Das Bücherpacket ist hoffentlich heil in Ihre Hände gelangt; entschuldigen Sie daß es so lange gewährt. Aber das Stormbuch habe ich bis in die letzten Wochen hinein gebraucht und ein paar gute Stellen daraus (natürlich von Storm selbst herrührend, – das Andre ist nicht viel) in meinen Aufsatz, der im Maiheft der Rundschau erscheinen wird, herübergenommen. Ueber Wiese's Buch schrieb ich Ihnen schon; es hat vielleicht nicht *einen* so interessirten Leser gefunden wie mich, weil ich all das miterlebt, all die Personen gekannt und ein gut Theil unsrer Provinzen ähnlich befahren und beobachtet habe wie er. Ueberall, was natürlich das Vergnügen steigert, bin ich in Uebereinstimmung mit ihm, wohlverstanden was Volksstämme betrifft; in Politischem und Religiösem bin ich überall entgegengesetzter Meinung und halte das Einpökelnwollen des alten Rindfleisches für ein Unglück. Die Welt sehnt sich nach Spargel und jungem Gemüse.

Die kleine Geschichte vom Bürstenmacher in Buschvorwerk hat mich wieder sehr interessirt. In dem Schmiedeberger Winkel kommt doch immer wieder was Apartes vor. Wenn alle Geschichten dieser und ähnlicher Art, die Sie mir im Laufe von beinah 10 Jahren geschrieben haben, zusammengestellt erschienen, so gäbe das ein eigenartiges und sehr lesenswerthes Buch. Ob es thatsächlich gelesen würde, steht freilich dahin, denn das Dümmste wird verschlungen und um das Gescheidteste kümmert sich keine Katze und je mehr wir verassessort und verreserveleutnantet werden, je toller wird es. Der letzte Rest von natürlichem Gefühl, was immer gleichbedeutend ist mit poetischem Gefühl, geht verloren. Als es noch keine Bildung gab, war alles interessant; die rasch wachsende Verlederung der Menschen datirt von den Examinas und wir sind deshalb das langweiligste Volk, weil wir das Examenvolk sind. Sobald man nach Oberbaiern kommt und eine »Loni die nich ohni« ist, sieht, wird es schon besser.

Sie scheinen auch wieder starke Adelszufuhr zu haben; der Sanspareil bleibt aber doch der Verzug des Adels: Bergel. Er sagt: »hier bin ich« und das andre muß sich finden: Frühstück, Abendessen, Schneiderrechnung und Reisegeld. Ich möchte sein Leben nicht führen, aber wenn man in sich selbst nicht einen Widerspruch dagegen findet, so läßt sich diese merkwürdige Sorte von Existenz auch wieder rechtfertigen. Ich mache mir nicht viel aus diesem Judengeist, den er typisch vertritt, schließlich ist nicht viel dahinter, alles angenommen und angelesen, keine Spur von Selbstständigkeit, – aber trotzdem bleibt bestehn, daß er seinen adligen Gönnern beiderlei Geschlechts geistig überlegen ist. Er hat Bildung, Kenntniß, Glätte und eine dialektische Form, die ihm eine Ueberlegenheit sichert. Er vertritt, wenn auch nur auf seine Nachahme-Weise, das »Höhere«, von dem die Andern nur mal gehört haben, daß es existirt.

Ihr Johanna Ambrosius-Vortrag ist nun wohl schon gehalten und ich bezweifle nicht, daß er gefallen haben wird. Hier ist die gute Frau auch gefeiert worden; es wäre besser, man hätte sie in Litthauen gelassen und ihr eine kl. Pension bewilligt. Ihre Erscheinung ist immerhin merkwürdig, aber nur nach *einer* Seite hin: wie stark in manchen Menschen der Nachahmungstrieb entwickelt ist. Für die Kunst ist solche Erscheinung ein Unglück und sorgt dafür, daß das niedrige Niveau noch tiefer herabgedrückt wird. Von Karl Schrattenthal will ich nicht sprechen, solche Herren sind für so was da, aber daß ein Mann wie Hermann Grimm der deutschen Welt aufreden will »das sei eine bemerkenswerthe Erscheinung innerhalb der deutschen Dichtung« kann einen verzweifeln machen. Gott besser's. Er wird aber nicht; er hat die deutsche Nation für alles mögliche Große aufgespart, nur gerade dafür nicht.

Empfehlen Sie mich Ihren Damen angelegentlichst. In herzlicher Ergebenheit Ihr

Th. Fontane.

(248) [Postkarte   Poststempel: Karlsbad Stadt 13. 6. 96]

Seien Sie und Ihr ostpreußischer Besuch herzlichst bedankt
für den Gruß von der Brotbaude her. Wie gern erinnere ich
mich der Tage, die ich dort verlebte. – Ihren interessanten
Brief hatte ich hierher mitgenommen, um ihn von hier aus
zu beantworten, nun, wo diese Karte wenigstens meinen
Dank ausspricht, verschiebe ich die Beantwortung bis auf
die bald wieder anbrechenden Berliner Tage. Heut über 8
Tage wollen wir wieder zurück. Ich bin neugierig zu hören,
wie Sie mit der Dichterin gelebt haben. Gewiß gut, – und
unter allen Umständen was Apartes. Empfehlen Sie mich
all den lieben Ihrigen. Wie immer Ihr

Th. Fontane.

(249)   *Berlin* 26. Juni 96.
                                        Potsdamerstraße 134.c.
Hochgeehrter Herr.
»Schmiedeberg 25. Mai« steht über Ihrem letzten lieben
Brief, – mir zum Trost; ich dachte, es sei viel länger. Drei
Wochen Karlsbad zerren die Zeit aus. Es war übrigens sehr
hübsch, trotzdem wir fast allein waren. Was da war:
Oberstleutnant Timm (Bruder unsrer Freundin Zöllner),
Frau Sorma mit Mann und Sohn und eine mit meinen Romanen (immer im Pompadour) bewaffnete Schwester eines
hiesigen jungen Freundes, – alle habe ich immer nur halb-
estundenweis gesehn. Und das war recht gut, trotzdem es
liebe, wohlwollende Leute waren; ich respektire das, aber es
ist ein bischen wenig. Wir wohnten in der Amsel, bei Frau
Schmidt mit 'm Kropf, und waren – freilich auch für viel
mehr Geld – etwas besser aufgehoben als in der »silbernen
Kanne«. Das schwarze Fräulein im Rebenstock läßt Sie
schönstens grüßen. Partieen haben wir gar nicht gemacht,

immer nur bis Posthof oder Schweizerhof; zu weiterer Bewegung habe ich gar keine Lust mehr; es ist mir vollständig gleichgültig, ob ich noch was sehe oder nicht; beispielsweise unsre Gewerbe-Ausstellung! Wenn ich mich nicht vor meinem jüngsten Sohn etwas genirte, der mir meine Gleichgültigkeit immer als fehlenden Patriotismus anrechnet, so würde ich vielleicht gar nicht hinauskommen. Mich interessirt nur *wirklich* Neues, was etwas ganz Kleines sein kann, ein Handschuhknopf oder eine Nadel um den Schlips fest zu stecken. In der ganzen Ausstellung, so weit sie zu einem Nicht-Fachmann spricht, ist auch nicht eine neue Sache; alles Nachahmung, comme toujours.

In Ihrem nächsten Briefe wird mir Ihre Güte von Johanna Ambrosius erzählen. Die arme Frau! Ein Tamtamgedicht von Freiligrath fängt an »das Mal der Dichtung ist ein Kainsstempel«. Es ist etwas starker Toback. Aber mitunter trifft es zu, daß die damit Behafteten mehr Leid als Freude von der Sache haben. Ich glaube, daß die Ambrosius dazu gehört. Es soll eine gute, liebe Frau sein und man kann es, wenn man will, phänomenal nennen, daß in einem abgelegenen littauischen Dorf eine solche Erscheinung vorkommt. Aber es berührt mich alles wie die Frauen und Jungfrauen in katholischen Gegenden, die mit einem Male die Jungfrau Maria gesehn haben. Ich habe 10 oder 12 Gedichte der Ambrosius in der von Schrattenthal veranstalteten Ausgabe, elfte Auflage, gelesen. Mehr konnte ich nicht leisten. Es fällt mir alles auf die Nerven; am meisten dieser entsetzliche, um die Gunst der »Gartenlaube« buhlende Schulmeister (Schrattenthal), ein Jammerprinz, der, wie alle diese Herrn, auch keinen Schimmer von Verständniß für derlei Dinge hat. Hermann Grimm, der doch wenigstens ein kluger Mann und seines Vaters Sohn ist, ist mir unverständlich in seinem Eintreten für derlei Blech. Schlecht ist nichts; man kann beinah sagen leider. Aber alles von einer öden schwächlichen Mittelmäßigkeit, angelesen von der ersten bis zur letzten Zeile, krankhaft; wie bei Diabetikern geht der Zucker in Massen ab. Ich wähle diese Form des Ausdrucks, wiewohl derbere Worte die Sache viel besser veranschaulichen würden. Vor zwei, drei Monaten las ich ein längeres Gedicht der Ambrosius (etwas über eine Spalte lang) im »Magazin«. Ich fand es überraschend gut und hatte nicht übel Lust, mein Urtheil zu corrigiren. Aber ich bin davon wieder zurückgekommen. Es war *auch* eine Nachahmung und nur der Umstand, daß die *Vorlage* dazu sehr gut war und ihr bequem lag, ließ ein Etwas entstehn, das momentan blenden konnte. Würden nach 500 Jahren von unsrer Gesammtlyrik nur die Gedichte der Ambrosius übrig geblieben sein, so könnte man sich leidlich ernsthaft damit beschäftigen und an mehr als einer Stelle ausrufen: »ganz leidlich« oder »recht hübsch«, aber *wir*, im gesegneten Jahre 1896, können das nicht, weil wir überall empfinden, das was da gesagt wird schon ein paar Dutzendmal gelesen zu haben, entweder in Anthologieen oder in dem Sentimentalitätsgesäure der »Gartenlaube«, das für die sächsischen Dienstmädchen und vor allem für die – Schrattenthals wie geschaffen ist. O diese Schrattenthals! Deutschland ist jetzt überfluthet von diesen bornirten Subjekten, die weil sie drei Examina bestanden und einige Literaturkapitel auswendig gelernt haben, der deutschen Nation beibringen wollen, wie Kunst und Dichtung beschaffen sein müsse. Vier Bücher solcher Herren liegen vor mir, eins immer schlechter und dünkelhafter als das andere, lederne Menschen, die *weil* sie so ledern sind, auch nicht das Geringste von der Sache verstehen, moderne Bildungsscheusäler, denen jedes natürliche Gefühl, wenn sie's je hatten, abhanden gekommen ist. Meine grenzenlose Verachtung gegen diese Leute ist in einem steten Wachsen begriffen. Sie wollen fördern und verwüsten alles. Da wird immer über die »Preßbanditen« geschimpft und besonders über die Buch- und Theaterkritiker. Natürlich giebt es auch unter diesen schofles Material, namentlich nach der *Gesinnungs*seite hin, aber an natürlicher Fähigkeit etwas Gutes von etwas Schlechtem zu unterscheiden, sind sie den staatlich abgestempelten Fachsimplern sehr überlegen.

Ihr Brief ist wieder reich an Tageschronik aus dem Schmiedeberger Thal. Ueber unsre alte Freundin Richter mag ich mich nicht auslassen, weil ich sowohl ihr hübsches Gesicht wie die freundlichen in ihrem Hause verbrachten Stunden *zu* dankbar im Gedächtniß habe; aber traurig ist es, was draus geworden ist. Und immer aus elenden Liebesgeschichten. Denn die Heydenhayn Geschichte gab doch den Anstoß zu allem was kam, trotzdem Richter (wer lacht da) jeden niederschießen wollte, der die Treue seiner Frau bezweifelte. Gott sei Dank, daß wir vor diesem Morde bewahrt geblieben sind. – Eine stete Quelle des Genusses sind mir Mittheilungen aus der Treutlerei; ich gönne keinem Menschen was Böses und am wenigsten einem Angehörigen gerade dieser Familie, der ich mich so verpflichtet fühle. Aber solche Tugend- und Anstandsfatzkes mit knausrigem Vater und knausriger Mutter, in ihrer Gottähnlichkeit scheitern zu sehn, hat immer was eigenthümlich Vergnügliches für mich und wenn sie sich dann mit 50 Mark oder nicht viel mehr loskaufen wollen, aber schließlich 2400 jährlich bezahlen müssen, so befriedigt das ein gewisses Gerechtigkeitsgefühl in mir. Frau und Tochter empfehlen sich Ihnen und Ihren Damen. Wie immer in herzlicher Ergebenheit Ihr

Th. Fontane.

(250) *Berlin* 6. Aug. 96.
Potsdamerstraße 134.c.

Hochgeehrter Herr.

Herzlichen Dank für Ihren lieben, langen Brief (interessant wie immer) desgleichen für den hübschen kleinen Artikel über den guten alten Prinzen, an dessen Leben man wieder studiren kann, wie man zuletzt nur noch dazu da ist, gepufft oder wie ein Bund alter Flicken behandelt zu werden. Nur noch im Wege; störend, langweilig, weg mit ihm. Dem alten Fritzen auf Sanssouci ging es nicht besser.

Kommen Sie nach Karlsbad, so sprechen wir weiter über dies und vieles andre; kommen Sie nicht, so schreibe ich ausführlich von dort. Zur Zeit nimmt mich mein Buch (Roman) mit schwierigen Korrekturen ganz in Anspruch. Herzliche Grüße u. Empfehlungen an Ihre Damen. Wie immer Ihr

Th. Fontane.

(251) *Berlin* 14. Aug. 96.
Potsdamerstraße 134.c.

Hochgeehrter Herr.

Wie immer, wenn ich die Freude habe einen Brief von Ihnen zu empfangen, wollte ich auch diesmal gleich antworten. Aber es sind wieder 4 Wochen darüber hingegangen. Grund auch der alte: ich steckte mal wieder in einer Arbeit, die mich jeden Vormittag fest an meinen Schreibtisch nagelte. Und liegen diese Arbeitsstunden zurück, so bin ich so matt, daß sich Briefschreiben verbietet. Der Hochsommer ist übrigens, wie ich mich mal wieder überzeugt habe, zum arbeiten am besten geeignet, auch dann noch, wenn man mal von der Hitze leidet, denn es ist die einzige Zeit im Jahr, wo man so gut wie gar nicht gestört wird. Alles ist verreist; so wird man weder eingeladen,

noch empfängt man Besuche, noch braucht man sie zu erwiedern, was aber noch wichtiger ist, die mich im Winter
umbringende Fülle der Gleichgültigkeitsbriefe bleibt aus, ja
nicht einmal die kleinen Pensionsfräuleins schreiben und
bitten um ein Albumblatt. Diese furchtbare Dichter-Reprä-
sentationscorrespondenz ist ein vollkommenes Schreckniß
für mich, denn wenn ich sie verdrießlich erledigt habe, bin
ich nur noch bei halber Kraft und Lust und in diesem lädir-
ten Zustande muß ich dann an meine eigentliche Arbeit
heran. All das fällt im Sommer fort und ich habe zu meiner
Freude von dieser Stille profitiren können.

»Aber lassen Sie uns zu Interessanterem übergehn« wie
Herr v. Behr-Schmoldow mal zu mir sagte, als ich ihm von
meinen Angelegenheiten erzählte. Die zwei Hauptstücke,
die vorliegen, heißen »Erbprinzessin« und »Johanna Ambrosius«. Alles, was Sie mir über Beide (besonders über
erstere) geschrieben haben, hat mich in hohem Maße interessirt und noch vor ganz wenig Jahren – vielleicht hat mein
Krankheitssommer 92 für diesen Theilungsstrich gesorgt –
hätte ich Sie um solche Erlebnisse beneidet und wäre in
meinen alten Ruf ausgebrochen: »ja, man muß im Hirschberger Thal leben, um was Ordentliches zu erleben.« Aber
meine Begeisterung für derlei Dinge hat doch einen kolossalen Knax weggekriegt. Wenn ich es eben auf meine
Krankheit schob, so ist das doch wohl nur halb richtig und
es ist auch nicht richtig, wenn ich es des Weiteren einfach
auf meine hohen Jahre schiebe. Natürlich spielt das alles
mit, aber in der Hauptsache, wenn ich mich in meinen Gefühlen nicht täusche, liegt es doch in etwas Andrem und
zwar im *Politischen*, das Wort im allerweitesten Sinne genommen. Sie wissen, daß ich früher in Bezug auf den Adel
immer von einer »unglücklichen Liebe« gesprochen habe.
Damit ist es vorbei. Diese unglückliche Liebe hat sich in
Abneigung oder wenn das zu viel gesagt ist, in äußerste

Mißstimmung und Verdrießlichkeit verkehrt. Die Haltung des Adels, dabei über das Politische fast hinausgreifend, hat den Charakter des Unverschämten angenommen, nicht äußerlich, aber innerlich. Sie verlangen *Dienste*, man ist, immer mehr oder weniger, Pastor, Hauslehrer oder Inspektor; sie sind ganz unfähig *Individuen* richtig einzuschätzen; eine schaudervolle Mischung von Bornirtheit, Dünkel, Selbstsucht erfüllt die ganze Sippe. Nun werden Sie mir zunächst erwiedern, »Prinzlichkeiten seien nicht Adel« und das ist richtig; aber während sie, die Prinzlichkeiten, in manchen Stücken besser sind (das Sechsdreierhafte mit Wichtigkeitsallüren fällt fort) sind sie in *einem* Stück doch noch schlimmer. Alle Prinzlichkeiten langweilen sich über alle Begriffe und spielen sich nun auf Liebenswürdigkeit und Leutseligkeit aus, um dieser entsetzlichen Langenweile nach Möglichkeit zu entfliehn; es sind Kinder, die sich nach Spielzeug sehnen und das Gefühl, als solch Hottepferd auch mit herangezogen zu werden, hat was Deprimirendes. Ich erinnere mich voller Dankbarkeit der in Dreilinden zugebrachten Stunden und hab auch wirklich was davon gehabt, aber doch eigentlich nur in meiner *Schriftsteller*eigenschaft; worauf doch alle echte Gesellschaftlichkeit hinausläuft, von einem Gegenseitigen, von einem geistigen geben und nehmen war in Dreilinden keine Rede. Bilderbuch, das durchblättert wird und auf einem der Blätter steht man mit Namensunterschrift. Ganz wie Corps de Ballet. Tricot, kleine weiße Röckchen und ein grienendes Gesicht. Und Serenissimus sitzt in seiner Loge und klatscht. Von menschlichen Beziehungen keine Rede, oder von *sehr* menschlichen.

Und nun Johanna Ambrosius! Hermann Grimm hat sie auch für eine bedeutende Erscheinung oder dem Aehnliches erklärt. Und da er immer wie eine Verkörperung von Jacob und Wilhelm Grimm aufgefaßt wird, so haben Sie die beiden großartigsten Schildhalter neben sich. Ich glaube, Sie halten mich nicht für einen moralischen Gigerl. Aber *eine* Eitelkeit hab ich, ja, vielleicht bis zum Gigerlhaften angeschwollen, *die*, daß ich in poetischen Dingen echt von unecht unterscheiden kann. Ich kann mich auch nicht entsinnen, mich, in meinem sonst vielfach blamablen Leben, nach *dieser* Richtung hin je blamirt zu haben. Die gute liebe Frau hat gewiß viele vortreffliche Eigenschaften, aber als Dichterin ist sie eine Null. Es ist alles gar nichts. Ich habe vorgestern erst wieder ein Dutzend Sachen gelesen. Wie mir dabei zu Muth wird, kann ich Ihnen gar nicht sagen. Die Dichterin selbst, ist dabei ganz Nebensache; aber daß die hervorragendsten Männer der Nation, oder doch einige davon, im Jahre des Heils 1896 dem deutschen Volke *dies* als einen echten Quell deutscher Dichtung vorsetzen wollen, *das* ist schauderbar und beweist aufs Neue, wie's auf diesen Punkt hin in Deutschland aussieht. Alles mag da sein, nur *das* nicht. Empfehlen Sie mich Ihren Damen. Wie immer Ihr

Th. Fontane.

Vor vier, fünf Tagen traf ich Richter und Frau im Zoologischen. Er war sehr nett, sie noch netter, in all ihrer Stille.

Den Zettel der Frau v. M[ünchhausen] leg' ich wieder bei, weil er ein interessantes kl. Schriftstück. – Ihre Schilderung des ein wenig verblüfft aufhorchenden Adels bei d. Erbprinzessin ist vorzüglich.

Waren, Mecklenb. Schwerin
30. August 96.
Villa Zwick.

Hochgeehrter Herr.

Ihnen und Ihrer hochverehrten Frau will ich doch einen Gruß von hier aus senden, begleitet von einem dankbaren Erinnern an den Sommer 92, über den ich kaum heil hinweggekommen wäre, wenn ich nicht Ihre und Ihrer lieben Frau freundliche Hülfe gehabt hätte. Die Villa Zwick hier mahnt mich sehr an Villa Gottschalk und ein Zufall beschwört hier außerdem noch dieselben Gestalten herauf, die mich damals, angesichts der Czartorisky'schen Villa, beschäftigten. Elise Radziwill dort, Elise Radziwill hier. Vorgestern empfing ich aus Tegernsee eine bei R. v. Decker gedruckte Schrift: »Die historische Stellung des Hauses Radziwill«. Verfasser: Prinz Boguslav Radziwill, der es mir auch schickt. Ich hab es mit eignen Gefühlen gelesen. Prinz Boguslav sucht darin die *Ebenbürtigkeit* der Radziwills und damit zugleich zu beweisen, daß wenn Prinz Wilhelm Elise R. geheirathet hätte, der gegenwärtige Kaiser nicht ein Enkel der guten alten Augusta, sondern der schönen Elise sein würde. Vor 30 Jahren hätte mich das kolossal interessirt, *jetzt* bin ich so verdemokratisirt, daß ich die feierliche Behandlung solcher Fragen mindestens überflüssig finde. Vanderbilt und Astor, der vielleicht (wenn der »Figaro« Recht hat) Prince-Consort, also beinah König von England wird, interessirt mich viel mehr und Nansen und der »Fram« nun schon ganz gewiß. Empfehlen Sie mich Ihren Damen und ergehe es Ihnen gut. In herzlicher Ergebenheit Ihr

Th. Fontane.

(253)   *Berlin* 4. Okt. 96.
Potsdamerstraße 134.c.

Hochgeehrter Herr.

Gestern erhielt ich aus Norderney freundliche Zeilen von Friedr: Stephany, aus denen ich zu meinem Leidwesen ersah, daß ich zu einer Art Johanna Ambrosius-Artikeltödter geworden bin. In gewissem Sinne freilich oder noch richtiger von *meinem* Standpunkt aus, wie er nun mal ist, habe ich gegen meine Todtschlägerei nicht viel zu sagen, eher mich zu beglückwünschen, aber das ist doch nur *eine* Seite der Sache und was ich kritisch und literarisch mehr als billigen muß, ist mir menschlich und freundschaftlich und sogar von einem höheren Rechtsstandpunkt aus eine kleine Bedrückung. Denn was ist Urtheil! Jeder Tag lehrt mich, wie sehr man sich zu bescheiden hat. Ich finde diesen Joh. Ambrosiuscultus höchst traurig, ein Mann wie Hermann Grimm knüpft aber alle möglichen Hoffnungen von Geschmacksgesundung daran. Voltaire sagte von Shakespeare »das sei Fuhrknechtssprache«, Friedrich der Große dachte natürlich ebenso und hielt außerdem das eben damals wieder entdeckte Nibelungenlied für Grobschmieds- und Holzhackerpoesie. Dem Entsprechendes bringt jeder neue Tag. Man hat das Recht und die Pflicht seine ehrliche Meinung auszusprechen, aber man hat gleicherweise die Pflicht eine total abweichende Meinung zu respektiren. Ich mußte Ihnen dies schreiben. Wenn ich Ihnen mit meiner Kritikerei so in den Zügel falle, muß ich mir ja in alle Zukunft das Maul verkleben.

Unter herzlichen Grüßen an Sie und die Ihrigen wie immer Ihr

Th. Fontane.

Besten vorläufigen Dank, hochgeehrter Herr, für den famosen Brief. Daß Sie den Joh. Ambrosius-Artikel in dieser
begrenzten Gestalt schreiben wollen, freut mich sehr; Sie
werden damit vielen eine Freude machen. Das Wortspiel
mit Nektar und Ambrosia ist reizend; ich denke mir aber
es ist von Ihnen selbst und Sie haben sich nur nicht dazu
bekennen wollen. Ich bin voller Unglauben, wenn es sich
um Geistreichigkeiten alter adliger Damen handelt. Eine
unzweifelhafte Glanznummer ist aber Ihre Gräfin Brühl
und um *deren* Einflüsterungen beneide ich Sie am meisten.
Ueberaus interessant ist ja die Begegnung mit der Kotze
und der Gang der Unterhaltung psychologisch höchst bemerkenswerth. Wäre ich 20 Jahre jünger, so wäre, vom
Romanschriftstellerstandpunkt aus, solche Studiengelegen-
heit der reine Zucker. Im Uebrigen kann man diesen Damen und speziell *dieser* gegenüber nicht genug auf der Hut
sein: Haeseler-Blut und sogar Treskow-Blut. Da fehlt blos
noch Decker-Blut. Freilich, Sie haben auch sonst noch
viele »Blute« in der Gegend. Ad vocem der schönen Frau,
so heißt es hier bei einer starken Partei: »*sie* sei an allem
Schuld, das eigentliche Karnickel.« Dies wird wohl übertrieben sein, es haben wohl *mehrere* die Hand im Spiele, daß
diese kleine hübsche Hand aber eine Hauptstrippenzieherin
in der Puppenkomödie gewesen ist, ist mir sehr einleuch-
tend.

In vorzügl. Ergebenheit
Th. Fontane.

Berlin 2. Novemb. 96.
                                 Potsdamerstraße 134.c.

Hochgeehrter Herr.

   Mit meiner Romandurchsicht bez. Feilung will es nicht
mehr recht gehn, die Nerven wollen ausspannen oder an
andrer Stelle arbeiten und so gehören diese Tage der Abtragung von Briefschulden. Ich habe eben noch wieder Ihren
letzten Brief durchgelesen, – welche Fülle von Erlebniß!
Daß Sie an Ihrem Hans, der Prinzessinnenfreundin ganz zu
geschweigen, so viel Freude haben, freut mich mit. Wildungen thut immer gut, schon mein verstorbener Gönner Bormann war immer seines Ruhmes voll und daß der Armbruch kein Armbruch war, dazu lassen Sie mich gratuliren.
Die Doktorenblamage nimmt man in solchem Falle gern
mit in den Kauf. Uebrigens sind neun Aerzte in einem halben Jahre etwas viel und ich bin froh, die Honorare nicht
bezahlen zu müssen. Ihr alter Prinz erregt meine herzliche
Theilnahme; von höchsten Standpunkten aus kann man ja
sagen: das ist das richtige Sterben, Vorbereitung für's Jenseits, Abfall des Irdischen, wachsende Erkenntniß von der
Nichtigkeit unsres Daseins, – aber es giebt doch schönere
und auch erhebendere Formen. Prinz Reuß mahnt mich an
Prinz Radziwill. *Auch* solche Nummer. Was er da in der mir
zugestellten Brochüre geschrieben hat, ist ganz gut, fleißig,
sehr gebildet, in seinem Endzweck auch berechtigt. Und
doch habe ich einen kümmerlichen Eindruck davon. Wenn
Herzog Theodor von Baiern, der da auch am Starnberger
See sitzt, armen Halberblindeten ihr Augenlicht wieder-
giebt, so ist das eine schöne Sache und wenn ein andrer
Fürst Bettelmönch oder Jesuitenpater wird und sich in den
Dienst einer großen Idee stellt, so besagt das was; aber Bro-
schüren schreiben, um der Welt zu beweisen »wir sind
ebenbürtig« (was die Welt doch schließlich immer wieder
bestreiten wird) macht einen jämmerlichen Eindruck.

Wenn die Familie diesen Ebenbürtigkeitsnachweis mal *braucht*, dann muß sie sich einen Historiker, den man ja immer haben kann, zu diesem Zweck engagiren, aber sich an einen Alpensee setzen und sich darin bespiegeln und sich zunicken: »ja, ich bin auch ein regierendes Haus« ist eine traurige Beschäftigung. Noch trauriger ist das Haus Grävenitz. Dieser Kleinadel ist kunsttodt und allem Literarischen abgewandt, aber *wenn* er sich ausnahmsweise um diese Dinge kümmert, wird er 3 mal fürchterlich. So war der Alte, so ist die Tochter, so ist der Sohn. Der einzige Herzerfreuliche war der Süffel, – er war auch der Klügste. Dazu die geborne Müller aus Stettin mit dem krampfhaft geschlossenen Portemonnaie. Sie werden vielleicht überrascht sein, daß ich über relativ harmlose Leute (aber auch wirklich nur »relativ«) jetzt immer so bissig schreibe, was weder meiner eigentlichen Natur noch meiner Vergangenheit entspricht. Ich kann es aber nicht beklagen, daß noch in meinen alten Tagen solche Wandlung über mich gekommen ist. Alles was jetzt bei uns obenauf ist, entweder *heute* schon oder es doch vom *morgen* erwartet, ist mir grenzenlos zuwider: dieser beschränkte, selbstsüchtige, rappschige Adel, diese verlogene oder bornirte Kirchlichkeit, dieser ewige Reserve-Offizier, dieser greuliche Byzantinismus. Ein bestimmtes Maß von Genugthuung verschafft einem nur Bismarck und die Sozialdemokratie, die beide auch nichts taugen, aber wenigstens nicht kriechen. Und das allein schon ist ein Verdienst. – Lesen Sie doch in der »D. Rundschau« (Oktober- und Novemberheft) den Bailleuschen Aufsatz über Treitschke. Ich richte mich an dieser Schilderung eines großen deutschen Patrioten ordentlich auf und lerne daraus, daß man, auch inmitten des Verdrießlichsten, nicht aufhören muß zu *hoffen*. Natürlich wird es mal anders, aber man erlebt es nicht mehr, auch *Sie* kaum.

Vor einer Woche war Richter und Frau II. hier, nett und fidel und unterhaltlich. Aber doch ganz Mischung von Bellachini und Pferdejude. Die junge Frau sehr gut aussehend und von tadellosestem Wesen, aber doch ein bischen zu – wenig. – Von der Frau v. K[otze] nur so viel, daß es heißt, sie hätte gehofft, er werde todtgeschossen werden. *Ich glaub es.* Ein bischen davon empfinden viele Frauen, »rrrr ein ander Bild« und wenn sie aus der Gruppe Frau v. K. sind, dann ist es halb gewiß. »Gott, immer derselbe. Und noch dazu eigentlich langweilig. Nichts reizender als eine Wittwe mit 'ner Vergangenheit.« So etwa gehen die Gedanken. Tausend Grüße. Wie immer Ihr

Th. Fontane.

(256) [Postkarte   Poststempel: Berlin W. 16. 12. 96]

Herzlichen Dank für Ihren lieben Brief. Sie können sich denken, wie mich die Wiederspiegelung des südwestlichen Ereignisses (noch dazu mit seinem glücklicheren Ausgang) amüsirt hat. Das Hirschberger Thal und seine Annexe lassen einen nie im Stich. – Die »Poggenpuhls« gebe ich gleichzeitig mit dieser Karte zur Post; Aufnahme bis jetzt mäßig. Kann auch kaum anders sein. Das Lesepublikum hat andre Ideale. In etwa 8 Tagen schreibe ich ausführlicher. Empfehlen Sie mich Ihren Damen. In vorzüglicher Ergebenheit

Th. Fontane.

(257) [Postkarte   Poststempel: Berlin W. 29. 12. 96]

Hochgeehrter Herr. Ich schreibe in den nächsten Tagen. Heute nur eine kl. Mittheilung. Am 1. Januar 97 feiert W. Hertz, Linkstraße 33.34. sein 50 jähriges Geschäftsjubiläum. Alle »seine Schriftsteller« werden natürlich gratuliren. Vielleicht thuen Sie's auch. Gerade die minder Nahestehenden sind wohl besonders willkommen.

Wie immer Ihr

Th. F.

(258)   *Berlin* 4. Januar 97.
                          Potsdamerstraße 134.c.

Hochgeehrter Herr.

Endlich komme ich dazu, Ihnen auf zwei liebe Briefe zu antworten. Allem vorauf lassen Sie mich Ihre Glückwünsche zum neuen Jahr erwiedern. Zu meiner großen Freude konnte ich Ihrem letzten Briefe entnehmen, daß Ihr Hans so wohlauf ist; daß die Sache *so* ernst gewesen, davon hatte ich keine Ahnung. Ein bischen eingeweiht bin ich in diese Meißel- und Bohrer-Dinge durch unsren alten Stephany, der genau dieselben Prozeduren vor anderthalb Jahren durchgemacht hat. Es ist immer eine gefährliche Geschichte, an der nur das eine Gute, daß, wenn man's überstanden hat, eine vollkommene Wiederherstellung zu folgen pflegt. Bei so jugendlichem Alter steigert sich der gute Ausblick.

Ihre Mittheilungen über Bergel, haben mich wieder aufs Höchste interessirt. Romanfigur comme-il-faut. Und wenn ich 57 statt 77 wäre, so würde ich nicht widerstehen können. Er ist eine ganz wundervolle psychologische Aufgabe. Was die letzte Wurzel ist, hab' ich freilich noch nicht gefunden, Eitelkeit oder Selbstsucht oder Naivität oder orientalisch-philosophische Lebensführung, wie man ihr bei manchen Sekten am Ganges oder am Nil begegnet, – ein gezähmter, an den Abhang der Koppe verpflanzter Derwisch.

Politisch gehen wir hier jetzt ganz in der »Börse« auf. Ueberblickt man die Streiter hüben und drüben oder kommt es gar zu Namensaufruf, so hat man eine wundervolle Scene: hie Pincus, Seligmann, Goldberger, hie Klinckowström, Arnim, Schwerin. Es spricht sich auch in dieser Gegenüberstellung schon etwas von Kritik aus und ich bin sicher (und viele Börsianer geben dies zu) daß es an sonderbaren Manipulationen nicht gefehlt hat. Dennoch stehe ich ganz auf der Pincus-Seite. Daß man überhaupt vorging, dagegen habe ich nichts, *wie* man vorging, dagegen habe ich sehr viel. Sind die Börsianer Betrüger, so packe man sie, sind es aber einfach Kaufleute, also Personen die *von Metier wegen* immer an der Mogelei dicht vorbeistreifen, so muß man sie gewähren lassen und um so mehr, als ihre Antagonisten auch nicht die besten Brüder sind. Bloß großmäuliger und hochmüthiger.

An den »Poggenpuhls« habe ich, über Erwarten, viel Freude. Daß man dies Nichts, das es ist, um seiner Form willen so liebenswürdig anerkennt, erfüllt mich mit großen Hoffnungen, nicht für mich, aber für unsre liter: Zukunft.

1000 Grüße Ihnen allen. Wie immer Ihr

Th. Fontane.

(259)   *Berlin* 23. Febr. 97.

Hochgeehrter Herr.

Eben liest mir meine Frau den kleinen Bericht aus Hirschberg vor, drin ich immer auf Ihren Namen wartete; wenn die Erbprinzessin und Feodora auftauchen, will ich auch was von Ihnen hören. Ueberhaupt von Ihnen hören. Wahrscheinlich hab ich zu meinem Geburtstag einen Brief von Ihnen erhalten und wahrscheinlich darauf geantwortet (hoffentlich gut) und beklage daß seitdem alle Wälder ruhn. Erfreuen Sie mich, wenn es sein kann, bald durch ein paar Zeilen, aus denen ich hoffentlich erfahre, daß es Ihnen allen gut geht.

Unter herzlichen Empfehlungen, in vorzügl. Ergebenheit

Th. Fontane.

(260)   *Berlin* 2. März 97.
                                             Fastnacht.

Hochgeehrter Herr.

Haben Sie herzlichen Dank für Ihre Karte, die mich in meinem Gemüth beruhigt hat. Man muß – leider – immer mit der Möglichkeit von Verstimmungen, berechtigt oder unberechtigt, rechnen. Auch in der modernen Welt wird geklatscht und in der *ganz* modernen wieder ganz ungeheuer. In der Obersphäre weiß man ein Lied davon zu singen.

Ich bitte Sie herzlich, warten Sie für den mir gütigst zugedachten Brief stillere, bequemere Tage ab und lassen Sie mich dann nur Gutes über sich selbst und die verehrten Ihrigen hören.

Unter Empfehlungen an Ihre Damen, wie immer Ihr treu ergebenster

Th. Fontane.

Grünhagen hat mir heute wieder geschrieben, liebenswürdig wie immer, aber auch wie immer mit langen Aufsätzen. Diesmal 4. Wäre ich jünger, so wäre alles gut, aber so habe ich keine rechte Kraft u. Zeit dazu.

Berlin 5. April 97.
Potsdamerstraße 134.c.

Hochgeehrter Herr.

Erschrecken Sie nicht. Daß ich Ihnen beinah umgehend für Ihren lieben Brief vom 2. danke, hat ganz egoistischerweise seinen Grund darin, daß ich Schreibezeit habe, während sie sonst so häufig fehlt. Ich bin seit beinah 4 Wochen zu meinem größten Leidwesen arbeitsunfähig und dadurch in der angenehmen Lage – vielleicht angenehmer für mich als für andre – freundliche Briefe mit schrecklicher Promptheit beantworten zu können. Ich erobere mir dadurch auch Arbeitsmuße für die gesunden Tage, die hoffentlich bald kommen. Nehmen Sie diese Bekenntnisse einer schönen Seele freundlich auf.

Ihr Brief, wie immer, ist reich an Stoff; das Hirschberger Thal bewahrt seinen alten Ruhm oder vielleicht ist es auch nur der Wächter auf dem Thurm, der Lug ins Land-Mann, dem der Ruhm gebührt. Er sieht das, was die andern nicht sehn.

Sie klopfen an wegen der Reden aus hohem Munde, drin so viel gesagt und noch mehr verschwiegen wird. Ich komme, wenn ich dergleichen in meiner guten Vossin lese, jedesmal ganz außer mir, während ich mich doch von Illoyalität frei weiß und für vieles, was an »oberster Stelle« beliebt wird, nicht blos ein Verständniß, sondern auch eine Dankbarkeit habe. Was mir an dem Kaiser gefällt, ist der totale Bruch mit dem Alten und was mir an dem Kaiser *nicht* gefällt, ist das im Widerspruch dazu stehende Wiederherstellenwollen des Uralten. In gewissem Sinne befreit er uns von den öden Formen und Erscheinungen des alten Preußenthums, er bricht mit der Ruppigkeit, der Poplichkeit, der spießbürgerlichen Sechsdreierwirthschaft der 1813er Epoche, er läßt sich, aufs Große und Kleine hin angesehn, neue Hosen machen, statt die alten auszuflicken. Er ist ganz unkleinlich, forsch und hat ein volles Einsehen davon, daß ein Deutscher Kaiser was andres ist, als ein Markgraf von Brandenburg. Er hat eine Million Soldaten und will auch hundert Panzerschiffe haben; er träumt (und ich will ihm diesen Traum hoch anrechnen) von einer Demüthigung Englands. Deutschland soll obenan sein, in all und jedem. Das alles – ob es klug und ausführbar ist, laß ich dahingestellt sein – berührt mich sympathisch und ich wollte ihm auf seinem Thurmseilwege willig folgen, wenn ich sähe, daß er die richtige Kreide unter den Füßen und die richtige Balancirstange in Händen hätte. Das hat er aber nicht. Er will, wenn nicht das Unmögliche so doch das Höchstgefährliche, mit falscher Ausrüstung, mit unausreichenden Mitteln. Er glaubt das Neue mit ganz Altem besorgen zu können, er will Modernes aufrichten mit Rumpelkammerwaffen; er sorgt für neuen Most und weil er selber den alten Schläuchen nicht mehr traut, umwickelt er eben diese Schläuche mit immer dickerem Bindfaden und denkt: »nun wird es halten.« Es wird aber *nicht* halten. Wer sich neue weite Ziele steckt, darf sein Feuerschloßgewehr nicht blos in ein Percussionsgewehr umwandeln lassen, der muß ganz neue Präcisionswaffen erfinden, sonst knallt er vergeblich drauf los. Was der Kaiser muthmaßlich vorhat, ist mit »Waffen« überhaupt nicht zu leisten; alle militärischen Anstrengungen kommen mir vor, als ob man Anno 1400 alle Kraft darauf gerichtet hätte, die Ritterrüstung kugelsicher zu machen, – statt dessen kam man aber schließlich auf den einzig richtigen Ausweg, die Rüstung ganz fortzuwerfen. Es ist unausbleiblich, daß sich das wiederholt; die Rüstung muß fort und ganz andre Kräfte müssen an die Stelle treten: Geld, Klugheit, Begeisterung. Kann sich der Kaiser dieser Dreiheit versichern, so kann er mit seinen 50 Millionen Deutschen jeden Kampf aufnehmen; durch Grenadierblechmützen, Medaillen, Fahnenbänder und armen Landadel, der seinem »Markgrafen durch Dick und Dünn folgt«, wird er es aber *nicht* erreichen. Nur Volkshingebung kann die Wunderthaten thun, auf die er aus ist; aber um diese Hingebung lebendig zu machen, dazu müßte er die Wurst gerade vom entgegengesetzten Ende anschneiden. Preußen – und mittelbar ganz Deutschland – krankt an unsren Ost-Elbiern. Ueber unsren Adel muß hinweggegangen werden; man kann ihn besuchen wie das aegyptische Museum und sich vor Ramses und Amenophis verneigen, aber das Land *ihm* zu Liebe regieren, in dem Wahn: *dieser Adel sei das Land,* – das ist unser Unglück und so lange dieser Zustand fortbesteht, ist an eine Fortentwicklung deutscher Macht und deutschen Ansehns nach außen hin gar nicht zu denken. Worin unser Kaiser die *Säule* sieht, das sind nur *thönerne Füße.* Wir brauchen einen ganz andren Unterbau. Vor diesem erschrickt man; aber wer nicht wagt, nicht gewinnt. Daß Staaten an einer kühnen Umformung, die die Zeit forderte, zu Grunde gegangen wären, – *dieser* Fall ist sehr selten. Ich wüßte keinen zu nennen. Aber das Umgekehrte zeigt sich hundertfältig.

Dienstag 6. April.
Eben kommt Ihr lieber Brief vom 5. und mit ihm das Gedicht von der 17 jährigen Großfürstentochter, an der nicht der »gepumpte Vater« das Schmerzliche ist, sondern die *Stelle*, von der aus er gepumpt wurde. Ich komme auf Brief und Gedicht zurück und orakle vorläufig politisch weiter.

Ich orakle weiter, aber werde doch auch suchen, mich dabei der Orakelkürze zu bedienen, sonst wird die Sache endlos. Bei meiner gestrigen langen Schreiberei, bin ich an einer Spezialsache, die doch zugleich eine Hauptsache ist, vorübergegangen, an des Kaisers Stellung zu Bismarck. Es ist das Tollste, was man sich denken kann. Ich bin kein Bismarckianer, das Letzte und Beste in mir wendet sich von ihm ab, er ist keine edle Natur; aber die Hohenzollern sollten sich *nicht* von ihm abwenden, denn die ganze Glorie, die den alten Wilhelm umstrahlt – und die noch dazu eine *reine* Glorie ist, weil das Häßliche davon an Bismarcks Händen kleben blieb – die ganze neue Glorie des Hauses verdankt das Hohenzollernthum dem genialen Kraftmeier im Sachsenwald. »Es wächst das Riesenmaß der Leiber, Hoch über Menschliches hinaus.« Und das Riesenmaß seines Geistes stellt noch wieder das seines Leibes in Schatten. Und *der* soll Werkzeug gewesen sein oder Handlanger oder gar Pygmäe! Wie kann man die Geschichte *so* fälschen wollen. Es ist der sprichwörtliche Undank der Hohenzollern, der einen hier anstarrt. Glücklicherweise schreibt die Weltgeschichte mit festem Griffel weiter. Aber hieße ich Arnim oder Bülow, ich könnte so was nicht vergessen.

Und nun lassen Sie mich wieder zu Personen in gewöhnlicherem Format herabsteigen: Richter, Pietsch, Bergel. Für alle Drei hab ich was übrig in meinem Herzen, der eine ist gütig und originell, der andre beinah ein Genie und der dritte ein Träger feinen Judengeistes und feiner alter Judensitte. Dennoch gehören alle Drei in die Klasse der »Schauten«, freilich in sehr verschiedene Rubriken. Richter ist der Beste, weil er naiv und großes Kind ist, Pietsch bringt einen um durch Eitelkeit, Größenwahn und – Geschmacklosigkeiten (nur in dem durch und durch geschmacklosen Berlin kann sich einer *trotzdem* halten) und Bergel, dem beizukommen ich schon von den verschiedensten Seiten her versucht habe, thut mir schließlich den Gefallen, sich mir in wunderbarer Klarheit zu präsentiren. Er ist nämlich in seinen Tugenden und in seinen noch größeren Fehlern nichts als der richtige alte Jude. Wenn ich eben gesagt habe, »er thut mir den Gefallen etc.«, so ist das freilich nicht ganz richtig, denn das Magnesium-Licht, das ihn mir so klar hinstellt, stammt nicht von ihm selber, sondern von meinem Freunde Professor Lazarus. Sie wissen, wie sehr ich an diesem gehangen, wie große Stücke ich von ihm gehalten habe. Das ist nun alles hin; was ich seit der Heyse-Affaire, von der ich Ihnen wohl erzählt, immer gefürchtet habe, das hat sich nun grausam bestätigt und zwar durch Mittheilungen des alten Obersten Reese, der durch 50 Jahre hin Lazarus intimster Freund gewesen ist*. Die Juden bringen es fertig, im höchsten Maße feingeistig, auch wirklich *ehrlich* mit idealen Dingen beschäftigt zu sein, allerlei Gutes zu thun, zu geben und zu helfen und dabei beständig zu mogeln oder auch direkt zu betrügen, immer mit einem seren verklärten oder rabbinerhaft feierlichen Gesicht und immer durchdrungen von dem Gefühl 'was ganz Besondres und ein Liebling Jehovas zu sein. Das alles paßt auf Lazarus, das alles paßt auf Bergel. Nur B. ist in *jedem* Betracht der Kleinere.

Da lob' ich mir eine Figur wie die Gräfin Brühl, von der Sie mir geschrieben; solche Dame zu kennen, ist ein Schatz und ein Glück und ich wünsche, daß Ihnen dies Glück erhalten bleibt. – Ueber Ihren Präsidenten kann ich mich nicht so sehr entrüsten. Entrüsten darüber würde ich mich nur können, wenn ich einsähe, daß das alles ein wichtigthuerischer, in nichts begründeter *Unsinn* wäre. Vielleicht ist es auch so. Meiner Laien-Einsicht aber will es doch erscheinen, als ob da wirklich Conflikte vorkommen könnten.

Ihr heut empfangener Brief ist wieder ganz besonders reizend und das beigelegte Gedicht ganz ungewöhnlich gut und talentvoll, dabei liebenswürdig und herzbeweglich. Die kleinen Mängel und Unfertigkeiten steigern nur die

---

* Reese's Mittheilungen beziehen sich aber nicht auf Heyse, sondern auf viel Grauslicheres, was *er selber* mit Lazarus erlebt hat.

Wirkung und haben was Versöhnliches, denn wenn das alles auch noch fehlerlos wäre, so hätte es was Beängstigendes. Ich bin ganz glücklich, Ihnen dies mit einem gewissen Nachdruck schreiben zu können, weil ich, wenn wir Lyrica besprechen, so oft andrer Meinung bin und mich Ihrer freundlicheren Auffassung nicht immer anschließen kann. So bin ich beispielsweise mit den 8 Reimzeilen Dove's, der sich sonst so vorzüglich auf Spruchartiges und Pointirtes versteht, *nicht* einverstanden. Ich kann mich kaum darin zurechtfinden; es ist logisch ungeordnet, ein Kuchen, der nicht richtig aufgegangen ist.

Und nun leben Sie wohl, empfangen Sie nochmals meinen herzlichen Dank für zwei so liebenswürdige Briefe und empfehlen Sie mich, worum auch Frau und Tochter bitten, Ihren verehrten Damen. In vorzügl. Ergebenheit.

Th. Fontane.

Wir haben vor, wieder nach Karlsbad zu gehn, aber *sehr* spät, vielleicht erst Ende September. Ich muß nämlich, zum Herbst hin, einen Roman abliefern, mit dem ich leider vor September nicht fertig werde. Grünhagen ist der richtige drähnige Schlesier, aber er hat 2 Tugenden: er ist ein feiner Mann, beinah hofmännisch, und vor allem er ist Historiker.

(262)   *Neu-Brandenburg.*
                                          Augusta-Bad.
                                          21. Juni 1897.

Hochgeehrter Herr.

Herzlichen Dank für Ihren lieben Brief, aber auch (leider) nur wenig mehr, da mich mein neuer Roman mit seinen letzten Kapiteln ganz in Anspruch nimmt. Am 15. August soll er in Stuttgart sein und da heißt es denn sich 'ranhalten, da die Korrektur von etwa 600 Seiten auch noch ein hübsches und schwieriges Stück Arbeit ist. So kommt es, daß ich ein näheres Eingehn auf so viele interessante Fragen, die Ihr Brief anregt, noch auf eine Weile vertagen muß. Nur Eines will ich berühren: die Erbprinzessin. Ich bin ganz Ihrer Meinung, daß wenn sie kommt und »befiehlt«, Sie nicht blos zu erscheinen, sondern sich dieses »Befohlenwerdens« auch ganz aufrichtig zu freuen haben. Was ich früher darüber geschrieben (und was auch noch heute meine Meinung) das sind Alte-Manns-Ansichten, Ansichten eines 77 ers. Vor 20 Jahren hätte ich darüber anders gedacht. Da spielt man gern noch mit, da ist man noch gern mit dabei und hört und sieht dies und das. Ist man ganz alt, wie ich es jetzt bin, so verlangt man von allen Anknüpfungen was *Reelles*, will nicht blos Spielzeug sein, während man in jüngeren Jahren alles als lebendes Bild nimmt oder als Theaterstück, in dem man Zuschauer und Mitspieler zugleich ist. Die »Gute-Ruf-Frage« ist mir völlig gleichgültig; wahrscheinlich ist ¾ gelogen und wenn auch nicht, so hat die Neuhöfer-Prinzessin mit ihren etwas philiströsen Anschauungen von »Ruinirung des Glücks der jungen Prinzessin« (Feodora) gewiß Unrecht. Wenn sie Recht hätte, was sollte da aus den armen Prinzessinnen geworden sein, deren Mütter im vorigen Jahrhundert beinah durchgängig einen tollen Ruf hatten und in diesem Jahrhundert wenigstens vielfach. Prinzessinnen verheirathen sich nach politischen oder nach Vortheils-Erwägungen, aber nicht auf Familientugenden hin. Hier brech ich ab. Empfehlen Sie mich Ihren Damen angelegentlichst. Wie immer Ihr

Th. Fontane.

Gleich am Tage, wo die Vossin Ihren Bericht brachte, hätte ich am liebsten geschrieben und Ihnen für Ihre lebendige Schilderung gedankt; aber ich bin von Mittag ab, durch Arbeit und Wetter, immer so abattu, daß selbst das Kleinste mir sauer wird. Martha sagte: »sie hätte diese Schmiedeberger Tage wohl miterleben mögen«. Ganz gut; aber ein »Angeseilter« der 32 rettet, ist nicht immer zur Hand. Heute nur diesen Dank. In der Mitte des Monats mehr. Wie immer Ihr

Th. Fontane.

(264)

Berlin 13. Aug. 97.
Potsdamerstraße 134.c.

Hochgeehrter Herr.

Schönsten Dank für Ihre Karte. Mit Karlsbad schwankt es, nicht die Reise selbst, aber der Zeitpunkt. Wir wollten – am 11. September ist Lessing's 70. Geburtstag – erst am 14. September fort, aber inzwischen bin ich krank geworden und so dringt der Doktor drauf, daß wir, wegen Luftwechsels für mich, früher aufbrechen, am liebsten in den nächsten Tagen schon. Das hat aber seine Schwierigkeiten, weil ich in meiner Elendigkeit eigentlich nicht reisefähig bin. Es wird also wohl der 20. herankommen. Von meiner Krankheit mündlich; ich bin so angegriffen, daß selbst diese paar Zeilen mir Mühe machen. Ich schreibe Ihnen mehr, wenn der Abreisetag feststeht.

Was machen Ihre Damen? empfehlen Sie mich ihnen angelegentlichst. In vorzügl. Ergebenheit

Th. Fontane.

Hochgeehrter Herr.

    Besten Dank für Ihre Karte. Wir reisen, nach einem eben mit unsrem Dr. Delhaes gehabten Gespräche, höchst wahrscheinlich morgen über 8 Tage (Montag) das ist am 23., so daß wir Chance haben, Sie noch zu treffen. Wir freuen uns – was Sie nicht kränken wird – namentlich auch darauf, Ihre verehrte Frau wiederzusehn. Vorläufig die herzlichsten Empfehlungen.

    In vorzügl. Ergebenheit

                                     Th. Fontane.

(266)   [Postkarte   Poststempel: Karlsbad Stadt 24. 8. 97]

Seit gestern (Montag) Abend sind wir hier und haben heute Vormittag im Rebstock nach Ihnen Beiden gesucht. Aber umsonst. Das Fräulein mit dem südlichen Profil hatte wohl von Ihrem geplanten Kommen gehört, wußte aber weiter nichts. Stehen Sie noch in Sicht? Lassen Sie mich dies hoffen. Unter herzlichen Empfehlungen an Frau Gemahlin wie immer Ihr

                                       Th. F.

(267)   *Berlin* 25. Okt. 97.
                                 Potsdamerstraße 134.c.

Hochgeehrter Herr.

    Endlich – das Manuskript nach Stuttgart hin ist nun endgültig abgeliefert – komme ich dazu, Ihnen zu schreiben und zu danken.

    Zuerst noch ein Wort über Ueberschwemmung, Kaiserin, Vossin. Der kleine Artikel, worin Sie die Gespräche der armen Leute mit der Kaiserin citiren, war sehr hübsch, trotzdem unsre Anna fand »das Schlesische sei doch nicht voll 'rausgekommen.« (Die Dialektleute – ich weiß das von meinen Romanen her – sind *nie* voll zufrieden zu stellen. Vielleicht haben sie recht; aber sie haben *da*rin unrecht daß sie meist übersehn: die *volle* Echtheit ist literarisch (weil man für ein ganz andres Publikum schreibt) gar nicht zu brauchen.) Daß Sie – so viel ich bemerkt zu haben glaube – keine weitren Artikel geschrieben haben, ist recht gut; so was wird in den Augen der Feineren doch leicht zu viel, wofür einen der Beifall der großen Menge nicht schadlos halten kann.

Die große Nachricht Ihres Briefes war ja nun aber die Doppelverlobung, von der die des papierfürstlichen Hauses die interessantere ist.

Eben habe ich Ihren Brief noch mal wieder durchgelesen und mich nun erst überzeugt, daß es sich bei der high-life-Verlobung um einen Sohn *Ihres* guten alten Reuß handelt. Ich bildete mir ein, in der Zeitung gelesen zu haben, daß ein Reuß aus dem *regierenden* Hause (und zwar Reuß jüngere Linie) sich mit Prinzeß Feodora verlobt und daß *Ihre* Reuß-Prinzeß, die geb. v. Zedlitz, bloß aus einem *allgemeinen* Reußgefühl sich entzückt und bekehrt habe. Das ist nun aber, wie ich neuestens entdeckt habe, falsch; es handelt sich wirklich um den jüngsten Sohn *Ihres* Neuhöfers und da begreife ich denn auch Entzücken und Bekehrung. Denn Feodora ist doch die richtige Enkelin von Kaiser Friedrich, die Urenkelin von Kaiser Wilhelm und die Nichte vom regierenden Kaiser. Und nun als Lagergenosse ein kleiner Reußischer Prinz aus einer Nebenlinie! Die Prinzessinnen höchster Häuser können einem leid thun; *wie* schwer muß es sein, was Paßliches zu finden und wie richtig handeln *die*, die einen Maler oder einen Professor heirathen. Wenn ich denn schon mal aus meiner Sphäre 'rausfalle, dann auch ordentlich.

Richter schießt natürlich wieder den Vogel ab; daneben verblaßt alles andre. Jung wird sich übrigens bei den Dragonern leidlich wiederherstellen und schließlich ein paar Kinder zeugen, gerade so gut und so schlecht wie andre, bessere. Man darf sich beim Heirathen das Material nicht ansehn; das weibliche läßt mitunter auch sehr zu wünschen, was ich aber nicht auf Ursel beziehe, die eine sehr nette Person ist, auch physisch. Denn die Schönheit ist nun schon völlig gleichgültig bei diesen Affairen. Was S[t]immel gesagt hat: »für 600,000 Mark kriegt man einen besseren« – das ist allerliebst, aber mit der *Wahrheit* darin, steht es sehr mau; man kriegt für Geld schließlich gar nichts und das ist auch recht gut so. Das Elend des Menschengeschlechtes wurzelt in der verfluchten Anschauung, daß Gold und Glück identisch sei. Umgekehrt wird ein Schuh draus. Unter herzlichsten Empfehlungen an Ihre Damen, Ihr

Th. Fontane.

(268) [Postkarte Poststempel: Berlin W. 11. 11. 97]

Herzlichen Dank für Ihren lieben Brief. Daß Sie dem Wunsche, der *hier* geäußert war, nachkamen, ist sehr in der Ordnung; man darf solche doch immerhin angenehmen Beziehungen durch Ablehnung nie aufs Spiel setzen. Der H. Simonsche Brief *sehr* interessant, aber vielleicht etwas gewagt. Stoff für's schwarze Buch. Die Bemerkung unsrer Anna bezog sich nicht auf den Dialog als solchen, sondern lediglich auf den *Dialekt*. – Ihre Diner-Schilderung, die so'n bischen 'was von »Gorm Grymme« hat, hat mich erschüttert. Ja so geht's, so verlaufen die Leben. Dabei – was übrigens fast bei allen echt dramatischen Scenen zutrifft – kann man die Geschichte ebenso gut komisch wie tragisch behandeln. Man muß sie dann nur in eine andre Sphäre legen. Unter Empfehlungen an Ihre Damen, wie immer Ihr

Th. F.

(269)   *Berlin* 5. Jan. 98.
Potsdamerstraße 134.c.

Hochgeehrter Herr.

Für Brief und Karte habe ich Ihnen zu danken. Daß es ein bischen spät geschieht, hat darin seinen Grund, daß zuvörderst der übliche Berg von 3 oder 5 zeiligen Danksagungen für empfangene Karten, Telegramme und Goldlackbouquets abzutragen war.

Ihr Brief vom 25. war reichen Inhalts. Voran alles was sich auf Neuhof bezieht. Empfehlen Sie mich den ebenso liebenswürdigen wie schwer heimgesuchten Herrschaften und sprechen Sie ihnen meinen aufrichtigsten Dank für ihr so freundliches Gedenken aus. Die Fahrt durch den Park, dem Klang der Axtschläge nach, – vorzüglich. Auch vollste Theilnahme weckend. Immer wieder der Alte! Erst hoch zu Roß, in berechtigtem Selbstgefühl, voll Lust am Leben und dann zuletzt zurechtgestuppst, nicht mehr gefragt, über den Kopf weg behandelt, der richtige alte Moor, dem die Burgverließ-Thür vor der Nase zugeschlagen wird, wenn er, gegen alle Berechnung, noch mal heraus will. Als ich vor beinah 70 Jahren zuerst die »Räuber« las und mich entsetzte, hieß es zu meiner Beruhigung: »ach, das ist ja alles übertrieben; unreife Jugendarbeit.« Schiller selber hat es später dafür gehalten. Jetzt aber hat mich das Leben gelehrt, daß es *keine* Uebertreibung ist und daß in jeder Provinz solche alten Moors zu hunderten und tausenden herumsitzen. Ob Burgverließ oder Kammer oder Salon macht keinen Unterschied. Das Burgverließ ist bloß ehrlicher. Ueb-

426

rigens erscheint mir die Stellung von Prinz Hatz nicht ganz beneidenswerth; Personen außerhalb des high life können ohne Kaiser und Hof fertig werden; aber ein kleiner Prinz ist in schlimmer Lage, wenn die Gnadensonne für ihn nicht mehr scheint; beispielsweise der Battenberger ist an der kühl ablehnenden Haltung des russischen Kaisers gescheitert, fast kann man sagen gestorben.

Sie schreiben von Schlenther und seinem Buch. Daß er nach Wien geht, glaub ich nicht; die Gegenströmung dort ist *zu* stark. Er hat mir selbst erzählt, daß er der Gegenstand unausgesetzter, heftigster Angriffe ist. Aber wenn er auch siegen sollte, so wäre das kein Glück für ihn. Er hat ja *hier* eine beneidenswerthe Stellung; die vielen Feinde, deren er auch hier in Berlin genugsam hat, schaden ihm nichts, da alle anständigen Leute (auch die, die seine Ansichten nicht theilen) auf seiner Seite stehn. Er ist als Mensch geachtet. Die Berliner Presse hat ihn zu ihrem Vorsitzenden gewählt. Sein Einfluß ist groß; jeder umwirbt ihn. Dazu hat das Paar hier eine Gesammt-Einnahme, die nicht viel unter 30,000 Mark sein wird. Sein G. Hauptmann-Buch findet weniger Anklang als es verdient. Die kritisirenden Kapitel sind vorzüglich, aber das wirkt nicht mehr recht, und das Persönliche, worauf man sich gespitzt hatte, kommt zu kurz, ist auch nicht recht geglückt. Das Gute des Buches beginnt erst mit S. 60.

Wir dürfen Sie also während der nächsten Wochen erwarten; bitte schreiben Sie uns von Ihrer Mama aus: »ich komme den und den Tag, die und die Stunde.« Wir können uns dann danach einrichten und sind jedenfalls da. Meine Damen empfehlen sich Ihnen und den Ihrigen. Wie immer, in herzlicher Ergebenheit, Ihr

Th. Fontane.

Pardon, die Feder fiel mir aus der Hand.

Berlin 3. Febr. 98.
Potsdamerstraße 134.c.

Hochgeehrter Herr.

Seit Wochen liegt das Couvert mit Adresse und Groschenmarke in meinem Briefkasten und mahnt mich jeden Tag Ihnen zu schreiben und das zugesagte Buch (Neudruck meiner Gedichte) an Sie gelangen zu lassen. Nie kam ich dazu, weil ich ein Manuskript (den 2. Band meiner »Lebenserinnerungen« unter dem Titel »Von 20 bis 30«) abzuliefern hatte. Heute glückt es, daß ich zum schreiben komme, leider mehr aus Schlimmem als aus Gutem heraus; ich bin seit einer Woche krank und weil die Kräfte nur eben noch bis zur Erledigung von Briefen reichen, so kommen diese jetzt an die Reihe. Das Gedichtbuch schicke ich uneingebunden, weil ich weiß, daß Sie Einbände nach eignem Geschmack vorziehn. In meiner Reizbarkeit ärgre ich mich, so wie ich das neue Buch in die Hand nehme, weil es in seiner Erscheinung so echt berlinisch wirkt d. h. also: nicht geradezu schlecht, aber mittelmäßig, jedes gefällig Wirkenden entkleidet.

Ich weiß nicht, ob es Ihnen ebenso geht, aber für mich haben Bücher Physiognomieen wie die Menschen und während mir die eine Physiognomie gefällt, ärgert mich die andre. »Cheap and nasty« hat Reuleaux von der deutschen Produktion gesagt und dies Wort hat ihn gestürzt; aber das Wort ist richtig und Reuleaux ist als eine Art Wahrheitsmärtyrer abgethan worden. Und nun gar erst die *Berliner* Produktion! Jede Semmel ist pappig, jedes Stück Fleisch schmeckt nach Kellermuff und kein Buchbinder kann ein Buch *hübsch* einbinden. Die Deckel stehen immer ab. Als unser Zeitungs-Lessing die Prachtausgabe der Werke seines großen Ahnen veranstaltete, floh er schließlich nach Leipzig, um dort einen Buchbinder zu finden. So mit allem hier. Und dabei der unerträglichste Dünkel; sie können hier nicht einmal eine Lederkappe über ein feines Flacon binden.

Sie sehen, ich bin etwas vergrätzt. In manchem gewiß mit Recht; aber ich gebe zu, Stimmung und Alter wirken mit. Louis Schneider, wenn er auf d. Kreuzzeitung gefragt wurde: »wie steht es denn mit *dem*?« antwortete immer: »Gott, wie soll es mit ihm stehn? Er wird alt, also wird er unausstehlich.« Daran muß ich jetzt oft denken.

Empfehlen Sie mich Ihren Damen aufs angelegentlichste. Wie immer Ihr

Th. Fontane.

Die neuen Gedichte in dem Bande fangen mit S. 67 an. Ich halte das *zweite* der neueren Gedichte: »Luren-Concert« für das beste.

(*271*)   *Berlin* 15. März 98.
                                         Potsdamerstraße 134.c.
Hochgeehrter Herr.

Ich wollte heute ohnehin schreiben. Da kommt nun Ihre liebenswürdige Karte von der Brotbaude und besiegt den letzten Rest von Trägheit; denn diese quält mich allerdings, seit ich nur noch 36 Pulsschläge in der Minute habe, – gerade die Hälfte vom Normalen. Unter den Unterschriften der Karte hat mich »der dazu gehörige Mann« am meisten erheitert. Als »Mann« gehört man immer bloß dazu. Die Frauen sind sich bewußt, gesellschaftlich die Hauptsache zu sein und in 9 Fällen von 10 trifft es auch zu. Bildung, Gelehrsamkeit, Examina verderben alles.

Mittwoch 16. März. Ich kam gestern nicht weiter. Sie schreiben im Hinblick auf Ihren jüdischen Referendar, dem der Himmel noch voller Geigen hängt »er ginge Demüthigungen und Enttäuschungen entgegen.« Ja. Aber wer geht ihnen nicht entgegen? Wie viele Demüthigungen hat Bleichröder ertragen müssen, aber sie verschwinden neben *den* Demüthigungen, die er verkrachten, adligen Agrariern zugefügt hat. Als Jude beleidigt werden, ist schlimm, aber als Ruppsack 'rausgeschmissen werden, ist noch schlimmer. »Wer den letzten Thaler hat, bleibt Sieger« hat ein berühmter Feldherr gesagt. Und im Alltagsleben ist es doppelt wahr. Uebrigens haben sich die Juden in der Zola-Sache gründlichst blamirt. Ich war anfangs natürlich ganz Zola, halte auch jetzt noch das ganze Prozeßverfahren (von Dreyfus an gerechnet) für einen Skandal, kann mich aber doch der Thatsache nicht verschließen, daß Zola, Piquart, Labori das Maul furchtbar aufgerissen und bei Gott und allen Heiligen geschworen, aber *bis jetzt* gar nichts bewiesen haben. Glückt ihnen das auch nachträglich nicht, so bezeichnet der Zolaprozeß eine der schwersten Niederlagen, die das moderne Judenthum erlitten hat. Auch *das* ist schrecklich, freilich nur nach der andern Seite, daß wir uns in diesem Prozeß, mit Ausnahme Frankreichs selbst, einer vollkommenen Preßverschwörung gegenüberbefunden haben; die europäische Presse ist eine große Judenmacht, die es versucht hat, der gesammten Welt *ihre* Meinung aufzuzwingen. In dem Gelingen oder Mißlingen dieses großen Versuchs, liegt die wahre Bedeutung des Zola-Prozesses, weit über Zola und Dreyfus hinaus.

Was Sie mir über den guten alten Prinzen geschrieben, hat mich gerührt; wie liebenswürdig, selbst krank nach einem andern Kranken auszuschaun; er ist doch die sympathischste der Erscheinungen im Hirschberger Thal. Wie das mit dem Sohn, dem Feodora-Verlobten, werden wird, darüber von Ihnen zu hören, bin ich neugierig. Nach aller Wahrscheinlichkeit muß es schlecht verlaufen. Es giebt zwar heutzutage viele solcher Ehen (»wir können uns nun bald die Hühneraugen innerhalb der Familie operiren lassen« sagte der alte Prinz Carl bei Gelegenheit der Esmarch-Affaire) – viele solcher Ehen, die ganz glücklich geworden

sind. Aber das sind dann immer Ehen, wo die betr: Paare
von vornherein aus der Royalitätswelt ausscheiden. Daran
ist aber hier kaum zu denken. Hatz (oder wie er heißt) wird
sich nicht in die Ecke stellen lassen und Feodora wird sich
erinnern, daß ihr Großvater und Urgroßvater deutsche
Kaiser waren. Vielleicht wird sie sich auch ihrer Mutter
erinnern, besonders wenn »Hatz« in seinen Dummheiten
fortfahren sollte.

Wie sind die Vorträge verlaufen? Was macht die Gicht?
Hoffentlich keine Rückfälle. Wir (Frau und ich) leben seit 6
Wochen ganz still, keine Gesellschaft; Martha war in Rostock und ist jetzt in Elsenau (Posen). Ende April werden
wir wahrscheinlich nach dem »Weißen Hirsch« bei Dresden
gehn. Ergeh es Ihnen gut; empfehlen Sie mich Ihren Damen
angelegentlichst. Wie immer Ihr

Th. Fontane.

(272)   *Weißer Hirsch* bei Dresden
                                         2. Juni 1898.

Hochgeehrter Herr.

Während Sie muthmaßlich vor einer Prinzessin-Hochzeit
stehn, vielleicht sogar als ein literarischer Helfer und Bera-
ther herangezogen werden, sitze ich mit Frau und Tochter
im »Weißen Hirsch« und genieße die Sommerfrische, die
diesmal freilich etwas frischer als nöthig ist. Wir frieren
Stein und Bein und werden erst warm, wenn wir bald nach
9 unter das Deckbett kriechen. Die, die kein richtiges Deckbett haben, behelfen sich mit aufgethürmten Ueberziehern.
Trotz dieser Kälte gefällt es uns sehr, weil wir uns in unsren
Nerven erquickt und gestärkt fühlen. Dr. Lahmann, der
hier haust und herrscht, hat sich den Platz gut ausgesucht.
Alles ist hier lahmannsch, auch die eingeborene Bevölkerung, so daß alles nacktbeinig umherläuft oder nur kleine,

fast sandalenhafte Schuhe trägt; Strümpfe, bei der Mehrzahl der Kinder, ganz ausgeschlossen. Dies wirkt aber nicht häßlich oder ärmlich, sondern umgekehrt graziös. Frau und Tochter wollen von dem »Sächsischen«, das hier blüht, nichts wissen; ich bin aber nach wie vor davon eingenommen; daß der Volkscharakter gut sei, will ich nicht behaupten, aber alles vertritt einen Grad von Manierlichkeit, der bei uns doch noch vielfach fehlt. Alte Kultur ist kein leerer Wahn. Daß sie hier gegen alles Preußische gereizt sind, kann ich ihnen nicht verdenken; die Preußen geriren sich als die Ueberlegenen und sind es doch vielfach nicht.

Wir sind schon 14 Tage hier und waren noch nicht einmal in Dresden, kommen vielleicht überhaupt nicht hin, da das Stillsitzen uns am meisten behagt. Also ganz Fortsetzung unsres Berliner Lebens, das sich um Wrangelbrunnen und Luiseninsel herum abspielt. Das Lokal von Werthheim oder Werthheimer habe ich noch immer nicht gesehn, trotzdem es nur hundert Schritt vom Leipziger Platz liegt, und um die 20 Theater kümmre ich mich schon lange nicht mehr. Unser Plan geht dahin, bis 1. Juli hier festzusitzen und dann auf etwa vier Wochen nach Berlin zurückzukehren. Bei Schluß der Ferien oder noch früher, möchten wir an den Rhein, entweder an einen der reizenden kleinen Rheingauörter oder vielleicht nach Baden-Baden. Kommt dies zu Stande, so wird aus Karlsbad nichts. Ich bin aber keineswegs sicher, daß es so verläuft; meine Frau, zur Zeit in relativ sehr guter Verfassung, kann in dem Malaria-Berlin, zumal im Juli, leicht eine Leberattacke kriegen und dann müssen wir wieder an den Mühlbrunnen. In meinem nächsten Briefe kann ich darüber vielleicht schon Bestimmteres schreiben. Oder sage ich lieber in meinem *zweit*nächsten, denn den nächsten – als Begleitschreiben zu meinem etwa in der Mitte des Juni erscheinenden Buche (Fortsetzung der »Kinderjahre«) – erhalten Sie sehr bald.

Wie geht es bei Ihnen? Was macht die hochverehrte Frau? Kuckt die Koppe noch auf Schmiedeberg und Neuhof und kuckt der alte Neuhöfer noch nach der Koppe hinauf?

Mit besten Wünschen für Ihr und all der Ihrigen Wohl, in vorzüglicher Ergebenheit Ihr

Th. Fontane.

(273) [Postkarte   Poststempel: Berlin W. 7. 7. 98]

Schönsten Dank für das Heftchen, dem ich guten Absatz und den gewünschten Erfolg wünsche. Seit gerade 8 Tagen sind wir zurück. Ich stecke bis über die Ohren in der Correktur meines »Stechlin«; vor grad einem Jahr hatte ich den Roman für den *Blatt*-Abdruck, jetzt diesen für sein Erscheinen als *Buch* zu corrigiren. Hundearbeit! Bitte lesen Sie doch die »Zukunft« vom 25. Juni. Bemerkenswerth; ein bischen im Stil der Juniusbriefe. Wie immer Ihr

Th. F.

Ich schreibe bald; von Schraders Tod las ich in der Zeitung.

(274)   *Berlin* 14. Juli 98.
                        Potsdamerstraße 134.c.
Hochgeehrter Herr.

Herzlichen Dank für Ihren lieben und so überaus interessanten Brief. Ich antworte gleich, weil ich zu meiner Freude Zeit habe, was jeden Augenblick aufhören kann, denn schon heute sah ich den ersten Korrekturbogen meines *Stechlin*-Romans entgegen und morgen kommen sie gewiß. Geht es damit erst los, so bin ich viele Wochen lang daran gebunden.

Ich beginne mit dem Praktischen. Das Befinden meiner Frau hat sich derart verschlechtert, daß Karlsbad wieder *unumgänglich* geworden ist. Wir werden also Mitte August dort eintreffen, vielleicht in der zweiten, noch wahrscheinlicher in der dritten Woche des Monats. Martha begleitet uns diesmal. Nach dem beinah winterlichen Juli (heute ist es so kalt, daß man heizen möchte) erwarten wir einen schönen Herbst. Vielleicht können Sie Ihren Urlaub dementsprechend nehmen; schade, daß Ihre Frau Gemahlin streikt und von einem Mitdabeisein nichts wissen will. Empfehlen Sie uns ihr angelegentlichst. Unser 6 wöchentlicher Aufenthalt auf dem »Weißen Hirsch« war – nachdem wir das entsetzliche Mittagessen im Kurhaus aufgegeben hatten – überaus gelungen. Mir ist, im Gegensatz zu meinen Damen, die die Dresdener Culturformen sehr »zurückgeblieben« gefunden haben, das Sächsische sehr sympathisch und ich bilde mir ein, daß ich dabei recht habe; ich bin, meiner ganzen Anlage nach, unbefangener und vorurtheilsfreier, ich sehe auch schärfer, vielleicht von Natur, sicherlich aber von *Metier* wegen. Ich bin auf beständiges scharfes Beobachten wie gedrillt; kleine Vorzüge meiner Schreiberei wurzeln lediglich darin. Unter den Kurgästen, die wir auf dem »Weißen Hirsch« trafen, befand sich auch ein gleichaltriger Ruppiner Landsmann von mir: Justizrath Stegemann. Seine liebenswürdige Frau, eine Leist, war aus Wrietzen (Oderbruch) so daß ich ganz in alten Beziehungen drin steckte. Wir sprachen auch viel über unsren guten alten Kunowski (Kunowskis väterliches Gut liegt nur 3000 Schritt vor den Thoren von Ruppin) und ich erfuhr zu meinem Schaudern und zu meiner Erheiterung, daß Kunowski eine Zeitlang auf den Justizministerposten gerechnet habe. Unsre Justizminister, so viel ich deren gekannt, können sich sämmtlich begraben lassen, einer immer schofler und nuttiger als der andre, aber *so* weit sind wir denn doch noch nicht 'runter, daß eine solche ruppige Figur Justizminister werden könnte. Daß er trotzdem auf so 'was gewartet oder für möglich gehalten hat, spricht Bücher. Immer die »Gesinnung« entscheidet. Aber, in diesem Falle, was für eine! – – Was Sie von den Meininger und Neuhöfer Herrschaften (der alte Reuß schießt wieder den Vogel ab) schreiben, ist höchst interessant und herzbeweglich dazu. Darauf einzugehn, das vertagen wir bis auf Karlsbad. Es bleibt immer wieder die alte Geschichte: das high life ist interessant, nicht weil es an und in sich sehr interessant wäre, sondern weil es high life ist.

Das neue Buch schicke ich in den nächsten Tagen.

Wie immer Ihr

Th. Fontane.

(275) [Postkarte   Poststempel: Berlin W. 18. 7. 98]

So schlank Ihr Heftchen aus den »Tagen der Ueberschwemmung«, so dick der Wälzer, den ich gleichzeitig mit dieser Karte zur Post gebe. Von den Tunnelgestalten wird die eine oder andre vielleicht ein kl. Interesse bei Ihnen wecken. Schlenther habe ich auch ein wenig vermißt. Es kommt darauf an, daß gesagt wird: »das Buch ist *so*.« Fehlt das, so ist alles andre todt. Wie immer Ihr

Th. Fontane.

(276)   *Karlsbad* 29. Aug. 98.
                                   Stadt Moskau

Hochgeehrter Herr.

Die gute Frau Richter – nicht die schwarze, sondern die mit den grauen Ringellöckchen (beinah Stormsche Figur) – wird mir wohl zuvorgekommen sein und Ihnen von uns-

435

rem Hiersein gemeldet haben. Daß ich es trotzdem auch noch thue, ist nicht viel mehr als eine Form, da ich annehme, daß Sie, – durch die zurückliegenden schmerzlichen und die bevorstehenden frohen Ereignisse im Reußschen Hause dazu bestimmt, (vielleicht sogar amtlich halb gebunden) – in diesem Jahre nicht kommen werden.

Wir sind schon seit dem 12. hier. Alles reizend wie immer; aber ich habe trotzdem etwas gelitten und zwar durch die kannibalische Hitze, bei der ich die Korrektur meines Roman's abschließen mußte. Dazu schließlich auch noch unbequeme Magenstörungen, so daß ich etwas 'runter gekommen bin. – Frau und Tochter empfehlen sich Ihnen und Ihrer hochverehrten Frau aufs beste.

Wie immer Ihr

Th. Fontane.

Thomas Mann
Leiden und Größe der Meister

Noch einmal der alte Fontane

Vor vierundvierzig Jahren schrieb ich in Hardens ›Zukunft‹: »Ein neuer Band von Briefen Theodor Fontane's ist erschienen, – etwas ganz Entzückendes. Wir haben nun die beiden Bände der Familienbriefe und zwei mit Briefen an seine Freunde. Sind noch mehr da? Man soll sie herausgeben! Und zwar meine ich namentlich solche Äußerungen, die aus späten Tagen stammen, Briefe des alten Fontane...« – Nun, das, wonach ich fragte und rief, war vorhanden: es waren die in diesem Bande* versammelten, über die Jahre 1884 bis 1898, dem Todesjahr des Dichters, sich erstreckenden Dokumente von Fontane's bezauberndem »talent épistolaire«, und der Adressat selbst erwog schon damals ernstlich die Veröffentlichung. Aber Otto Pniower protestierte dagegen im Interesse seiner Ausgabe der ›Freundesbriefe‹, für die er mit Recht oder Unrecht eine beeinträchtigende Wirkung durch die Parallel-Publikation befürchtete, und auf den Verleger Friedrich Fontane wurde ein so starker Druck ausgeübt, daß er und Friedländer resignierten.

Es hat ein bißchen lange gedauert, bis das einst aus geschäftstaktischen Gründen Zurückgehaltene nun mitgeteilt wird. Die politischen und persönlichen Rücksichten, die im Jahre 1910 allerdings zu einer verstümmelten Redaktion der Briefe gezwungen haben würden, müssen doch seit Jahrzehnten hinfällig gewesen sein? Wie dem sei: was nun vorliegt, ist ein der Fontane-Forschung höchst dienliches

---

* Theodor Fontane, Briefe an Georg Friedländer, herausgegeben und erläutert von Kurt Schreinert. Verlag Quelle und Meyer, Heidelberg.

Werk, eine mustergültige Edition mit großem Erläuterungsapparat, genauem Personen-Register und einer schönen Einleitung, die diese Briefe als das kennzeichnet, was sie sind: als persönliche und durchs Persönliche drastisch verschärfte, nicht selten lustig überpointierte Kommentare zur Gesellschaftskritik von Fontane's späten Romanen.

Auch über die Person des Empfängers, des Amtsrichters und späteren Amtsgerichtsrates Dr. Georg Friedländer aus dem schlesischen Schmiedeberg, gibt die Einleitung erschöpfende Auskunft. Fontane machte seine Bekanntschaft im Sommer 1884 während eines Ferienaufenthaltes in Krummhübel am Fuß der Schneekoppe im Riesengebirge, und aus einer Plauderkameradschaft, bei der der um fast ein Vierteljahrhundert Jüngere sich als nahezu ebenbürtiger Partner in der berühmten Fontane'schen Kunst der Causerie erweist, entwickelt sich eine Freundschaft, die zu immer neuen Zusammenkünften, im Hirschbergertal, in Berlin, in Karlsbad und an anderen Orten, drängt; die sich in schlimmen Zeiten, als der dreiundsiebzigjährige Dichter von schwerem Leiden, einer Gehirnanämie, heimgesucht wird, aufs menschlich Schönste bewährt, und deren literarischer Niederschlag ein dichter, alle Jahre bis zu Fontane's Tod füllender Briefwechsel ist. Von Friedländers Anteil daran ist nichts erhalten; aber Fontane bestätigt ihm ein übers andere Mal, welches Vergnügen und welche Anregung des Freundes Briefe ihm bringen, und daß sie »nicht nur die Tugend besäßen, interessant zu sein, sondern auch stofflich inhaltvoll«. »Stoff-Fundgruben« nennt er sie, denn sie tragen ihm Kriminalistisches, Gesellschaftsskandalgeschichten, koloritvolle und komische Bilder des menschlichen Treibens zu – beschränkt dies alles »auf den örtlich und gesellschaftlich engbegrenzten Umkreis seines Wirkungsfeldes«, aber, Fontane zufolge, »mit vollkommener Meisterschaft«, scharfsichtig, treffsicher und mit amüsanter Lebendigkeit behandelt. Man muß sich das alles hinzudenken, denn Fontane allein ist es, den man hört; aber daß man ihn hört, ist die Hauptsache, und mit Recht urteilt der Herausgeber, daß die chronique scandaleuse von Schmiedeberg und Umgebung erst durch die Einordnung ihrer Charaktere und Schicksale in die großen Zusammenhänge, die sie durch Fontane's Kommentare und Deutungen erfährt, höheren Reiz gewinnt.

Welche Wohltat ist es, dem vertrauten und liebenswerten Tonfall dieses Briefstils in seiner anmutvollen Saloppheit, aber auch in seiner erregten, gespannten und ins Schwarze treffenden Weltkritik wieder zu lauschen – dieser Begleitmusik zu den großen Spätwerken, von denen leider allzu kärglich darin die Rede und denen sie doch so nahe ist, daß man oft Dubslav von Stechlins und des alten Herrn von Briest eigene Stimme zu hören glaubt – zum Zeichen, wieviel ihr Autor diesen noblen alten Skeptikern von sich selbst gegeben hat. Es sind Briefe, wie heute kein Mensch sie mehr schreibt, gearbeitete Briefe, in ihrer Privatheit künstlerisch betreut. Man stelle sich vor: der Dichter, der in diesen Altersjahren, bei wankender Gesundheit, seine höchsten literarischen Leistungen vollbringt, ›Effi Briest‹ und den ›Stechlin‹ bewältigt, entwirft seine Briefe im Konzept, das dann eine eingehende Bearbeitung erfährt, damit das einzelne sich unterhaltsamer, aparter, feiner zugespitzt präsentiere, wobei die Sorge ist, dem ersten Entwurf seine Frische und Unmittelbarkeit zu bewahren. Ein solches Brouillon, schon meisterlich vor der Politur, hat sich erhalten, »und es ist aufschlußreich«, sagt der Herausgeber, »die beiden Fassungen miteinander zu vergleichen und an den sehr eingreifenden Abweichungen festzustellen, was er übernommen, was er weggelassen, was er gewandelt hat und wie er einem konkreten Fall die Folie des Allgemeinen gibt; aber selbst diese Durchformung genügte ihm noch nicht, und so setzt er im Originalbrief nachträglich noch einige Lichter auf.«

Ich kann kaum hoffen, mit meiner Anzeige des Bandes im Schweizerland viel Neugier und Nachfrage zu erregen. Schon in süddeutscher Sphäre verflüchtigt die Empfänglichkeit für das Fontanische, die überhaupt und immer nur einem kleinen Kreise dafür Gestimmter angehörte, sich fast völlig, und unter Schweizern habe ich eigentlich nur *einen* Fontane-Enthusiasten und liebevollen Kenner seines Werkes gefunden: es war mein verstorbener Gönner Fritz Flener, der große Jurist. – Nun, ihr Schweizer habt dafür euren Gottfried Keller, dessen goldenes Poetentum die charmante Nüchternheit des gascognischen Märkers freilich in den Schatten stellt. Fontane schreibt einmal: »Mit Gottfried Keller hätte ich gern Freundschaft geschlossen, denn er ist in meinen Augen der bedeutendste deutsche Erzähler, wie Storm der bedeutendste Liebeslyriker seit Goethe. Dennoch wäre, trotz besten Willens auf meiner Seite, wohl nie was daraus geworden. Ich fürchte, daß ich ihm gründlich mißfallen hätte.« (Aus Karlsbad, August 1889, an S. Schott.) Das trifft wahrscheinlich zu, und es stimmt melancholisch. Wie schön, daß »in unseres Vaters Hause viele Wohnungen sind«! Aber die Verständigung zwischen diesen Wohnungen ist desto schwieriger, je stärker in sich geschlossen und individueller behaust sie sind, und die Persönlichkeit als solche, besonders bei ›rauher Schale‹, wie im Falle Meister Gottfrieds, ist zur Freundschaft mit ihresgleichen wohl wenig geschaffen. Selbst um die berühmteste Dichterfreundschaft, die klassische, die zwischen Goethe und Schiller, stand es sehr heikel.

Was Keller über Fontane erhebt, ist seine Goethe-Nachfolge und daß er die alemannische Abwandlung des Goethe'schen Kunstgenius darstellt, wie Stifter die deutschböhmische und Hofmannsthal die wienerische. Man erinnere sich nur der folgenreichen Faszination, mit der der Grüne Heinrich auf seinem »Lotterbettchen« in vierzig Tagen jene annähernd fünfzig Bändchen einer Goethe-Ausgabe verschlingt. Es gibt nichts dergleichen bei Fontane, und einen gelinden Choc versetzt es einem, zu lesen, daß er das Goethe-Werk zwar zum Teil bewunderte, aber *»tief-langweilig«* fand. »The great old man ist in manchen Stücken doch antiquiert.« Und: »Das Überlieferte ist vollkommen schal und abgestanden; wer mir sagt; ›ich war gestern in ›Iphigenie‹, welch ein Hochgenuß!‹ der lügt oder ist ein Schaf oder Nachplapprer.« Worauf er »mit größtem Interesse« von Holz' und Schlafs ›Familie Selicke‹ spricht und findet, die Jugend habe recht. Das ist es wohl. Er ist gegen verblaßte und hemmende Autorität, gegen Bildungslüge, Götzen- und Lippendienst; er setzt Tradition gleich mit dem matten Epigonentum seiner Tage, und dieses ist es wohl eigentlich, was er »tief-langweilig« findet, nicht Goethe. Seine Aufsässigkeit gegen die mechanische Veneration des Klassischen ist ein Ausdruck seines eigentümlichen, fast phänomenalen Altersradikalismus, der sich in den Briefen an Friedländer (und in den Briefen überhaupt) soviel rückhaltloser hervortut als in den Romanen.

Sein »Haß gegen alles, was die neue Zeit aufhält, ist in einem beständigen Wachsen«, und wie er, sehr im Gegensatz zu Paul Heyse, der rot sah, wenn auf das Neue, den realistisch-naturalistischen Umbruch, nur die Rede kam, mit Freuden zur ›Freien Bühne‹ und ihren Experimenten steht und Hauptmanns ›Weber‹ als »epochemachend« preist, so verschärft und erbittert im Politisch-Gesellschaftlichen seine Stimmung sich mehr und mehr gegen alles Historisch-Überständige und seine schnarrenden Ansprüche, gegen Standes- und Kastendünkel, gegen das konservative Preußentum, dessen Verkünder, ja dessen Agent er doch einmal war. »Ich kann es aber nicht beklagen, daß noch in meinen alten Tagen solche Wandlung über mich gekommen ist. Alles, was jetzt bei uns obenauf ist, entweder heute schon oder es doch von morgen erwartet, ist mir grenzenlos zuwider: dieser beschränkte, selbstsüchtige, rappschige Adel, diese verlogene oder bornierte Kirchlichkeit, dieser ewige Reserveoffizier, dieser greuliche Byzantinismus...« Die Prognose, die er Deutschland auf der Höhe seines äußeren Glanzes, unter Wilhelm II. stellt, ist tief pessimistisch; er fühlt, was wenige fühlen: »Es wackelt das ganze alte Haus.«

Seine aggressive Skepsis läßt das Religiöse und abgeschmackte Restaurationsversuche, die man damit anstellt, nicht aus – wie sich gelegentlich der Lutherfestspiele von 1893 zeigt. Lutherfestspiele! »Ich wüßte nichts zu nennen, was so in der Decadence steckte, wie das Luthertum. An die Stelle bestimmter Dogmen, die Produkt der Kirche waren, hat Luther Dogmen gesetzt, die seiner persönlichen Bibelauslegung entsprachen, und diese neueren Dogmen, die übrigens mit den alten vielfach eine verzweifelte Ähnlichkeit haben, sollen nun, trotzdem die Forschung *frommer* Männer ihre Fragwürdigkeit dargetan hat, mit demselben Feuer und Schwert-Rigorismus aufrecht erhalten werden, wie die alten... Ein lebendiges Luthertum kann wohl Lutherfestspiele schaffen, aber mit Ach und Krach zusammengebrachte Lutherfestspiele können kein lebendiges Luthertum wiederherstellen.«

Es ist ein »natürlicher Sinn für Tatsächlichkeiten«, der ihm solche Worte eingibt, und dessen er sich – »jeder hat so seine Eitelkeiten« – gerne rühmt. Daß dieser Sinn sich je länger desto gereizter und absprechender gegen den Adel, den Gegenstand seiner einstigen Liebe richtet, ist besonders auffallend. Zwar bleibt er dabei, daß es »entzückende Einzelexemplare gibt, die sich aus Naturanlage oder unter dem

Einfluß besonderer Verhältnisse zu was schön Menschlichem durchgearbeitet haben«. Gewiß, der Typus lebt ja in seinen Büchern und spricht fontanisch. Aber im ganzen ist die Klasse ungenießbar geworden, »ein Greuel«, und »je mehr sie überflügelt werden, je mehr sie sich überzeugen müssen, daß die Welt anderen Potenzen gehört, desto unerträglicher werden sie in ihren Forderungen; ihre Vaterlandsliebe ist eine schändliche Phrase, sie haben davon weniger als andere, sie kennen nur sich und ihren Vorteil, und je eher mit ihnen aufgeräumt wird, desto besser.« – Das alles ist sichtlich zum guten Teil das Produkt persönlicher Enttäuschung, des Verschmähtseins, das ihn »schließlich von weitrer Werbung abstehen läßt«. Es datiert ziemlich genau von seinem siebzigsten Geburtstag, bei dessen Feier (und ebenso bei der des fünfundsiebzigsten) der märkische Adel durch Abwesenheit glänzte – aus Standesärger über das Verhältnis von Botho und Lene in ›Irrungen und Wirrungen‹, wenn es so weit reichte; mehr noch wahrscheinlicher aus illiterater Wurstigkeit. Aber wie stand es um die Echtheit der bürgerlichen Anteilnahme, um die Solidität des Wissens der ›Gebildeten‹ darum, wen und was man feierte? Bei dem Festessen von 1889, gegen Mitternacht, wird angekündigt, daß nun der Opernsänger Herr X uns das Vergnügen machen wird, die berühmteste Ballade des Meisters zum Vortrag zu bringen. Erst weiß man gar nicht, welche das ist, und bekommt zugeflüstert, es handle sich um »das hohe Lied von der sehnsüchtigen Vaterlandsliebe des Verbannten«. Ach so. Dann, mitten im Gesang, bricht enthusiastischer Beifall aus, weil man glaubt, das Ding ist zu Ende, wo doch der ›Archibald Douglas‹ noch mehr Strophen hat. Der Blick des alten Dichters geht trostlos über die Versammlung hin und senkt sich beschämt auf den Teller.

»Ich habe«, schreibt er an Friedländer, »ein paar über den Neid erhabene Kollegen abgerechnet, in meinem langen

Leben nicht fünfzig, vielleicht nicht fünfzehn Personen kennen gelernt, denen gegenüber ich das Gefühl gehabt hätte, ihnen dichterisch und literarisch *wirklich* etwas gewesen zu sein... Vergegenwärtige ich mir das alles, so habe ich allerdings Ursach, über den Verkauf von lumpigen 1000 Exemplaren erstaunt zu sein, denn 100 ist eigentlich auch schon zu viel. Und mehr als 100 werden auch wirklich aus dem Herzen heraus *nicht* gekauft, das andre ist Zufall, Reclame, Schwindel. Aber daß der Zufall einem über das eigentlich Richtige hinaus so wohl will, das ist doch so zu sagen etwas Schönes; wofür man sich in Heiterkeit bei eben diesem Zufall bedanken muß.« – In diesen Sätzen liegt die ganze Lebensstimmung Fontane's, seine Resignation und sein Frohsinn, der findet: »Nach Lage der Sache geht es einem eigentlich noch sehr gut.« –

Der Band ist mit einigen vorzüglichen Porträts geschmückt, darunter mit zweien des Dichters: Liebermanns meisterhafte Skizze vom Jahr 1896 und der Kreidezeichnung des Menzel-Schülers Fritz Werner, die den Fünfundsiebzigjährigen im Frack mit seinen drei kleinen Distinktionen zeigt, darunter den preußischen Kronenorden 4. Klasse. Menzel, seinerseits, ging im Mantel des Schwarzen Adlerordens zu Hofe.

Nachwort

there were the smiles before the tears (W. Nelson)
Anita Golz zum Gedenken

Eines der spätesten Porträtphotos von Thomas Mann zeigt den Neunundsiebzigjährigen bei der Lektüre eines Buches, in der Bibliothek seines Zürcher Hauses im Lehnstuhl sitzend, die Beine bequem übereinandergeschlagen und eine dicke Zigarre zwischen Zeige- und Mittelfinger der rechten Hand. Der Titel des Bandes, den Thomas Mann in solch genießerischer Haltung liest, ist auf dem Photo deutlich lesbar; er lautet: *Theodor Fontane: Briefe an Georg Friedlaender*. Vierundvierzig Jahre, nachdem Mann in der *Zukunft* das Erscheinen der *Briefe an die Freunde* angezeigt und zum Anlaß eines großen Essays über den »alten Fontane« genommen hatte, war seine inzwischen zu einem geflügelten Wort der Fontane-Forschung gewordene Forderung nach der Edition weiterer Briefe Fontanes – »Sind noch mehr da? Man soll sie herausgeben!« – mit Kurt Schreinerts Publikation der Briefe an Friedlaender erfüllt worden, und Thomas Mann ließ es sich nicht nehmen, auch diese Sammlung in einem Aufsatz zu besprechen, dem er den Titel gab: ›Noch einmal der alte Fontane‹. Schon in der Rezension von 1910 hatte Mann einen Brief Fontanes an Friedlaender zitiert, ohne den Adressaten namentlich zu nennen, einen Brief, in dem Fontane von seinem ausgeprägten »Sinn für Thatsächlichkeiten« spricht (3. Oktober 1893): Die Veröffentlichung der Altersbriefe an den Schmiedeberger Amtsgerichtsrat hat ihn vor allem wegen dieses kritischen Geistes, jener, wie er es nennt, »erregten, gespannten und ins Schwarze treffenden Weltkritik« begeistert. In der Tat war die Publikation dieser Briefe im Jahre 1954 vor allem wegen ihrer scharfen Gesellschafts- und Zeitkritik eine kleine literarische Sensation, und die Forschung ist sich darüber einig, daß Kurt Schreinerts Edition die in den späten 50er und frühen 60er Jahren beginnende und bis heute anhaltende ›Fontane-Renaissance‹ eingeleitet hat.

Theodor Fontane hat den Juristen Georg Friedlaender (24. April 1843 bis 23. Juli 1914) im Juli 1884 bei einem Sommeraufenthalt im Riesengebirge kennengelernt. Das Haus des geselligen Amtsrichters, der seiner Herkunft aus einer alten Berliner Gelehrtenfamilie gemäß Wert auf kultivierten und geistreichen Umgang legte, war ein Mittelpunkt des gesellschaftlichen Lebens in Schmiedeberg. Der Adel der Nachbarschaft, etwa die Familie des Prinzen Reuß, ging hier ebenso ein und aus wie der reiche Privatier Albert Treutler, der Papierfabrikant Heinrich Richter und der Berliner Metallgroßhändler Theodor Grosser, der im nahen Hohenwiese eine Sommervilla hatte. In diesen Kreis, von dem in den Briefen so ausführlich die Rede ist, wurde alsbald auch Fontane mit seiner Frau aufgenommen, zumal er mit dem jüngeren Freund die Freude an der Plauderei, der ›Causerie‹ teilte, von der ein schriftlicher Niederschlag im Briefwerk erhalten geblieben ist. Aus einer Urlaubsbekanntschaft von üblicher Oberflächlichkeit entwickelte sich so eine Freundschaft, die sich in den vierzehn Jahren bis zu Fontanes Tod stetig festigte und intensivierte, besonders, seit sich Friedlaender und seine Frau im Krisenjahr 1892, als Fontane an einer lebensbedrohenden Gehirnanämie erkrankte, als Freunde in der Not bewährten: »ohne diesen Beistand hätten wir verspielt«, sagt Fontane in seinem Brief vom 10. Juni 1892, und man hat keinen Grund, an der Ernsthaftigkeit dieser Aussage zu zweifeln.

Die Freundschaft, der gesellige Verkehr mit Friedlaender sei ihm eine »Lebensbedingung«, gesteht Fontane im Brief vom 10. Juni 1892. Mit ähnlichen Worten hatte er in der Entstehungszeit seines ersten Romans, *Vor dem Sturm*, die

Bedeutung der literarischen Arbeit für sein Leben charakterisiert. Der Roman sei »ein eigentlichstes Stück Leben von mir«, schreibt er am 11. August 1866 an den Verleger Wilhelm Hertz, er nennt die Vollendung des Buches eine »Lebensfrage« (an Otto Franz Gensichen, 23. Juni 1877) und bekennt gegenüber Paul Lindau, der Roman sei »Arbeit und Inhalt meines Lebens« (23. Oktober 1878). Auch wenn Fontane es später so deutlich nicht mehr ausgesprochen hat, so bleibt doch der sprachliche, der literarische Ausdruck seiner Haltung zur Welt das Zentrum seines Lebens und Denkens. Daß es eine kritische Haltung ist, die mit scharfen Urteilen über Zeiterscheinungen und Zeitgenossen nicht spart, ist schon im ersten Roman angelegt, und in der Zeit der Freundschaft mit Georg Friedlaender erreicht diese Zeitkritik in Werken wie *Die Poggenpuhls* und *Der Stechlin* ihre reifste Ausprägung. In den Briefen an Friedlaender ist zwar von »den großen Spätwerken [. . .] leider allzu kärglich« die Rede, wie Thomas Mann bemerkte, doch in ihrem kritischen Gehalt sind diese Briefe dem Geist der späten Romane nahe verwandt, wie sich denn überhaupt immer wieder Äußerungen Fontanes aus den Briefen an Friedlaender in aufschlußreich verwandelter Form in den Gesprächen wiederfinden, die etwa im *Stechlin* geführt werden. Im Brief vom 22. März 1896 heißt es: »die rasch wachsende Verlederung der Menschen datirt von den Examinas und wir sind deshalb das langweiligste Volk, weil wir das Examenvolk sind. Sobald man nach Oberbaiern kommt und eine ›Loni die nich ohni‹ ist, sieht, wird es schon besser.« Im *Stechlin* wird diese Ansicht in einer Unterhaltung zwischen Rex und Czako, den Regimentskameraden des jungen Stechlin, diskutiert. Czako sagt:

»Es ist doch merkwürdig, daß die Süddeutschen uns im Gesellschaftlichen immer um einen guten Schritt vorauf sind, nicht von Bildungs, aber von glücklicher Natur wegen. Und diese glückliche Natur, das ist doch die wahre Bildung.«

»Ach, Czako, Sie überschätzen das. Es ist ja richtig, wenn sie da so die Würstel aus dem großen Kessel herausholen und irgendeine Loni oder Toni mit dem Maßkrug kommt, so sieht das nach was aus, und wir kommen uns wie verhungerte Schulmeister daneben vor. Aber eigentlich ist das, was wir haben, doch das Höhere.«

»Gott bewahre. Alles, was mit Grammatik und Examen zusammenhängt, ist nie das Höhere. Waren die Patriarchen examiniert oder Moses oder Christus? Die Pharisäer waren examiniert. Und da sehen Sie, was dabei herauskommt.«

Das Entscheidende ist, daß der Autor im Roman ganz hinter seine Figuren zurücktritt, so daß es schwerfiele, aus den nebeneinander stehenden und einander geradezu widersprechenden Sätzen etwa ›die‹ Auffassung Fontanes zu ermitteln. »Unanfechtbare Wahrheiten gibt es überhaupt nicht, und wenn es welche gibt, so sind sie langweilig«, sagt der alte Dubslav von Stechlin. Diese Kultur des toleranten Einerseits-Andererseits, das Erkennen der Kehrseiten aller Medaillen ist das große Thema dieses Romans, wie es überhaupt eines der wichtigsten Anliegen des Erzählers Fontane ist. Der Briefschreiber jedoch kann sich offen aussprechen, ohne zu fürchten, den Leser mit »unanfechtbaren Wahrheiten« zu gängeln und zu bevormunden, und so kommt es, daß Fontanes Urteile über das »Examenvolk« der Preußen, über den abgelebten Adel, über die »Sechsdreierwirtschaft« der Bourgeoisie, über die Hervorbringungen begabter und vor allem unbegabter Schriftstellerkollegen und vieles mehr in den Briefen an Friedlaender um einiges härter ausfallen als in den Romanen.

Das auslösende Moment all dieser kritischen Betrachtungen ist ein Ehrengerichtsverfahren, das im Jahre 1887 gegen den Reserveoffizier und Teilnehmer der Kriege von 1866 und 1870/71 Georg Friedlaender eröffnet wurde. Friedlaender, der auch als Schriftsteller dilettierte – Fontane vermittelte einige seiner Aufsätze an die *Vossische Zeitung* –, hatte in seinen Erinnerungen *Aus den Kriegstagen 1870* seinen Regimentskommandeur, den Obersten Otto von Wulffen, in einer an sich banalen Situation »verblüfft« aussehen lassen. Friedlaender war naiv genug, eben diesem inzwischen zum General beförderten Wulffen sein Büchlein zu schicken, mit dem Erfolg, daß dieser sich persönlich beleidigt fühlte. Wenn auch Fontane in seinem Brief vom 19. Februar 1887 zweifelte, ob Friedlaenders Verhalten »gesellschaftlich zulässig« war, so läßt er später doch seinem Unmut über die Behandlung, die Friedlaender in dieser Affäre erfuhr, freien Lauf, einem Unmut, der vom konkreten Anlaß ausgehend und über diesen hinausgreifend das preußische Militärwesen und seinen gegenwärtigen Zustand einer Kritik unterzieht, deren Radikalität ihresgleichen sucht: »Von dieser militärischen Welt gilt in gesteigertem Maße das, was von der ganzen Zeit gilt: im Ganzen glänzend, im Einzelnen jämmerlich. Dabei mehren sich die Zeichen innerlichen Verfalls: Selbstsucht und rücksichtsloses Streberthum sind an die Stelle feinen Ehrgefühls und vornehmer Milde getreten«, heißt es im Brief vom 3. April 1887, und am 24. Juni 1887 schreibt Fontane: »Es ist etwas faul im Staate Dänemark und einem Götzenbilde zu Liebe, das sich mal ›Dienst‹ mal ›Ehre‹ nennt, werden Billigkeitsgefühl und gesunder Sinn begraben.« Das sind Gedanken, wie man sie aus der historischen Erzählung *Schach von Wuthenow* kennt – mit dem Unterschied, daß dort den kritischen Worten Bülows die versöhnlichen Töne im Brief der Victoire von Schach entgegengesetzt werden. Von solcher Versöhnlichkeit ist in den Briefen Fontanes an Friedlaender nichts mehr zu finden.

Das zeigt sich auch und vor allem in den Äußerungen

Fontanes über den Adel, von dem er einst in einem Brief an seine Mutter geschrieben hatte: »Wer den Adel abschaffen wollte, schaffte den letzten Rest von Poësie aus der Welt« (28. Mai 1860). Diese noch ungetrübte Begeisterung ist inzwischen dem Bewußtsein von der historischen Überlebtheit des preußischen Adels und seines Anspruchs auf eine Sonderstellung innerhalb des Staates gewichen, und auch dabei geht Fontanes Kritik vom konkreten Anlaß, von Friedlaenders Berichten über das Tun und Treiben der Schmiedeberger Adelswelt aus. Immer wieder spricht Fontane in diesen Briefen von seinem ehemals »vielgeliebten Adel« (12. April 1894), seiner »alten Liebe« (6. Mai 1895), von der er immer mehr abzufallen beginne. »Was wollen diese Menschen auf der Welt?«, fragt er im Brief vom 6. Mai 1895, und fährt fort: »Sie sind nur eine Störung, ein Hemmniß, ein aus Böswilligkeit auf die Schienen gelegter Stein, der sich rühmen darf ein Eisenbahnunglück herbeizuführen, aber schon nach 2 Stunden ist die Strecke wieder frei und neue Züge machen ihren Weg.« Nicht auf historisch überkommene Standesprivilegien und Standesdünkel setzt Fontane, sondern auf einen neuen Adel, der »durch geistig moralische Qualitäten direkt wirken« müsse (6. Mai 1895) und nicht mehr durch die Zufälle der Genealogie. Man hat vermutet, daß Fontanes Wendung gegen den Adel von seiner Enttäuschung über das weitgehende Fernbleiben seiner adligen Bekannten bei den Feiern zu seinem 70. und vor allem zum 75. Geburtstag verursacht wurde. Doch es hieße den tiefgreifenden Gesinnungswandel des alten Fontane zu verkennen, wollte man seine sehr grundsätzliche und über alles Persönliche hinausgehende Kritik auf bloße gekränkte Poeteneitelkeit zurückführen. Ganz im Gegenteil: Einerseits läßt Fontane »Einzelexemplare« (14. Mai 1894) der Adelswelt durchaus gelten, andererseits zielt seine Kritik der zeitgenössischen Gesellschaft nicht nur auf den Adelsstolz, sondern in besonderem Maße auf den Dünkel der Großbourgeoisie, wie sie im Kreise Friedlaenders durch die Familien Treutler und Richter repräsentiert wird. Im Brief vom 5. Juli 1886 gibt Fontane ein anschauliches Beispiel für dieses Überlegenheitsgefühl, das zwar die Lebensformen des Adels nachzuahmen sucht, damit aber auf ganz jämmerliche Weise scheitert. Georg Friedlaender erfreute sich nicht zuletzt deshalb der Wertschätzung Fontanes, weil ihm das ›Bourgeoishafte‹ fehlte. So formuliert es Fontane in einem Brief an seine Tochter Martha und fügt hinzu: »Ich hasse das Bourgeoishafte mit einer Leidenschaft, als ob ich ein eingeschworner Socialdemokrat wäre. ›Er ist ein Schafskopf, aber sein Vater hat ein Eckhaus‹, mit dieser Bewundrungsform kann ich nicht mehr mit« (25. August 1891). Bei dieser Verachtung von überlebtem Adel und protziger Bourgeoisie gleichermaßen ist es nur konsequent, wenn Fontane am 6. Mai 1895 feststellt, es sei auf *jedem* Gebiet »ganz vorbei mit dem Alten«.

Fontanes Lust an der Kritik wächst sich im Laufe der Zeit zu einem hemmungslosen Granteln aus, das sich an den geringfügigsten Anlässen entzündet und den eigentlichen Gegenstand alsbald aus den Augen zu verlieren beginnt. Unter Fontanes Feder wird alles zum Symptom, zum Zeichen der Zeit und oft genug ihres ›Verfalls‹. Als Friedlaender ihm eine Urlaubskarte aus dem kleinen Ort Nieder-Rochlitz schickt, schlägt Fontane in Karl Ritters *Geographischem Lexikon* nach, um Genaueres über Friedlaenders Aufenthaltsort zu erfahren, und findet den gesuchten Ort als »Unter-Rochlitz« verzeichnet. Im Nu spricht Fontane dem bedeutenden Geographen Ritter die wissenschaftliche Qualifikation ab, und von da ist es nur noch ein Schritt zu einer Philippika über die »aus unsren ruppigen Verhältnissen gebornen Dinge, die sich dann noch für ›höhere Wissenschaftlichkeit‹ ausgeben [. . .]. Und unser ganzes Leben ist bis zu dieser Stunde von diesen anspruchsvollen Ruppigkeiten erfüllt« (16. Juli 1893). Fundierter und damit glaubwürdiger wird Fontanes Kritik, wenn er sich auf Gebieten äußert, von denen er tatsächlich etwas versteht. Das gilt vor allem von der zeitgenössischen Literatur, über die Fontane in den Briefen an Friedlaender ausführlicher spricht als über seine eigenen Werke. Inhaltlich können diese Debatten den heutigen Leser dieser Briefe ebensowenig interessieren wie all die Schmiedeberger Klatschgeschichten: Alfred Doves Roman *Caracosa* und Otto Devrients Lutherfestspiel, die Gedichte der Johanna Ambrosius und die Werke der Frau von Bülow, die sich »Hans Arnold« nennt, sind uns heute herzlich gleichgültig. Aber wenn man liest, wie Fontane sich über die von einem so berühmten Kritiker wie Herman Grimm gelobte, gänzlich unbedeutende Lyrik der Ambrosius äußert – »alles von einer öden Mittelmäßigkeit, angelesen von der ersten bis zur letzten Zeile, krankhaft; wie bei Diabetikern geht der Zucker in Massen ab« (26. Juni 1896) –, so erfährt man aus dieser sich durch mehrere Briefe ziehenden Diskussion nicht nur einiges über den Literaturmarkt des ausgehenden 19. Jahrhunderts, sondern auch über Fontanes Ehrlichkeit und Aufrichtigkeit dem Briefpartner gegenüber: Friedlaender gehörte zu den Bewunderern der Ambrosius, empfing sie in seinem Haus und weihte gar in ihrer Gegenwart einen Gedenkstein zur Erinnerung an diesen Besuch. Fontane aber scheute sich nicht, dem Freund seine Verachtung der Lyrik dieser Schriftstellerin in aller Drastik mitzuteilen.

Die Offenheit Fontanes, die nicht auf mögliche Empfindlichkeiten des Briefempfängers achtet und die gelegentlich den Eindruck erweckt, als vergesse er völlig, daß er einen Brief und keinen kritischen Essay schreibt, ist charakteristisch gerade für die Briefe an Friedlaender. Offenkundig stand ihm Friedlaender bei aller Freundschaft fern genug, mußte sich Fontane ihm gegenüber weder aus familiären noch aus beruflichen Rücksichten zur Diskretion und Zurückhaltung zwingen, sondern konnte seinem Unmut über »diese[n] beschränkte[n], selbstsüchtige[n], rappschige[n] Adel, diese verlogene oder bornirte Kirchlichkeit, diese[n] ewige[n] Reserve-Offizier, diese[n] greuliche[n] Byzantinismus« (2. November 1896) freien Lauf lassen. Die Briefe an Friedlaender dienen Fontane in vielen Fällen zur Selbstverständigung über die ihn beschäftigenden Fragen der Tagespolitik, des literarischen Lebens, auch der preußischen Geschichte, und oft schreibt er sich in kleine Abhandlungen hinein, die sich zu verselbständigen beginnen und in denen er sich eher mit sich selbst als mit dem Adressaten zu unterhalten scheint. Fontane ist sich zwar bewußt, daß er damit gegen die unausgesprochenen Briefkonventionen verstößt – »Ich habe dies weiter ausgeführt, als man in einem Briefe wohl eigentlich soll«, bemerkt er am Ende eines solchen kleinen Exkurses (27. Mai 1891) –, aber er bedient sich immer wieder des Briefes, und besonders des Briefes an Friedlaender, um sich selbst über ihn bewegende Fragen schreibend Klarheit zu verschaffen. Die drei großen ›Tagebuch‹-Briefe vom Herbst 1892 (Nr. 181, 182 und 184) – Fontane selbst nennt sie »tagebuchartig« – sind charakteristische Beispiele für dieses Selbstgespräch.

Der Eindruck, daß der Autor dieser Briefe auf weiten Strecken mit sich selber redet, wird freilich durch den äußerlichen Umstand des Fehlens der Briefe Friedlaenders verstärkt. Kurt Schreinert berichtet im Vorwort zu seiner Edition, daß die »Mehrzahl der Friedlaender-Briefe [...] bei der Ordnung des Fontaneschen Nachlasses durch Frau Emilie ein unrühmliches Ende im Ofen oder Küchenherd gefunden« haben. Ob den Lesern damit tatsächlich so viel entgangen ist, wie Fontanes häufig geäußerte Hochschätzung der Friedlaenderschen Briefschreibekunst vermuten läßt – »inhaltreich und unterhaltlich« nennt er die Briefe des Freundes, und er attestiert ihm das *talent épistolaire*, das er selbst besaß – kann angesichts der erhaltenen Briefe Friedlaenders an Fontanes Sohn Friedrich bezweifelt werden. Fontanes Ansprüche an die ›Unterhaltlichkeit‹ sind ganz offenkundig nicht eben hoch gewesen; das zeigt seine Begeisterung für jenes Witzchen von den »vier Thiere[n] in Afrika«, die sich schließlich als »3 Löwen und 1 Rhinoceros« entpuppen (4. Juli 1893), ebenso deutlich wie seine Freude über die »wundervoll glückliche Wendung« Friedlaenders, wonach dessen Schwager »seinerseits über den Namen Lothar gebietet« (27. Mai 1891) und das Lob eines Briefchens von Karl Frenzel, das er gar als Beispiel eines »geschmackvollen« Schreibens seinem Brief an Friedlaender vom 12. Oktober 1892 beilegt. Wahrscheinlich haben Friedlaenders Briefe in erster Linie jenen Gesellschaftsklatsch enthalten, dem Fontane zwar eine Menge Stoff verdankt – besonders für seine Kurzgeschichtensammlung *Von, vor und nach der Reise*, aber auch für *Die Poggenpuhls* –, der ihn aber doch auch anödet: »alle diese Geschichten interessieren mich *sehr* wenig, eigentlich sind sie mir langweilig; Familiengeklön war nie mein Ideal und nur die künstlerische Behandlung dieser Dinge kann mich über ihre Dürftigkeit hinwegtäuschen oder trösten«, schreibt er am 24. August 1893 an seine Tochter Martha. Zwar findet er, daß Friedlaender eben diese »künstlerische Behandlung« zu leisten imstande ist, aber dem Außenstehenden, der mit all jenen Schmiedeberger Familienverwicklungen nichts zu tun hat, mag es genügen, ihre Spiegelung allein in den Briefen Fontanes zu finden.

Freilich stehen auch nicht alle Briefe Fontanes auf so hohem Niveau wie die großen kritischen Bekenntnisbriefe. Es gibt in dieser Korrespondenz, wie es bei einem Korpus von fast 300 Briefen nicht anders zu erwarten ist, auch Äußerungen über ganz alltägliche Dinge: die Frage, wo man den Sommerurlaub verbringen soll und wie die zu wählende Ferienwohnung beschaffen sein müsse, Verabredungen über Besuchstermine, Mitteilungen über Theaterbesuche und Lektüreerlebnisse kommen ebenso zur Sprache wie die Beschwernisse des Alters, die sich vornehmlich in immer wiederkehrenden Krankheitszuständen äußern. Bei Fontanes ist zu allen Zeiten immer mindestens ein Familienmitglied krank, wobei Theodor Fontane selbst gelegentlich zu hypochondrischem Selbstmitleid neigt; ein schlichter Schnupfen kann ihn zur Verzweiflung treiben und wochenlang an der Arbeit hindern. Doch die Bewußtheit des Alterns und der damit einhergehenden Krankheiten ist nicht ohne Einfluß auf Fontanes Denken und literarisches Schaffen geblieben. Aus der schweren Krankheit von 1892 hat er sich, wie er selbst gesteht, durch die Niederschrift seiner Kindheitserinnerungen *Meine Kinderjahre* gerettet – es ließe sich auch umgekehrt sagen, daß die Autobiographie ihre Entstehung allererst der lebensgefährlichen Krankheit verdankt. Auch in den Briefen hat ein gut Teil der Unmutsäußerungen über Gott und die Welt seinen Ursprung sicher in der Perspektive des Alters, das nicht nur ironische Distanz und weise Abgeklärtheit mit sich bringt, wie es die Legende vom »heiteren Darüberstehen« will, sondern auch Zustände von Niedergeschlagenheit und schierer Hoffnungslosigkeit. Im Brief vom 16. Juni 1888 beklagt Fontane, daß er »klapprig und senil« zu werden beginne, und im Todesjahr schreibt er: »Sie sehen, ich bin etwas vergrätzt. In manchem gewiß mit Recht; aber ich gebe zu, Stimmung und Alter wirken mit« (3. Februar 1898). In Sätzen wie diesen wird sichtbar, daß sich der skeptische Blick des alten Fontane nicht nur auf die Umwelt und die Zeitgenossen richtet, sondern auch eigene Verhaltensweisen dem kritischen Urteil unterwirft und sie als symptomatisch für manche als typisch erkannte Zeiterscheinung zu verstehen fähig ist. So stellt Fontane im Brief vom 22. Mai 1893 fest, daß es nur wenige Menschen gibt, »mit denen man auch nur ein erträgliches Gespräch führen kann« – aber als Beleg führt er nicht etwa eine Beobachtung an, die er an anderen Leuten gemacht hat, sondern bekennt, daß er selbst in Gesprächen mit seinen beiden Söhnen sowie einem »anerkannte[n] Maler« und einem »Kunstgelehrte[n] von berühmtem Namen« nur »Blech« zustandebrachte, »gewagte Behauptungen, unklar und verworren«.

Es wäre schwer begreiflich, wenn solcher Skeptizismus, der vor nichts und niemandem haltmacht – Thomas Mann versetzte es »einen gelinden Choc«, als er lesen mußte, daß Fontane Goethe »tief-langweilig« fand – Georg Friedlaender selbst ungeschoren ließe. In einigen Briefen an seine Tochter Martha spricht Fontane von einer gewissen Beschränktheit Friedlaenders, einer Verhaftung in seiner persönlichen Nahwelt, die ein weitgehendes Desinteresse an anderen Lebensformen mit sich bringt: »nur was er erlebt hat, nur was in seinen Umgangskreis eingetreten ist, interessirt ihn«, schreibt Fontane am 25. August 1891. Während solche Befunde, die Fontanes Menschenkenntnis und wacher Beobachtungsgabe entspringen, mit großer Wahrscheinlichkeit zutreffend sind – aus Fontanes Antworten auf Friedlaenders Schmiedeberger Klatschgeschichten ist ja unschwer zu schließen, daß es sich so verhielt – kann man heute einigen sonderbaren Äußerungen über Friedlaenders jüdische Herkunft kaum noch folgen. In einem Brief an Friedlaender selbst hat Fontane den Satz des Realschullehrers Professor Adolf Lasson zitiert, den er auch gegenüber anderen Briefpartnern zustimmend angeführt hat: »Wir sprachen über moderne Kunst und Literatur in Deutschland und er sagte: ›Sonderbar, die Juden bei uns thuen die deutsche Kulturarbeit und die Deutschen leisten als Gegen-

gabe den Antisemitismus.‹ Kolossal richtig, leider die erste
Hälfte noch richtiger als die zweite« (4. Oktober 1891). Ist
dieses »leider« gerade gegenüber Friedlaender schon inde-
zent genug, so sind die bösartigen antisemitischen Ausfälle,
zu denen sich Fontane gegenüber dem Philosophen Friedrich Paulsen hinreißen ließ, in ihrer unverhohlenen Anwendung auf Friedlaender geradezu infam. »Es ist«, so heißt es
im Brief vom 12. Mai 1898 mit Bezug auf die Juden, »trotz
all seiner Begabungen, ein schreckliches Volk, *nicht* ein
Kraft und Frische gebender ›Sauerteig‹, sondern ein Fer-
ment, in dem die häßlicheren Formen der Gährung lebendig sind, – ein Volk, dem von Uranfang an etwas dünkelhaft Niedriges anhaftet, mit dem sich die arische Welt nun
mal nicht vertragen kann. [. . .] Und das alles unausrottbar.
Ein Freund von mir, Rath und Richter, aus einer angese-
nen und reichen und seit 3 Generationen im Staatsdienst
stehenden Judenfamilie, der längst verstorbene Vater or-
thodoxer Musterchrist, der Sohn selbst klug und gescheidt
und mit einem ehrlich verdienten eisernen Kreuz bewaff-
net. Und doch Stockjude, *so* sehr, daß seine feine und
liebenswürdige Frau blutige Thränen weint, bloß weil ihr
Mann die jüdische Gesinnung nicht los werden kann. Es ist
auch kein Ende davon abzusehn und es wäre besser gewesen, man hätte den Versuch der Einverleibung *nicht* gemacht. Einverleiben lassen sie sich, aber eingeistigen nicht.
Und das alles sage *ich (muß* es sagen) der ich persönlich von
den Juden bis diesen Tag nur Gutes erfahren habe.« Es läßt
sich kaum mit dem »Sinn für Thatsächlichkeiten« verein-
baren, den Fontane für sich beanspruchte, daß er die Augen
vor seinen guten persönlichen Erfahrungen mit dem Judentum verschloß, und es ist ihm bei der Niederschrift dieser
affektgeladenen Sätze offenbar nicht zu Sinn gekommen,
daß gerade die Herkunft aus der reichen Geisteswelt des
Berliner Judentums – Friedlaenders Urgroßvater war der

Schriftsteller David Friedlaender (1750–1834), ein Schüler Moses Mendelssohns und Herausgeber einiger seiner Schriften – entscheidenden Anteil an der kultivierten Atmosphäre im Hause Georg Friedlaenders hat, die Fontane nach eigenem Bekunden so schätzte und genoß. Die Barbarei des 20. Jahrhunderts hat das Judentum und mit ihm seinen kulturellen Reichtum mit einer Radikalität vernichtet, die Fontane nicht im entferntesten ahnen konnte, als er es für »unausrottbar« erklärte. Den jüdischen Anteil an der deutschen Kultur, dessen Ausmaß Fontane Sorgen bereitete, vermissen wir heute mit Schmerz und Trauer, wissend, daß er unrettbar und für immer verloren ist.

Auf die beiläufige Frage Friedlaenders, »ob Pietsch nicht schon 1870 als eine Größe galt«, hat Fontane in seinem Brief vom 10. Januar 1893 geantwortet: »Man kann sagen ja. Aber auch nein.« Dieses gleichzeitige Ja, Aber und Nein umschließt die Essenz der Haltung Fontanes zu seinen Mitmenschen, zu den Zeiterscheinungen und dem gesellschaftlichen Wandel. Es ist eine Haltung, die man auch gegenüber seinen Werken und Briefen einnehmen sollte: Den ungerechten, manchmal bösen Äußerungen wie denjenigen im Brief an Paulsen kann man aus heutiger Sicht nur ein Nein entgegenhalten. Aber Fontanes kritischen Blick, seinen trotz allem wachen »Sinn für Thatsächlichkeiten«, seine hinreißenden Plaudereien und seine bissigen Essays in den Briefen an Friedlaender darf man genießen, wie Thomas Mann sie bei ihrem ersten Erscheinen genoß. Der Reiz der Lektüre wird sich auch heute noch einstellen, auch ohne Zigarre.

Walter Hettche

Für die Neuausgabe der Briefe Fontanes an Georg Friedlaender wurde die Erstausgabe zugrundegelegt: *Theodor Fontane: Briefe an Georg Friedlaender.* Herausgegeben und erläutert von Kurt Schreinert. Heidelberg: Quelle & Meyer 1954. Wie bereits in der Erstausgabe wurden die Briefe wort- und zeichengetreu ohne jede Modernisierung wiedergegeben. Die heutigen Besitzer der Originalbriefe haben in freundlichster Weise Xerokopien der Handschriften zur Verfügung gestellt, so daß die Brieftexte noch einmal gründlich überprüft und einige Unstimmigkeiten berichtigt werden konnten. Einige Beispiele (Hettche] Schreinert):

28. April 1885: Stimmungsweihe] Stimmungsweise

2. März 1886: 'runter gefledert] 'runter geplaudert

9. Mai 1886: Glück ist überall Glück] Glück ist überall

1. September 1886: Behufe] Besuche

15. September 1887: auch für heute schon wieder] schon wieder

16. Juni 1886: klapprig und senil] klapprig und faul

7. Dezember 1887: die Frommen] die Frauen

11. November 1889: Inscenirungsgeschicklichkeit] Gesinnungsgeschicklichkeit

2. Juli 1890: Landrichtergeschichten] Landstreichergeschichten

5./6. April 1897: seren verklärten] herrnverklärten

Der Brief Nr. 207, den Fontane nur mit »Mittwoch, 4. September« datiert hat, ist von Kurt Schreinert in das Jahr 1893 eingeordnet worden. In diesem Jahr war der 4. September jedoch ein Montag; erst 1895 fiel das Datum auf einen Mittwoch. Da die Gründe, die Schreinert zu seiner Datierung bewogen haben, heute nicht mehr zu rekonstruieren sind, wurde der Brief auch in unserer Ausgabe an der Stelle belassen, an der er in Schreinerts Edition steht.

Die vorliegende Edition ist gegenüber der Erstausgabe um sieben Texte erweitert worden. Neben allen Briefen Emilie Fontanes an Georg Friedlaender und dem kurzen Telegramm Fontanes vom 14. September 1893 konnten zwei bisher unveröffentlichte Briefe Fontanes an Georg Friedlaenders Mutter Elisabeth, geb. Mendheim, aufgenommen werden, die sich im Besitz der Sächsischen Landesbibliothek Dresden befinden. Die Bibliothek hat dem Herausgeber dankenswerterweise einen Mikrofilm überlassen und die Erstpublikation freundlich erlaubt.

Bei der Erstellung des Registers wurden Kurt Schreinerts Kommentar und das von Charlotte Jolles und Walter Müller-Seidel herausgegebene Werk *Die Briefe Theodor Fontanes. Verzeichnis und Register* (bearbeitet von Rainer Bachmann, Walter Hettche und Jutta Neuendorff-Fürstenau; München: Hanser 1988) dankbar benutzt.

Register

Personen

Fontanes Werke

Zu dieser Ausgabe

insel taschenbuch 1565: Theodor Fontane, Briefe an Georg Friedlaender. Textgrundlage der vorliegenden Ausgabe: Theodor Fontane, Briefe an Georg Friedlaender, herausgegeben und erläutert von Kurt Schreinert, Quelle & Meyer Verlag Heidelberg 1954. Walter Hettche legt diese Briefe in einer nochmals an den Originalhandschriften überprüften Gestalt neu vor. Mit einem Nachwort, einem erläuternden Personenregister und einem Werkregister.

Der Essay von Thomas Mann »Noch einmal der alte Fontane« folgt der Ausgabe: Thomas Mann, Gesammelte Werke in Einzelbänden. Frankfurter Ausgabe. Herausgegeben und mit Nachbemerkungen versehen von Peter de Mendelssohn, Leiden und Größe der Meister, S. Fischer Verlag GmbH, Frankfurt am Main 1982.

Umschlagfoto: Bildarchiv Preußischer Kulturbesitz, Berlin, S. 4: Ullstein Bilderdienst, Berlin.

Theodor Fontane
im Insel Verlag

58/1/9.93

Literatur der Moderne
im insel taschenbuch

155/1/8.92

Literatur der Moderne
im insel taschenbuch

155/2/8.92

Literatur der Moderne
im insel taschenbuch

Literatur der Moderne
im insel taschenbuch